农艺节水技术研究与应用

武继承　主　编

黄河水利出版社
·郑　州·

内容提要

本书针对节水农业高效持续发展的主要因素，对雨水利用关键技术、抗旱保水剂应用技术及增产增效机理、不同作物耗水特征与需水指标体系、水肥耦合技术等方面进行了系统研究与应用。可供从事旱作农业、节水农业、水土保持、生态环境建设与保护等方面的科技工作者阅读参考，也可供大专院校相关专业师生阅读。

图书在版编目(CIP)数据

农艺节水技术研究与应用/武继承主编. —郑州：黄河水利出版社，2008.12

ISBN 978-7-80621-887-7

Ⅰ.农…　Ⅱ.武…　Ⅲ.农业工程-节约用水-研究　Ⅳ.S275

中国版本图书馆 CIP 数据核字(2008)第 005674 号

组稿编辑：简群　电话：0371-66023343　E-mail：w_jq001@163.com

出 版 社：黄河水利出版社

地址：河南省郑州市金水路 11 号　　邮政编码：450003

发行单位：黄河水利出版社

发行部电话及传真：0371-66026940、66020550、66028024、66022620(传真)

E-mail：hhslcbs@126.com

承印单位：黄河水利委员会印刷厂

开本：787 mm×1 092 mm　1/16

印张：18

字数：415 千字　　印数：1—1 000

版次：2008 年 12 月第 1 版　　印次：2008 年 12 月第 1 次印刷

定价：39.00 元

《农艺节水技术研究与应用》
编辑委员会

主　编　武继承

副主编　杨占平　杨永辉　王志勇　郑惠玲　王玉珍
焦建伟　屈俊峰

编　委　(按姓氏笔画排列,排名不分先后)
王志勇　王洪伟　王洪斌　王东海　王玉珍
孔祥旋　史福刚　任岩岩　吕军杰　李宗军
闫惊涛　何　方　陈献营　武继承　杨占平
郑惠玲　尚　莉　屈俊峰　姚宇卿　赵世伟
赵玉坤　康永亮　姬变英　程　俊　褚小军
焦建伟　韩伟锋　潘晓东　管秀娟　薛毅芳

统　稿　武继承　杨永辉

前言

河南省既是农业大省,又是水资源缺乏的省份。据水利部门统计,2004年河南省水资源总量为404.96亿m^3,人均水资源占有量仅412 m^3,不足全国人均水平的1/5,每公顷耕地水资源拥有量不足5 205 m^3。我省常年缺水额达30亿~50亿m^3。但全省水分利用效率低,具有很大的发展潜力。同时,地下水超采严重,全省地下水开采量近130亿m^3,占全省总供水量的67%,占全国地下水开采量的1/8。由于对水资源缺乏科学认识和有效保护,地下水超采严重,地下水位持续下降。全省浅层地下水漏斗面积已由1982年的2 230 km^2扩大到1万km^2,占平原区面积的11.3%,不少漏斗区的地下水埋深超过20 m,并以每年0.5 m的速度递增。这已经造成了大量机井报废、泉水枯竭、湿地萎缩、土地沙化等一系列生态环境问题,给群众生活和人民财产造成极大的损失。因此,只有发展节水农业,建立我省农业节水技术体系和作物需水指标体系,才能够实现农业结构调整,促进水资源利用、经济发展与环境治理的有机统一。

根据河南省的实际情况和水资源状况,国家科技部在我省实施了"北方半干旱集雨补灌旱作区节水农业综合技术体系集成与示范"(2002AA2Z4291)和"绿色环保多功能节水制剂"(2006AA100215)等863节水农业项目,河南省科技厅实施了一系列相关的科技攻关项目,河南省农业科学院设立了相关的科研发展基金项目。借助这些项目的支持和顺利实施,相继开展了雨水高效利用关键技术、不同农作物需水耗水特征及需水指标体系、保水剂产品研制与应用等一系列研究。为提高科技成果的转化利用,尽快将研究的新技术、新方法、新模式和新产品服务于"三农"经济和新农村建设,特将近期研究的相关技术组装成册。本书第一部分系统地阐述了保水剂应用技术;第二部分则对保水剂的增产增效机理进行了系统分析;第三部分对农田土壤水分变化特征及不同技术条件下农作物耗水特征及需水指标进行了研究与应用;第四部分主要论述了旱作区雨水高效利用技术与模式;第五部分对平衡施肥和水肥耦合技术进行了研究。可供从事旱作农业、节水农业、水土保持、生态环境建设与保护等方面的科技工作者参考使用。

在得到国家863节水农业项目(2006AA100215)支持的同时,我们得到了河南省科技攻关项目、河南省农业科学院科研发展基金项目等相关课题的大力资助,以及相关单位专家、领导的不懈指导与支持,在此一并表示衷心的感谢!

虽然编撰人员尽了最大努力,但书中仍可能有这样或那样的不足,敬请广大读者批评指正。同时,希望本书能起到抛砖引玉的作用,促进河南省乃至全国农艺节水技术研究的优化、完善与广泛应用,促进我国节水农业健康持续发展。

武继承

2008 年 9 月于郑州

目 录

第四部分 雨水高效利用技术研究与应用

第五部分 作物水肥耦合技术研究与应用

第一部分　保水剂应用技术研究与应用

不同水分条件下保水剂对小麦产量和水分利用的影响

武继承[1]　郑惠玲[2]　史福刚[1]　杨占平[1]

(1. 河南省农业科学院植物营养与资源环境研究所,郑州 450002;
2. 河南省土壤肥料站,郑州 450002)

摘要: 不同水分条件下保水剂小麦增产效应研究表明,施用保水剂可以增加小麦穗长和穗粒数,提高千粒重,从而提高小麦产量。不灌水时施用保水剂处理分别增产 8.42% ~22.71%,以 60 kg/hm² 和 45 kg/hm² 处理较好;灌一水时保水剂处理分别增产 10.86% ~19.88%,以 45 kg/hm² 处理最好;灌二水时保水剂处理分别增产 10.79% ~18.39%,处理间差异性减小。水分利用率在不同处理间也有很大差异,不灌水时保水剂处理降水利用效率分别提高 1.11 ~2.99 kg/(mm·hm²),以 60 kg/hm² 处理提高最多;灌一水时灌水利用效率分别增加 0.063 ~0.206 kg/m³,以 30 kg/hm² 处理最高;灌二水时灌水利用效率分别增加 0.029 ~0.192 kg/m³,以 90 kg/hm² 处理提高最多。说明保水剂对旱地小麦产量和水分利用率的提高具有积极效果,并表现为水分匮乏时显著、充分时减弱的特点。

关键词: 保水剂　小麦　增产效应　水分利用率

关于保水剂在农业上的应用的报道很多[1~5],但对于不同水分条件下保水剂的增产效应和水分利用的研究较少[6,7]。河南省旱作面积 440 万 hm²,占总耕地面积的 63.9%,其中山丘旱地 180 万 hm²。受年度降水时空分配不均的影响,干旱发生频率高,干旱发生频率达 59.6%,平均两年一遇,夏秋连旱三年一遇,春夏旱几乎年年发生;全省每年用于抗旱的费用高达数亿元,因干旱造成直接经济损失达 10 多亿元甚至几十亿元。为确定抗旱保水剂的最佳用量和水分条件,实现高效利用降水和提高旱作区经济效益的目的,根据国家 863 节水农业项目的要求,2001 ~2003 年进行了不同水分条件下保水剂对小麦产量和水分利用的影响研究。

1　材料和方法

试验安排在半湿润易旱区、863 节水农业项目禹州试验基地的旱岗地,该区年降水量 646 mm,其中 60% 以上集中在夏季,存在较严重的春旱、伏旱和秋旱;土壤为褐土,土壤母质为黄土性物质,耕层土壤养分状况为有机质 12.3 g/kg、全氮 0.80 g/kg、水解氮 47.82 mg/kg、速效磷 6.66 mg/kg、速效钾 114.8 mg/kg。

基本项目:"十五"国家 863 节水农业课题(2002AA2Z4291)和河南省重点科技攻关项目(0423102600)。

作者简介: 武继承(1965—),男,河南通许人,博士,研究员,主要从事节水农业和土壤资源研究。

试验设不灌水、补灌一水、补灌二水 3 种水分条件，保水剂处理设置 7 个处理，即 0 kg/hm^2（对照）；15 kg/hm^2；30 kg/hm^2；45 kg/hm^2；60 kg/hm^2；75 kg/hm^2；90 kg/hm^2，3 次重复，随机排列。补充灌水时间为拔节期和灌浆期，补灌水量分别为 450 m^3/(hm^2·次)。

播种小麦品种为豫麦 18－64，播种量为 135 kg/hm^2，播期为 10 月 20 日，统一播种、统一管理。11 月 15 日选定小麦定苗样段，分析小麦的生长发育特征。试验用肥料采用过磷酸钙（含 P_2O_5 12%）、尿素（含 N 46%）、硫酸钾（含 K_2O 60%）。氮磷钾配比为 $N_{180}P_{120}K_{120}$，（N_{180} 为施纯 N 180 kg/hm^2，P_{120} 为施 P_2O_5 120 kg/hm^2，K_{120} 为施 K_2O 120 kg/hm^2），磷肥和钾肥及 50% 的氮肥作底肥一次性施入，50% 的氮肥作追肥在拔节期前追施。试验用保水剂为河南省农业科学院研制的营养型抗旱保水剂（简称保水剂，下同），使用方法为条施。

2　结果与分析

2.1　对小麦产量的影响

由表 1 可知，施用保水剂处理比对照有明显的增产效果。不灌水条件下，施用保水剂的处理分别比对照增产 8.42%～22.71%，以施用 60 kg/hm^2 处理最好，其次为 45 kg/hm^2 处理，二者增产幅度分别达 19.74% 和 22.71%（见表 1）。

表 1　不同补水条件下保水剂对小麦产量的影响

处理	不灌水		灌一水			灌二水			
	产量（kg/hm^2）	%*	产量（kg/hm^2）	%*	%**	产量（kg/hm^2）	%*	%**	%***
1	2 583.0		2 761.5		6.91	3 058.5		18.41	10.76
2	2 800.5	8.42	3 061.5	10.86	9.32	3 388.5	10.79	21.00	10.68
3	2 935.5	13.65	3 207.0	16.13	9.25	3 544.5	15.89	20.75	10.52
4	3 093.0	19.74	3 310.5	19.88	7.03	3 594.0	17.51	16.20	8.56
5	3 169.5	22.71	3 240.0	17.33	2.22	3 570.0	16.72	12.64	10.19
6	2 989.5	15.74	3 196.5	15.75	6.92	3 601.5	17.75	20.47	12.67
7	2 973.0	15.10	3 078.0	11.46	3.53	3 621.0	18.39	21.80	17.64

注：* 比对照增产；** 比不灌水相应处理增产；*** 比灌一水相应处理增产。

灌一水时，施用保水剂处理分别比对照增产 10.86%～19.88%，以施用 45 kg/hm^2 处理最好，增产幅度达 19.88%（见表 1）；其次为 60 kg/hm^2、30 kg/hm^2 和 75 kg/hm^2 三个处理，增产幅度分别为 17.33%、16.13% 和 15.75%；与相应不灌水处理相比，分别增产 2.22%～9.32%，与不灌水保水剂相应处理增产幅度相比，其增产幅度呈相反的增势。

灌二水时，施用保水剂处理分别比对照增产 10.79%～18.39%，保水剂处理间差异性减小（表 1）；与不灌水相应处理相比，分别增产 12.64%～21.80%；与灌一水相应处理相比，分别增产 8.56%～17.64%。

上述分析结果表明，保水剂的增产效应在水分缺乏时显著，而在水分充分时增幅降低。

2.2　不同处理对小麦性状的影响

从表2可以看出,不同水分条件下保水剂处理对小麦性状的影响具有不同的表现特征。在不灌水条件下,施用保水剂的处理小麦穗长、穗粒数均有显著提高,其中穗长增长1.34～2.10 cm,以30 kg/hm^{2}处理增长最长;穗粒数平均增加9.4～16.5粒,以45 kg/hm^{2}处理增加最多;小麦株高除15 kg/hm^{2}处理外,均明显增高;千粒重除45 kg/hm^2、60 kg/hm^{2}处理提高外,其他均有所降低。

表2　不同水分条件下保水剂对小麦性状的影响

水分条件	项目	1	2	3	4	5	6	7
不灌水	株高(cm)	59.8	58.2	63.0	66.5	63.2	67.0	62.9
	穗长(cm)	6.46	8.46	8.56	8.22	7.80	8.43	8.14
	穗粒数(粒)	17.2	30.0	28.2	33.7	28.6	29.6	26.6
	千粒重(g)	38.50	37.99	38.01	39.18	38.60	37.74	37.30
灌一水	株高(cm)	61.4	62.6	61.2	59.2	58.2	65.4	59.0
	穗长(cm)	8.34	8.30	8.22	8.22	8.14	8.46	8.28
	穗粒数(粒)	26.8	28.6	27.2	28.5	25.2	35.6	31.6
	千粒重(g)	42.31	39.83	39.32	42.65	40.63	39.15	42.30
灌二水	株高(cm)	58.0	58.4	63.0	59.9	57.6	65.3	54.6
	穗长(cm)	8.56	7.76	8.24	8.00	7.78	8.58	7.72
	穗粒数(粒)	34.4	30.6	33.4	27.0	25.0	38.2	30.0
	千粒重(g)	41.70	42.98	37.03	41.51	41.78	39.15	37.53

补灌一水情况下,施用保水剂的处理千粒重除60 kg/hm^{2}处理提高外,其他均有所降低;小麦穗长除75 kg/hm^{2}处理增长外,其他均有所缩短;穗粒数除30 kg/hm^{2}处理减少外,其他均有所增加;株高除15 kg/hm^{2}处理外,其他均明显降低。

补灌二水时,施用保水剂处理株高除60 kg/hm^{2}处理外,其他均明显增高;千粒重除30 kg/hm^2、75 kg/hm^{2}处理提高外,其他均有所降低;小麦穗长除75 kg/hm^{2}处理增长外,其他均有所缩短;穗粒数除75 kg/hm^{2}处理增加外,其他均有所减少。

上述分析表明,保水剂的使用可以增加小麦穗长和穗粒数、提高小麦籽粒千粒重,从而提高小麦的产量,但过多的水分反而影响保水剂的使用效果。

2.3　不同处理对水分利用的影响

由表3可知,不灌水时,保水剂处理的降水利用效率比对照均有所提高,分别增加1.11～2.99 kg/(mm·hm^2),并以60 kg/hm^{2}处理增幅最大,提高2.99 kg/(mm·hm^2);其次是45 kg/hm^{2}处理,增加2.60 kg/(mm·hm^2)。

补灌一水时,保水剂处理的灌水利用效率分别比对照增加0.063～0.206 kg/m^3,并以30 kg/hm^{2}处理最高,为0.206 kg/m^3;其次是15 kg/hm^{2}处理,提高0.183 kg/m^3。60 kg/hm^{2}处理和90 kg/hm^{2}处理略有降低。

表3　不同水分条件保水剂对水分利用率的影响

水分条件	项目	1	2	3	4	5	6	7
不灌水	产量(kg/hm²)	2 583.0	2 800.5	2 935.5	3 093.0	3 169.5	2 989.5	2 973.0
	降水利用效率(kg/(mm·hm²))	13.15	14.26	14.95	15.75	16.14	15.22	15.14
	比CK增减(kg/(mm·hm²))		1.11	1.80	2.60	2.99	2.07	1.99
灌一水	产量(kg/hm²)	2 761.5	3 061.5	3 207.0	3 310.5	3 240.0	3 196.5	3 078.0
	灌水利用效率(kg/m³)	0.397	0.580	0.603	0.483	0.157	0.460	0.233
	比CK增减(kg/m³)		0.183	0.206	0.086	-0.240	0.063	-0.164
灌二水	产量(kg/hm²)	3 058.5	3 388.5	3 544.5	3 594.0	3 570.0	3 601.5	3 621.0
	灌水利用效率(kg/m³)	0.528	0.653	0.677	0.557	0.445	0.680	0.720
	比CK增减(kg/m³)		0.125	0.149	0.029	-0.083	0.152	0.192
	比灌一水增减(kg/m³)	0.132	0.073	0.073	0.073	0.288	0.220	0.487

补灌二水时，保水剂处理的灌水利用效率分别增加0.029～0.192 kg/m³，并以90 kg/hm²处理提高最多，增加0.192 kg/m³；其次是75 kg/hm²处理，增加0.125 kg/m³；60 kg/hm²处理略有降低。相对于补灌一水相应处理灌水利用效率分别增加0.073～0.487 kg/m³，仍然以90 kg/hm²处理提高幅度最大，其次是60 kg/hm²处理，分别提高0.487 kg/m³和0.288 kg/m³。

以上水分利用分析结果表明，保水剂在水分缺乏时对提高降水利用效率十分有效，合理补充灌水有利于提高灌水利用效率，而过多的水分补充灌水利用效率增幅降低。

3　结论与讨论

（1）保水剂的使用可以增加小麦穗长和穗粒数、提高小麦籽粒千粒重，从而提高小麦的产量，但过多的水分反而影响保水剂的使用效果。

（2）施用保水剂处理均比不施保水剂处理有明显的增产效应。不灌水时，以施45～60 kg/hm²最好，增幅19.74%～22.71%；补灌一水时，也以施45～60 kg/hm²最好，增幅17.33%～19.88%；补灌二水时，施30～90 kg/hm²差异性较小，说明保水剂的增产效应在水分缺乏时增产效应显著，而在水分充分时增幅降低。

（3）保水剂在水分缺乏时对提高降水水分利用效率十分有效，并以45～60 kg/hm²处理最好，分别提高2.60～2.99 kg/(mm·hm²)；不同补充灌水次数试验表明，合理补灌有利于提高灌溉水水分利用效率。但保水剂最佳的使用水分条件尚待进一步研究。

参考文献

[1] 武继承，王志和，何方，等．不同技术措施对降水和土壤养分的影响[J]．华北农学报，2005，20(6)：73－76.

[2] 武继承，杨稚娟，何方，等．试论河南省旱地节水农业发展的有效途径[J]．河南农业科学，

2006(1):5-8.

[3] 黄风球,杨立光,黄承武,等. 化学节水技术在农业上的应用效果研究[J]. 水土保持研究,1996,3(3):118-124.

[4] 杜晓东,王丽娟,刘作新. 保水剂及其在节水农业上的应用[J]. 河南农业大学学报,2000,34(3):255-259.

[5] 贾朝霞,郑焰. 高吸水性树脂用于水土保持和节水农业的新思路[J]. 农业环境与发展,1999,16(3):38-41.

[6] 史福刚,杨稚娟,王志勇. 水分条件对保水剂增产效应的影响[M]//梅旭荣,等. 节水高效农业理论与技术. 北京:中国农业科学出版社,2004:226-228.

[7] 汪立刚,武继承,王林娟. 保水剂有效使用的土壤水分条件及对小麦的增产效果[J]. 土壤,2003(1):80-82.

不同保水剂用量对旱地小麦增产效应及降水利用的影响

武继承[1] 郑惠玲[2] 何 方[1] 褚小军[2]

(1. 河南省农业科学院植物营养与资源环境研究所,郑州 450002;
2. 河南省土壤肥料站,郑州 450002)

摘要:施用营养型抗旱保水剂对小麦的发育性状及小麦增产具有积极的效果。试验表明当每亩施用保水剂 2.5~5.5 kg 时,保水剂对小麦发育性状具有显著作用,并以每亩施用抗旱保水剂 3.5~4.5 kg 处理增产效果最佳。同时,可以提高耕层土壤含水量 0.3%~1.0% 和降水利用效率 0.08~0.36 kg/mm。

关键词:营养型抗旱保水剂 小麦 旱地 增产效应

受年度降水时空分配不均的影响,干旱灾害是河南省农业生产的主要灾害之一,全省旱灾受灾面积呈现逐年增加的趋势,并由 20 世纪 70 年代的 118.1 万 hm^2 增加到 80 年代的 171.2 万 hm^2,2001 年则高达 300 万 hm^2。全省每年用于抗旱的费用高达数亿元,因干旱造成直接经济损失达 10 多亿元甚至几十亿元。为缓解旱作区的旱灾灾情,确定抗旱保水的最佳施用量,实现高效利用降水和高经济效益的双重目的,2001~2003 年我们开展了营养型抗旱保水剂用量的试验研究。

1 材料与方法

试验安排在半湿润易旱区的禹州市郭连乡岗孙村的岗旱地,该区年降水量 646 mm,其中 60% 以上集中在夏季,存在较严重的春旱、伏旱和秋旱;土壤为褐土,土壤母质为黄土性物质,耕层土壤养分状况为有机质 11.6 g/kg、全氮 0.82 g/kg、水解氮 35.64 mg/kg、速效磷 7.87 mg/kg、速效钾 123.5 mg/kg。

试验设置 0、1、1.5、2、2.5、3、3.5、4、4.5、5、5.5、6 kg(亩施)等 12 个处理,重复 3 次,随机排列,小麦品种采用豫麦 18-64,播种量为 135 kg/hm^2,播期为 10 月 15~20 日,统一播种、统一管理。处理周围设 1.5 m 宽保护行;11 月 15 日选定小麦定苗样段,分析小麦株高、分蘖、成穗、穗长、穗粒数等生长发育特征。试验用肥料采用过磷酸钙(含 P_2O_5 12%)、尿素(含 N 46%)、硫酸钾(含 K_2O 60%),氮磷钾配比为 $N_{12}P_8K_8$,磷肥和钾肥及 50% 的氮肥作底肥一次性施入,50% 的氮肥作追肥在拔节期前追施。

基金项目:"十五"国家 863 节水农业课题(2002AA2Z4291)和河南省重点科技攻关项目(0423102600)。

作者简介:武继承(1965—),男,河南通许人,博士,研究员,主要从事节水农业和土壤资源研究。

2 试验结果分析

2.1 不同保水剂处理小麦发育性状分析

从表1可以看出，不同保水剂施用量处理的穗长、穗粒数、亩穗数和千粒重均比不施处理有所提高，穗长以施保水剂3 kg/亩处理最长，其次为5.5 kg/亩处理和4.5 kg/亩处理；穗粒数则以施保水剂3.5 kg/亩处理最多，其次是3.0 kg/亩处理和2.5 kg/亩处理；亩穗数以施保水剂4.0 kg/亩处理最多，其次是4.5 kg/亩处理和5.5 kg/亩处理；千粒重则以4.5 kg/亩处理最高，其次是5.5 kg/亩处理和4.0 kg/亩处理。说明在施保水剂2.5～5.5 kg/亩处理，保水剂对小麦发育性状具有积极的作用。

表1 不同保水剂施用量小麦的生长发育特征及其对产量的影响

处理	株高（cm）	穗长（cm）	穗粒数（粒）	亩穗数（万穗）	千粒重（g）	株高（cm）	小区产量（kg/hm²）	平均产量（kg/hm²）	比CK增（%）
1	73.6	7.24	32.5	33.7	36.64	73.6	0.841	4 206.0	
2	69.3	7.94	34.8	32.3	38.96	69.3	0.905	4 527.0	7.62
3	72.5	7.49	34.2	36.7	38.3	72.5	0.920	4 599.0	9.32
4	72.3	7.66	34.4	35	39.32	72.3	0.952	4 761.0	13.20
5	72	7.76	37	34.7	38.8	72	0.983	4 914.0	16.81
6	73.3	8.51	37.8	37.3	37.7	73.3	1.054	5 268.0	25.25
7	72.7	7.76	38	39.3	39.24	72.7	1.125	5 626.5	33.77
8	68.1	7.39	33.6	46.7	39.86	68.1	1.135	5 673.0	34.88
9	69.1	8.07	33.2	44	41.46	69.1	1.148	5 742.0	36.50
10	65.5	7.66	32.5	40.3	39.3	65.5	1.024	5 119.5	21.70
11	65.9	8.12	32.7	40.7	40.92	65.9	1.065	5 322.0	26.54
12	67.2	7.95	35.4	37	39.6	67.2	1.022	5 107.5	21.43

2.2 不同保水剂施用对小麦增产效应的影响

由表1和图1的增产趋势分析表明，采用不同保水剂施用量及补给量的处理均较对照有明显增产效应，其增产幅度达7.62%～36.50%，关键是各个保水剂处理穗长、穗粒数和千粒重均有不同程度的增加；并以施用抗旱保水剂3.5～4.5 kg/亩处理增产效果最佳。

方差分析结果表明，不同处理间达到显著差异水平（表2），显著性差异分析表明各使用保水剂处理与对照相比，均达到了5%的显著水平；各保水剂处理之间表现出不同的显著性水平，其中处理6～处理12等7个处理和处理2～处理5等4个处理相互之间在1%显著水平上无差异；但两组之间与对照相比有明显不同，其中处理6～处理12与对照相比则达到1%的显著水平，处理2～处理5与对照之间差异不显著（表3）。

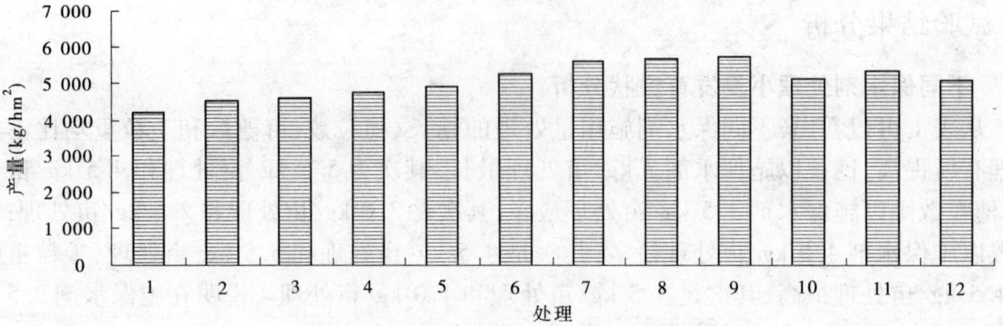

图 1　不同保水剂用量小麦增产趋势分析

表 2　方差分析

变异来源	自由度	平方和	均方	F
区组间	2	0.075	0.037	1.485
处理间	11	0.822	0.075	2.966
误差	22	0.554	0.025	
总变异	35	1.450		

$F_{0.1}=1.90$　$F_{0.05}=2.30$　$F_{0.01}=3.26$

表 3　差异显著性比较

处理	平均	5%	1%
9	1.15	a	A
8	1.13	a	A
7	1.13	a	A
11	1.06	a	A
6	1.05	a	A
10	1.02	a	A
12	1.02	a	A
5	0.98	a	AB
4	0.95	a	AB
3	0.92	a	AB
2	0.91	a	AB
1	0.56	b	B

2.3　保水剂处理对降水利用率的影响

通过对比分析可以看出(表 4),不同营养型抗旱保水剂施用量处理均比对照的降水利用效率有所提高,分别增加 0.08～0.36 kg/(mm·hm²),并以 3.5～4.5 kg/亩保水剂用量降水利用效率提高最大,增加 0.34～0.36 kg/(mm·hm²)。

表4　不同保水剂施用量降水相对利用率和利用效率分析

处理	1	2	3	4	5	6	7	8	9	10	11	12
产量 (kg/hm^2)	4 206.0	4 527.0	4 599.0	4 761.0	4 914.0	5 268.0	5 626.5	5 673.0	5 742.0	5 119.5	5 322.0	5 107.5
利用效率 (kg/(mm·hm^2))	14.9	16.1	16.4	17.0	17.4	18.8	20.0	20.1	20.4	18.2	18.9	18.2
较CK增 (kg/(mm·hm^2))		1.2	1.4	2.0	2.6	3.8	5.1	5.3	5.4	3.3	3.9	3.2

2.4　不同保水剂处理对土壤水分含量的影响

从表5、图2、图3可以看出，不同保水剂施用量处理的土壤含水量的变化比较复杂，一方面受保水剂用量不同影响，不同土壤层次的土壤含水量表现出不同的特征，0～20 cm、80～100 cm层次施保水剂处理的土壤含水量均高于对照，20～40 cm、40～60 cm层次则比对照有所提高或与对照相近，60～80 cm土壤含水量的变化较为复杂（图2），可能与作物产量的提高有关；另一方面受作物产量的影响，在相同层次不同保水剂施用量土壤水分含量均表现为随作物产量的提高土壤含水量降低，这是作物产量增加耗水量增加的结果（图3）。以上分析表明保水剂的施用可以明显提高土壤的水分含量。

表5　小麦收获时不同保水剂处理土壤层次含水量的分布特征　（%）

层次(cm)	1	2	3	4	5	6	7	8	9	10	11	12
0～20	13.5	14.2	14.1	14.5	14.1	13.9	13.8	13.6	13.8	13.8	14.1	14.4
20～40	13.4	14.0	13.8	14.2	13.9	13.6	13.3	13.1	13.4	13.5	13.5	13.6
40～60	12.7	12.8	12.8	13.8	13.6	12.8	12.8	12.7	12.9	14.1	14.3	14.6
60～80	12.6	12.4	12.6	13.2	12.9	12.5	12.1	11.9	12.4	12.9	12.9	13.1
80～100	11.4	13.4	14.9	15.8	14.6	13.9	13.1	11.6	13.2	12.4	12.6	12.9

3　结果与讨论

（1）在施用保水剂2.5～5.5 kg/亩，保水剂对小麦发育性状具有显著作用。

（2）旱地小麦施用保水剂具有明显的增产效果，并以施用抗旱保水剂3.5～4.5 kg/亩处理增产效果最佳，增产幅度达33.77%～36.50%。

（3）施用保水剂可以明显地提高降水利用效率，并以3.5～4.5 kg/亩保水剂用量降水利用效率提高最大，增加0.34～0.36 kg/(mm·hm^2)。

（4）施用抗旱保水剂可以明显提高土壤耕层的水分含量，与对照相比土壤含水量提高0.3%～1.0%。

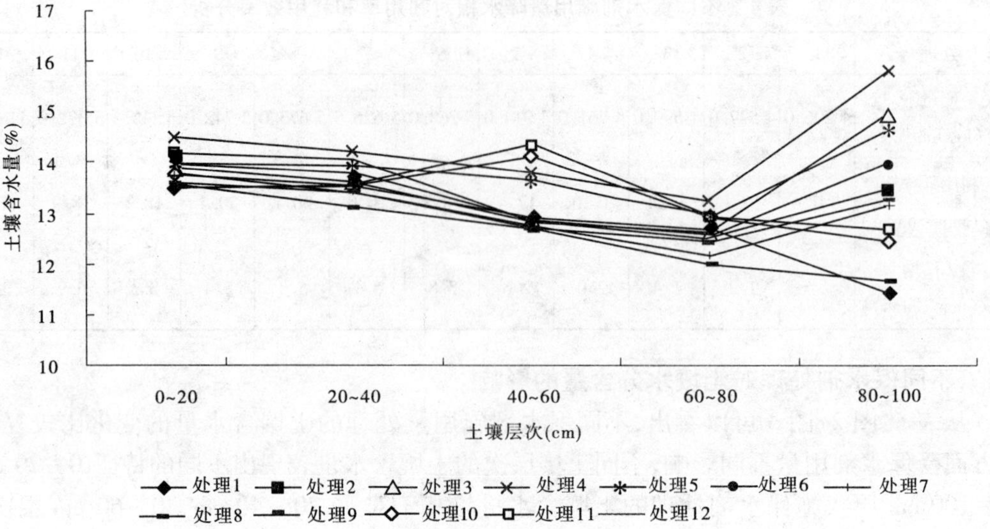

图 2 不同保水剂用量对土壤水分变化的影响

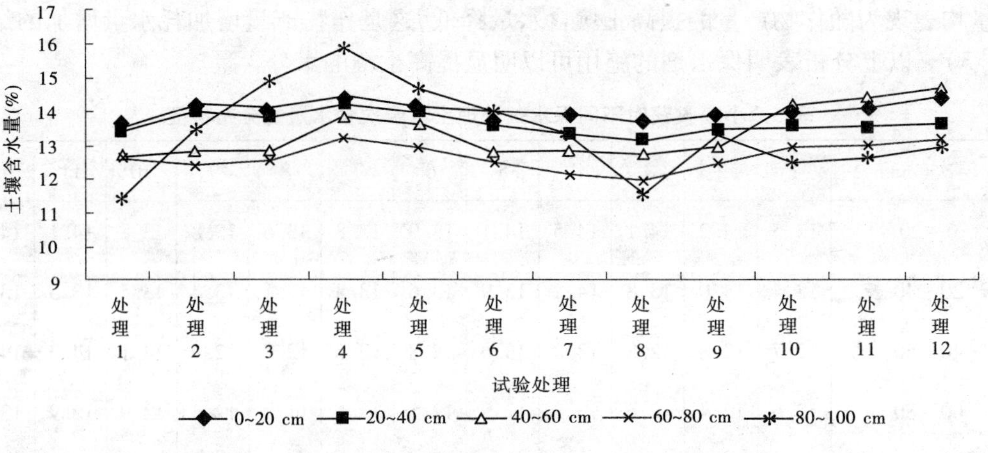

图 3 不同保水剂用量对同一层次土壤水分变化的影响

参 考 文 献

[1] 武继承,张长明,王志勇,等. 河南省降水资源高效利用技术研究与应用[J]. 干旱地区农业研究,2003,21(3):152 - 155.

[2] 蔡典雄,王小彬,KeithSaxton. 土壤保水剂对土壤持水特性及作物出苗的影响[J]. 土壤肥料,1999(1):13 - 16.

[3] 汪立刚,武继承,王林娟. 保水剂有效使用的土壤水分条件及对小麦的增产效果[J]. 土壤,2003(1):80 - 83.

[4]史福刚,杨稚娟,王志勇. 水分条件对保水剂增产效应的影响[M]//梅旭荣,等. 节水高效农业理论与技术. 北京:中国农业科学出版社,2004:226 - 228.

[5] 杜晓东,王丽娟,刘作新. 保水剂及其在节水农业上的应用[J]. 河南农业大学学报,2000,34(3):255 - 259.

不同保水剂玉米耐旱性试验研究

薛毅芳　武继承　杨占平

（河南省农业科学院植物营养与资源环境研究所，郑州 450002）

摘要：本文论述了不同保水剂施入不同土壤后对作物生长状况、耐旱性和养分吸收的影响，为保水剂在农业生产上的应用和新型保水剂的研制及产品配方改良提供了基础依据。

关键词：保水剂　耐旱性　玉米　盆栽试验

农业是我国的用水大户，农业用水量占全国总用水量的73.4%，而且生产利用效率低；全国农业用水每年缺口约300亿m^3，并且不断增大，农业用水危机不断加剧。因此，寻找一种有效的节水方法和合理调节农业用水的新技术是我国目前急需解决的问题之一。无论是什么土壤、什么质地，做好土壤的蓄水保墒能力，提高降雨利用率是缓解我国农业用水压力的重要举措。保水剂作为一种新兴的化学材料，以它特殊的物理结构和化学性能，尤其是把它应用在农业生产中所发挥出的越来越明显的效果，越来越被众多国家所重视。本文作为国家863项目的一项研究内容，就不同保水剂耐旱性试验进行了研究，希望能为以后的农业生产及新型保水剂研制提供基础依据。

1　材料与方法

1.1　试验条件与材料

本试验在防雨棚下进行，供试土壤为潮土，包括砂土、砂壤土、壤土三种土壤质地，过筛除去石子和杂草；保水剂试验设置对照（处理Ⅰ）、营养型抗旱保水剂（处理Ⅱ）、营养型抗旱保水剂+稀土（处理Ⅲ）、博亚保水剂+稀土（处理Ⅳ）、营养型抗旱保水剂+生根粉+稀土（处理Ⅴ）和博亚保水剂+生根粉+稀土（处理Ⅵ）等六个处理的盆栽试验。玉米品种为豫玉22，肥料配比为$N_{12}P_6K_6$，磷钾肥和50%的氮肥作底肥一次性施入，50%的氮肥作追肥。试验时间为2003年5月8日~7月20日。

1.2　试验设计与方法

在盆中分别装入筛好的砂土、砂壤土、壤土6 kg，分别施入氮磷钾肥料和相应的保水剂，并分别灌相同的水量，种植玉米后观察出芽情况，并在中后期观察和测量作物的长势株高、耐旱天数和玉米植株直径以及植株对N、P、K的吸收效果。

基金项目："十五"国家863节水农业课题（2002AA2Z4291）和河南省重点科技攻关项目。

作者简介：薛毅芳（1965—），女，河南镇平人，助理研究员，主要从事农业节水技术研究。

2　结果与分析

2.1　保水剂对出苗的影响

从表1可以看出,在相同条件下,砂土玉米发芽时间以处理Ⅴ、处理Ⅵ比对照、处理Ⅱ、处理Ⅲ和处理Ⅳ提前一天出苗;砂壤土则以对照、处理Ⅲ、处理Ⅵ优于处理Ⅳ、处理Ⅱ和处理Ⅴ;而壤土则以对照、处理Ⅲ优于处理Ⅳ与处理Ⅵ、处理Ⅱ、处理Ⅴ等4个处理。由此可见,保水剂在砂土中加入一定量的生根粉对作物发芽有一定的促进作用;而在砂壤土和壤土中的效果则较为复杂,对照和处理Ⅲ的出苗效果要比加入生根粉的相应处理好。相比较而言,营养型抗旱保水剂的效果要比博亚保水剂的出苗效果好些。在不同土壤质地处理间,以砂土的出苗效果最好,其次为砂壤土和壤土。

表1　不同土壤质地不同保水剂处理玉米出苗天数　（单位:d）

处理	Ⅰ	Ⅱ	Ⅲ	Ⅳ	Ⅴ	Ⅵ
砂土	8	8	8	8	7	7
砂壤土	10	11	10	11	12	10
壤土	10	13	10	12	14	12

2.2　保水剂对作物耐旱性的影响

在玉米出苗后,我们根据玉米的需水情况来测定玉米的耐旱天数。从玉米出苗开始,每到玉米出现萎蔫时给其浇一定量的水,观测其持续的天数。从表2可以看出营养型抗旱保水剂的保水效果在前期表现得比较好,相对而言,对照和处理Ⅳ在砂土中表现得最差,后期保水效果更差。砂壤土处理Ⅱ与处理Ⅴ在前期的保水效果很好,后期的保水效果较差,但相比较而言,要比处理Ⅳ和对照处理好;壤土中前期不加生根粉的保水剂处理保水效果比加生根粉处理和对照好,而在后期的差别较小。就总体而言,营养型抗旱保水剂处理比博亚保水剂相应处理保水效果好,在砂壤土中加入稀土和生根粉效果会更好,在壤土中只加稀土最好。

表2　作物在不同土壤和保水剂条件下持续耐旱天数　（单位:d）

处理	Ⅰ	Ⅱ	Ⅲ	Ⅳ	Ⅴ	Ⅵ
砂土	14,9,6,4	17,6,6,5	16,8,6,3	14,12,4,4	15,9,6,4	15,9,7,4
砂壤土	15,8,6,3	17,9,6,3	16,4,4,3	16,10,5,3	16,10,7,4	16,10,5,4
壤土	15,9,6,4	17,9,6,4	16,10,7,5	15,9,6,4	16,8,6,6	15,8,5,3

2.3　保水剂对作物生长的影响

在观察不同保水剂处理作物出苗和耐旱性的同时,在试验中我们进一步观测了玉米生长发育状况的调查。结果表明,不同试验处理不同生育期玉米的株高和直径生长有明显差异,并以砂壤土施用保水剂的效果最好(表3~表5)。

2.3.1　保水剂对玉米株高的影响

从表3、表4我们可以看出,在玉米出苗后的第28天和第60天株高表现出不同的变

表3　玉米生长28天株高　（单位:cm）

处理	Ⅰ	Ⅱ	Ⅲ	Ⅳ	Ⅴ	Ⅵ
砂土	73.3	67.3	62.0	56.0	61.1	60.4
砂壤土	52.7	51.1	48.8	58.1	50.3	55.5
壤土	56.3	46.9	41.9	61.1	53.3	45.3

表4　玉米生长60天株高　（单位:cm）

处理	Ⅰ	Ⅱ	Ⅲ	Ⅳ	Ⅴ	Ⅵ
砂土	105.8	116.0	101.5	105.5	99.8	81.5
砂壤土	94.8	109.0	99.1	110.9	104.5	104.8
壤土	109.5	89.3	95.3	98.0	106.3	123.8

表5　玉米生长60天时的直径　（单位:cm）

处理	Ⅰ	Ⅱ	Ⅲ	Ⅳ	Ⅴ	Ⅵ
砂土	1.15	1.00	1.15	1.20	1.05	1.00
砂壤土	1.00	1.30	1.30	1.25	1.05	1.30
壤土	1.25	0.85	1.05	1.25	1.15	1.20

化特征。砂土中前期对照和处理Ⅱ对玉米植株的生长有良好的促进作用,而到中后期营养型抗旱保水剂的效果更好,加入稀土和生根粉的处理Ⅴ、处理Ⅵ效果较差。砂壤土中前期营养型抗旱保水剂的效果没有博亚保水剂的好,中后期所有保水剂处理的玉米长势均比对照好,并以处理Ⅱ和处理Ⅳ效果最好,其次是处理Ⅴ、处理Ⅵ,处理Ⅲ效果较差。在壤土中情况表现得比较复杂,前期以处理Ⅳ最好,其他处理均不如对照;第60天观测则以处理Ⅵ的效果最好,其他含有保水剂的处理均不如对照,与前期生长情况相比,以处理Ⅵ的生长速度最快,处理Ⅴ的生长速度比较快,这说明博亚保水剂在壤质土壤中对植株的影响效果是最好的。总的来说,保水剂在出苗后前一段时间对植株的影响不甚明显,而到了中后期效果显著。

2.3.2　保水剂对玉米植株直径的影响

从表5中我们可以看出,保水剂在砂土中对玉米植株直径的影响表现出的效果不太好;但在砂壤土中我们可以看出保水剂具有明显的效果,并以处理Ⅱ、处理Ⅲ和处理Ⅵ三个处理的盆栽植株长的最壮。在壤土中保水剂的效果表现不明显。由此可以看出保水剂在砂壤土中对玉米直径的影响效果最明显。

2.4　保水剂对玉米吸收N、P、K元素的影响

在进行作物耐旱性研究的同时,我们对收获的作物样品中的N、P、K含量做了分析,不同土壤不同保水剂处理对N、P、K养分的吸收具有明显的差异性。由表6可以看出,砂土中加入保水剂对植株吸收N影响效果不大,只有博亚保水剂处理还好些,但也不甚明显;加入稀土或生根粉甚至有抑制作用,这说明在砂土中保水剂对作物吸收养分N没有促进作用。在砂壤土和壤土中保水剂处理的氮吸收量均有所增加,说明在砂壤土和壤土中合理地施用保水剂对促进作物氮养分吸收具有明显的效果。

表6　玉米植株中N的含量　　(单位:g/kg)

处理	Ⅰ	Ⅱ	Ⅲ	Ⅳ	Ⅴ	Ⅵ
砂土	2.39	2.37	2.57	1.63	2.31	1.61
砂壤土	1.90	2.50	2.40	2.47	2.35	2.43
壤土	1.30	1.42	1.66	2.14	2.40	2.11

保水剂对作物吸收P的影响在砂土中表现得也不好,砂壤土和壤土则具有较好的促进作用,其中砂壤土以处理Ⅲ表现最好,壤土以处理Ⅴ表现最好(表7)。

表7　玉米植株中P的含量　　(单位:g/kg)

处理	Ⅰ	Ⅱ	Ⅲ	Ⅳ	Ⅴ	Ⅵ
砂土	0.528	0.318	0.206	0.255	0.268	0.400
砂壤土	0.136	0.199	0.344	0.098	0.204	0.314
壤土	0.135	0.212	0.211	0.304	0.355	0.263

施用保水剂对作物吸收K的影响不同保水剂处理间具有明显的差异性,砂土和砂壤土以处理Ⅱ的促进效果最明显;而壤土则以处理Ⅵ最明显(表8)。

表8　玉米植株中K的含量　　(单位:g/kg)

处理	Ⅰ	Ⅱ	Ⅲ	Ⅳ	Ⅴ	Ⅵ
砂土	0.42	0.61	0.44	0.36	0.42	0.44
砂壤土	0.59	0.62	0.43	0.39	0.28	0.42
壤土	0.43	0.32	0.48	0.67	0.48	0.92

综上所述,砂土中不加任何保水剂的土壤作物并不比加入保水剂的土壤作物中的N、P、K含量低,说明砂土中施入保水剂对作物吸收N、P、K影响效果不大;而在砂壤土中营养型抗旱保水剂的效果最好,对作物吸收N、P、K养分有很好的促进作用,加入稀土和生根粉的效果反而会下降;在壤土中加稀土和生根粉的保水剂对作物吸收N、P、K养分最有效果,博亚保水剂比营养型抗旱保水剂的效果明显。总的来说,施入保水剂对作物吸收N、P养分在砂壤土和壤土中都有效果,而在砂土中效果不甚明显。对K的吸收在三种土壤中都有作用,但由于环境关系和试验的条件所限,其所表现出来的效果比较复杂。总之,有关保水剂在不同土壤质地中对作物吸收N、P、K养分的影响,还需进一步的试验研究与探讨。

3　结论与讨论

(1)在不同土壤中,保水剂发挥的效果是不一样的,在壤土和砂壤土中要比砂土中效果更明显，特别是在砂壤土中，保水剂能使植株长得更强壮，而在砂土中效果不大。

(2)作物在不同土壤和保水剂配方条件下持续耐旱天数研究表明，砂壤土在作物生长后期的保水效果最好，在同等条件下，营养型抗旱保水剂比博亚保水剂的保水效果明显。

(3)施入保水剂对作物对 N、P、K 养分的吸收有较好的促进作用，特别是在砂壤土和壤土中，保水剂对促进作物对 N、P、K 养分的吸收效果明显。

(4)由于受试验条件和时间的限制，试验误差在所难免，有关保水剂的优良配方和不同土壤质地保水剂对作物养分吸收的影响，还需要进一步的试验研究与探讨。

参考文献

[1] 介晓磊，李有田，韩燕来，等. 保水剂对土壤持水性的影响[J]. 河南农业大学学报，2000(1)：22－24.

[2] 杜太生，康绍忠，魏华，等. 保水剂在节水农业中的应用研究现状与展望[J]. 农业现代研究，2000，21(5)：317－320.

[3] 黄凤球，杨立光，黄承武，等. 化学节水技术在农业上的应用效果研究[J]. 水土保持研究，1996，3(3)：118－124.

[4] 史兰波，李云萌. 保水剂在节水农业中的应用[J]. 生态农业研究，1993，1(2)：89－93.

[5] 蔡典雄，王小彬，Keith Saxton. 土壤保水剂对土壤持水特性及作物出苗的影响[J]. 土壤肥料，1999(1)：6－13.

保水剂穴施对红薯增产效应的影响

郑惠玲[1] 武继承[2] 史福刚[2]

(1.河南省土壤肥料站,郑州 450002;
2.河南省农业科学院植物营养与资源环境研究所,郑州 450002)

摘要:研究了旱作区红薯施用保水剂情况下的增产效应,结果表明不同保水剂对红薯发育、形状、产量和降水利用具有积极效果。施用营养型抗旱保水剂和营养型抗旱保水剂+多元微肥穴施红薯单株重、单块重均有不同程度的增加,并分别增产14.07%和23.74%;不同保水剂不同红薯品种试验表明不同保水剂对不同品种的适应性有一定的差异性,其中徐薯18表现为进口保水剂>营养型抗旱保水球>营养型抗旱保水剂>高能抗旱保水剂>枝改性保水剂>对照,分别增产5.44%~21.91%;豫薯13则表现为进口保水剂>营养型抗旱保水球>高能抗旱保水剂>营养型抗旱保水剂>枝改性保水剂>对照,分别增产2.86%~11.43%。

关键词:营养型抗旱保水剂 红薯 增产效应

红薯是旱作区的优势作物,但普遍存在着产量低而不稳、病害严重等问题。为探索减轻红薯旱灾和病虫害严重的问题,同时提高新产品、新技术在农业上的应用,根据"十五"国家863节水农业项目研究和技术推广应用的实际,2001~2004年我们在红薯粉条驰名和三粉加工业基础较好的禹州市郭连乡岗孙村的旱岗地上进行了营养型抗旱保水剂的穴施和不同保水剂不同红薯品种的增产效应试验研究。

1 试验材料与方法

试验设置在半湿润易旱区863节水农业项目禹州试验基地的旱岗地,年降水量641mm,其中60%以上集中在夏季,存在较严重的春旱、伏旱和秋旱;土壤为褐土,土壤母质为黄土性物质,耕层土壤养分状况为有机质10.3 g/kg、全氮0.86 g/kg、水解氮41.32 mg/kg、速效磷8.78 mg/kg、速效钾95.8 mg/kg。

营养型抗旱保水剂试验设对照、保水剂和保水剂+微肥三个处理,各3次重复,随机排列。试验用保水剂为河南省农业科学院研制的营养型抗旱保水剂,使用方法为穴施,保水剂用量为60 kg/hm^2。

不同保水剂不同红薯品种增产效应试验设营养型抗旱保水剂、营养型抗旱保水球、高能抗旱保水剂、枝改性保水剂、进口保水剂和对照等六个处理,各3次重复,随机排列。使用方法为穴施,保水剂用量均为60 kg/hm^2。

基金项目:"十五"国家863节水农业课题(2002AA2Z4291)和河南省重点科技攻关项目。

作者简介:郑惠玲(1966—),女,河南永城人,农艺师,主要从事土壤肥料和农业节水的研究与推广。

试验肥料氮磷配比为 $N_{12}P_6$(即施纯 N 12 kg/亩，施 P_2O_5 6 kg/亩)，磷肥和氮肥作底肥一次性施入。

试验用红薯种分别为脱毒徐薯 18 和豫薯 13。

2　试验结果分析

2.1　营养型抗旱保水剂对红薯增产效应的影响

从表 1 可以看出，营养型抗旱保水剂、营养型抗旱保水剂 + 多元微肥两个处理均有明显的增产效果，实测产量结果表明营养型抗旱保水剂和营养型抗旱保水剂 + 多元微肥处理分别比对照增产 14.07% 和 23.74%，主要是单株重、单块重均有不同程度的增加。田间调查表明，营养型抗旱保水剂和营养型抗旱保水剂 + 多元微肥对红薯黑斑病等病害具有一定的防治效果，营养型抗旱保水剂处理的坏红薯减少 83.6%，营养型抗旱保水剂 + 多元微肥处理的坏红薯减少 90.7%。说明抗旱保水剂与多元微肥的复合施用为解决红薯的病害问题提供了有效的途径，但其机理和效果尚待进一步的研究。

表 1　2001 年抗旱保水剂穴施对红薯产量的影响

项目	CK		营养型抗旱保水剂		营养型抗旱保水剂 + 多元微肥	
	单株重(kg)	单块重(kg)	单株重(kg)	单块重(kg)	单株重(kg)	单块重(kg)
1	0.70	0.23	0.80	0.80	0.85	0.43
2	0.70	0.23	0.70	0.18	0.92	0.41
3	1.06	0.21	1.04	0.26	1.21	0.30
4	1.02	0.20	1.04	0.26	1.24	0.31
5	1.04	0.21	1.17	0.59	1.12	0.56
6	0.85	0.85	1.17	0.59	1.32	0.44
7	1.25	0.42	0.65	0.33	0.55	0.28
8	0.85	0.17	1.47	0.29	1.85	0.46
9	0.49	0.25	1.10	0.37	1.40	0.47
10	0.89	0.22	0.98	0.33	1.10	0.37
11	0.54	0.18	0.68	0.34	0.75	0.25
12	0.76	0.38	0.68	0.34	0.75	0.38
13	0.32	0.16	0.85	0.28	1.05	0.35
14	0.70	0.23	0.30	0.30	0.40	0.40
15	0.43	0.22	0.75	0.38	0.80	0.40
合计	11.60	4.16	13.38	5.64	15.31	5.81
平均	0.77	0.28	0.89	0.38	1.02	0.39
产量(kg/hm^2)	28 950		33 023		35 820	
比 CK 增产(%)			14.07		23.73	

2.2 不同保水剂对不同红薯品种的增产效应分析

在前期试验的基础上,我们进一步安排了不同保水剂、不同红薯品种的增产效应试验。从表2可以看出,不同保水剂对红薯具有明显的增产效应,其中徐薯18以进口保水剂增产幅度最大,为21.91%;其次是营养型抗旱保水球,增产20.26%,营养型抗旱保水剂和高能抗旱保水剂相近,分别增产14.22%和13.12%,枝改性保水剂仅增产5.44%。

豫薯13以进口保水剂增产幅度最大,为11.43%;其次为营养型抗旱保水球,增产8.57%,高能抗旱保水剂增产6.67%,营养型抗旱保水剂和枝改性保水剂仅分别增产4.19%和2.86%。与徐薯18相比,虽然保水剂处理的增产效应是一致的,但其营养型抗旱保水剂处理没有高能抗旱保水剂处理高,说明不同的保水剂对不同耐旱性品种的适应性有一定的差异,尚有待进一步深化研究。

经过方差分析表明,处理间达到显著性差异水平(见表3);差异显著性分析表明不同保水剂品种处理间与对照相比,均达到了5%的显著水平,只有处理5不显著,而处理4则达到了1%的极显著水平(见表4)。

表2 不同红薯品种抗旱保水剂增产效应研究

处理	营养型抗旱保水球	营养型抗旱保水剂	高能抗旱保水剂	进口保水剂(美国)	枝改性保水剂	对照
徐薯18(kg/亩)	1 773.57	1 684.48	1 668.29	1 797.86	1 554.91	1 474.73
比对照增产(kg/亩)	298.84	209.75	193.56	323.13	80.18	
比对照增产(%)	20.26	14.22	13.12	21.91	5.44	
豫薯13(kg/亩)	1 846.45	1 771.95	1 814.06	1 895.04	1 749.27	1 700.68
比对照增产(kg/亩)	145.77	71.27	113.38	194.36	48.59	
比对照增产(%)	8.57	4.19	6.67	11.43	2.86	

表3 方差分析

变异来源	自由度	平方和	均方	F
品种间	1	56 527.786	56 527.786	29.095
处理间	5	92 747.521	18 549.504	9.547*
误　差	5	9 714.490	1 942.898	
总变异	11	158 989.797		

$F_{0.1}=3.45$　$F_{0.05}=5.05$　$F_{0.01}=10.97$

表4　差异显著性比较

处理	平均	5%	1%
4	1 846.45	a	A
1	1 810.01	ab	AB
3	1 741.17	ab	AB
2	1 728.21	b	AB
5	1 652.09	bc	B
6	1 587.70	c	B

3　结果讨论

(1)营养型抗旱保水剂和营养型抗旱保水剂+多元微肥穴施对红薯增产具有明显的效果,主要是单株重、单块重均有不同程度的增加,与对照相比分别增产14.07%和23.74%;同时,对红薯黑斑病等病害有良好的防治效果,但其机理有待于进一步的深化研究。

(2)不同保水剂不同红薯品种试验表明,保水剂穴施红薯增产效果明显。其中徐薯18表现为进口保水剂>营养型抗旱保水球>营养型抗旱保水剂>高能抗旱保水剂>枝改性保水剂>对照,其增产幅度为5.44%~21.91%;豫薯13则表现为进口保水剂>营养型抗旱保水球>高能抗旱保水剂>营养型抗旱保水剂>枝改性保水剂>对照,其增产幅度为2.86%~11.43%。二者相比,同等措施下徐薯18比豫薯13增产更加显著,说明不同的保水剂对不同耐旱性品种的适应性有一定的差异,但其机理尚有待进一步深化研究。

(3)保水剂的应用是一个系统的工程,今后应该针对不同区域土壤、不同的降水条件和农作物类型,逐步建立起保水剂应用、补充灌溉和种植模式相结合的化学节水应用技术体系。

参考文献

[1] 武继承,张长明,王志勇,等. 河南省降水资源高效利用技术研究与应用[J]. 干旱地区农业研究,2003,21(3):152-155.

[2] 武继承,游保全,汪立刚. 我国高效节水型可持续农业发展模式的选择[J]. 中国人口资源与环境,2001,11(2):69-72.

[3] 汪立刚,武继承,王林娟. 保水剂有效使用的土壤水分条件及对小麦的增产效果[J]. 土壤,2003,18(3):85-89.

[4] 孙进,徐阳春,沈其荣,等. 施用保水剂和稻草覆盖对作物和土壤的效应[J]. 应用生态学报,2001,12(5):731-734.

[5] 武继承,王志和,何方,等. 不同技术措施对降水利用和土壤养分的影响[J]. 华北农学报,2005,20(6):85-89.

[6] 姜鹏会. 造林应用抗旱保水剂可提高成活率[J]. 黑龙江林业,2003(10):31.

秸秆覆盖和保水剂施用对小麦玉米两熟制水分利用的影响

武继承

（河南省农业科学院植物营养与资源环境研究所，郑州 450002）

摘要：对秸秆覆盖和保水剂施用对小麦玉米产量、土壤水分和水分利用的影响研究表明，合理灌水有利于小麦群体发育，提高成穗数量、株高、穗粒数和千粒重，从而促进小麦增产，以处理3效果最佳，增产11.83%；但过多灌水反而影响小麦产量，处理5减产1%。另外，还影响到玉米产量，小麦灌水处理种植玉米分别比对照增产7.31%～16.15%，其中处理4增产效果最佳，增产16.15%。夏秋两季作物产量分析表明，在河南省中产灌区节水、丰产、高效的小麦玉米两熟制最佳补充灌溉量为80～120m^3/亩。土壤含水量动态变化表明，秸秆覆盖与保水剂相结合适量补充灌水有利于改善和补偿土壤水分，而且有影响全年作物生长的趋势。土壤有效养分和有机质下降趋势表明，种植秋玉米应适当追施或底施少量磷肥，同时加大夏季作物秸秆的还田量。

关键词：小麦　玉米　两熟制　土壤水分　水分利用　秸秆覆盖　保水剂

保水剂的应用是旱作节水农业研究中的热点问题之一[1~4]，但对于不同水分条件下保水剂使用效果的研究相对较少[5~7]。河南省既是一个农业大省，又是水资源十分缺乏的省份，全省水资源总量约413亿m^3，人均水资源占有量仅412 m^3，不足全国人均水平的1/5，常年缺水30亿～50亿m^3，但单方水生产效率仅0.8～1.1 kg/m^3，仅为以色列20世纪90年代水平的50%左右；降水利用率约45%，具有很大的发展潜力。因此，寻求新技术、新产品与传统节水技术的结合是提高水资源利用的有效途径。为确定抗旱保水剂与秸秆覆盖的最佳水分条件，实现高效利用灌水和提高旱作区经济效益的目的，根据国家863节水农业项目和河南省科技攻关项目的要求，2004～2006年进行了秸秆覆盖和保水剂施用对小麦玉米周年水分利用的影响研究。

1　材料与方法

试验安排在许昌县蒋李集乡寇庄村基本农田内进行；土壤成土母质为河流冲积物，土

基金项目："十五"和"十一五"国家863节水农业项目（2002AA2Z4291、2006AA100215）和河南省重点科技攻关项目（0423102600）。

作者简介：武继承（1965—），男，河南通许人，博士，研究员，主要从事农业节水和土壤养分资源利用与管理等方面的研究工作。

壤类型为壤质潮土，基础土壤肥力为全氮 1.02 g/kg、速效氮 98.6 mg/kg、速效磷 8.26 mg/kg、有机质 2.19 g/kg、速效钾 127.3 mg/kg。

试验设秸秆覆盖、保水剂与不同补灌量相结合，三种条件 5 个处理：①对照(CK)；②拔节、孕穗期各灌 20 m^3；③拔节、孕穗期各灌 40 m^3/亩；④拔节、孕穗期各灌 60 m^3；⑤拔节、孕穗期各灌 80 m^3/亩。随机区组设计，小区面积 3 m×5 m=15 m^2，3 次重复。供试小麦品种为周麦 18，单位播种量为 120 kg/hm^2。试验用保水剂为本单位研制的营养型抗旱保水剂，单位用量为 45 kg/hm^2；秸秆还田量为 6 000 kg/hm^2。试验所用氮肥为尿素，含氮 46%；磷肥为一铵，含氮 11%，含 P_2O_5 44%；钾肥为氯化钾，含 K_2O 60%。统一管理，统一进行除草剂、纹枯病、条锈病、红蜘蛛和麦健等化控技术应用与管理。

2 结果分析

2.1 对群体动态变化的影响

从表 1 可以看出，在秸秆覆盖和保水剂施用条件下，不同水分条件在不同生育期的群体变化具有不同的特征。特别是拔节期进行补灌后各水分处理的总群体均高于对照，但孕穗期灌水后，适度灌水有利于群体发育(处理 2、处理 3、处理 4)，而过度灌水(处理 5)群体反而降低；成熟期各水分处理的成穗数量均高于对照。

表 1 不同生育期群体动态变化特征 (单位：万/亩)

日期(月-日)	11-10	12-13	02-19	03-21	04-24	05-09	05-26
处理 1	28.67	43.33	98.67	95.33	50.00	38.33	37.33
处理 2	31.67	49.00	98.67	100.00	53.33	39.33	38.00
处理 3	26.67	44.00	100.00	101.00	55.00	39.33	38.67
处理 4	25.67	45.33	98.00	96.67	52.67	40.00	40.00
处理 5	26.67	65.33	106.67	96.67	49.67	38.33	38.00

2.2 对小麦生长发育的影响

从表 2 可以看出，株高除处理 4 外，均有所增高；穗长变化比较复杂，但总体呈缩短趋势，主要是对照穗长而稀，部分不孕穗长所致；穗粒数均有所提高，分别提高 0.60～2.95 粒；千粒重处理 4、处理 5 降低，处理 2、处理 3 分别提高 0.5～0.8 g。

2.3 对小麦产量的影响

从表 2 和图 1 可以看出，合理的灌水对小麦增产具有积极效果，并以处理 3 增产效果最佳，增产 11.83%，其次为处理 4。但过多的灌水反而影响小麦的产量，处理 5 减产 1%。以上分析表明小麦生育期所需的水量是有规律可循的，为今后小麦的节水灌溉提供了科学依据。

2.4 对玉米生长发育性状和产量的影响

从表 3 可以看出，不同处理秋季种植的玉米在不进行补充灌溉的情况下，玉米产量有一定的差异性。在同等条件下，夏季小麦灌水处理种植玉米分别比对照增产 7.31%～16.15%，其中处理 4 增产效果最佳，增产 16.15%，其次为处理 5，增产 15.38%。

表2　不同处理对小麦产量三要素和产量变化的影响

项目	株高(cm)	穗长(cm)	穗粒数(粒)	千粒重(g)	Ⅰ(kg)	Ⅱ(kg)	Ⅲ(kg)	样行平均(kg)	产量(kg/hm^2)	比对照(%)
处理1	73.2	8.0	32.05	40.8	2.6	2.92	2.8	2.77	7 138.0	
处理2	74.0	7.5	32.90	41.3	2.9	3.02	2.6	2.84	7 315.7	2.49
处理3	74.0	7.4	32.65	41.6	3.25	3.1	2.92	3.09	7 982.4	11.83
处理4	69.8	8.0	35.00	39.8	3.02	2.86	3.04	2.97	7 671.3	7.47
处理5	73.7	7.8	33.05	40.6	2.8	2.64	2.8	2.75	7 066.8	-1.00

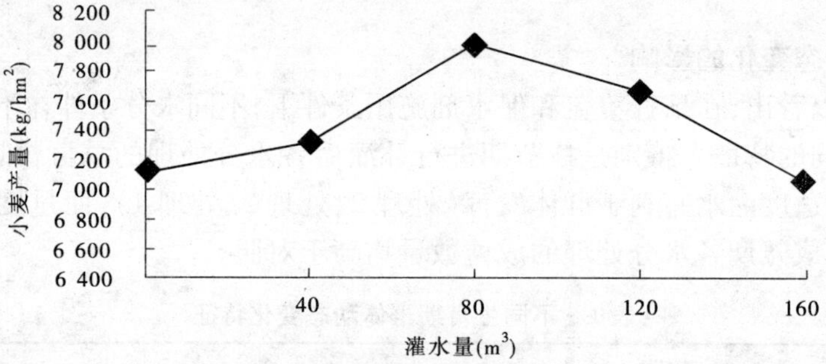

图1　不同灌水对小麦产量的影响

2.5　对夏秋两季作物产量的累加效应

将夏秋两季粮食产量累加,结果发现在适量灌水的情况下,对粮食全年增产增收具有明显的效果(见表3)。全年增产效果最好的是处理4和处理3,分别增产11.84%和11.68%。

对夏秋两季作物产量的分析表明,在河南省中产灌区节水、丰产、高效的小麦-玉米两熟制最佳的灌溉量是80~120 m^3。

表3　不同处理对玉米生长发育性状和产量的影响

项目	株高(cm)	穗位(cm)	穗长(cm)	玉米产量(kg/hm^2)	比对照(%)	小麦玉米总产量(kg/hm^2)	比对照(%)
处理1	244.4	96.8	18.24	7 222.2		14 360.2	
处理2	249.4	108.7	16.36	7 750.0	7.31	15 065.7	4.91
处理3	253.0	103.4	16.50	8 055.6	11.54	16 038.0	11.68
处理4	208.8	92.0	17.00	8 388.9	16.15	16 060.2	11.84
处理5	253.8	102.0	17.08	8 333.3	15.38	15 400.1	7.24

2.6　对土壤水分的影响

从表4和图2可以看出,不同处理的土壤水分含量有显著的差异。对照各层次的土壤水分含量在小麦和玉米收获后都低于其他不同处理层次的土壤水分含量,因为仅靠自然降水对其水分的补充是不够的。同时,由于小麦产出量的不同,各处理并不因为补充灌水量大,土壤含水量就大,但适量灌水对土壤含水量的补偿效应是十分显著的,特别是在小麦收获后和玉米收获后的两次观测,3、4、5 三个处理在 60 cm 以下层次表现得比较明显。总之,不同时期不同处理次含水量的变化动态表明,适量补充灌水和秸秆覆盖与保水剂相结合有利于改善和补偿土壤水分,维持小麦 - 玉米两熟制作物产量的稳定与提高。

表4　不同处理对不同层次土壤水分变化的影响

项目	层次(cm)	含水量(%)				
		处理1	处理2	处理3	处理4	处理5
基础样品	0~20	14.53	15.08	13.65	14.92	14.67
	20~40	14.62	14.71	15.53	15.15	14.84
	40~60	15.41	15.81	15.92	15.04	15.32
	60~80	15.23	15.90	16.03	15.91	15.68
	80~100	16.84	16.58	16.88	16.52	16.97
	100~120	16.98	17.03	17.21	17.01	17.43
小麦收获后	0~20	13.84	14.20	14.63	14.91	15.13
	20~40	9.52	11.54	12.41	12.48	12.98
	40~60	9.59	10.86	11.71	10.93	10.07
	60~80	11.19	12.49	12.03	14.24	12.21
	80~100	11.79	12.36	12.52	14.90	14.18
	100~120	12.36	12.75	13.93	14.90	13.77
玉米收获后	0~20	19.15	19.89	20.08	19.48	19.35
	20~40	17.80	18.76	19.91	20.94	18.39
	40~60	17.53	19.67	19.89	20.82	19.15
	60~80	17.58	19.75	19.93	20.92	21.14
	80~100	19.40	20.10	20.41	21.85	21.19
	100~120	19.02	20.17	20.37	21.00	20.42

从表4和图3可以看出,不同时期不同处理的土壤水分含量一般以底层最高,20~60 cm 深处有一水分凹槽,这是作物生长水分需求较大、土壤水分短期匮缺所致,与长期定位研究结果一致[7]。但小麦收获后由于一场降水,因而表层最高,同时也说明由于小麦生长发育的需要,灌水量小或不及时,作物生长吸取土壤水分的量较大,因而土壤水分补偿不及时,并影响夏季作物的生长。小麦收获后,表层和 20~40 cm 两层各处理的土壤含水量均为处理5 > 处理4 > 处理3 > 处理2 > 处理1,40~60 cm 各处理的土壤含水量均为处理3 > 处理4 > 处理2 > 处理5 > 处理1,60~80 cm 各处理的土壤含水量均为处理4 > 处理2 > 处理5 > 处理3 > 处理1,80~100 cm 各处理的土壤含水量均为处理4 > 处理5 > 处

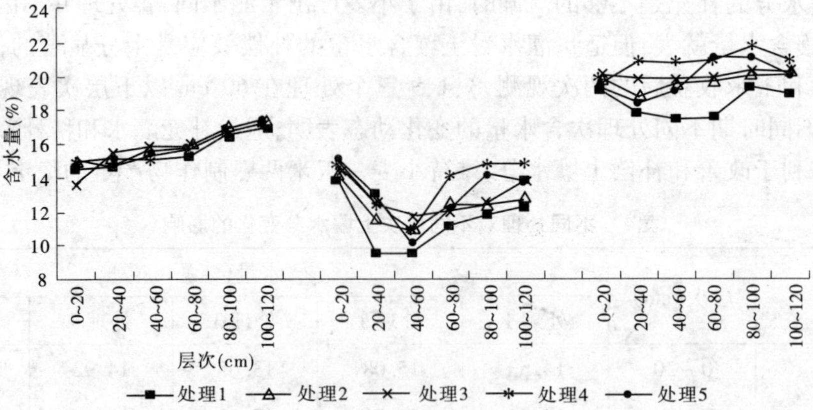

图 2　不同处理不同层次土壤水分的变化特征

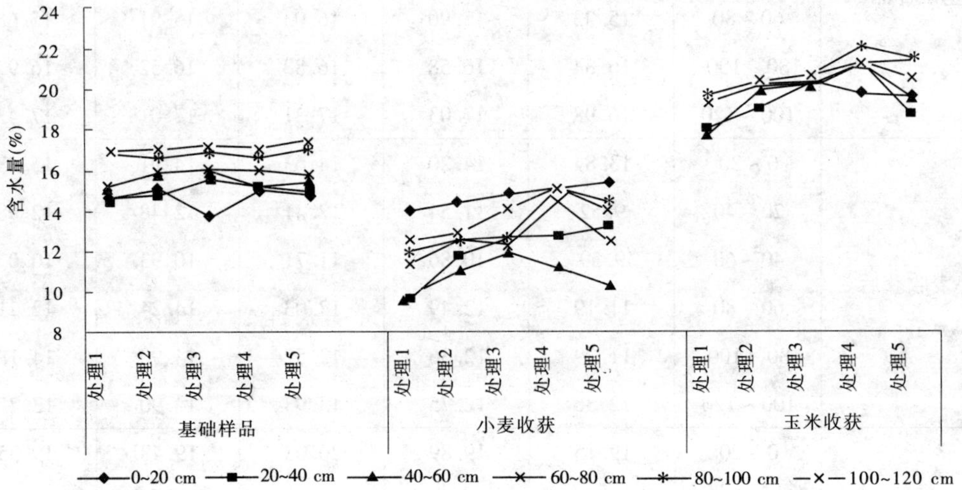

图 3　不同处理不同时期土壤含水量的变化特征

理 3 > 处理 2 > 处理 1，100 ~ 120 cm 各处理的土壤含水量则为处理 4 > 处理 3 > 处理 5 > 处理 2 > 处理 1。总之，小麦收获后，由于补充灌水对土壤水分的补偿效应，各灌水处理的土壤含水量明显高于对照。

玉米收获后，表层各处理的土壤含水量为处理 3 > 处理 2 > 处理 4 > 处理 5 > 处理 1，20 ~ 40 cm 和 40 ~ 60 cm 两层各处理的土壤含水量均为处理 4 > 处理 3 > 处理 2 > 处理 5 > 处理 1，60 ~ 80 cm 各处理的土壤含水量均为处理 5 > 处理 4 > 处理 3 > 处理 2 > 处理 1，80 ~ 100 cm 和 100 ~ 120 cm 两层各处理的土壤含水量均为处理 4 > 处理 5 > 处理 3 > 处理 2 > 处理 1。总之，由于秋季耗水作物玉米对水分的需求平衡，玉米收获后，各灌水处理的土壤含水量仍然明显高于对照，说明小麦生长季节的补充灌水对土壤水分的补偿效应有影响全年作物生长的趋势。

2.7　对土壤养分的影响

从表 5 可以看出，与播种前相比，一年后各处理的有效态养分和有机质含量呈总体下降趋势。其中速效氮表现为处理3、处理4、处理5下降,处理1、处理2持平;速效钾表现为处理2、处理3下降,处理1、处理4、处理5上升;速效磷和有机质则为整体下降。这一分析结果说明秋季种植玉米应适当追施或底施少量磷肥,同时加大夏季作物秸秆的还田力度,不断提高土壤有机质,增强高产稳产的水平。

表5　不同处理对土壤养分的影响

时间	处理	速效氮(mg/kg)	速效磷(mg/kg)	速效钾(mg/kg)	有机质(g/kg)
播种前	1	98.8	8.89	86.3	2.63
	2	86.5	8.81	84.7	2.28
	3	90.5	8.74	89.8	2.25
	4	86.5	8.80	84.9	2.38
	5	90.6	8.90	88.6	3.01
秋收后	1	98.8	6.46	95.5	2.40
	2	86.5	8.20	82.9	2.16
	3	89.0	6.02	84.4	2.22
	4	80.0	8.61	89.8	2.23
	5	89.7	7.94	90.5	2.26

3　结论与讨论

(1)试验表明适度灌水有利于群体发育,而过度灌水(处理5)群体反而降低,特别是拔节期补灌。成熟期灌水处理的成穗数量高于对照;适度灌水株高有所增高;穗形表现为密而短,对照则稀而长;穗粒数分别提高0.6~2.95粒;千粒重高灌水降低,低灌水提高。

(2)合理灌水对小麦增产具有积极效果,以处理3增产效果最佳,增产11.83%。但过多灌水反而影响小麦产量,处理5减产1%,并影响到玉米产量,小麦灌水处理种植玉米分别比对照增产7.31%~16.15%,其中处理4增产效果最佳,增产16.15%。这为小麦-玉米两熟制周年需水、节灌提供了科学依据。

(3)对夏秋两季作物产量的分析表明,在河南省中产灌区节水、丰产、高效的小麦-玉米两熟制最佳的灌溉量是80~120 m^3。

(4)土壤含水量的变化动态表明,秸秆覆盖与保水剂相结合适量补充灌水有利于改善和补偿土壤水分,而且小麦季节补灌对土壤水分的补偿效应有影响全年作物生长的趋势。该问题有待于进一步深化研究。

(5)与播种前比,小麦玉米周年收获后的有效态养分和有机质含量呈总体下降趋势,特别是速效磷和有机质整体下降。说明种植秋玉米应适当追施或底施少量磷肥,同时加大夏季作物秸秆的还田力度,从而增强高产稳产的水平。

参考文献

[1] 武继承,王志和,何方,等. 不同技术措施对降水和土壤养分的影响[J]. 华北农学报,2005,20(6):73-76.

[2] 武继承,杨稚娟,何方,等. 试论河南省旱地节水农业发展的有效途径[J]. 河南农业科学,2006(1):5-8.

[3] 黄风球,杨立光,黄承武,等. 化学节水技术在农业上的应用效果研究[J]. 水土保持研究,1996,3(3):118-124.

[4] 杜晓东,王丽娟,刘作新. 保水剂及其在节水农业上的应用[J]. 河南农业大学学报,2000,34(3):255-259.

[5] 史福刚,杨稚娟,王志勇. 水分条件对保水剂增产效应的影响[M]//梅旭荣,等. 节水高效农业理论与技术. 北京:中国农业科学出版社,2004:226-228.

[6] 汪立刚,武继承,王林娟. 保水剂有效使用的土壤水分条件及对小麦的增产效果[J]. 土壤,2003(1):80-82.

[7] 武继承,王志和,徐建新. 河南省旱作节水农业建设的技术途径[M]. 郑州:黄河水利出版社,2006:52-74.

营养型抗旱保水球增产效应试验研究

褚小军[1]　武继承[2]　何　方[2]　王东海[3]

(1. 河南省土壤肥料站,郑州 450002;
2. 河南省农业科学院土壤肥料研究所,郑州 450002;
3. 辉县市张村乡政府)

摘要:通过两种水分条件(灌水和不灌水)下营养抗旱保水球增产效应研究表明,施用营养型抗旱保水球可以增加小麦千粒重、穗长、穗粒数,具有明显的增产效应。通过合理的补充灌溉有利于小麦的生长发育,在不灌水和补灌一水的情况下,亩施 4 ~ 8 kg 保水球时旱地小麦增产显著。合理施用营养型抗旱保水球可以显著提高降水利用效率,试验表明保水球处理降水利用效率分别增加 0. 04 ~ 0. 26 kg/mm,以亩施 8 kg 效果最为显著。

关键词:营养型抗旱保水球　小麦　增产效应

水资源短缺越来越成为制约国民经济发展的重要因素之一。发展节水农业,增强雨水蓄渗能力、减少径流、保持水土、提高水分利用率是农业可持续发展的基础;各种田间节水技术的研究和新产品开发越来越受到重视。有关控制土壤蒸发、提高水分利用率和土壤增容扩蓄能力等方面的化控节水技术是一种新发展起来的、前景广阔的农艺节水技术。其中,利用保水剂来提高土壤对降水及灌溉水的蓄存能力以达到节水增产的目的是目前节水研究的一种新途径。营养型抗旱保水球是在保水剂的基础上研制出来的一种新产品,为确定其在农作物上的增产效应,2001 ~ 2002 年我们进行了营养型抗旱保水球小麦增产效应试验研究。

1　试验材料与方法

试验安排在辉县 863 节水农业示范区的旱耕地,土壤为中壤质褐土,年降水量 558 mm,其中 60% 左右集中在夏季,存在较严重的春旱、伏旱、秋旱;土壤耕层土壤养分状况为有机质 9. 8 g/kg、全氮 0. 78 g/kg、水解氮 46. 8 mg/kg、速效磷 7. 82 mg/kg、速效钾 123. 5 mg/kg。

试验设补充灌水和不灌水两种水分条件,营养型抗旱保水球处理设 CK、2、4、8、10 kg/亩共 5 个处理,3 次重复,随机排列。小麦品种采用豫麦 34,播种量为 10 kg/亩,播期为 10 月 15 日,统一播种、统一管理。处理周围设 1. 5 m 宽保护行;11 月 15 日选定小麦定苗样段,分析小麦株高、分蘖、成穗、穗长、穗粒数等生长发育特征。试验用肥料采用过磷酸钙(含 P_2O_5 12%)、尿素(含 N 46%)。氮磷配比为 $N_{12}P_8$(亩施纯 N 12 kg,亩施 P_2O_5

基金项目:“十五”国家 863 节水农业项目(2002AA2Z4291)。

作者简介:褚小军(1969—),男,农艺师,主要从事土壤肥料研究推广工作。

8 kg)，磷肥和50%的氮肥作底肥一次性施入，50%的氮肥作追肥在拔节期追施；补充灌水时间为追肥后，灌水量为30 m^3/(次·亩)。

2　试验结果分析

2.1　保水球对小麦发育性状的影响

从表1可以看出，保水球在不同水分条件下对小麦的发育性状表现出不同的特征。在不灌水条件下，施用保水球的处理除处理1外，其他处理千粒重均有所提高；除处理2外，其他处理穗粒数均有所增加；除处理4外，其他处理穗长均有所增长；除处理3外，其他处理株高均有所降低。

在补灌一水时则表现出明显不同的特征，施用保水球的处理除处理4外，株高均有所增加；千粒重、穗长、穗粒数均有所提高；说明施用保水球后合理的补充灌溉有利于小麦的生长发育。

表1　保水球对小麦发育性状的影响

处理		株高(cm)	穗长(cm)	穗粒数(个)	千粒重(g)
不灌水	CK	60.2	6.7	24.2	44.2
	处理1	58.1	6.9	25.1	44.0
	处理2	56.2	7.4	23.8	45.0
	处理3	61.5	7.2	28.7	46.7
	处理4	52.1	6.5	24.9	46.0
补灌一水	CK	45.0	6.5	21.5	41.0
	处理1	46.0	6.6	26.0	42.2
	处理2	47.4	7.3	25.7	43.0
	处理3	54.0	6.8	23.7	43.0
	处理4	44.0	6.9	24.2	41.4

2.2　保水球对小麦产量的影响

从表2、图1、图2可以看出，施用营养型抗旱保水球的处理与对照相比具有明显的增产效应。在不灌水的情况下，施用保水球的处理均较对照增产，其增产幅度为18.7%～56.8%(见表2、图1)，其中以亩施4 kg处理增产效果最佳，其增幅达56.8%，其后依次为亩施4 kg、10 kg和2 kg。

在补灌一水的情况下，施用保水球的处理也较对照增产显著，其增产幅度为9.4%～45.8%(见表2、图2)，其中以亩施8 kg处理增产效果最佳，其增幅达51.1%，其后依次为亩施4 kg、2 kg和10 kg。

上述分析表明，在不灌水和补灌一水的情况下，亩施4～8 kg保水球时对旱地小麦具有明显的增产效应。

表2　保水球对小麦增产效应的影响

处理		Ⅰ (kg/亩)	Ⅱ (kg/亩)	Ⅲ (kg/亩)	平均产量 (kg/亩)	较 CK 增(%)
不灌水	CK	127.2	233.3	208.3	189.6	
	处理1	181.0	216.8	227.0	208.3	18.7
	处理2	191.5	253.3	203.8	216.2	26.6
	处理3	243.5	222.2	273.5	246.4	56.8
	处理4	193.7	229.0	216.0	212.9	23.3
补灌一水	CK	139.0	210.9	206.3	185.4	
	处理1	251.7	206.8	221.7	226.7	41.3
	处理2	270.2	197.5	226.0	231.2	45.8
	处理3	227.2	241.3	241.0	236.5	51.1
	处理4	166.7	166.8	250.8	194.8	9.4

2.3　保水球对降水利用效率的影响

根据当地气象部门测定，当年小麦全生育期降水量为 216 mm，通过对比分析可以看出（见表3），施用营养型抗旱保水球处理均比对照的降水利用效率有所提高。在不灌水条件下，施用营养型抗旱保水球处理降水利用效率分别增加 0.08～0.26 kg/mm，并以亩施 8 kg 处理降水利用效率提高最大，增加 0.26 kg/mm。

表3　不同保水剂施用量降水相对利用率和利用效率分析

处理	不灌水					补灌一水				
	CK	处理1	处理2	处理3	处理4	CK	处理1	处理2	处理3	处理4
产量(kg/亩)	189.6	208.3	216.2	246.4	212.9	185.4	226.7	231.2	236.5	194.8
利用效率(kg/mm)	0.88	0.96	1.00	1.14	0.99	0.86	1.05	1.07	1.09	0.90
较 CK 增(kg/mm)		0.08	0.12	0.26	0.11		0.19	0.21	0.23	0.04

在补灌一水条件下，施用营养型抗旱保水球降水利用效率处理分别增加 0.04～0.23 kg/mm，同不灌水处理一样，也以亩施 8 kg 处理降水利用效率提高最大，增加 0.23 kg/mm。

以上结果表明，合理使用营养型抗旱保水球对旱地小麦降水利用效率的提高具有明显的积极效果。

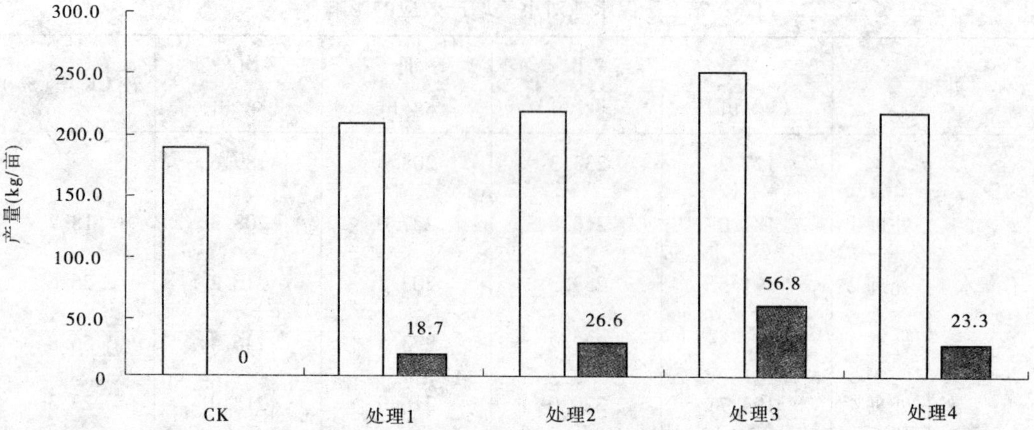

图 1　不灌水保水球的增产效应

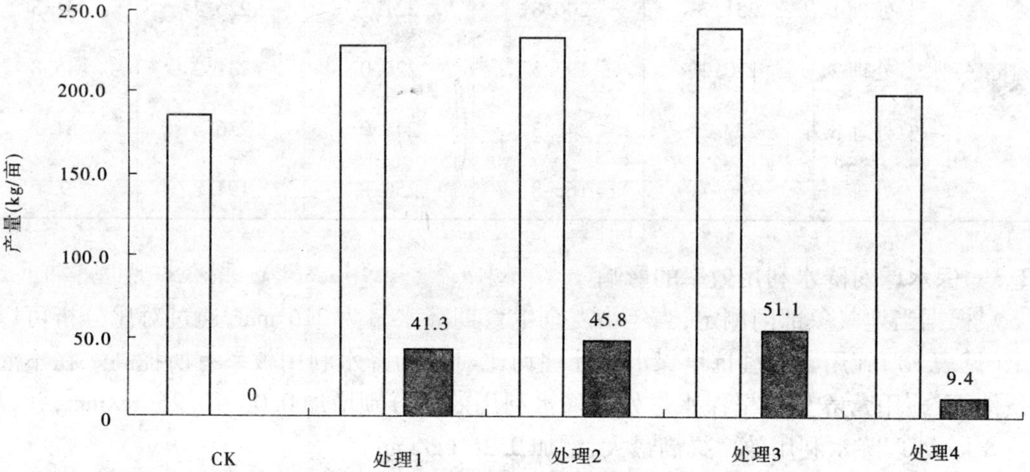

图 2　补灌一水保水球的增产效应

3　结果讨论

(1)施用营养型抗旱保水球对小麦千粒重、穗长、穗粒数等具有明显的积极效果,通过合理补充灌溉有利于小麦的生长发育。

(2)施用营养型抗旱保水球旱地小麦具有明显的增产效应,在不灌水和补灌一水的情况下,亩施 4 ~8 kg 保水球时旱地小麦增产显著。

(3)合理施用营养型抗旱保水球可以显著提高降水利用效率,试验表明保水球处理降水利用效率分别增加 0. 04 ~0. 26 kg/mm,并以亩施 8 kg 效果最显著。

营养型抗旱保水球配方研制及制造工艺

王洪伟[1]　武继承[2]　郑惠玲[3]　褚小军[3]

(1. 郑州市乳胶玻璃丝布厂,郑州 450041;
2. 河南省农业科学院,郑州 450002;
3. 河南省土壤肥料站,郑州 450002)

摘要:本文分析了目前保水剂生产中存在的一系列问题,阐述了营养型抗旱保水球配方研制及制造工艺的研究思路与方法,并详细叙述了营养型抗旱保水球的制造工艺与方法步骤以及产品的主要性能。

关键词:保水剂　问题　研究思路与方法　制造工艺与方法步骤　性能

1　研究背景

目前,全世界生产的各类高吸水材料主要有 4 种类型:一是以有机单体(丙烯酸、丙烯酰胺)为原料的全合成型;二是以纤维素为原料的纤维素接枝改性型;三是以淀粉为原料的淀粉接枝改性型;四是以天然矿物质等(如蛭石、蒙脱石、海泡石等)为原料的天然型。在国内 20 世纪 90 年代中期以前曾经有 40 多种各式各样的保水剂,但由于以下原因:一是工艺技术问题导致产品观感不好、质量不稳定;二是没有考虑农业上应用的特点,保水剂直接应用于农业生产上效果不稳定、性能不稳定;三是受原料、生产工艺、产品价格等多因素的影响,保水剂在农业生产上的示范、应用一直处于徘徊状态。20 世纪 90 年代中期以后,保水剂的开发又开始了新一轮的高潮,但农用保水剂产业化的难度相当大:一是单纯以有机单体为原料的保水剂产品,生产成本高,农民难以接受;二是在复合型保水剂与新型抗旱剂的技术配方、生产工艺及技术标准化等方面缺乏必要的研究和开发;三是现有的保水剂产品在生产实际中应用时技术性强,在使用方法的掌握上需要做一定的培训指导工作。另外,目前生产的保水剂多呈粉末状、薄片状、纤维状、液体状,并以粉末状应用为广。

针对这些问题,应从降低成本、保护环境、使用方便的着眼点出发,寻求可降解的高分子吸水材料、土壤矿物质、粉煤灰和植物营养成分等有机结合的解决途径,探索外壳与内核有机结合的复合型营养保水剂的研制——根据不同作物的需要,可以按要求制成不同规格的成型技术。

基金项目:“十五”国家 863 节水农业项目(2002AA2Z4291)。

作者简介:王洪伟(1955—),男,经济师,主要从事保水剂加工与研制。

2　研究思路与方法

本研究针对目前保水剂生产中存在的复合型保水剂技术配方、生产工艺等方面研究、开发的欠缺和保水剂产品成本高等一系列问题,以市场为导向,筛选低成本、可降解的土壤矿物质、粉煤灰、纤维素、稀土和植物营养等物质材料,采用多次配方配制和反复成型的方法,开发研制出复合保水剂的外壳,同时将高分子吸水材料与植物营养等有机地结合在一起,研制出新型的低成本营养型抗旱保水剂,组成内核,通过成型技术、复配制造技术,研制出内核与外壳结合在一起的高效、保水营养型抗旱保水剂和营养型抗旱保水球。

3　营养型保水球的制造工艺和方法步骤

3.1　营养型复合保水剂的制作

将高分子吸水材料、稀土、纤维素、微量元素、氮磷钾养分等复合型保水剂原料,通过交联剂、引发剂等有机地融合在一起,制成粉末状或小颗粒状营养型复合保水剂,其中高分子吸水材料70%～80%、稀土总含量为1‰～6‰、微量元素总含量为0.05%～1.5%、氮磷钾养分总含量6%～18%。吸水倍数为50～300倍。

3.2　外壳与营养型保水球的制作

(1)将土壤矿物质、纤维素、粉煤灰、稀土、黏合剂、杀虫剂、杀菌剂、氮磷钾养分和微量元素等原料按比例混合,搅拌均匀、混捏,制成营养球外壳坯体。

(2)将坯体放入甲、乙外模机具中。

(3)用内模机具冲压外模机具,成型为制作营养型保水球所需的两个半圆球体。

(4)将配置好的营养型复合保水剂按比例放入甲壳中。

(5)将甲、乙外壳加压扣合、脱模、烘干,即成本产品。

3.3　营养型保水球外壳坯体的原料制作

3.3.1　坯原料

土壤矿物质(如水云母、蛭石、蒙脱石、高岭石、三水铝石等黏土矿物),粉碎过60目筛。

粉煤灰,粉碎过40～60目筛。

微量元素、氮磷钾养分及杀虫剂、杀菌剂适量。

土壤矿物质与粉煤灰的比例为(6～8)∶1。

将以上物质充分搅拌,即成坯原料。

3.3.2　黏合剂的制作

甲液:水100 mL,聚乙烯醇2.5%,充分溶解。

乙液:水100 mL,羧甲基纤维素(速溶型)4%。

甲液和乙液混合均匀,比例为4∶1,即制成黏合剂。

3.3.3　坯料制作

将坯原料与母液以1∶0.95的比例充分混合,搅拌均匀、混捏,即制成坯体原料。

4　产品的主要性能

我们通过上千次的配方研制和5年多的田间试验,创造性地解决了高分子吸水材料、土壤矿物质、粉煤灰、纤维素、稀土和植物营养等有机结合的复配制造问题，使保水剂反复吸水的次数提高 50% ~150%，但生产成本却降低 50% 以上。本研究所涉及产品包括营养型抗旱保水剂和营养型抗旱保水球，分为内壳和外壳。内核主要增加土壤蓄水量，提高作物对自然降水的利用率，促根壮苗，增强作物的抗旱性能；外壳可以起到对蓄积水分的减蒸发和延长释放时间，并对内含的植物养分起到缓慢释放的作用，同时改良土壤结构，增强土壤蓄水能力。主要的功能和优点包括：

(1)持效性能好。内核充分吸水后呈水囊球，在外壳的保护下，在土壤中形成一个植物生长所需的"小水库"，比目前保水剂直接使用蒸发量降低 10% ~20%，延长释放时间 20 ~40 天。

(2)多种肥效。由于本研究在吸水材料中加入了氮、磷、钾和微量元素等多种植物营养，除具有抗旱保墒、增强作物抗逆性能外，还可以缓慢释放肥料，提高肥料利用效率。

(3)吸水速度快。在充分水分条件下，在土壤中 10 ~25 分钟可以使保水球的蓄水量达到饱和状态；水分释放缓慢，在埋深 15 ~20 cm 土层时，保水球蓄积的水分 80 ~120 天释放 95% 以上。

(4)耐储运。在防潮措施得当的情况下，可以长途运送，贮藏期可达 3 ~5 年。

(5)吸水倍数稳定。本研究涉及的系列产品吸水倍数为 50 ~300 倍。

(6)制造工艺简单。在充分吸收传统制造工艺的基础上，根据不同作物的需要和客户需求，我们研制了 0.1 ~20 cm 的配套系列模具，使制造工艺与方法更加简便。

(7)成本低廉。通过本研究一系列材料配方、制造工艺和模具的实施，营养型保水球和营养型抗旱保水剂的成本价格比国内普通保水剂的价格降低 50%，比比利时 TC 保水剂的价格降低 2/3。

(8)运用范围广。研究的系列产品不仅可以在农作物大田使用，而且可以运用到城市园艺、荒山绿化等多个方面，从而起到改善土壤条件、美化人类生存环境、实现农产品的无公害生产等。

(9)在综合国内外技术优势的基础上，将可降解的高分子吸水材料、土壤矿物质、稀土、粉煤灰和植物营养成分等有机地融合在一起，实现了单体保水剂与有机物质的有机结合，拓展了复合型保水剂的研究思路和制造工艺。

不同技术措施对降水利用和土壤养分的影响

武继承[1] 王志和[2] 何 方[1] 薛毅芳[1] 杨稚娟[1]

(1. 河南省农业科学院土壤肥料研究所,郑州 450002;
2. 河南省农村科学技术开发中心,郑州 450003)

摘要:通过豫西丘陵旱作区不同技术措施对降水利用和土壤养分的影响研究,表明不同技术措施对玉米发育性状、籽粒产量、土壤含水量和降水利用具有积极效果,其中玉米产量增产1.92% ~20.51%,以秸秆覆盖 + 营养型抗旱保水剂复合处理增产效果最显著,增产为15.38% ~20.51%;其次为营养型抗旱保水剂处理,增产 11.53% ~14.10%。降水利用效率分别提高 0.45~3.60 kg/(mm·hm^2)。其中以复合处理最好,提高 2.70~3.60 kg/(mm·hm^2);说明合理的技术集成是提高降水利用的最佳途径。化学节水技术产品以营养型抗旱保水剂处理的效果最好。同时,合理的秸秆覆盖可以提高土壤耕层的氮、磷、钾和有机质含量,否则将导致有效钾和有机质含量的降低。

关键词:玉米 旱地 降水利用 土壤养分

干旱缺水已成为我国农业发展的重要限制因素。尤其在我国北方 0.78 亿 hm^2 旱耕区,降水是解决干旱问题的主要水源,如何提高有限水资源的利用效率,是提高旱地农作物生产效率的关键问题[1]。因此,开展不同技术措施条件下的降水利用率研究,筛选合理的降水高效利用技术,对于河南省440 万 hm^2 旱作区农作物的科学管理具有重要意义。

1 材料与方法

试验设置在863 节水农业项目禹州试验基地的岗旱地,年降水量 614 mm,其中 60%以上集中在夏季,存在较严重的春旱、伏旱和秋旱;土壤为褐土,土壤母质为黄土性物质,耕层土壤养分状况为有机质 12.3 g/kg、全氮 0.80 g/kg、水解氮 47.82 mg/kg、速效磷6.66 mg/kg、速效钾 114.8 mg/kg。

试验设 13 个处理:①覆盖麦秸3 000 kg/hm^2;②覆盖麦秸 6 000 kg/hm^2;③覆盖麦秸9 000 kg/hm^2;④营养型抗旱保水剂 45 kg/hm^2;⑤营养型抗旱保水剂 60 kg/hm^2;⑥营养型抗旱保水剂 + 秸秆覆盖—营养型抗旱保水剂 45 kg/hm^2 和覆盖麦秸3 000 kg/hm^2;⑦营养型抗旱保水剂 + 秸秆覆盖—营养型抗旱保水剂 45 kg/hm^2 和覆盖麦秸6 000 kg/hm^2;⑧营养型抗旱保水剂 + 秸秆覆盖—营养型抗旱保水剂 45 kg/hm^2 和覆盖麦秸9 000 kg/hm^2;⑨保水剂 45 kg/hm^2;⑩抗旱保水剂 60 kg/hm^2;⑪保水素 45 kg/hm^2;⑫保水素 60

基金项目:"十五"国家 863 节水农业课题(2002AA2Z4291)和河南省重点科技攻关项目(0423012600)。

作者简介:武继承(1965—),男,河南通许人,博士,研究员,主要从事节水农业和土壤资源研究。

kg/hm²；⑬对照。3 次重复，拉丁方排列。

玉米采用稀植型品种豫玉 22，播种量为 30 kg/hm²，播种期为 5 月 28 日，统一管理。处理周围设 2 m 宽保护行；试验采用小麦－玉米两熟制的种植方式，底肥只在小麦播种时施用，氮、磷比例为 12.5∶8，小麦生育期氮素追肥，追肥期为返青—拔节期，追肥量为 187.5 kg/hm² 尿素，玉米追肥期为大喇叭口期，追肥量为 225 kg/hm² 尿素；作物遇旱补灌一水 450 m³/hm²（补灌时间为追肥后）。

土壤含水量的测定采用 FDR 土壤水分测定仪测定，土壤养分的测定：土壤有机质采用重铬酸钾－硫酸消化法、土壤全氮采用重铬酸钾－硫酸消化蒸馏法、有效磷采用碳酸氢钠浸提－钼锑抗比色法、有效钾采用醋酸铵浸提－火焰光度法、CEC 采用醋酸铵－EDTA 交换法。

2　结果与分析

2.1　不同技术措施对玉米生育性状的影响

从表 1 可以看出，植株高度没有明显的变化，成穗穗位则有明显的提高，特别是营养型抗旱保水剂＋秸秆覆盖复合处理（处理 7、处理 8）最为显著；保水素 45 kg/hm²（处理 11）穗位则有所降低。总穗长也表现出明显的增长，平均增长 0.2～4.28 cm，只有处理 1 降低 0.2 cm；有效穗长均有明显增加，平均增加 1.21～2.88 cm，其中以复合处理增长最多，化学节水产品处理表现为营养型抗旱保水剂＞保水剂＞保水素。百粒重较对照均有所提高，提高幅度为 4.07～7.16 g，其中以处理 4 增加最多，为 7.16 g；处理 9 提高最少，仅 4.07 g。单穗重增加 11.18～14.64 g，以处理 7 最显著，增加 14.64 g；化学节水产品处理表现为高能抗旱保水剂＞营养型抗旱保水剂＞保水素。

表 1　不同技术措施对玉米发育性状的影响

处理	株高（cm）	穗位（cm）	总穗长（cm）	有效穗长（cm）	百粒重（g）	单穗重（g）	单位产量（kg/hm²）	比对照增产（%）
1	270.30	96.10	21.26	20.78	33.23	54.06	7 870.5	8.97
2	266.00	93.96	22.48	21.01	34.35	53.20	7 963.5	10.25
3	269.70	97.70	21.66	21.42	33.26	53.94	8 101.5	12.18
4	267.20	95.00	21.62	21.22	35.84	53.44	8 055.0	11.53
5	264.60	97.76	22.30	21.69	33.88	52.92	8 241.0	14.10
6	269.00	98.98	22.46	22.11	32.94	53.80	8 334.0	15.38
7	275.30	102.92	22.52	22.23	32.96	55.06	8 518.5	17.94
8	261.00	105.80	22.78	22.45	33.85	52.06	8 703.0	20.51
9	272.25	103.16	22.64	21.36	32.75	52.20	7 777.5	7.69
10	274.62	103.34	22.84	21.40	32.83	54.45	7 963.5	10.25
11	260.60	82.22	25.74	21.28	33.05	54.92	7 360.5	1.92
12	258.00	91.50	24.34	21.36	34.53	51.60	7 546.5	4.48
13	270.00	86.30	21.46	19.57	28.68	40.42	7 222.5	

以上分析表明,不同技术措施对改善玉米生育性状具有积极的效果,对实现玉米的高产高效和降水利用率的提高十分有利。

2.2 不同技术措施对玉米产量的影响

从表1可以看出不同技术措施对提高玉米产量具有积极效果,与对照相比,平均增产幅度为1.92%～20.51%。其中以处理8增产效果最显著,增幅为20.51%;其次是处理7、处理6、处理5,分别增产17.94%、15.38%和14.10%。

化学节水技术产品之间相比,营养型抗旱保水剂的所有处理(处理4、处理5)增产效果最显著,分别增产11.53%和14.10%,复合处理(营养型抗旱保水剂+秸秆覆盖)增产效果更加显著,平均增产幅度达15.38%～20.51%;其次是保水剂处理(处理9、处理10),分别增产7.69%和10.25%;保水素处理(处理11、处理12)的增产效果最差,分别增产1.92%和4.48%。

2.3 不同技术措施对土壤含水量的影响

由于玉米生长正处于全年的降水高峰,2002～2004年又是丰水年份,在固定时段内土壤含水量的测定表明,玉米宽行和窄行的土壤含水量均无明显差异。

但从初始土壤含水量和玉米收获时土壤含水量来看,不同技术措施对提高土壤含水量具有不同程度的积极效果。从土壤剖面看,不同技术措施对提高亚表层以下层次的土壤含水量有积极效果(见表2),只有处理6和处理9没有提高;从不同处理耕层土壤水分含量来看,不同技术措施对提高土壤耕层含水量有积极效果,分别提高0.05～3.10个百分点,其中以营养型抗旱保水剂60 kg/hm^2(处理5)效果最好,提高3.10个百分点;其次是营养型抗旱保水剂+秸秆覆盖9 000 kg/hm^2(处理8),提高2.85个百分点。化学节水产品处理以营养型抗旱保水剂>保水素>保水剂。

表2　不同技术措施对土壤含水量的影响

播种前		收获后					
层次(cm)	含水量(%)	层次(cm)	含水量(%)	处理	含水量(%)	处理	含水量(%)
0～10	16.7	0～10	24.3	1	25.8	8	26.0
10～20	19.1	10～20	26.4	2	24.6	9	22.6
20～30	18.6	20～40	27.6	3	25.3	10	24.1
30～40	16.2	40～60	29.3	4	25.1	11	23.2
40～50	20.9	60～70	29.3	5	26.2	12	24.6
		70～80	35.2	6	22.7	13	23.1
				7	24.8		

2.4 不同技术措施对降水利用效率的影响

从表3可以看出,不同技术措施对提高降水利用效率具有积极效果,分别提高0.45～3.60 $kg/(mm \cdot hm^2)$。其中以处理8最高,达到3.60 $kg/(mm \cdot hm^2)$;其次是处理7和处理6,分别达到3.15 kg/(mm·hm^2)和2.70 kg/(mm·hm^2)。这三个处理都是抗旱保水剂+秸秆覆盖综合措施的处理,说明合理的技术集成是提高降水利用率和利用效率的最佳途径。化学节水技术产品间以营养型抗旱保水剂处理的效果最好,提高1.95~2.40 kg/(mm·hm^2);其次为保水剂,提高1.35~1.80 kg/(mm·hm^2);保水素是最差的,仅提高0.45~0.90 kg/(mm·hm^2),是所有技术措施中最低的。

表3　不同技术措施对降水利用效率的影响

处理	1	2	3	4	5	6	7	8	9	10	11	12	13
产量 (kg/hm^2)	7 870.5	7 963.5	8 101.5	8 055	8 241	8 334	8 518.5	8 703	7 777.5	7 963.5	7 360.5	7 546.5	7 222.5
利用率 (kg/(mm·hm^2))	18.45	18.60	18.90	18.75	19.20	19.50	19.95	20.40	18.15	18.60	17.25	17.70	16.80
比对照 (kg/(mm·hm^2))	1.65	1.80	2.10	1.95	2.40	2.70	3.15	3.60	1.35	1.80	0.45	0.90	

2.5　不同技术措施对土壤耕层养分的影响

从表4可以看出,不同技术措施对提高土壤耕层养分具有不同的特征,与基础样相比,全氮略有上升(0.01~0.06 g/kg),有效磷有明显上升(1.63~5.64 mg/kg),有效钾则表现在高秸秆覆盖量时略有上升,其他均有不同程度的下降,但秸秆覆盖处理降幅较小,其他降低幅度大;有机质均表现为秸秆覆盖和相关的复合处理上升(0.2~0.9 g/kg),其他均有不同程度的下降。这种变化特征与长期定位观测结果相一致[2]。

表4　不同技术措施对土壤耕层养分的影响

处理	1	2	3	4	5	6	7	8	9	10	11	12	13
O. M. (mg/kg)	12.6	13.2	12.8	11.8	11.6	12.5	12.8	12.6	11.9	11.7	11.9	12.1	12.2
N(mg/kg)	0.83	0.84	0.84	0.85	0.82	0.85	0.86	0.86	0.82	0.81	0.83	0.82	0.84
P_2O_5(mg/kg)	8.56	8.63	8.72	9.24	9.23	10.41	12.30	15.46	8.72	8.64	9.24	8.79	8.29
K_2O(mg/kg)	112.3	113.6	118.7	109.4	107.2	112.7	113.4	118.9	110.9	110.9	111.8	111.2	110.2

3　结果讨论

(1)不同技术措施对改善玉米生育性状具有积极的效果,玉米有效穗长平均增加1.21~2.88 cm;百粒重较对照均提高4.07~7.16 g;单穗重增加1.18~14.64 g。

(2)不同技术措施对提高玉米产量具有积极效果,与对照相比,平均增产幅度为1.92%~20.51%。其中以秸秆覆盖+营养型抗旱保水剂复合增产效果最显著,增产为15.38%~20.51%;其次为营养型抗旱保水剂处理,增产11.53%~14.10%。

(3)不同技术措施对提高土壤蓄水能力具有积极作用,以营养型抗旱保水剂效果最好,其次为复合处理,土壤含水量提高1.70~3.10个百分点。

(4)不同技术措施可以明显提高降水利用效率,分别提高0.45~3.60 kg/(mm·hm^2)。其中以复合处理最好,提高2.70~3.60 kg/(mm·hm^2),说明合理的技术集成是提高降水利用的最佳途径。化学节水技术产品以营养型抗旱保水剂处理的效果最好。

(5)不同技术措施对改善土壤养分状况具有不同的特征,其中合理的秸秆覆盖可以提高土壤耕层的氮、磷、钾和有机质含量,否则将导致有效钾和有机质含量的降低。

参考文献

[1] 武继承,张长明,王志勇,等. 河南省降水资源高效利用技术研究与应用[J]. 干旱地区农业研究,2003,21(3):152-155.

[2] 武继承,王秋杰,李新端,等. 开封沙区潮湿雏形土培肥技术及其效果[J]. 土壤通报,1999,30(1):11-13.

第二部分　保水剂增产增效机理研究

保水剂对土壤性质及土壤微生物影响的研究进展

任岩岩[1,2]　武继承[2]

（1. 河南大学生命科学学院，开封 475001；
2. 河南省农业科学院植物营养与资源环境研究所，郑州 450002）

摘要：保水剂的应用是一项重要的节水技术。关于保水剂对土壤微生物的影响已经有较多的研究，本文简要总结了保水剂对土壤性质及对土壤微生物的影响研究概况，包括对根际微生物的影响，探索保水剂影响土壤微生物的途径。

关键词：保水剂　土壤微生物　土壤性质

随着社会的发展，水资源的短缺已经成为制约农业发展的一个障碍。因此，节水技术的应用，对水资源的可持续利用和保障社会经济的持续发展有着很重要的意义。在目前出现的节水技术中，保水剂因为成本低、使用方便成为节水增产的一个重要途径。保水剂能够吸收比自身重数百倍甚至上千倍的去离子水、数十倍到近百倍的含盐水，而且能够反复吸水；吸水后膨胀为水凝胶，缓慢释放水分供作物吸收利用；同时还能增强土壤保水性，提高土壤持水量，改善土壤结构，减少土壤水分和养分的流失。

保水剂是具有超高吸水保水能力的高分子聚合物，其吸水是高分子电解质的离子排斥所引起的分子扩张和网状结构阻碍分子扩张相互作用所产生的结果。保水剂在水中只膨胀形成凝胶而不溶解。当凝胶中的水分完全释放后，只要分子链未被破坏，其吸水能力仍可恢复[1]。保水剂的这种特性，使其加入土壤后能提高土壤对水分的吸收能力，如遇降水或灌溉则会减少地表径流量，增加水分的入渗速率。保水剂不仅能增强土壤的吸水能力，提高土壤的吸水速度，而且能缓慢释放出大部分水量，成为作物吸收利用的有效水。保水剂的施用可以促进作物根系发育，提高出苗率和移栽成活率，提高作物水分利用效率[2,3]，使作物增产[4,5]。但施用量过大，则会对作物产生负面影响，抑制根的伸长和降低根的生理机制，抑制种子萌发等。

本文对保水剂对土壤性质和土壤微生物影响的研究进展进行综述，并说明了该方面研究中面临的挑战。

基金项目："十一五"国家863节水农业项目"绿色环保多功能保水制剂"（2006AA100215）和河南省农业科技成果转化基金项目。

作者简介：任岩岩（1983—），男，河南沁阳人，在读硕士研究生，主要从事植物生理生态和旱作农业生态研究。

1　保水剂对土壤性质的影响

1.1　保水剂对土壤持水性状的影响

保水剂能够提高土壤的持水量。由于土壤的性质不同,持水量的增加也有差别。在保水剂与土壤比例为1/50时混合,细砂有效含水量比不加保水剂时增加1倍以上,壤土的有效含水量增加了1/2[6]。蔡典雄等[7]早期的研究也表明施用保水剂可以提高土壤持水量。保水剂与土壤的混合比例不同,持水量的增加幅度也不相同。在对壤土的研究中发现,保水剂与土壤混合比例为1/50时,土壤有效含水量由不加保水剂时的15.67%增加为23.77%,比例为1/100时,土壤有效含水量增加到19.63%,比例为1/500和1/1 000时,土壤有效含水量基本没有变化。

1.2　保水剂对土壤pH值的影响

土壤pH值是土壤的一个重要属性,与作物的生长、土壤的肥力和其他性质相关。保水剂的施用使土壤向酸性方向移动[8],而且随着保水剂用量的增加,土壤的pH值逐渐增大,在保水剂用量大于0.10%时增大趋势更加明显[9]。由于保水剂的生产材料和性质的一些差别,土壤pH值增加趋势可能会有所不同。刘春生等的研究表明KD-1型抗旱保水剂对土壤酸碱度的影响作用不明显[10]。

1.3　保水剂对土壤结构的影响

施用保水剂影响了土壤中水分的蒸发和流失,也影响了土壤的性质。保水剂可以增加土壤团粒结构的百分率,增加孔隙的比例[10],这与黄占斌[8]等在1999年的研究结果一致,在红壤中也有相似的变化趋势[11]。然而,当保水剂用量超过某临界值时,团粒含量下降,土壤结构可能遭到破坏[9]。土壤通气透水性能的改善促进了土壤微生物的生命活力,加快了根际周围有机和无机养分的转化与释放。随着土壤性质的改变,土壤微生物在种群和数量上也有相应的变化。

2　保水剂对土壤微生物的影响

土壤微生物主要指土壤中那些个体微小的生物体,主要包括细菌、放线菌、真菌等。细菌是土壤微生物的主体,在数量上和种类上超过所有其他的土壤有机体。放线菌对于土壤有机质的分解和养分的释放有很重要的影响,即使相当稳定的化合物如纤维素、几丁质和磷脂类等,也都能被它们降解为较简单的形式,同时放线菌对有机物的矿化、环境净化、土壤改良起着重要作用。真菌可以分解纤维素、淀粉、树胶、木质素以及较易分解的蛋白质和糖类。

这些微生物主要生存在土壤颗粒表面及空隙内[12]。细菌存在所需要的空隙,至少是它自身直径的3倍,细菌生物量与0.2~1.2 μm直径的空隙有很强的正相关性,而主要存在于0.5~5 μm大小的空隙中,真菌和放线菌存在的空隙较大。适量施用保水剂对增大土壤空隙有积极作用,因此可以推定土壤微生物有增加的趋势。过量施用保水剂破坏土壤结构,减小空隙,则对土壤微生物可能产生消极影响。土壤空隙中的水对微生物也有影响。水分通过影响空隙中的氧气进而影响了相关土壤中微生物的活性。土壤中细菌在高的水势下活性高,而真菌、放线菌在相对低的水势下活性高。当土壤含水量降低到一定程度时,微生物数量就会大幅度下降[13]。Joshua 等研究了桦树凋落物分解过程中湿度对微生物活性和群落结构的影响,发现长时间干燥导致微生物呼吸和生物量降低,微生物群落结构变化,特别是潮湿和干燥的时间长度对微生物影响很大[14]。

有研究表明[15],在保水剂高施用量条件下,微生物生物量比无保水剂条件下小得多。其推测原因为保水剂使得微生物与土壤颗粒紧密结合,或者微生物之间结合紧密,从而抑制了微生物的增长。该研究还表明,多年连续施用保水剂与每年的用量和总用量有关。在高水平保水剂施用条件下,微生物生物量差别不是很显著。这可能与过量施用保水剂减少土壤空隙有关。

土壤微生物群落结构受土壤所含元素影响比较大,随着土壤中可利用含量的减少土壤微生物数量降低,微生物群落结构改变。Griffiths 等研究发现[16],向土壤中施加 C 含量高的物质能提高土壤微生物群落中真菌和革兰氏阴性细菌的比例,降低放线菌和革兰氏阳性菌的比例。土壤中的元素被微生物吸收利用后,在体内用于合成具有重要生理作用的蛋白质、核苷酸等生物大分子。因此,土壤中元素不足将严重限制土壤微生物的正常生长和活性。土壤微生物对土壤 N 源利用能力也有差别,通常 N 源易利用大小顺序为:铵态氮 > 硝态氮 > 有机氮。此外,不同土壤微生物利用 N 源能力也不同,这就使得土壤中 N 源的多少和种类将影响到土壤微生物的群落结构。土壤中的微生物可利用的碳氮比在 25:1时,土壤微生物生长状况最好。碳氮比过高或过低,分别会受到 N 或 C 的限制。

3 展望

土壤微生物种类繁多,在土壤物质转化中具有多种重要作用,与土壤肥力和植物营养有密切关系。一般来说,土壤微生物的适度生长可加快土壤有效养分的转化和储存,特别是与作物根系密切的根际微生物的适度生长,可以刺激植物根系对养分的吸收,同时还可以改变根分泌物的数量和组成,从而对作物产生影响。在根际环境中,微生物数量可比原土高出 5~10 倍[18]。植物从多方面影响着根际微生物的活性,同时根际微生物的活动又制约着植物的生长发育及其对养分的活化能力。土壤微生物是土壤有机质和土壤养分转化与循环的主要推动力,并参与腐殖质形成等生化过程,在土壤生态系统中起着非常重要的作用。土壤微生物的数量及群落功能和结构能敏感地反映土壤质量的演变,揭示土壤质量的变化[19]。

对土壤微生物的研究目前存在两方面的挑战:一是研究微生物的各方法存在较大的局限,不能完全反映土壤微生物的数量活性等性质;二是土壤微生物所受的影响因素较多,而各因素对微生物的影响有积极的也有消极的,由于各因素同时存在,因此较难说明某个或某些因素对微生物的影响。

在保水剂对土壤微生物影响这方面,目前研究较少。研究保水剂对土壤微生物的影响,一方面要采用多个研究手段,以保证研究结果的准确;另一方面要把作物生理特性和土壤性质等联系起来,这样既是对保水剂做全面评价,又可从整体上发现其中的规律,为更加合理施用保水剂提供理论基础。

参考文献

[1] 党秀丽,张玉龙,黄毅.保水剂在农业上的应用与研究进展[J]. 土壤通报,2006,37(2):352-355.

[2] 刘殿红,黄占斌,董莉.保水剂施用方式对马铃薯的产量和水分利用效率的影响[J]. 干旱地区农业研究,2007,25(4):105 - 108.

[3] 胡芬,姜雁北.高吸水剂 KH - 841 在旱地农业中的应用[J]. 干旱地区农业研究,1994,12(4):83 - 86.

[4] 冯金超,等. 土壤保水剂对沙地农作物生长的影响[J]. 干旱地区农业研究,1993,11(2):36 - 40.

[5]杨晓昀,王婉东,王振华,等. 抗旱保水剂拌种对土壤水分和冬小麦产量影响的研究初报[J].甘肃农业科技,2005(4):19 - 20.

[6] 谢伯承,薛绪掌,王纪华,等.保水剂对土壤持水性状的影响[J]. 水土保持学报,2003,23(6):44 - 46.

[7] 蔡典雄,王小彬,Keith Saxton. 土壤保水剂对土壤持水特性及作物出苗的影响[J]. 土壤肥料,1999(1):13 - 16.

[8] 黄占斌,万会娥,邓西平,等.保水剂在改良土壤和作物抗旱节水中的效应[J]. 土壤侵蚀与水土保持学报,1999,5(4):52 - 55.

[9] 杨红善,刘瑞凤. PAAM2atta 复合保水剂对土壤持水性及其物理性能的影响[J]. 水土保持学报,2005,19(3):38 - 41.

[10] 刘春生,杨吉华,马玉增,等.抗旱保水剂在果园中的应用效应研究[J]. 水土保持学报,2003,17(2):134 - 136.

[11] 高超,李晓霞,蔡崇法,等. 聚丙烯酸钾盐型保水剂在红壤上的施用效果[J]. 华中农业大学学报,2005,24(4):355 - 358.

[12] 胡亚林,汪思龙,颜绍馗. 影响土壤微生物活性与群落结构因素研究进展[J]. 土壤通报,2006,37(2):170 - 176.

[13] 蔡艳,薛泉宏,侯琳,等. 黄土高原几种乔灌木根区土壤微生物区系研究[J]. 陕西林业科技,2002(1):4 - 9.

[14] Joshua P S,Jay M G,Joy S C C,et al. Moisture effect on microbial activity and community structure in decomposing birch litter in the Alaskan taiga [J]. Soil Biology and Biochemistry, 1999,31(6):831 - 838.

[15] Sojka R E,James A Entry, Jeffy J. Fuhrmann. The influence of high application rates of polyacrylamide on microbial metabolic potential in an agricultural soil[J]. Applied Soil Ecology,2006(32):243 - 252.

[16] Griffiths B S, Ritz K , Ebblewhite N,Dobson G. Soil microbial community structure:Effect of substrate loading rate[J]. Soil Biology and Biochemistry, 1998,31(1):145 - 153.

[17] 王茹华,张启发,周宝利,等. 浅析植物根分泌物与根际微生物的相互作用关系[J]. 土壤通报,2007,38(1):167 - 172.

[18] 许衡,杨和生,徐英,等.果树根际微域环境的研究进展[J]. 山东农业大学学报,2004,35(3):476 - 480.

[19] 郭兰萍,黄璐琦,蒋有绪,等.栽培苍术根际土壤微生物变化[J]. 中国中药杂志,2007,32(12):1131 - 1133.

不同保水措施对小麦幼苗抗旱性的影响

管秀娟[1,2]　武继承[2]　尚　莉[1]　程　俊[1]

(1. 河南大学生命科学学院,开封 475001;

2. 河南省农业科学院植物营养与资源环境研究所,郑州 450002)

摘要:通过田间试验研究了自然条件下保水剂(用量为 3 kg/亩、4 kg/亩)、地膜覆盖以及其复合应用对小麦幼苗抗旱性的影响。结果表明,不同保水措施下,土壤含水量、叶片相对含水量、叶绿素含量增加,且含量都高于对照,可溶性糖含量、脯氨酸含量、丙二醛含量减少,且含量都明显低于对照。其中二者复合应用效果最好,且保水剂用量越多,效果越明显。相关分析表明,土壤含水量和叶片相对含水量的增加是不同保水措施增强小麦幼苗抗旱力的根本原因。

关键词:保水剂　地膜　复合应用　小麦幼苗　抗旱性

水分是限制作物生长、影响作物产量的最重要的环境因子,因此研究提高作物抗旱性的技术措施及其理论基础,对于发展旱作农业和增加作物产量具有重要的理论意义和现实意义。近年来,在农业生产中应用控制土壤蒸发的覆盖和化学调控等土壤保墒技术以提高作物产量和水分利用效率(WUE)的做法已非常普遍,逐步形成了农业节水增产的新技术与新途径。保水剂、地膜覆盖是目前得到广泛应用的节水措施,其在保持土壤水分、抑制蒸发与蒸腾等方面都有显著作用[1~3]。上述节水措施作为单因子处理对作物抗旱性影响的研究已经有较多报道[3~6],但是针对其复合应用下对作物的抗旱性效果的研究还相对较为缺乏,尤其是复合应用后表现为相互增长效应还是相互消减效应还不为人们所了解。为此,本试验通过研究不同用量保水剂分别与地膜覆盖复合应用对小麦幼苗抗旱性的影响,将各个复合处理和单个处理的效果与对照(未做处理)相比较,以探求最佳的保水剂用量及复合措施,为保水剂的进一步研制、开发、利用提供科学依据。

1　材料与方法

试验基地设在 863 节水农业项目禹州试验示范基地的岗旱地,该区年降水量 647 mm,其中 60% 以上集中在夏季,存在较严重的春旱、伏旱和秋旱;土壤为砂壤质褐土,土壤母质为黄土性物质,耕层有机质含量 12.3 g/kg、全氮 0.80 g/kg、水解氮 47.82 mg/kg、速效磷 6.66 mg/kg、速效钾 114.8 mg/kg。

基金项目:"十一五"国家 863 节水重点项目(2006AA100215)和河南省重点科技攻关项目。

作者简介:管秀娟(1981—),女,山东潍坊人,硕士研究生,主要从事植物生理生态和旱作农业生态研究。

在自然条件下,试验设置:①对照;②营养型抗旱保水剂 3 kg/亩;③营养型抗旱保水剂 4 kg/亩;④营养型抗旱保水剂 3 kg/亩 + 地膜覆盖;⑤营养型抗旱保水剂 4 kg/亩地膜覆盖;地膜覆盖等 6 个处理。试验设三次重复,随机区组设计。2006 年 10 月 15 日播种,小麦单位播种量为 8 kg/亩,小区面积为 3.6 m×4 m,处理间间距 50 cm,重复间间距 1 m,共计 18 个小区。试验小麦品种为周麦 18,营养型抗旱保水剂为河南省农业科学院植物营养与资源环境研究所研制,施用方法为条施。肥料用量为 $N_{12}P_6$,氮肥采用含纯氮 46% 的国产尿素,磷肥为含 P_2O_5 12% 的国产过磷酸钙;统一播种,统一管理。播种后自然干旱,30 天后取样测土壤水分含量、叶片相对含水量、叶绿素含量、丙二醛含量、脯氨酸含量、可溶性糖含量。

土壤含水量利用国产 FDR 土壤水分测定仪测定。叶绿素含量、MDA 含量等小麦生理指标的测定,参照《植物生理生化实验原理和技术》[7] 的方法,分别于取样小区取数片小麦幼苗的第一片全展叶片,洗去表面灰尘,再分别用蒸馏水与去离子水淋洗,吸干水分后称重测定。脯氨酸含量的测定采用酸性水合茚三酮比色法测定,分别于取样小区取数片小麦幼苗的第二片全展叶片,洗去表面灰尘,再分别用蒸馏水与去离子水淋洗,吸干水分后称重测定。叶片相对含水量的测定采用烘干法。可溶性糖含量的测定采用蒽酮比色法。

采用 EXCEL 和 SPSS 等分析系统进行数据分析和制图,根据测定指标,将不同处理作为独立因素,用单因素方差分析揭示不同保水措施对小麦幼苗的抗旱性响应。采用 LSD 检验($P<0.05$)作不同处理间差异显著性分析。

2　结果与分析

2.1　不同保水措施对土壤水分含量的影响

从图 1 可以看出,不同的保水措施对提高土壤水分含量都有比较大的作用。SPSS 方差分析结果表明,不同保水措施(处理 2、处理 3、处理 4、处理 5、处理 6)与对照(处理 1)都有显著差异。另外,LSD 检验表明,不同保水措施两两处理间都有显著差异,与单独使用保水剂和单独使用地膜覆盖处理相比,保水剂与地膜覆盖复合应用处理能显著提高土壤含水量,且两个不同的保水剂使用量的处理中,以高保水剂量的处理效果最为明显,土壤含水量最高。表明保水剂施入土壤后,对土壤水分具有较强的调节能力,可减少由于蒸发、渗漏等造成的水分散失。

2.2　不同保水措施对小麦幼苗叶片相对含水量的影响

由图 2 及 SPSS 方差分析得出,处理 2、处理 3、处理 4、处理 5、处理 6 小麦幼苗中叶片相对含水量与对照(处理 1)小麦幼苗中叶片相对含水量相比有显著的提高,且不同用量的保水剂处理中,保水剂量越多,叶片相对含水量越高。LSD 检验还表明,各保水措施两两之间都有显著差异,其中处理 5 小麦幼苗中叶片相对含水量最高,可见其抗旱性能最好。可见,与单独使用保水剂和单独使用地膜覆盖处理相比,保水剂与地膜覆盖复合应用处理效果最为明显。

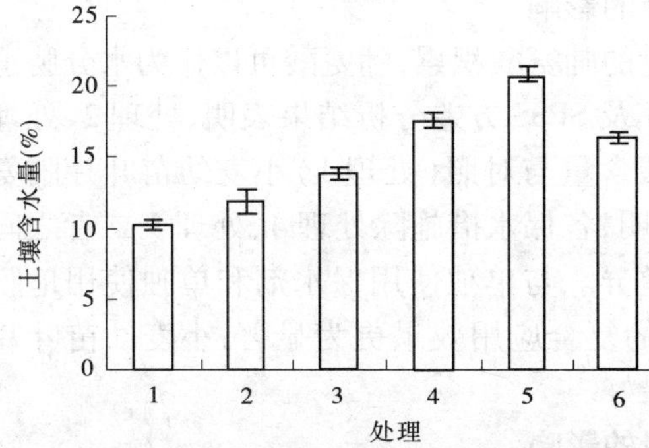

图1　不同处理对土壤含水量的影响

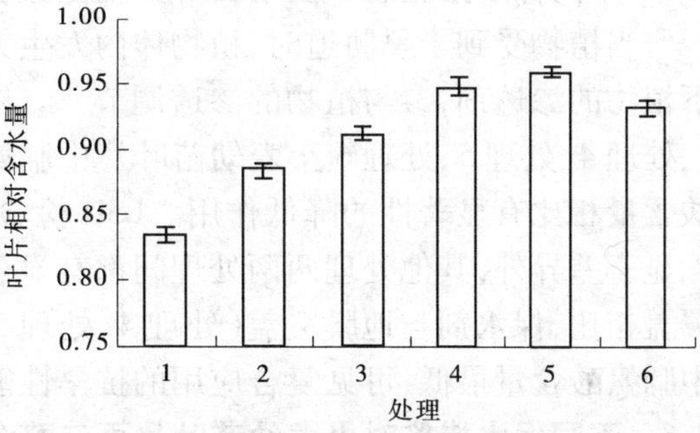

图2　不同处理对小麦幼苗叶片相对含水量的影响

2.3　不同保水措施对小麦幼苗叶绿素含量的影响

叶绿素是叶绿体中最主要的光合色素,在光合作用中占有重要地位。叶绿素含量的变化对光合作用产生直接影响。水分胁迫下叶绿素含量的变化,可以指示植物对水分胁迫的敏感性[8]。由图3及SPSS方差分析得出,处理2、处理3、处理4、处理5、处理6小麦幼苗中叶绿素含量与对照(处理1)小麦幼苗叶绿素含量相比有显著性的提高。其中以处理5小麦幼苗中叶绿素含量最高,与其他保水措施有显著性差异,表明其抗旱性能最好。LSD检验表明,各保水措施除处理2、处理6二者之间无显著差异外,其他处理两两之间都有显著差异。与单独使用保水剂与单独使用地膜覆盖处理相比,保水剂与地膜覆盖的复合应用效果更为显著,小麦幼苗叶绿素含量最高,且保水剂用量越高,效果越明显。

2.4　不同保水措施对小麦幼苗叶片可溶性糖含量的影响

图4及SPSS方差分析结果表明,处理2、处理3、处理4、处理5、处理6小麦幼苗叶片中可溶性糖含量与对照(处理1)小麦幼苗叶片可溶性糖含量相比有显著性的降低作用。LSD检验表明,各保水措施除处理4、处理6二者之间无显著差异外,其他处理两两之间都有显著差异,可见,保水剂用量越多,处理效果越明显。与单独使用保水剂和单独使用地膜覆盖相比,保水剂与地膜覆盖的复合应用效果更为显著。处理5的小麦幼苗叶片中可溶性糖含量最低,可见其抗旱性能最好。

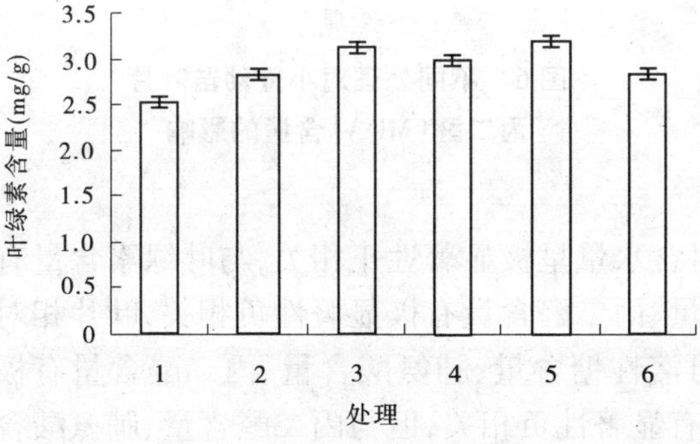

图3　不同处理对小麦幼苗叶片叶绿素含量的影响

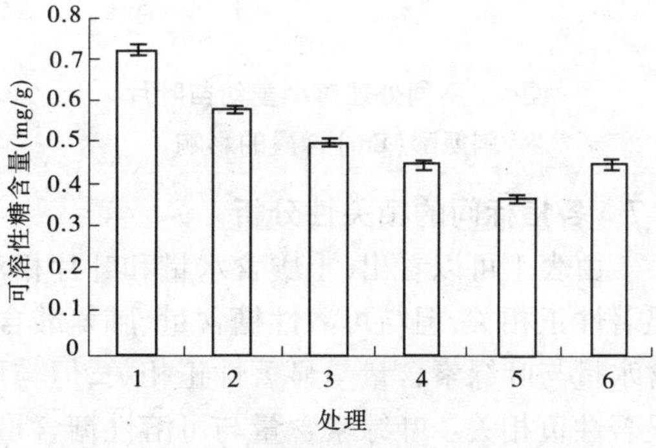

图4　不同处理对小麦幼苗叶片可溶性糖含量的影响

2.5 不同保水措施对小麦幼苗叶片脯氨酸含量的影响

当植物受到干旱胁迫时,植物体内发生大量的脯氨酸积累,脯氨酸可以作为水分胁迫下植物的渗透剂,参与植物的渗透调节[9]。图5及SPSS方差分析结果表明,处理2、处理3、处理4、处理5、处理6小麦幼苗叶片中脯氨酸含量与对照(处理1)小麦幼苗叶片脯氨酸含量相比有显著性的降低作用。LSD检验表明,各保水措施除处理4、处理5二者之间无显著差异外,其他处理两两处理间都有显著差异。与单独使用保水剂和单独使用地膜覆盖相比,保水剂与地膜覆盖(处理4、处理5)的复合应用效果更为显著,小麦幼苗叶片中脯氨酸含量最低,可见复合应用的抗旱性能最好。

2.6 不同保水措施对小麦幼苗叶片丙二醛含量的影响

植物在逆境下首先受害的是细胞膜系统,因过氧化作用导致细胞衰老,其主要氧化产物丙二醛含量明显增加。有研究表明,丙二醛(MDA)可作为膜脂过氧化作用指标之一[10]。因此,测定MDA的积累可在一定程度上了解膜脂过氧化的程度,从而了解其受破坏的程度。

图6及SPSS方差分析结果表明,处理2、处理3、处理4、处理5、处理6小麦幼苗叶片中丙二醛含量与对照(处理1)小麦幼苗叶片丙二醛含量相比有显著性的降低作用。LSD检验表明,不同保水措施两两处理间都有显著差异,与单独使用保水剂和单独使用地膜覆盖处理相比,保水剂与地膜覆盖复合应用处理能显著降低小麦幼苗叶片丙二醛含量,且两个不同的保水剂使用量的处理中,以高保水剂量高的处理效果最为明显,小麦幼苗叶片中丙二醛含量最低。可见,施用保水剂后,可以缓解膜脂过氧化的程度,对小麦幼苗抗旱性能有较好的调节作用。

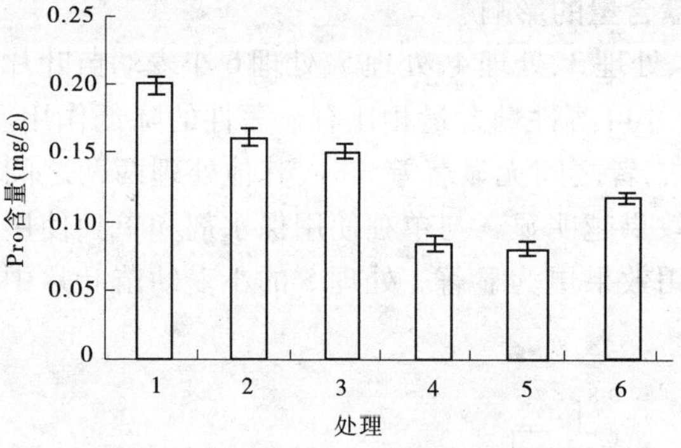

图5 不同处理对小麦幼苗叶片脯氨酸(Pro)含量的影响

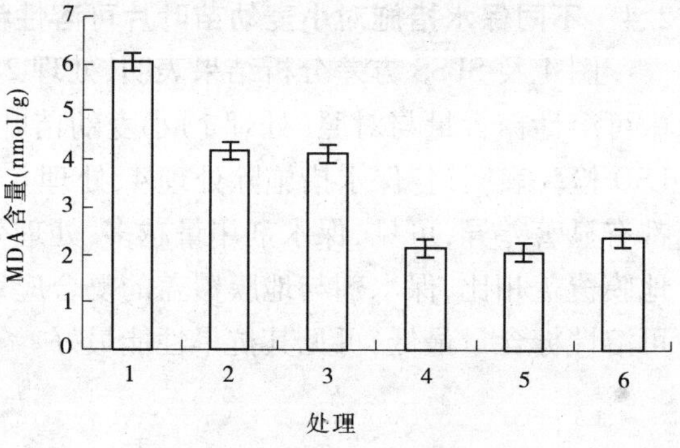

图6 不同处理对小麦幼苗叶片丙二醛(MDA)含量的影响

2.7 各指标间的相关性分析

由表1可以看出,土壤含水量和叶片相对含水量呈极显著性正相关,与叶绿素含量有显著性正相关,但与可溶性糖含量、脯氨酸含量、丙二醛含量有极显著性负相关,叶片相对含水量与叶绿素含量呈显著性正相关,但与可溶性糖含量、脯氨酸含量、丙二醛含量有极显著性负相关。叶绿素含量与可溶性糖含量有显著性负相关,但与丙二醛含量、脯氨酸含量相关性不明显。可溶性糖含量与脯氨酸含量、丙二醛含量有极显著性正相关。脯氨酸含量与丙二醛含量有极显著性正相关。

表1 各指标间的相关性分析

指标	土壤含水量（%）	叶片相对含水量（%）	叶绿素含量（mg/g）	可溶性糖含量（mg/g）	脯氨酸含量（mg/g）
叶片相对含水量（%）	0.948**				
叶绿素含量（mg/g）	0.750*	0.818*			
可溶性糖含量（mg/g）	-0.949**	-0.990**	-0.854*		
脯氨酸含量（mg/g）	-0.962**	-0.967**	-0.714	0.936**	
丙二醛含量（nmol/g）	-0.924**	-0.976**	-0.688	0.955**	0.969**

3 结论与讨论

干旱胁迫对作物的影响是多方面的。叶片相对含水量是反映植物水分状况的一个参数，通常指植物叶片含水量占饱和含水量的百分数，反映植物体内水分亏缺的程度，能较好地反映细胞的水分生理状态。在干旱胁迫时，植物常表现水势降低、叶片相对含水量减少[11]。试验表明[12]，随着土壤水分的降低，土壤的水势不断降低。根据水分运动的机理，水分的流通是通过土壤—植物—大气（SPAC）途径沿着水势梯度从高到低的方向进行的，植物只有降低水势，才能从土壤中吸收水分，因而叶片的水势随着土壤水分含量的减少而降低，植物的相对含水量不断减少。同时，水分胁迫下植物体内能够积累可溶性糖、脯氨酸等物质，调节渗透压，减轻水分亏缺（1 - 叶片相对含水量）带来的伤害，其含量与抗旱性呈正相关[13,14]。叶绿素是绿色植物进行光合作用的主要色素，叶绿素的含量与组成同植物的光合作用关系密切，水分胁迫对叶绿素含量具有一定的影响，从而影响到植物体生长[15~17]。另外，植物细胞内膜系统中，各细胞器都有一定的膜结构，膜的作用一方面是区域化作用，保证生化反应能在不同的细胞器内进行；另一方面是使膜内物质相对浓缩，保证反应在高浓度中进行。而膜上脂质过氧化的产物为MDA，MDA的积累表明其过氧化加剧，MDA又能与蛋白质等结合交联使酶失活。因此，测定MDA的积累可在一定程度上了解膜脂过氧化的程度，从而了解其受破坏的程度。植物体内MDA越多，说明过氧化作用越强，对植物体造成伤害的程度越高[10]。本试验结果表明，不同处理的保水措施都能显著地提高小麦幼苗叶片相对含水量、叶绿素含量，显著地降低小麦幼苗叶片可溶性糖含量、脯氨酸含量、MDA含量，能缓和水分胁迫带来的不利影响，且与单独使用保水剂和单独使用地膜覆盖处理相比，保水剂与地膜覆盖复合应用处理的处理效果较好，在两个不同的保水剂使用量的处理中，以高保水剂量的处理效果最为明显，抗旱性能最好。

本试验结果还表明，土壤含水量与叶片相对含水量之间呈极显著正相关，表明由不同保水措施所吸持的水分可由小麦幼苗根系吸收，即为有效水。另外，叶片相对含水量与叶绿素含量呈显著性正相关，与可溶性糖含量、脯氨酸含量、丙二醛含量呈极显著性负相关，可溶性糖含量与脯氨酸含量、丙二醛含量，以及脯氨酸含量与丙二醛含量也呈极显著性相关。因此，可以认为，不同保水措施的施用能增加小麦幼苗的抗旱性是由于土壤含水量和叶片相对含水量的增加，引起叶绿素含量、可溶性糖含量、脯氨酸含量、丙二醛含量的变化,从而缓和由水分胁迫带来的不利影响。同时,与单独使用保水剂和单独使用地膜覆盖处理相比,保水剂与地膜覆盖复合应用处理的效果较好,在两个不同的保水剂使用量的处理中,以高保水剂量的处理效果最为明显,抗旱性能最为显著。可见,保水剂与地膜覆盖复合应用可作为一种缓解干旱的有效方法在干旱、半干旱地区推广应用。

参考文献

[1] 黄占斌,辛小桂,宁荣昌,等. 保水剂在农业生产中的应用与发展趋势[J]. 干旱地区农业研究,2003(3):11-14.

[2] 郑惠玲,薛毅芳,管秀娟,等. 施用不同保水剂对土壤水分变化的影响[J]. 河南农业科学,2006(7):73-76.

[3] 李建奇. 覆膜对春玉米土壤温度、水分的影响机理研究[J]. 耕作与栽培,2006(5):47-50.

[4] 邱才飞,彭春瑞,周国华,等. 不同覆盖物应用在花生上的抗旱效果研究[J]. 江西农业学报,2004,16(3):18-21.

[5] 刘子凡,梁计南,谭中文,等. 土壤保水剂对甘蔗抗旱性的影响[J]. 甘蔗,2004,11(2):11-15.

[6] 李永胜,杜建军,刘士哲,等. 保水剂对番茄生长及水分利用效率的影响[J]. 生态环境,2006,15(1):140-144.

[7] 李合生. 植物生理生化实验原理和技术[M]. 北京:高等教育出版社,2000:134,260.

[8] 董合忠,李维江,唐薇,等. 干旱和淹水对棉苗某些生理特征的影响[J]. 西北植物学报,2003,23(10):1695-1699.

[9] Stewart. The role of proline accuzlation in halophytes[J]. Plants,1974,120:279-289.

[10] 王爱国,邵从本,罗广华. MDA作为植物过氧化指标的探讨[J]. 植物生理学通讯,1986(2):55-57.

[11] 王万里. 植物对水分胁迫的响应[J]. 植物生理学通讯,1981(5):55-64.

[12] 龙华. 植物的水势[J]. 生物学通报,1998,33(3):18-19.

[13] Blackman S A, Obendorf R L, Leopold A C. Maturation proteins and sugars in desiccation tolerance of developing soybean seeds[J]. Plant Physio,1992,100:225-230.

[14] Chen Y. Roles of carbohydrates in desiccation tolerance and memberane behavior in maturing maize seed[J]. Crop Scil,1990,30:971-975.

[15] Loonnie J G. Physiological changes in portulacaria of ra(L.)Jacg during summer drought and rewatering[J]. Plant Physiol,1987,85:481-484.

[16] 杨勤,刘永红. 干旱对甜、糯玉米幼苗生长和生理指标的影响研究[J]. 玉米科学,2005,13(1):72-76.

[17] 李昌晓,钟章成. 池杉幼苗对不同土壤水分水平的光合生理响应[J]. 林业科学研究,2006,19(1):54-60.

保水剂在农业上的应用进展及发展趋势

管秀娟[1]　武继承[2]

(1.河南大学生命科学学院,开封 475001;
2.河南省农业科学院植物营养与资源环境研究所,郑州 450002)

摘要:保水剂的应用是一项化学节水抗旱新技术,针对当前生态环境建设和抗旱节水农业发展的需要,本文简要总结了保水剂的特性、作用机理及其国内外应用历史概况,分析了保水剂在农业生产中应用的途径及其对作物和土壤水分含量的影响效应,并结合保水剂在农业应用中应注意的问题,对其发展前景进行了探讨,探讨了其进一步研究的方向,为我国未来保水剂的研制、改进、生产、应用及推广提供理论依据和参考。

关键词:保水剂　应用途径　效应　进展　前景

干旱是我国各类气象灾害中发生频率最高的一种。发展旱作节水农业,已经成为当前农业生产中迫切需要解决的问题。而利用保水剂达到节水增产的目的是目前节水研究的一种新途径和新方法。保水剂又称土壤保水剂、高吸水剂、保湿剂、高吸水性树脂、高分子吸水剂,是利用强吸水性树脂制成的一种超高吸水保水能力的高分子聚合物。它能迅速吸收和保持自身重量几百倍甚至上千倍的水分,具有反复吸水功能,吸水后膨胀为水凝胶,可缓慢释放水分供作物吸收利用,由于分子结构交联,能够将吸收的水分全部凝胶化,分子网络所吸水分不能用一般物理方法挤出,因而具有很强的保水性。另外,其本身无毒副作用,不会污染环境,最终可被生物降解为水、CO_2 和氮,是调节土壤水、热、气状况,改善土壤结构,提高土壤肥力的有效手段,具有特殊的抗旱、保水、节水等作用[1,2],在农业生产中逐步得到广泛应用。本文主要对保水剂在农业应用研究进展上进行了综述,并对其中存在的一些问题及发展趋势进行了探讨。

1　保水剂的应用概况

1969年,美国农业部北部研究中心(NRRC)首先研制出保水剂,并于20世纪70年代中期用于玉米、大豆种子涂层、树苗移栽等方面作为“改善水分状况的重要工具”,在西部干旱地区推广应用,取得了良好的效果,引起了各国研究者的广泛重视。1987年后,日本保水剂年产量以26%的速度递增,目前,无论生产能力、种类及应用,日本在保水剂领域均处于领先地位。2004年,世界保水剂需求总量在130万t左右,其中美国消费量占全球消费量的35%,消费年均增长率为4%~5%。20世纪80年代以来,我国开始研制保水

基金项目:“十一五”国家863节水农业重点项目(2006AA100215)和河南省重点科技攻关项目(0623012600)。

作者简介:管秀娟(1981—),女,山东潍坊人,硕士研究生,主要从事植物生理生态和旱作农业生态研究。

剂并且应用于农林生产，在飞播造林、种草和苗木蘸根移栽等方面取得了较好的效果，但与国外还有很大差距[2~5]。目前，我国保水剂的需求量为3万~3.5万t，生产能力仅1万t左右。因此，保水剂急待研制开发和应用。

2　保水剂的施用方式

保水剂的施用方式有许多种，不同的施用方式适用于不同的作物，施用量也不相同。

2.1　土壤直施

土壤直施包括地表撒施和沟穴施两种。地表撒施是将保水剂撒于地表，使土壤表面形成一层覆盖保水膜，抑制土壤蒸发，主要用于草皮铺设，一般保水剂用量为99 kg/hm^{2}左右。沟施或穴施，根据区域土壤类型和作物种植选择保水剂用量为7.5~150 kg/hm^{2}不等。随开沟施入或按穴施入，施后即可播种或移栽，在经济作物栽植及育苗中应用效果较好。

2.2　种子包衣

种子包衣亦称拌种包膜或种子涂层，是在待播的种子表面形成一层保水剂水凝胶的保护膜。一般种子包衣保水剂浓度为0.5%~2%，即保水剂:水=1:50~1:200。该法适宜于小麦、玉米、花生、大豆及小面积直播造林的树种等。

2.3　种子丸衣造粒

该法将种子与保水剂、某些化肥、微量元素、农药及填充料拌和造粒成丸。其目的是在种子发芽成苗时，能及时有效地供给植物营养，杀菌消毒，促进生长发育。此法可使小粒种子大粒化，适于精量播种，常用于飞机播种造林、种草。保水剂用量一般采用种子重量的1%~3%较好。

2.4　根部涂层(亦称蘸根保护)

该法可用于苗木或甘薯、蔬菜幼苗的移栽。其保水剂浓度一般为0.5%~1%(重量百分比)，蘸根处理后使植株根部形成一层保护膜，防止植物根系水分散失，延长植物耐旱时间，移栽可缩短缓苗期并提高成活率[6]。

2.5　流体播种

流体播种是用0.1%~0.5%的保水剂水凝胶与发芽种子混合，通过专门的流体播种机直接播种入土。此法多用于蔬菜，出苗效果明显[7]。

2.6　育苗培养基质

采用该法时，可按保水剂0.5%~1%重量浓度比例搅和均匀成凝胶状，再与其他基质按1:1混合，可用于盆栽花卉、蔬菜、苗木等工厂化育苗，保水保肥效果明显[8]。

2.7　地面喷洒

地面喷洒就是将保水剂加水配成一定浓度(2%以内)的溶液，用喷雾装置喷洒在树苗周围，在地表形成一层保水剂“薄膜”，减少地面蒸发。此法在经济作物栽植及育苗中效果较好[9]。

另外，还有一些包括保水剂在内的综合措施研究。保水剂添加其他元素或材料可以制成抗旱种衣剂、保水储肥剂、吸水改土剂和果蔬保鲜剂等多功效合成剂[10]，以及保水剂配合灌水、覆盖、地膜等。有研究表明综合措施可累加交互各方优势，能显著提高生产成效[11~13]。同时，上述综合措施也存在进一步的优化问题[14]，这是今后有关栽培模式研究的重要方面，因为生产毕竟受多种因素影响。除保水剂的基本使用方法外，上述综合措施的研究可推出保水剂使用的一些衍生方法，促成新的高效栽培技术和播种技术的产生。

无论哪种施用方法，施用后应立即充分灌水，且在植物根系发达（达到保水剂的施入土层）之前，都需保持正常的灌溉管理[15]。

3　保水剂对土壤水分含量的影响

植物的水分主要是通过根系从土壤中吸收获得的，正常供水条件下，根系吸水容易，体内生理活动活跃，植株生长快；反之，植株的生长将受到抑制。因此，土壤水分含量是影响作物播种、出苗、生长、发育重要的环境因子，而对于节水农业来说，关于如何提高土壤水分含量的研究也是一个热点问题。大量研究表明，在农业生产中应用保水剂，土壤含水量能明显提高[2,8,16~25]，但提高的程度因保水剂及作物的种类、当地的气候条件、土壤溶液的 pH 值、土壤中离子的类型及浓度、土壤质地的不同而有显著的差异[26,27]。关于保水剂对提高土壤水分含量的研究主要集中在保水剂保持土壤水势及水分特征曲线的研究上。在实际应用中，保水剂吸持的水分并不能完全被植物吸收利用，保水剂所吸收的水分的利用效率还取决于保水剂对水分的吸附力和植物的水分生理特征。所以，在研究保水剂所吸收水分的有效性时，最好把土壤水势特征与植物的水分生理特征结合起来进行研究。

4　保水剂对作物的影响

4.1　保水剂在作物育苗中的效果

由于保水剂的作用效果是与土壤中的水分含量紧密结合的，因而灌水量和灌水频率对保水剂的应用效果有着显著的影响。国内外研究表明，若保水剂施用得当，可促进植物根系发育，提高出苗率和移栽成活率，促进植株生长发育，增强作物的抗旱性，延缓凋萎时间[3,5,27]。但保水剂的施用应因土壤质地而异，用量过大，不仅不能促进根系发育，反而抑制根的生长和降低根的生理机能，抑制种子萌芽，降低出苗率和移植成活率[23]。

4.2　保水剂对作物生长发育的影响

保水剂施入土壤后，一方面可以使土壤疏松，容重降低，总孔隙度增加，从而改善土壤通气状况，增强土壤保肥能力；另一方面，在干旱胁迫下，保水剂吸收的水分被植物吸收后，保证了植物体内各种物质代谢仍能正常进行。从这两方面来看保水剂都十分有利于植物的营养生长和生殖生长。刘世亮[28]研究表明施用保水剂能显著提高玉米株高，增加总叶面积，增加作物的生物学产量和提高肥料利用率。刘子凡等[20]试验表明保水剂能够增加叶面积、株高、茎叶及根系干重。罗维康[29]也认为在相同土壤条件下，施用适量的保水剂，可促进甘蔗生长，增加生长后期的青叶片数。这与胡芬和姜雁北[30]的研究结果是一致的。国外亦有人研究认为，施用保水剂促进了植物嫩枝和根系的生长，促使植物干物质质量增加，显著提高了植物的生物量和叶面积[16,31,32]。但也有一些与之相反的结论[33,34]。究其原因，可能与当地土壤质地、气候条件、保水剂种类及其施用量有关。

4.3 保水剂对作物的增产效应

施用保水剂对农作物具有普遍的增产效果[22,29,35,36]。何腾兵等[37]研究表明,在模拟干旱条件下,保水剂对玉米主要经济性状产生一定的影响,并因土壤质地不同而异,但保水剂用量过大会降低这种作用。罗维康[38]发现在相同土壤条件下,施用不同用量的保水剂,对甘蔗有不同的增产效果,保水剂施用量以667 m^2 施5 kg效果比较好。川岛和夫[26]认为保水剂的增产效应必须在灌水量较大的前提下才能表现出来。李青丰等[39]则认为保水剂对环境中水分的吸收与对种子释放水分是相互矛盾的。可见保水剂的应用效果受多种因素制约,必须对此进行深入的研究,才能使保水剂的节水功能得到充分发挥。

4.4 保水剂对作物生理生化特征的影响

在干旱胁迫下,保水剂能够缓慢释放水分,提高植物根系周围含水量,维持植物体内水分平衡,对植物的生理生化产生影响。大量研究表明,保水剂可以提高作物的利用效率[30,40,41]。究其原因除保水剂在干旱条件下能减少土壤水分蒸发外,还可能与其对气孔导度的影响有关。另外,在国内,刘子凡等[19]通过盆栽方法研究在水分胁迫下土壤保水剂对甘蔗抗旱性的影响,试验结果表明,施用保水剂后,土壤含水量、叶片相对含水量增加,叶片质膜透性、脯氨酸含量、丙二醛含量减少,陆国盈[21]和高凤文[42]也得出了相似的结论。朱元骏等[40]认为在50%土壤饱和持水量下,分根区施保水剂显著降低了叶片气孔导度,叶片 CO_2 吸收量和 H_2O 蒸腾量也同时降低,但 H_2O 蒸腾量下降幅度更大。赵敏等[35]试验表明,保水剂能明显改善土壤供水状况,促进花生出苗,使植株维持较高的抗氧化能力和根系活力,提高植株的抗旱性。周世新[43]等的田间试验表明,高效营养保水剂有促进玉米种子萌发、抗旱保苗,促进茎叶生长和根系发达,增加叶绿素含量和增强光合功能的作用,这与刘子凡[20]的试验结果是一致的。当然,与此同时,也存有与之不同的结论[14,44]。迟永刚等[14]研究表明与单独施用保水剂处理相比,保水剂+泥炭在正常和水分胁迫两种水分条件下均能提高玉米叶片的原初光能转化效率和PSⅡ活性;保水剂+沸石在正常供水时能提高玉米叶片的原初光能转化效率和PSⅡ活性,而在水分胁迫时无此作用;保水剂+稀土在两种水分条件下均明显降低了玉米叶片的原初光能转化效率和PSⅡ活性。可见,保水剂与其他物质的综合施用还需进一步研究。

5 保水剂在研究中存在的问题

目前,保水剂在农业上的应用尚有许多问题有待深入研究:

(1)在实际应用时,由于各种因素(土壤结构、水分、温度、通气状况等)的影响,只是在一定条件下,保水剂保持的水分才能被植物吸收利用。另外,保水剂所吸收和保持的水能否为作物利用,还取决于保水剂对水分的吸附力和植物水分的生理特征。

(2)保水剂与其他物质结合形成多功能混合剂的办法虽已有应用,但关于它们之间混合施用比例、施用方法以及相互作用机理等课题仍研究较少。

(3)相对于保水剂对作物出苗率、生长、产量的影响,保水剂对作物抗旱的一些生理生化特征的影响研究还较少,且大都局限于盆栽或苗期,缺乏系统性和深入性。

(4)缺乏对长期施用保水剂对作物、土壤、环境的影响及其降解性、持效性的研究。

(5)由于保水剂类型、土壤质地、试验作物、水质、气候条件等试验条件的不一致且大多数试验都是针对特定的产品，在特殊条件下进行试验，必然会导致很多试验结果的不一致，因而所研究的结果并非针对所有作物及地区使用。

6 展望

综上所述，在未来的研究上，应重视探讨不同地区、不同土壤类型、不同作物等不同条件下保水剂最佳施用量、施用方式及相适应的节灌技术，逐步形成一套以保水剂为中心的综合应用技术体系与田间技术模式，以便在全国范围内大面积推广应用。在研究土壤水分含量时，应该把土壤的水分状况和作物的水分状况相结合进行研究；同时，要加强保水剂对作物微观方面的影响研究，从分子、生理方面来解释保水剂的抗旱增产机制，深刻体现土壤学—生理学—微生物学—分子生物学的交叉学科的研究优势，从而为保水剂的研制、改进、生产、应用提供理论支撑和技术支持，促使保水剂"保水、保肥、保土、助苗、增产"的完善与发挥，这对缓解日益严重的水资源短缺、促进半干旱地区作物的稳产增产具有重要的现实和长远意义。

参考文献

[1] 杜太生，康绍忠，魏华．保水剂在节水农业中的应用研究现状与展望[J]．农业现代化研究，2000，21(5)：317－320.

[2] Johnson M S. The effects of gel forming polyacrylamides on moisture storage in sandy soils[J]. J Sci Food Agric. 1984，35：1196－1200.

[3] 黄占斌，万惠娥，邓西平，等．保水剂在改良土壤和作物抗旱节水中的效应[J]．土壤侵蚀与水土保持学报，1999，12(4)：52－55.

[4] Costigan P A，Locascio S J. Fertilizer additives within or around the gel for fluid-drilled cabbage and lettuce[J]. Hort Science，1982，17(5)：746－748.

[5] Woodhouse J，Johnson M S. Effect of super absorbent polymers on survival and growth of crop seedling[J]. Agricultural Water Management，1991，20：63－70.

[6] 黄占斌，辛小桂，宁荣昌，等．保水剂在农业生产中的应用与发展趋势[J]．干旱地区农业研究，2003(3)：11－14.

[7] 杨玉凤．保水剂在农业生产上的应用[J]．四川农业科技，2003(5)：38.

[8] 杜尧东，王丽娟，刘作新．保水剂及其在节水农业上的应用[J]．河南农业大学学报，2000，34(3)：255－259.

[9] 陈宝玉，武鹏程，张玉珍，等．保水剂的研究开发现状及应用展望[J]．河北农业大学学报，2003，26：242－245.

[10] 蒋锦霞．保水剂在农业上的应用进展[J]．甘肃农业科技，2000(12)：25－26.

[11] Silberbush M，Adar E，De Malach Y. Use of an hydrophilic polymer to improve water storage and availability to crops grown in sand dunes. I Corn irrigated by trickling[J]. Agricultural Water Management，1993，23：303－313.

[12] Silberbush M，Adar E，De Malach Y. Use of an hydrophilic polymer to improve water storage and availability to crops grown in sand dunes. Ⅱ Cabbage irrigated by sprinkling with different water salinities[J]. Agricultural Water Management，1993，23：313－327.

[13] 武继承，王志和，何方，等．不同技术措施对降水利用和土壤养分的影响[J]．华北农学报，

2005,20(6):73－76.

[14] 迟永刚,黄占斌,李茂松. 保水剂与不同化学材料配合对玉米生理特性的影响[J]. 干旱地区农业研究, 2005,23(6):132－136.

[15] 芦海宁,韩烈保,苏德荣. 保水剂在草坪中的应用研究进展[J]. ,节水灌溉,2005(1):14－17.

[16] Haas H P , Rober R. Substrate additives, watering and growth of Euphorbia pulcherrima[J]. Gartenbau magazine, 1993,12(2):68－70.

[17] Akhter J, Mahmood K, Malik K A. Effects of hydrogel amendment on water storage of sandy loam and loam soils and seedling growth of barley, wheat and chickpea[J]. Plant, Soil and Environment,2004, 50(10): 463－469.

[18] 郑惠玲,薛毅芳,管秀娟,等. 施用不同保水剂对土壤水分变化的影响[J]. 河南农业科学, 2006(7):73－76.

[19] 刘子凡,梁计南,谭中文,等. 土壤保水剂对甘蔗抗旱性的影响[J]. 甘蔗,2004,11(2):11－15.

[20] 刘子凡,梁计南,罗明珠,等. 土壤保水剂对秋植蔗形态生理效应的研究[J]. 热带农业科学,2004, 24(2):18－22.

[21] 陆国盈,韩世健,裴铁雄,等. 不同时期施保水剂对甘蔗抗旱性和产量及品质的影响[J]. 广西蔗糖,2005(1):3－16.

[22] 杨晓昀,王婉东,王振华,等. 抗旱保水剂拌种对土壤水分和冬小麦产量影响的研究初报[J]. 甘肃农业科技,2005(4):19－20.

[23] 潭国波,边少峰,马虹,等. 保水剂对玉米出苗率及土壤水分的影响[J]. 吉林农业科学,2005, 30(5):26－27.

[24] 刘甫清,陆国盈,韩世健,等. 保水剂不同用量对甘蔗幼苗抗旱性的影响[J]. 广西蔗糖,2006(1): 14－18.

[25] 李永胜,杜建军,刘士哲,等. 保水剂对番茄生长及水分利用效率的影响[J]. 生态环境,2006, 15(1):140－144.

[26] 川岛和夫. 农用土壤改良剂—新型保水剂[J]. 土壤学进展,1986(3):49－52.

[27] 史兰波,李云荫. 保水剂在节水农业中的应用[J]. 生态农业研究,1993(2):89－93.

[28] 刘世亮,寇太记,介晓磊. 保水剂对玉米生长和土壤养分转化供应的影响研究[J]. 河南农业大学学报,2005,39(2):146－150.

[29] 罗维康. 保水剂对甘蔗生长与产量的影响[J]. 亚热带农业研究,2005,1(1):27－29.

[30] 胡芬,姜雁北. 高吸水剂 KH－841 在旱地农业中的应用[J]. 干旱地区农业研究,1994,12 (4): 83－ 86.

[31] Huttermann A ,Zommorodi M ,Reise K. Addition of hydrogels to soil for prolonging the survival of pinus halepensis seedling subjected to drought[J]. Soil and Tillage Research, 1999, 50(4): 295－304.

[32] Viero P W M ,Little K M ,Oscroft D G. Establishment of eucalyptus grandis X camaldulensis clones in Zululand; the efect of a soil amended hydrogel[J]. ICFR－Bullentin—Series,2000(7):1－12.

[33] 万惠娥,黄占斌. 保水剂对旱区农作物保水效应的研究[J]. 宁夏农林科技,2000(5):38－39.

[34] 赵正雄,赵明,张福琐. 育苗时使用保水剂对移栽玉米生长发育和产量的影响[J]. 耕作与栽培, 2002(2):13－14.

[35] 赵敏,高会东. 保水剂对花生生理特性及产量构成因素的影响[J]. 吉林农业科学,2002,27(6): 15－18.

[36] 尹颛斌,曾贤杰,汤海涛. 红壤丘岗区夏秋干旱季节红薯节水高产高效技术研究[J]. 作物研究, 2006(1): 57－59.

[37] 何腾兵,杨开琼,张俊,等. VAMA对土壤保肥供肥性能影响的研究[J]. 土壤通报,1997, 28 (6): 257-260.

[38] 罗维康. 保水剂不同用量与甘蔗综合性状关系的研究[J]. 广西热带农业,2005(2):5-7.

[39] 李青丰,房丽宁,徐军,等. 高吸水剂对促进种子萌发作用的置疑[J]. 干旱地区农业研究,1996, 14 (4):34-36.

[40] 朱元骏,黄占斌,辛小桂,等. 分根区施保水剂对玉米气孔导度和单叶WUE的影响[J]. 西北植物学报,2004, 24(4): 627-631.

[41] 黄占斌,朱书全,张铃春,等. 保水剂在农业改土节水中的效应研究[J]. 水土保持研究,2004, 11 (3):57-60.

[42] 高凤文,罗盛国,姜佰文. 保水剂对土壤蒸发及玉米幼苗抗旱性的影响[J]. 东北农业大学学报, 2005, 36(1):11-14.

[43] 周世新,宁作斌,顾云杰,等. 高效营养保水剂在大田玉米生产上的试验效果[J]. 中国农业气象, 2001,22(4): 43-46.

[44] 郭景南,刘崇怀,冯义彬,等. HB系列专用保水剂对盆栽红地球葡萄水势和丙二醛含量的影响[J]. 果树学报,2005, 22(1):72-74.

保水剂对作物生理生态特性的影响研究进展

武继承[1]　管秀娟[2]　尚　莉[2]　程　俊[2]

(1. 河南省农业科学院植物营养与资源环境研究所,郑州 450002;
2. 河南大学生命科学学院,开封 475001)

摘要:针对当前旱作节水农业发展对保水剂的客观需要,详细地分析了保水剂对作物根系活力、叶绿素含量、渗透调节物质、水分利用率等生理特性和生态环境的影响研究现状,系统地提出了相关方面存在的问题,明确了进一步深化研究的重点和方向。

关键词:保水剂　生理生态特性　进展　存在问题　前景

发展旱作节水农业,已经成为当前农业生产中迫切需要解决的问题。长期以来,人们对作物水分的研究主要集中在两个方面:一方面从作物生物学基础的角度出发,以一种或几种作物为供试材料和追求作物优质高产为目的,研究作物的生理特性、需水规律、作物对水分胁迫的生理生化反应,以及通过改造作物本身寻求新的耐旱优质高产的物种;另一方面不断通过改进技术系统来调控环境因子——农业生态系统,以适应旱地农业发展的需要。这两方面的研究是相互渗透的,研究生物学基础以一定的环境条件为前提,而研究环境因子往往又以生物学的具体指标为衡量手段。利用保水剂达到节水增产的目的是目前节水研究的一种新途径和新方法,保水剂的研究是属于通过改进技术系统来调控环境因子的内容,而深入研究保水剂对作物影响及其生理机制,合理、高效利用水资源是普遍关注的一个重要问题。

保水剂又称土壤保水剂、高吸水剂、保湿剂、高吸水性树脂、高分子吸水剂,是利用强吸水性树脂制成的一种超高吸水保水能力的高分子聚合物。它能迅速吸收和保持自身重量几百倍甚至上千倍的水分,具有反复吸水功能,吸水后膨胀为水凝胶,可缓慢释放水分供作物吸收利用,由于分子结构交联,能够将吸收的水分全部凝胶化,分子网络所吸水分不能用一般物理方法挤出,因而具有很强的保水性。另外,其本身无毒副作用,不会污染环境,最终可被生物降解为水、CO_2 和氮,是调节土壤水、热、气状况,改善土壤结构,提高土壤肥力的有效手段,具有特殊的抗旱、保水、节水等作用[1,2],在农业生产中逐步得到广泛应用。本文主要对保水剂在作物生理生态特性的影响研究进展上进行了综述,并对其中存在的一些问题及未来发展趋势进行了探讨。

基金项目:"十一五"国家 863 节水农业项目(2006AA100215)和河南省科技攻关项目(0423102600)。

作者简介:武继承(1965—),男,河南通许人,博士,研究员,主要从事节水农业和土壤资源利用与养分管理方面的研究工作。

1 保水剂对作物生态环境的影响

研究发现,保水剂在土壤中吸水膨胀,可以把分散的土壤颗粒黏结成团块状,促进土壤团粒结构的形成,增加孔隙度,施用保水剂可以减缓地温波动,减少氮肥损失,降低土壤容重,提高水分入渗率及土壤含水量[3~9]。但研究结果因保水剂及作物种类、当地气候条件、土壤 pH 值、土壤离子类型及浓度、土壤质地的不同而有显著的差异[10,11]。对于节水农业来说,如何提高土壤水分含量的研究是一个热点问题。目前,保水剂对提高土壤水分含量的研究主要集中在保水剂保持土壤水势及水分特征曲线的研究上[12,13],在实际应用中,保水剂吸持的水分并不能完全被植物吸收利用,保水剂所吸收的水分的利用效率还取决于保水剂对水分的吸附力和植物的水分生理特征。所以,在研究保水剂所吸水分的有效性时,最好把土壤水势特征与植物的水分生理特征结合起来进行研究。

2 保水剂对作物生理特性的影响

国内外研究表明,保水剂施用得当,可促进作物根系发育,提高出苗率和移栽成活率,促进植株生长发育,延缓凋萎时间,可取得显著的增产效果[14~18]。但保水剂的施用应因土壤质地而异,用量过大,不仅不能促进根系发育,反而抑制根的生长和降低根的生理机能,抑制种子萌芽,降低出苗率和移植成活率[19,20]。同时,当植物受到干旱胁迫时,保水剂能够缓慢释放水分,提高根系周围含水量,维持体内水分平衡,对植物的生理生化产生影响。

2.1 保水剂对作物根系活力的影响

根系作为植物重要的吸收器官和代谢器官,它的生长发育直接影响到地上部茎叶的生长和作物产量的高低。根系活力是根系吸收养分、水分功能强弱的指标之一。在干旱胁迫下,植物代谢紊乱,将直接影响到根系活力,使根系活力下降[21~23]。另外,孙艳等[24]研究了黄瓜根系活力和叶片光合作用对土壤紧实胁迫的响应。结果表明,当土壤紧实度增大时,黄瓜根系重量减小,活力下降。李潮海、李胜利采用桶栽方法,探讨了下层土壤容重对玉米根系生长及吸收活力的影响。结果表明,随着土壤容重的增加,玉米根条数、根干重、根长和根系活力都呈现减少的趋势,且容重越大,减少的趋势越显著[25]。可见,结合保水剂本身对土壤本身的影响,在一定的条件下,施用保水剂来提高根系活力应该是可行的。赵敏研究了保水剂沟施、穴施两种施用方法对花生生长的影响,试验结果表明保水剂能明显改善土壤供水状况,促进花生出苗,使植株维持较高的根系活力,提高植株的抗旱性[26]。这与刘甫清等得出的结论是一致的[8]。

2.2 保水剂对作物叶片水势和组织相对含水量的影响

植物能保持水分平衡是维持正常生长发育最重要的条件之一。叶片水势(LWP)和组织相对含水量(RWC)及水分饱和亏缺是反映水分状况的重要指标。在干旱胁迫时,随着土壤水分的降低,土壤的水势不断降低。根据水分运动的机理,植物只有降低水势,才能从土壤中吸收水分,因而叶片的水势随着土壤水分含量的减少而降低,植物的相对含水量不断减少。植物的水势和膨压减小到一定程度,就会影响植物的正常生理功能。目前已有关于保水剂对植物叶片水势和组织相对含水量的影响的报道,林文杰认为在有限水分条件下保水剂能减缓土壤水势、叶片水势下降,减少叶片水分饱和亏缺程度,并且随着保水剂用量的增加,效果更好[27]。祁桂林盆栽狼尾草研究表明施用适量保水剂在干旱胁迫下幼苗叶片仍保持较高的相对含水量,且随着保水剂用量的增高而增高[28]。任建宏盆栽结果表明保水剂处理土壤的荷兰菊幼苗营养生长、叶绿素含量、叶片含水量,都明显优于对照,得出保水剂可使荷兰菊在干旱条件下受到水分胁迫的时间明显推迟的结论[29]。刘子凡通过盆栽方法研究在水分胁迫下土壤保水剂对甘蔗抗旱性的影响中也得出了相同的结论[7]。

2.3　保水剂对作物气体交换参数的影响

水分作为植物生存极为重要的因子,不仅是植物体的组成成分、良好的溶剂、植物器官形态的保持者,而且还是植物利用光合作用制造有机物的原料。水分胁迫程度直接影响植物的光合效率。水分胁迫会引起气孔的关闭,使气孔导度变小。Joly 认为气孔导度与光合速率密切相关,呈显著指数关系[30]。按照 Farquhar 和 Sharkey 的方法进行分析,法国燕麦和中国燕麦在水分胁迫条件下,光合速率下降的同时伴随着气孔导度和胞间 CO_2 的下降,说明抑制燕麦光合功能的主要因素也为气孔因素[31]。水分胁迫下作物叶面积减小、气孔关闭和 CO_2 同化效率下降是光合作用降低的主要原因。保水剂对作物气体交换参数的变化有一定的影响,张德奇研究表明覆膜结合使用保水剂的处理能使“午休现象”有所减轻;蒸腾速率日变化为“单峰曲线”,气孔导度以上午 8:00 最高[32]。朱元骏研究表明在 75% 土壤饱和持水量下,各指标在处理之间没有明显差别;在 50% 土壤饱和持水量下,分根区施保水剂显著降低了叶片气孔导度、叶片 CO_2 吸收量和 H_2O 蒸腾量,但 H_2O 蒸腾量下降幅度更大[33];这与刘子凡的施用保水剂能使蔗叶的光合速率增加、气孔导度和蒸腾速率减少的结论也是一致的[7]。

2.4　保水剂对作物水分利用效率(WUE)的影响

水分利用效率(WUE)是指植物消耗单位水量所产生的干物质量,是农业水资源利用效果的一个重要评价指标。普遍认为,对植物叶片来说 WUE = 光合速率/蒸腾速率[34,35],植物个体 WUE = 生物量/蒸腾量,对植物群体来说 WUE = 生物量/(蒸腾量 + 蒸发量)[36]。对农林业来说,通过栽培措施已可将蒸发量控制到最小。因此,通过减少蒸发量来提高水分利用效率的余地不大。提高水分利用效率最好的办法就是提高植物本身的利用效率。有研究表明保水剂可以提高作物的利用效率[4,32,33,37]。究其原因除保水剂在干旱条件下能减少土壤水分蒸发外,还可能与其对气孔导度的影响有关。因为单在其他外部条件一致的情况下单叶 WUE 主要受叶片 CO_2 吸收量与 H_2O 蒸腾量之比的影响,而叶片 CO_2 吸收量和 H_2O 蒸腾量又受到气孔导度的限制。因此,单叶 WUE 与气孔导度之间有着重要联系。但叶片 CO_2 吸收和 H_2O 蒸腾对气孔导度的反应不尽一致。在一定范围内随气孔导度的增大叶片 CO_2 吸收量也相应增加,当气孔导度增大到一定程度后,叶片 CO_2 吸收量达到最大(CO_2 饱和点);此后气孔导度再增大,CO_2 吸收量基本不变,而 H_2O 蒸腾量则一直随气孔导度的增大而增加。因此,当气孔导度增加到一定程度后,再增加气孔导度,作物叶片存在无效蒸腾而使得作物单叶 WUE 明显下降[38]。

2.5　保水剂对作物叶绿素含量的影响

叶绿素是叶绿体中最主要的光合色素,在光合作用中占有重要地位。在正常生长条件下，一般认为叶绿素含量与叶片光合能力成正比关系，水分胁迫对叶绿素含量具有一定的影响，从而影响到植物体生长[39]。同时，叶绿素荧光对水分胁迫非常敏感，随着胁迫加剧，叶片的荧光参数随之下降，PSⅡ光化学的最大效率值也明显降低[40]。在干旱胁迫下，保水剂对减缓植物叶绿素含量下降有一定的作用。祁桂林研究表明持续干旱胁迫下，狼尾草幼苗叶片叶绿素含量下降，而随着基质保水剂用量增多，狼尾草幼苗叶片仍保持较高的叶绿素含量[28]。这一结果与任建宏[29]、刘子凡[41]的研究结果是一致的。刘甫清研究表明干旱处理后叶绿素 a 的含量、叶绿素 b 的含量、叶绿素 a + b 的含量，施保水剂的处理均比不施的要高[42]。迟永刚试验表明与单独施用保水剂处理相比，保水剂 + 沸石在正常供水时能提高玉米叶片的原初光能转化效率和 PSⅡ活性，而在水分胁迫时无此作用；保水剂 + 稀土在两种水分条件下均明显降低了玉米叶片的原初光能转化效率和 PSⅡ活性[37]。可见，保水剂与其他物质的综合施用还需进一步研究。

2.6 保水剂对作物渗透调节的影响

渗透调节是植物适应干旱胁迫的一种重要生理机制。植物通过代谢活动增加细胞内的溶质浓度，降低渗透势，维持膨压，从而使体内各种与膨压有关的生理过程正常进行。渗透调节作为作物抗旱的一种主要生理机制，已经受到了越来越多研究学者的重视。Jones 等(1978)在高粱大田研究中发现，随水分胁迫加剧，叶片渗透调节能力增强，但严重干旱时，渗透调节能力反而减弱，这可能与严重干旱下渗透调节物质合成减少有关。目前把渗透调节物质分为两大类，一类是有机物，以可溶性糖、脯氨酸为主；另一类是无机物，以 K^+ 为主。目前，关于保水剂对渗透调节物质的影响的报道已有若干，余红英研究表明适当浓度的保水剂处理可提高可溶性蛋白质含量，降低脯氨酸的含量[43]。高凤文研究表明保水剂在水分胁迫下对降低脯氨酸的含量有一定的作用[44]，刘子凡[7]也得出了相同的结论。

2.7　保水剂对作物抗氧化酶的影响

植物体内活性氧自由基大量产生会引发膜脂过氧化作用，造成细胞膜系统的破坏，直到植物细胞的死亡[39]。植物为保护自身免受活性氧的伤害，存在着内源保护系统，包括非酶抗氧化剂和抗氧化酶类。抗氧化酶主要包括超氧化物歧化酶(SOD)、过氧化氢酶(CAT)、过氧化物酶(POD)、还原型抗坏血酸过氧化物酶(ASP)、谷胱甘肽过氧化物酶(GP)等。抗氧化剂主要包括还原型谷胱甘肽(GSH)、抗坏血酸(AsA)、á－生育酚(VE)、类黄酮等有机小分子，正常条件下，这些物质与主要抗氧化酶类协同作用，使植物体内活性氧的产生与猝灭处于一种动态平衡。干旱胁迫将破坏这种平衡而造成活性氧积累。SOD 作为细胞体内第一条抗氧化防线能歧化 O_2^- 生成 O_2 和 H_2O_2。CAT 和 POD 可发生催化反应：$2H_2O_2 \rightarrow 2H_2O + O_2$，清除生物体内的 H_2O_2。另外，ASP 和 GP 也是十分重要的 H_2O_2 的清除酶。细胞中若积累过量的 H_2O_2，可与 O_2^- 发生 Haberweiss 反应，生成更多的活性氧自由基。因此，只有 SOD、CAT、POD、GR、ASP 等酶协同作用，才能使生物自由基维持在一个较低水平，从而防止生物自由基对细胞的伤害。目前已有关于保水剂对 SOD、POD 的影响的报道[26,43,44]，但缺乏系统的保水剂对 SOD、CAT、POD、GR、ASP 等酶协同作用的影响的报道。所以，在研究保水剂对作物抗氧化酶的影响时，最好把几者结合起来进行研究。

2.8 保水剂对作物细胞膜透性的影响

当植物受到逆境胁迫时，质膜遭到破坏，膜透性就会增大，从而使细胞内的电解质外渗，使植物细胞浸提液的电导率增大。因此，质膜透性的变化是植物细胞结构和功能完整性的可靠指标。植物在逆境下首先受害的是细胞膜系统的过氧化作用导致细胞衰老，其主要氧化产物丙二醛含量明显增加。近几年研究表明，丙二醛（MDA）可作为膜脂过氧化作用指标之一[45]。因此，测定MDA的积累可在一定程度上了解膜脂过氧化的程度，从而了解其受破坏的程度。在干旱胁迫下，保水剂对降低膜透性有一定作用，刘甫清认为在干旱处理前后，膜透性随着土壤含水量的降低而升高，总的趋势是处理前的膜透性低于处理后的膜透性，且施保水剂的量越多，其膜透性就越低，同时MDA含量也越低[8]。高凤文、刘子凡、陆国盈等也得出了相同的研究结果[7,44,46]。郭景南以盆栽红地球葡萄为试材结果表明在干旱胁迫后10天，各处理的MDA含量均达到最高值，保水剂施用量最高的处理MDA含量最高[47]。究其原因，可能在生长初期，过量保水剂与土壤混在一起成黏稠的“坨状”，根系如同长在重黏土中，大量根系已发褐、枯死，虽然经过一段时间，根系慢慢适应了这种环境，长出了一定数量的新根，但毕竟没有其他处理的根系庞大。由此可见，适度施用保水剂是极为重要的。

3 问题讨论

目前，关于保水剂对作物生理生态特性方面的研究已经做了大量工作，但研究结果多数是针对某个方面的单项机理，并且未能联系作物产量、品质进行分析，缺乏系统性和深入性，使研究结果具有一定的局限性；其次，在干旱胁迫的试验设置上多采用田间人工控制和室内模拟干旱的方法，试验对象也多局限于苗期，而对自然干旱条件产生的持续干旱胁迫下保水剂对大田生长的作物中后期直至成熟的光合作用参数和生理过程影响的研究还比较少；再次，保水剂与其他物质结合形成多功能混合剂与保水剂配合灌水以及与其他节水技术相结合对作物生理过程的影响虽有报道，但结果不一，需进一步加强研究。

因此，在未来的研究上，应研究保水剂、保水剂与其他节水技术、其他物质相结合以及保水剂配合灌水对大田生长的作物不同生育期生理生态的动态变化及其与籽粒产量、品质形成机制的关系，并根据作物结实器官建成与物候期、生育期的对应关系，通过考察成熟期产量构成因子的优劣情况，分析保水剂对作物在该因子形成时期的抗旱性影响，把保水剂对作物抗旱性研究与产量品质紧密联系起来，明确作物在保水剂影响下产量品质形成的机制，为作物的节水高产优质高效栽培研究提供理论依据。

参考文献

[1] 杜太生，康绍忠，魏华．保水剂在节水农业中的应用研究现状与展望[J]．农业现代化研究，2000，21(5)：317－320.

[2] Johnson M S. The effects of gel forming polyacrylamides on moisture storage in sandy soils[J]. J Sci Food Agric. 1984，35：1196－1200.

[3] Cale A Bigelow，Dan C Bowman，Ph D，D. Keith Cassel. Germination and establishment with root－zone amendments[J]. Journal of Experimental Botany，1999，50(2)：80－85.

[4] 吴德瑜．保水剂与农业[M]．北京:中国农业科技出版社,1991:1-3.
[5] Haas H P, Rober R. Substrate additives, watering and growth of Euphorbia pulcherrima[A]. Gartenbau magazine, 1993, 12(2): 68-70.
[6] Morgan W C, Letey J, Richards S J, et al. Physical soil amendments, soil compaction, irrigation and wetting agents in turfgrass management I. Effects on compatibility, water infiltration rates, evapotranspiration, and number of irrigations[J]. Agron. J., 1966, 58: 525-528.
[7] 刘子凡,梁计南,谭中文,等．土壤保水剂对甘蔗抗旱性的影响[J]．甘蔗,2004,11(2):11-15.
[8] 刘甫清,陆国盈,韩世健,等．保水剂不同用量对甘蔗幼苗抗旱性的影响[J]．广西蔗糖,2006(1):14-18.
[9] 郑惠玲,薛毅芳,管秀娟,等．施用不同保水剂对土壤水分变化的影响[J]．河南农业科学,2006(7):73-76.
[10] 川岛和夫．农用土壤改良剂一新型保水剂[J]．土壤学进展,1986(3):49-52.
[11] 李永胜,杜建军,刘士哲,等．保水剂对番茄生长及水分利用效率的影响[J]．生态环境,2006,15(1):140-144.
[12] 马天新,庞中存,等．土壤保水剂在我省旱作农业上的应用展望[J]．甘肃林业科技,1997(12):31-32.
[13] 王砚田,华孟,等．吸水性树脂对土壤物理性状的影响[J]．北京农业大学学报,1990,16(2):181-187.
[14] Ben Hur M, Faris J, Malik M, et al. Polymers as soil conditions under consecutive irrigation and rainfall[J]. Soil Sci Soc Am J, 1989, 53: 73-77.
[15] Gehring J M, Lewis A J. Effect of hydrogel on wilting and moisture stress of beddingplants[J]. J. Amer. Soc. Hort Sci, 1980, 105(4): 511-513.
[16] Huttermann A, Zommorodi M, Reise K. Addition of hydrogels to soil for prolonging the survival of pinus halepensis seedling subjected to drought[J]. Soil and Tillage Research, 1999, 50(4): 295-304.
[17] Woodhouse J, Johnson M S. Effect of super absorbent polymers on survival and growth of crop seedling[J]. Agricultural Water Management, 1991, 20: 63-70.
[18] 罗维康．保水剂对甘蔗生长与产量的影响[J]．亚热带农业研究,2005,1(1):27-29.
[19] 潭国波,边少峰,马虹,等．保水剂对玉米出苗率及土壤水分的影响[J]．吉林农业科学,2005,30(5):26-27.
[20] 张丽,祝利海,等．保水剂对玉米、小麦种子萌发的影响[J]．安徽农业科学,2002,30(6):921-922.
[21] 刘海龙,郑桂珍,关军锋．干旱胁迫下玉米根系活力和膜透性的变化[J]．华北农学报,2002,17(2):20-22.
[22] 葛体达,隋方功,张金政．玉米根、叶质膜透性和叶片水分对土壤干旱胁迫的反应[J]．西北植物学报,2005,25(3):50-51.
[23] 张春华,李昆,崔永忠,等．川楝苗木失水处理对其活力及造林效果的影响[J]．林业科学研究,2006,19(1):70-74.
[24] 孙艳,王益权．土壤紧实胁迫对黄瓜根系活力和叶片光合作用的影响[J]．植物生理与分子生物学学报,2005,31(5):545-550.
[25] 李潮海,李胜利．下层土壤容重对玉米根系生长及吸收活力的影响[J]．中国农业科学,2005,38(8):1706-1711.
[26] 赵敏,高会东．保水剂对花生生理特性及产量构成因素的影响[J]．吉林农业科学,2002,27(6):15-18.

[27] 林文杰,马焕成,周蛟. 干旱胁迫下不同保水剂处理的水分动态研究[J]. 水土保持研究,2004,11(2):121-124.
[28] 祁桂林,张爱芬. 保水剂对狼尾草幼苗耐旱效应[J]. 农业与技术,2005,25(6):45-47.
[29] 任建宏,艾海舰. 土壤保水剂对荷兰菊幼苗在干旱胁迫下生长的影响[J]. 陕西农业科学,2003(1):6-7.
[30] Joly R J, Hahn D T. Net CO_2 assimilation of cacao seedlings during periods of plant water deficit[J]. Photosynth Res,1989,21:151-159.
[31] Farquhar G D, Sharkey T D. Stomatal conductance and photosynthesis[J]. Ann. Res. Plant Physiol,1982,33:317-342.
[32] 张德奇,廖允成,贾志宽,等. 旱地谷子集水保水技术的生理生态效应[J]. 作物学报,2006,32(5):738-742.
[33] 朱元骏,黄占斌,辛小桂,等. 分根区施保水剂对玉米气孔导度和单叶 WUE 的影响[J]. 西北植物学报,2004,24(4):627-631.
[34] Jackson R D, et al. Canopy temperature as a crop water stress indicater[J]. Water Resource Research,1981,17:1133-1138.
[35] Handly L L, lbvo E, Raven J A, et al. Chrmosome 4 controls potential of water use efficiency in barley[J]. J Exp Bot,1994,45(28):1661-1663.
[36] 刘文兆. 作物生产、水分消耗与水分利用效率间的动态联系[J]. 自然资源学报,1998,13(1):23-27.
[37] 迟永刚,黄占斌,李茂松. 保水剂与不同化学材料配合对玉米生理特性的影响[J]. 干旱地区农业研究,2005,23(6):132-136.
[38] Kangsz, Ship, Pany H, Liangza, Huxt, Zhang J. Soil water distribution, uniformity and water use efficiency and alternate fullow irrigation in arid areas[J]. Irrig Sci. 2000,19:181-190.
[39] 潘瑞炽. 植物生理学[M]. 4版. 北京:高等教育出版社,2001.
[40] 梁新华,许兴,徐兆桢. 渗透胁迫对苗期不同品种春小麦叶片叶绿素荧光动力学的影响[J]. 宁夏大学学报,2002,23(4);356-358.
[41] 刘子凡,梁计南,罗明珠,等. 土壤保水剂对秋植蔗形态生理效应的研究[J]. 热带农业科学,2004,24(2):18-22.
[42] 刘甫清,陆国盈,韩世健,等. 保水剂不同用量对甘蔗幼苗抗旱性的影响[J]. 广西蔗糖,2006(1):14-18.
[43] 余红英,邓世媛,尹艳,等. 保水剂对水分胁迫下超甜玉米生理生化性状的影响[J]. 玉米科学,2006,14(3):87-89.
[44] 高凤文,罗盛国,姜佰文. 保水剂对土壤蒸发及玉米幼苗抗旱性的影响[J]. 东北农业大学学报,2005,36(1):11-14.
[45] 王爱国,邵从本,罗广华. MDA 作为植物过氧化指标的探讨[J]. 植物生理学通讯,1986(2):55-57.
[46] 陆国盈,韩世健,裴铁雄,等. 不同时期施保水剂对甘蔗抗旱性和产量及品质的影响[J]. 广西蔗糖,2005(1):3-16.
[47] 郭景南,刘崇怀,冯义彬,等. HB 系列专用保水剂对盆栽红地球葡萄水势和丙二醛含量的影响[J]. 果树学报,2005,22(1):72-74.

农业生产中保水剂经济有效需求量及其影响因子分析

史福刚　武继承　杨占平

（河南省农业科学院植物营养与资源环境研究所，郑州 450002）

摘要：为探讨农业生产中不同作物效用最大化的保水剂用量，进而揭示出农用保水剂的潜在需求量及其影响因子，分析了冬小麦、甘薯、棉花和烤烟应用保水剂的施用量与作物产量之间的关系。用最小二乘法对这些数据资料进行了非线性回归分析，得到了不同作物的生产函数模型参数，并进行了边际分析及弹性分析。再将农产品价格考虑在内，得出不同作物对保水剂的需求函数，分析了对保水剂需求的影响因子及其作用。结果表明，农产品和保水剂价格对冬小麦保水剂潜在需求影响较大，对甘薯、棉花影响较小，而对烤烟几乎无影响。

关键词：保水剂　需求量　农业生产　影响因子

水资源的短缺以及粮食安全等问题正越来越受到社会的关注。同时，对水资源不断增加的需求产生的生态环境问题也越来越受到重视。在干旱半干旱地区，保水剂可以增加土壤水库容和保水持水性能，提高水分利用效率[1]。许多研究也证实了在农业生产中应用保水剂的节水增收效果。武继承等研究表明冬小麦施用保水剂可增产 17.32% ~ 22.75%，最佳施用量为 45 ~ 60 kg/hm^2[2]。杨英华等在甘薯上施用保水剂可使岗坡旱地甘薯产量增加，各处理中以 45 kg/hm^2 用量效果最好[3]。王汉民等的研究表明保水剂能够显著提高棉花的产量，使用量在 30 ~ 45 kg/hm^2 时，皮棉产量增加 10% 以上[4]。旱地马铃薯使用保水剂 30 kg/hm^2 可增产 25.26% ~ 27.3%[5]。另外，保水剂可以提高烟叶的产量、上等烟比例，施用量以 15 ~ 30 kg/hm^2 效果最好[6,7]。

然而，农业生产中效果最好的保水剂使用量往往不是经济上最有效率的。目前保水剂的成本相对农产品价格比较高，根据边际报酬递减规律，其增产增收的效应是递减的。理论上，生产中效果最好的使用量为其边际增产效应接近零时的量，而经济上有效率的用量为边际收益大于等于边际投入时的用量。为探讨保水剂在农业生产中经济有效率的使用量（潜在需求量），分析投入是否合理，本文应用生产函数模型对保水剂的投入产出进行了分析，并对保水剂在冬小麦、甘薯、棉花及烟草上应用的经济有效需求量及影响因子进行了分析。

基金项目：国家 863 节水农业项目（2006AA100215）。

作者简介：史福刚（1980—），男，助理研究员，主要从事节水农业与土壤资源利用研究。

1 保水剂投入产出数学模型的建立

1.1 生产函数模型的确立

C－D生产函数是分析多种资源投入(如资本 K 和劳动 L)对产量(Y)的经济数量关系的最常用的一种生产函数。其基本模型为:

$$Y = AK^{\alpha}L^{\beta} \tag{1}$$

式中:A 为常数项,代表一定的技术水平;α、β 分别为资本投入和劳动投入的生产弹性。

但是保水剂在农业生产上不是必需的生产要素,而是作为土壤水分条件的增补物,通过改善作物的水分条件来使作物增产,其投入为零时产出不会为零,并且随着保水剂使用量的增加,在土壤保水能力增加的同时,土壤水分对作物的有效性会有所降低[8],超过某一浓度时会使产量降低。因而采用二次函数为其生产函数模型:

$$Y = C_1 + C_2Q + C_3Q^2 \tag{2}$$

式中:Y 为农业产出量;Q 为保水剂使用量;C_1、C_2、C_3 为常数项。

1.2 模型拟合与检验

表1～表4为不同用量保水剂用于冬小麦、甘薯、棉花和烤烟的产量数据。

表1 不同灌溉条件冬小麦使用保水剂不同用量产量数据 (单位:kg/hm²)

用量	0	15	30	45	60	75	90
不灌水产量	2 583.0	2 800.5	2 935.5	3 093.0	3 169.5	2 989.5	2 973.0
灌一水产量	2 761.5	3 061.5	3 207.0	3 310.5	3 240.0	3 196.5	3 078.0
灌二水产量	3 058.5	3 388.5	3 544.5	3 594.0	3 570.0	3 601.5	3 621.0

资料来源:武继承,郑惠玲,史福刚,等.不同水分条件下保水剂对小麦产量和水分利用的影响[2]。

表2 旱地甘薯使用保水剂不同用量产量数据 (单位:kg/hm²)

用量	0	30	45	60
产量	21 777.8	24 055.6	25 388.9	25 611.1

资料来源:杨英华,郭亚辉.抗旱保水剂在岗坡旱地甘薯上的应用试验[3]。

表3 棉花使用保水剂不同用量产量数据 (单位:kg/hm²)

用量	0	15	30	45
皮棉产量	1 469	1 580	1 619.5	1 642

资料来源:王汉民,刘松涛,曹雯梅,等.保水剂对土壤和棉花生长发育及产量的影响[4]。

表4 烤烟使用保水剂不同用量产量和产值数据

用量(kg/hm²)	0	15	30	45
产量(kg/hm²)	1 419.9	1 766	1 643	1 363.5
产值(元/hm²)	11 500.1	18 496.8	20 749.2	11 331.1
中上等烟比例(%)	80.11	90.83	93.53	78.07

注:由于保水剂对烤烟中中上等烟比例有影响,分析中用产值代替。

资料来源于王汉民,刘松涛,曹雯梅,等.保水剂对土壤和棉花生长发育及产量的影响[7]。

将调查数据代入方程进行非线性回归分析，运用DPS统计软件采用非线性最小二乘法对方程组求解，则可得到所需要的三个参数值。所得生产函数表达式见表5。模型决定系数 R^2 均为0.92~1，因此拟合效果很好。

表5　农业生产中保水剂生产函数表达式

项目	生产函数	相关系数 R	决定系数 R^2
不灌水小麦	$Y=2\,570.892\,9+18.0857Q-0.153\,810Q^2$	0.972 3	0.945 4
灌一水小麦	$Y=2\,786.428\,6+19.103\,6Q-0.179\,127Q^2$	0.986 5	0.973 1
灌二水小麦	$Y=3\,115.178\,6+16.150\,0Q-0.122\,857Q^2$	0.962 1	0.925 6
甘薯	$Y=21\,771.236\,2+123.924\,1Q-0.993\,304Q^2$	0.993 2	0.986 4
棉花	$Y=1\,471.725\,0+8.148\,3Q-0.098\,333Q^2$	0.995 8	0.991 6
烤烟	$Y=11\,153.789\,8+832.376\,0Q-18.238\,7Q^2$	0.982 7	0.965 7

2　保水剂经济有效需求量及其影响因子分析

2.1　保水剂产出边际分析及需求函数

对保水剂生产函数求导即可得保水剂的边际产出，即某用量时再增加使用一单位保水剂的额外产出，即：

$$Y' = C_2 + 2C_3Q \tag{3}$$

农业生产对保水剂的需求是一种引致需求，它不仅取决于当前保水剂的价格，也取决于产出农产品的价格，农产品价格直接影响农业产出的收益。因此，保水剂的边际收益可表示为：

$$R = aY' = a(C_2 + 2C_3Q) \tag{4}$$

式中：R 为边际农产品经济收益；a 为农产品价格。

由于保水剂增产的边际收益递减，当边际收益大于单位保水剂价格（边际成本）时，净利润随用量增加而增加；当两者相等时净利润最大化；当边际收益小于保水剂价格时，净利润开始降低，为负报酬阶段，投入是不合理的。因此，其经济上效用最大化时的使用量（即潜在需求量）为边际收益等于保水剂价格（边际成本）时的用量。因此，利润最大化的条件是：

$$P = R = a(C_2 + 2C_3Q) \tag{5}$$

式中：P 为保水剂价格。

因而，其需求函数可表示为：

$$Q = P/2C_3a - C_2/2C_3 \tag{6}$$

由此可得出不同作物对保水剂的需求函数（见表6、图1）。图1中所示需求线小麦价格按1.5元/kg，甘薯0.6元/kg，棉花13元/kg。从图1中可以看出，冬小麦在不同灌水条件下对保水剂的需求线大致相同，且斜率较小；甘薯、棉花、烤烟的需求线斜率相对较大。

表 6　农业生产中保水剂需求函数表达式

项目	需求函数	需求的价格弹性	需求的农产品价格弹性
不灌水小麦	$Q = 58.79 - 3.25P/a$	−2.81	2.81
灌一水小麦	$Q = 53.32 - 2.79P/a$	−2.31	2.31
灌二水小麦	$Q = 65.73 - 4.07P/a$	−4.73	4.73
甘薯	$Q = 62.38 - 0.50P/a$	−0.49	0.49
棉花	$Q = 41.43 - 5.08P/a$	−0.23	0.23
烤烟	$Q = 22.82 - 0.027P/a$	−0.025	0.025

注：烤烟分析中用产值代替产量，因而需求函数式中烤烟价格按 $a=1$。价格弹性计算中保水剂按 20 元/kg，小麦价格按 1.5 元/kg，甘薯 0.6 元/kg，棉花 13 元/kg。

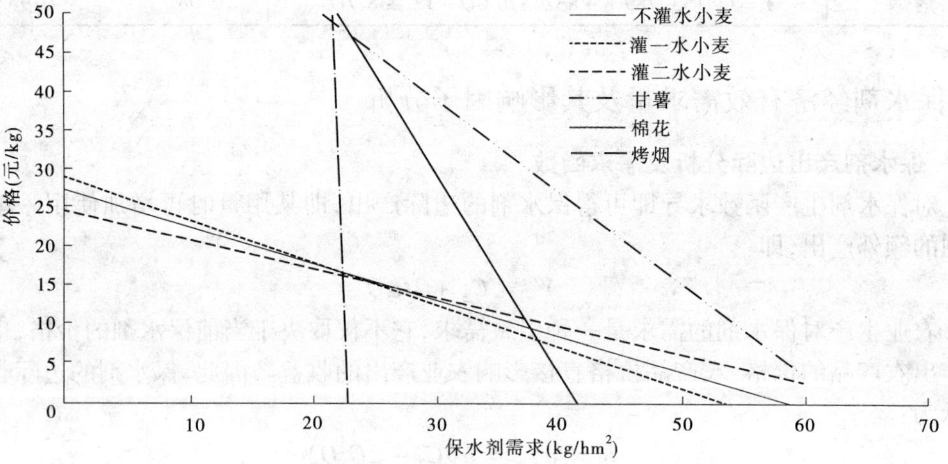

图 1　农业生产中保水剂需求函数图示

2.2　保水剂经济有效需求的影响因子分析

从以上分析可知，影响保水剂有效需求的因子除了其对作物的增产效果，还包括保水剂及农产品的价格。

需求的价格弹性(E_P)表示在一定时期内一种商品的需求量的相对变动对于该商品的价格的相对变动的反应程度。它是商品需求量的变动率与价格的变动率之比。用公式表示为：

$$E_P = (dQ/dP)(P/Q) = -P/(C_2a - P) \tag{7}$$

需求的交叉价格弹性(E_a)则指的是因另一种商品价格变动率所引起的需求量的变动率。所以，与农产品价格有关的保水剂需求弹性应写为：

$$E_a = (dQ/da)(a/Q) = P/(C_2a - P) \tag{8}$$

可见，需求的保水剂价格和农产品弹性绝对值相等且互为相反数。计算可得保水剂当前需求的价格弹性（见表 6），由计算结果可知甘薯、棉花、烤烟对保水剂的需求缺乏弹性（价格弹性绝对值小于 1），而冬小麦在不同灌溉条件下对保水剂需求均具有弹性（价格弹性绝对值大于 1）。所以，农产品和保水剂价格对冬小麦保水剂潜在需求影响较大，而对甘薯、棉花、烤烟影响较小，图 1 也说明了这点。

3 小结

保水剂的生产函数可以用二次曲线较好地拟合。由生产函数可导出经济效益最大化的保水剂在不同作物上使用量和价格的关系，即保水剂的需求函数。甘薯、棉花、烤烟对保水剂的需求缺乏弹性（价格弹性绝对值小于 1），而冬小麦在不同灌溉条件下对保水剂的需求均具有弹性（价格弹性绝对值大于 1）。所以，农产品和保水剂价格对冬小麦保水剂潜在需求影响较大，对甘薯、棉花影响较小，而对烤烟几乎无影响。

冬小麦使用保水剂效果最好的用量为 45 ~ 60 kg/hm^2，但在目前保水剂和小麦价格水平下，经济效益最大化时的用量为 15 kg/hm^2 左右。冬小麦是中国最主要的粮食作物之一，随着保水剂生产工艺的完善和生产规模的扩大，保水剂的生产成本将逐渐降低，冬小麦对保水剂的潜在需求由于较有弹性，也会大幅度地增加。

参考文献

[1] 黄占斌，朱书全，张铃春，等．保水剂在农业改土节水中的效应研究[J]．水土保持研究，2004，11(3)：57 - 60.

[2] 武继承，郑惠玲，史福刚，等．不同水分条件下保水剂对小麦产量和水分利用的影响[J]．华北农学报，2007，22(5)：40 - 42.

[3] 杨英华，郭亚辉．抗旱保水剂在岗坡旱地甘薯上的应用试验[J]．安徽农业科学，2007，35(29)：9250，9310.

[4] 王汉民，刘松涛，曹雯梅，等．保水剂对土壤和棉花生长发育及产量的影响[J]．华北农学报，2006，21(4)：79 - 81.

[5] 刘殿红，黄占斌，蔡连捷，等．保水剂用法和用量对马铃薯产量和效益的影响[J]．西北农业学报，2008，17(1)：266 - 270.

[6] 汪耀富，韩富根，刘国顺，等．聚丙烯酰胺对旱区烤烟生理特性及烟叶产量和品质的影响[J]．河南农业大学学报，2004，38(3)：263 - 265，284.

[7] 王汉民，刘松涛，曹雯梅，等．保水剂对土壤和棉花生长发育及产量的影响[J]．干旱地区农业研究，2007，25(4)：109 - 113.

[8] 介晓磊，李有田，韩燕来，等．保水剂对土壤持水特性的影响[J]．河南农业大学学报，2000，34(1)：22 - 24.

沃特多功能保水剂保水性能研究

杨永辉[1,2]　赵世伟[1]　黄占斌[3]　白岗栓[1]　刘娜娜[4]

(1. 中国科学院水利部水土保持研究所,杨凌 712100;
2. 中国科学院研究生院,北京 100039;
3. 中国矿业大学(北京校区),北京 100083;
4. 西北农林科技大学资源环境学院,杨凌 712100)

摘要:本文通过室内实验对沃特多功能保水剂在黄土高原主要类型土壤持水性能及保水作用进行了研究,结果表明,该保水剂在土壤持水方面,对黑垆土效果最明显,持水性均高于对照,而对塿土和黄绵土来讲,效果不太明显。但在土壤导水方面,黄绵土的改善效果最明显,饱和导水率随保水剂用量的增多而增大;对黑垆土导水率的提高也有一定的作用;对于塿土来讲饱和导水率在施入保水剂后反而降低。在土壤抗蒸发方面,保水剂抗蒸发作用明显,随用量的增多而各土壤的蒸发量减少。

关键词:多功能　保水剂　保水性能

保水剂是一种交联密度很低、不溶于水、高水膨胀性的吸水力特别强的高分子聚合物[1,2]。它是土壤的良好胶结剂,能够改善土壤结构,促进团粒的形成,达到蓄水保墒的作用[2,3]。

保水剂的生产和消费集中在发达国家,已占土壤聚合物市场的95%以上。欧盟诸国尽管水土流失并不严重,但他们对土壤的侵蚀控制非常重视,因而也与美国、澳洲和中东地区一样使用PAM。我国保水剂研究和应用一直未曾停止过,但未能真正打开局面,原因可能有:化工部门只是研制了交联的聚丙烯酸盐,它并非是真正意义上的保水剂,对种子发芽、出苗有一定的副作用,且反复吸收水的能力差;追求高吸水倍率而不顾其凝胶强度和保水性。大部分国内产品不同程度地存在上述问题。

沃特高效多功能保水剂是一种高分子功能材料,能吸收自重500~1 000倍的纯水或40~80倍的生理盐水,具有很强的保水性,而且反复吸收和释放水分5次后,产品的吸水能力大于其初始吸水能力的85%。针对西部年降水量平均不足400 mm,水土流失、荒漠化、盐碱化严重的特点,开发系列低成本、耐盐碱保水材料是当前发展高效农业和治理中西部生态环境的关键所在。沃特多功能保水剂对去离子水吸水倍率达到500 g/g以上,抗钙、镁离子性能有一定提高,反复吸水－释水性能优良,产品综合性能优于有机保水剂产品;并首次采用丙烯酸或丙烯酰胺与凹凸棒土杂化工艺,合成了沃特有机－无机复合保

基金项目:国家863项目(2002AA6Z3301)中国科学院知识创新工程重要方向项目(KZCX3—SW—412)。

作者简介:杨永辉(1978—),男,陕西西安人,硕士研究生,主要从事土壤环境效应研究。

水剂,通过中试优化了聚合制备工艺参数,解决了产品聚合防黏、造粒和干燥等工艺技术难题,实现了工业化生产,生产工艺达到了国际先进水平。沃特保水剂成本低,与现有的各种类型保水剂相比较,沃特多功能保水剂不仅降低了原料成本,而且可提高作物30%的产量,应用前景广阔。

本文的目的是通过对沃特多功能保水剂对黄土高原主要类型的土壤(黄绵土、黑垆土及塿土)持水性能方面的研究,从而为该保水剂对土壤保水、持水方面的作用效果及在黄土高原地区的应用提供依据。

1　实验设计与方法

1.1　供试材料

实验材料为:沃特多功能保水剂、黄绵土、黑垆土及塿土。

1.2　实验设计

本实验采用装土柱法,将保水剂与一定比例的土(过2 mm筛)混合,装于土柱之内,将土壤与保水剂混合物装于土柱中间,土柱顶层盖一层土,容重为1.24 g/cm^3,持水及导水性实验中保水剂用量分别为对照(CK):0,处理1:10 mg,处理2:20 mg,处理3:30 mg,处理4:40 mg;抗蒸发实验保水剂用量分别为对照(CK):0,处理1:0.16 g,处理2:0.32 g,处理3:0.48 g,处理4:0.64 g。

1.3　实验方法

土壤水分特征曲线采用离心机法[4],饱和导水率采用恒定水头法[5,6],土壤抗蒸发实验采用恒温恒湿法,即将土柱充分饱和之后,放进恒温室,相隔一定时间进行称重,连续测定2个月。

2　结果与分析

2.1　沃特多功能保水剂对不同土壤持水性能的影响

土壤水分特征曲线是研究土壤水分特征的重要工具,它既可以反映土壤保持水分的状况,又可以表现土壤水分的数量与能量之间的关系,因此也被称为土壤持水曲线[7,8]。从图1、图2及图3中可以看出,塿土、黄绵土不同处理的水分特征曲线基本重合,表明多功能保水剂对其持水作用不明显;多功能保水剂提高了黑垆土的持水量,但施用保水剂的各处理之间差异不大,从经济方面考虑,施用保水剂的用量为0.085 g/kg。

2.2　沃特多功能保水剂对不同土壤蒸发的影响

经过40天之后,当土壤含水量达到土壤田间持水量的水分范围(21%~28%),在温度保持25 ℃左右的条件下,保水剂对土壤的抗蒸发效应明显,结果见图4。随着保水剂用量的增加,塿土、黑垆土和黄绵土的蒸发量逐渐减少,与对照相比,塿土最多可减少蒸发量53%多,黑垆土为38%,黄绵土为30%。说明沃特多功能保水剂对于改善土壤保水性的作用明显,且随着用量的增加效果越来越显著。

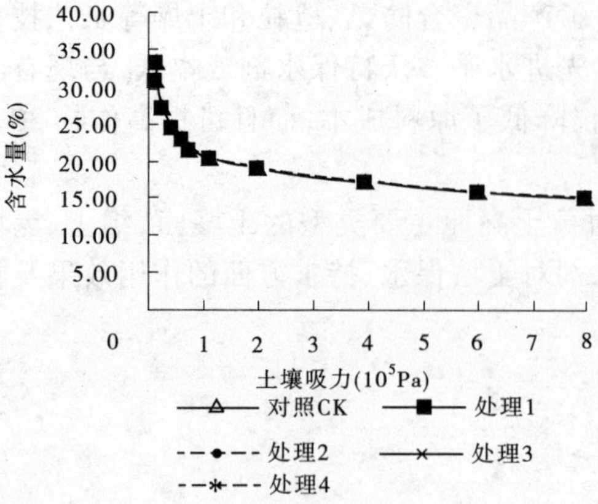

图1 塿土

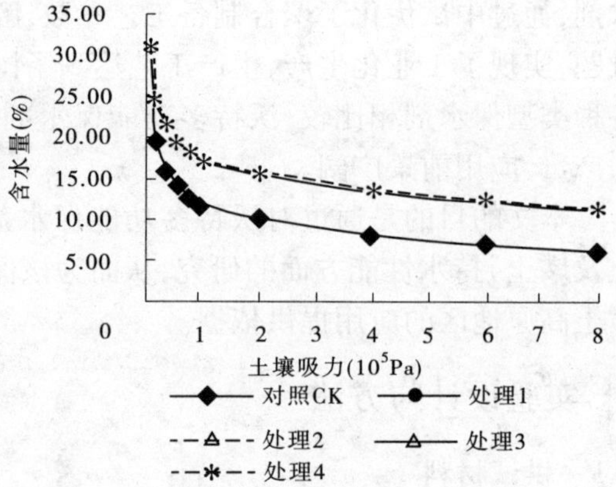

图2　黑垆土

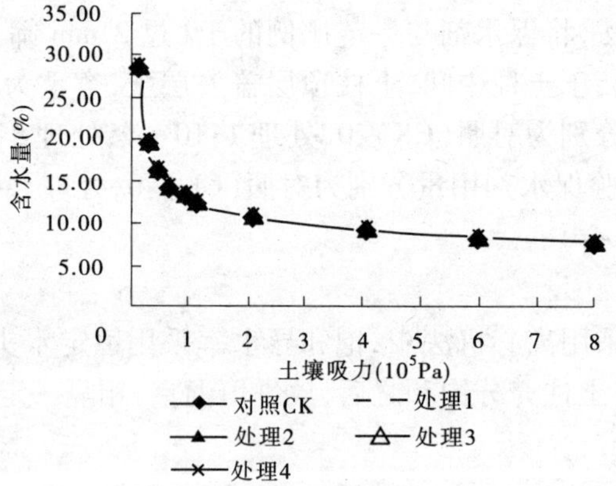

图3　黄绵土

2.3　沃特多功能保水剂对不同土壤导水率的影响

土壤饱和导水率是反映土壤入渗性能的一个重要指标,它的大小直接反映土壤结构的好坏。从图5中可以看出,黄绵土的饱和导水率随保水剂施用量的增加而增大,这是因为黄绵土疏松绵软,除表层弱腐殖化外,通体颜色一致、结构均一,质地以粉砂壤土为主,土壤胶结物(有机质)含量较少。黑垆土处理1的导水率最高,说明该处理的保水剂用量最佳,处理2与处理3的饱和导水率也比对照高,但处理4的土壤饱和导水率最低,说明保水剂用量过多,使土壤的孔隙被保水剂胶体堵塞,降低了土壤的有效孔隙度,导致饱和导水率的降低。对于塿土来讲,其本身结构比较良好,有效孔隙多,有机质含量较黑垆土及黄绵土高,饱和导水率对照高于各处理,因为保水剂胶体过多而将土壤的有效孔隙堵塞,最终导致土壤饱和导水率下降。以上说明,保水剂的施用必须考虑土壤性质,根据土壤的导水率变化效应,黄绵土与黑垆土较塿土更适宜用保水剂。

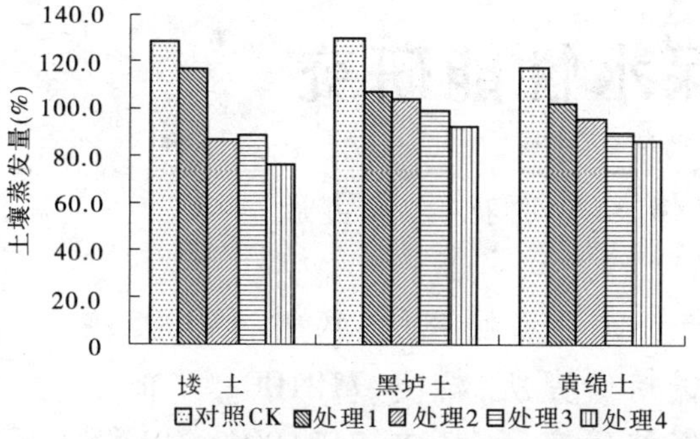

图4　不同用量保水剂对土壤蒸发的影响

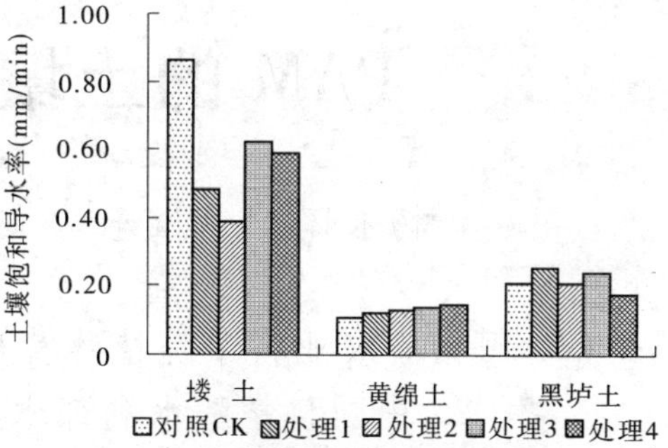

图5　不同用量保水剂对不同土壤饱和导水率的影响

3　结论

通过以上分析表明，沃特多功能保水剂在土壤持水方面，不同的土壤产生不同的效果（这是由土壤本身的性质决定的），对黑垆土效果最明显，持水性均高于对照，而对塿土和黄绵土来讲，效果不明显。但在土壤导水方面，黄绵土的改善效果最明显，饱和导水率随保水剂用量的增加而增大，说明该保水剂适应于黄土高原的大部分地区；对黑垆土导水率的提高有一定作用；对于塿土来讲饱和导水率在施入保水剂后反而降低，因为塿土本身的胶结剂（有机质）含量很高，达2.7%。在土壤抗蒸发方面，保水剂抗蒸发作用明显，随保水剂用量的增多而蒸发量减少，与对照相比塿土最大蒸发量为53%，黑垆土为38%，黄绵土为30%。从保水剂对土壤的保水、持水、导水及抗蒸发性质的改善综合分析，黄绵土最适宜施用沃特多功能保水剂，其次为黑垆土。

因此，在广阔的黄土高原地区，应施用沃特多功能保水剂，不仅可以将非生育期的大量降雨保存下来，减少产生径流，有效地防止水土流失及土壤贫瘠化，提高土壤生态功能，又可在作物需水时，将保存的水分释放出去，促进作物生长。

参考文献

[1] 杨连利，李仲谨，邓娟利. 保水剂的研究进展及发展新动向[J]. 材料导报，2005，19(6)：42－44.
[2] 李秧秧，黄占斌. 节水农业中化控技术的应用研究[J]. 节水灌溉，2001(3)：4－6.
[3] 董英，郭绍辉，詹亚力. 聚丙烯酰胺的土壤改良效应[J]. 高分子通报，2004(5)：83－87.
[4] 史竹叶，赵世伟. 黄土高原土壤持水曲线的计算方法[J]. 西北农业学报，1999，8(6)：44－47.
[5] LY/T1218—1999　森林土壤渗透性测定[S].
[6] 华孟，王坚. 土壤物理学[M]. 北京：北京农业大学出版社，1993.
[7] 雷制栋，杨诗秀，谢森传. 土壤水动力学[M]. 北京：清华大学出版社，1988：19－24.
[8] Jary W A. Soilphysics[M]. Printed in the United States of America，1991：61－64.

PAM的土壤保水性能研究

杨永辉[1]　武继承[1]　赵世伟[2]　曹丽花[3]　黄占斌[4]

(1. 河南省农业科学院植物营养与资源环境研究所,郑州 450002;
2. 中国科学院水利部水土保持研究所,杨凌 712100;
3. 西北农林科技大学水土保持研究所,杨凌 712100;
4. 中国矿业大学(北京校区)化学与环境工程学院,北京 100083)

摘要:有机高分子聚合物会对土壤水分特征产生重要影响,为阐明聚丙烯酰胺(PAM)对黄土高原主要土壤类型(黄绵土、黑垆土和塿土)的保水作用,采用土柱法研究了PAM用量分别为54.5、112.9、169.4、225.8 mg/kg时对3种土壤的持水性能、土壤饱和导水率和土壤蒸发量的影响,并以不添加PAM为对照。结果表明,PAM提高了黄绵土和黑垆土的持水量,而对塿土效果不明显。在土壤导水率方面,PAM对黄绵土的改善效果最明显,除添加225.8 mg/kg PAM的处理外,土壤饱和导水率随PAM用量的增多而增大;黑垆土的饱和导水率与对照相比也有一定提高,但添加225.8 mg/kg PAM的处理除外;塿土的饱和导水率在施入PAM后降低。在一定土壤含水量条件下,保水剂抗蒸发作用明显,随PAM用量的增多,各土壤的蒸发量均减少,其中向塿土、黑垆土和黄绵土中添加225.8 mg/kg PAM的处理与对照相比,分别减少蒸发量24.5%、55.8%和33.7%。说明在一定用量范围内,PAM可以提高黄土高原主要类型土壤的持水和导水性能,并且可以减少土壤水分的蒸发。

关键词:土壤类型　PAM　保水性能　土壤水分蒸发

保水剂是一种交联密度低、不溶于水、具高水膨胀性且吸水力特别强的高分子聚合物[1,2],是土壤的良好胶结剂,其不仅能改善土壤结构、促进团粒的形成,而且能蓄水保墒[2,3]。保水剂的生产和消费集中在发达国家,其消费量已占土壤聚合物市场的95%以上[4]。尽管欧盟诸国水土流失并不严重,但他们对土壤侵蚀的控制非常重视,与美国、澳洲和中东地区一样也使用PAM。大量研究表明,应用PAM作为土壤结构改良剂或稳定剂,可以增加土壤表层颗粒间的凝聚力,维持良好的土壤结构,防止土壤结皮、增加土壤的入渗率[5],减少地表径流、防止土壤流失[6],并具有较好的抑制土壤水分蒸发的能力,因此在提高土壤入渗能力、防治水土流失[7,8]以及工程建设[9]中具有广阔的应用前景。

干旱缺水制约节水农业发展,降水季节分配不均导致旱作区"旱涝"并重的危害,而采用保水制剂可以蓄水保墒、调节降水的季节分配、改良土壤结构、减少无效蒸发、提高土壤水分利用效率、减少水土流失,从而提高区域治理的整体水平,改善干旱半干旱地区的

基金项目:"十一五"国家863节水农业项目(2006AA100215)和河南省重点科技攻关项目(0623012600)。

作者简介:杨永辉(1978—),男,陕西西安人,助理研究员,硕士,主要从事土壤生态与节水农业研究。

生态环境。PAM 因其特有的结构和优异的性能正逐渐被用于生态环境的修复与改善[10,11]，其具有超强的吸水和保水能力，施用在土壤中可以显著提高土壤的持水能力、抑制土壤水分的无效损耗，提高水资源利用效率。有关 PAM 的研究已取得了一定成果，但作为一种新型材料，研究其在不同土壤类型下的适宜施用量、相应的施用方法及对土壤水分特征的影响已迫在眉睫[12]。

黄土高原有砂土、轻壤土、中壤土和重壤土等多种质地的土壤，这种质地差异给确定 PAM 施用量造成很大困难，需要在室内和田间对各种不同质地的土壤进行多项试验，以寻找到施加 PAM 后土壤径流、入渗和侵蚀量等与侵蚀有关的参数，为在黄土高原大面积使用 PAM 提供理论依据。本试验旨在研究 PAM 对黄土高原主要土壤类型（黄绵土、黑垆土及塿土）的持水性能、保水性能及抗蒸发等方面的作用效果，为探明 PAM 在黄土高原地区的应用提供依据。

1　材料与方法

1.1　供试材料

PAM 由法国 SNF 公司生产；黄绵土、黑垆土、塿土采样地点分别为宁夏固原、陕西长武及杨凌的农地，其有机质含量分别为 11.4、14.6、27 g/kg，土壤风干土含水量分别为 15.2、24.2、44.1 g/kg。

1.2　试验设计

1.2.1　PAM 对不同土壤持水性能及饱和导水率的影响

本试验采用土柱法，将过 2 mm 筛的 50 g 土壤（以烘干土计）与 PAM 混匀，装于标准环刀（容积为 100 cm^3）高的 2/3 处，其上至土柱顶部盖一层同类型土壤，保持土壤容重为 1.24 g/cm^3，土柱中土壤总用量合计为 124 g（折合烘干土），其中 PAM 用量分别为对照（CK）：0 mg/kg；处理 1：54.5 mg/kg；处理 2：112.9 mg/kg；处理 3：169.4 mg/kg；处理 4：225.8 mg/kg。

1.2.2　PAM 对不同土壤蒸发量的影响

抗蒸发试验在恒温恒湿室中进行，室内温度为 25 ℃，相对湿度为 65%。采用高 20 cm、直径 10 cm 的土柱，装法与装环刀样相同，装土容重为 1.24 g/cm^3，土柱中土壤总用量（折合烘干土）为 1 941 g。PAM 用量处理同上。各处理充分吸水后土壤饱和含水量见表 1。

表 1　3 种土壤中施入不同量 PAM 后的土壤饱和含水量　（%）

处理	塿土	黑垆土	黄绵土
CK	45.8	45.2	46.9
处理 1	49.1	47.2	48.3
处理 2	49.3	48.3	48.5
处理 3	50.2	48.8	48.8
处理 4	51.0	50.1	50.4

1.3　试验方法

土壤水分特征曲线采用离心机法[13]测定，饱和导水率采用恒定水头法[14,15]测定，土壤抗蒸发试验在恒温恒湿的条件下进行，即将土柱充分饱和之后，放置于恒温恒湿室中，每隔1～2 d对土柱进行称重，计算间隔时间的土壤蒸发量。5月10日开始测定，6月30日结束。

2　结果与分析

2.1　PAM对不同土壤持水性能的影响

土壤水分特征曲线是研究土壤水分特征的重要工具，其既可以反映土壤保持水分的状况，又可以表现土壤水分的数量与能量之间的关系，因此也被称为土壤持水曲线[16,17]。从图1～图3可以看出，塿土中，不同PAM处理的土壤水分特征曲线基本重合，表明PAM对塿土持水作用改善效果不明显。与对照相比，PAM提高了黄绵土的持水量，但各PAM处理间差异不大(曲线基本重合)，从经济方面考虑，PAM的施用量为54.5 mg/kg(处理1)。黑垆土中，与对照相比，各PAM处理的土壤持水量均较高，其高低顺序为处理3＞处理2＞处理1＞处理4，说明处理3效果最佳，若继续增加PAM用量，反而会导致土壤持水量降低。

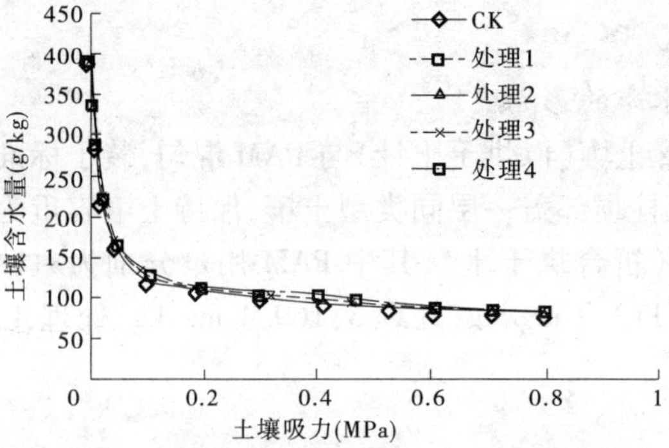

图1　PAM对塿土水分特征曲线的影响

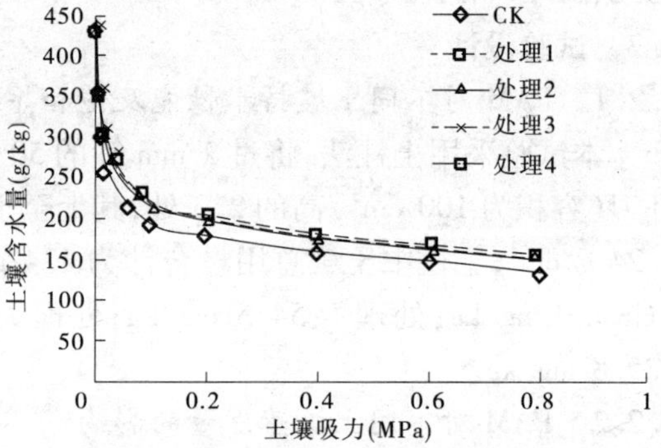

图2　PAM对黄绵土水分特征曲线的影响

2.2　PAM对不同土壤饱和导水率的影响

土壤饱和导水率是反映土壤入渗性能的一个重要指标，其大小直接反映土壤结构的好坏。从图4可以看出，未加入PAM时，3种土壤饱和导水率大小顺序为：塿土＞黑垆土＞黄绵土，这与土壤质地及土壤有机质含量有关。加入PAM后，塿土的饱和导水率降低，因为其本身有机胶结剂较多，土壤结构较好，有效孔隙多，而PAM形成的胶体将塿土的大孔隙堵塞，降低了土壤的通透性。黄绵土加入PAM后，其饱和导水率除处理4外其他均高于对照，这是由于黄绵土疏松绵软，除表层弱腐殖化外，通体颜色一致、结构均一，质地以粉砂壤土为主，土壤胶结物(有机质)含量较少，PAM的施用增加了黄绵土中的胶结物质，促进了水稳性团粒结构的形成；但用量过大，就会形成与塿土类似的情况。黑垆土中，处理1的土壤饱和导水率最高，说明该处理的PAM用量最佳；而处理4的土壤饱和导水率较对照低，说明PAM用量过多，容易形成糊状，堵塞土壤大孔隙，降低土壤的有效孔隙度，从而导致饱和导水率的降低。由以上研究结果可知,施用 PAM 时必须考虑土壤性质;根据土壤的饱和导水率变化效应,黄绵土与黑垆土较埁土更适宜用 PAM,但要适量。

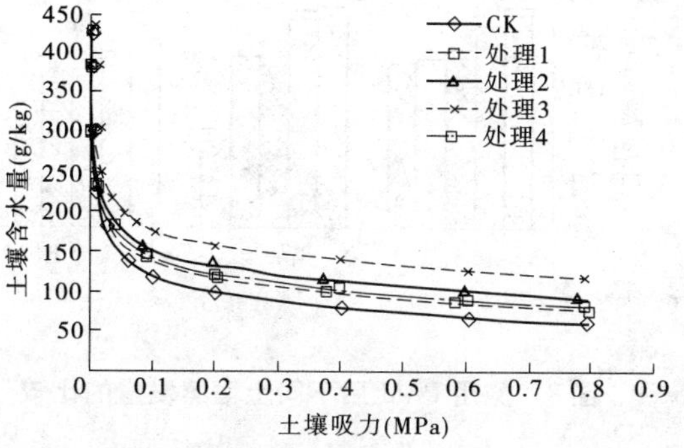

图3 PAM 对黑垆土水分特征曲线的影响

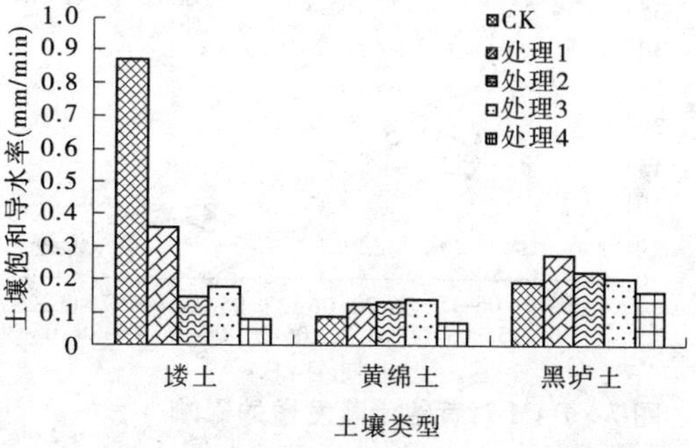

图4 PAM 对埁土、黄绵土和黑垆土饱和导水率的影响

2.3 PAM 对不同土壤蒸发量的影响

土壤含水量的高低对土壤水分蒸发的快慢产生重要影响。图 5~图 7 显示,6 月 10 日(黑垆土处理 4 除外)不同土壤不同处理的土壤蒸发量没有差异,这时的土壤含水量高于田间持水量,施用 PAM 对提高土壤抗蒸发作用的效果不明显。当土壤含水量达到土壤田间持水量(21%~25%)时,在温度保持 25 ℃、相对湿度为 65% 的条件下,PAM 对土壤的抗蒸发效应明显,如图 5~图 7 所示,6 月 10~30 日,土壤蒸发量呈下降趋势,且总体上对照蒸发量高于其他处理,随 PAM 用量的增加(见图 8),土壤蒸发量基本减少,其中埁土、黑垆土和黄绵土的处理 4 与对照相比,土壤蒸发量分别减少了 24.5%、55.8% 和 33.7%。但当土壤含水量降低到 16% 以下时(6 月 30 日),3 种土壤各处理间的土壤蒸发量基本相同。说明在一定的土壤含水量条件下,PAM 对改善土壤蒸发的作用明显,且随着用量的增加效果越来越显著。

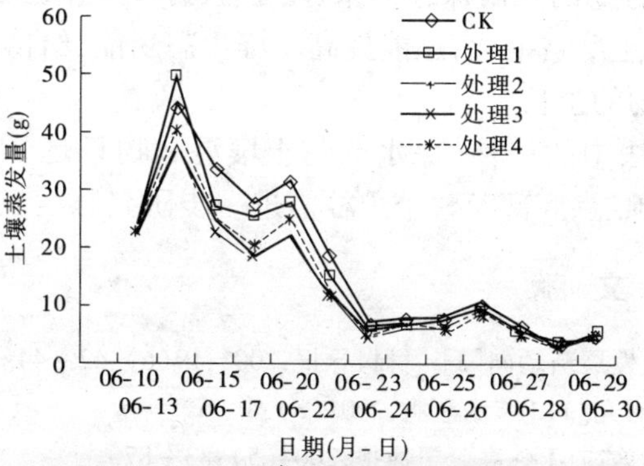

图5 PAM 对埁土蒸发量的影响

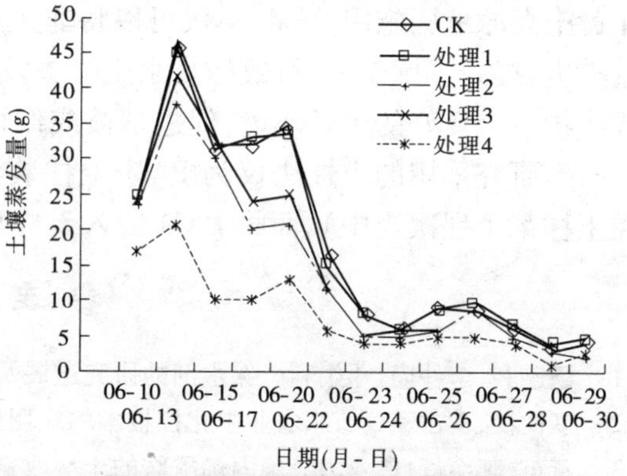

图6 PAM 对黑垆土蒸发量的影响

3 结论与讨论

本研究采用土柱法对不同 PAM 用量、不同土壤持水、导水及抗蒸发能力进行了比较,

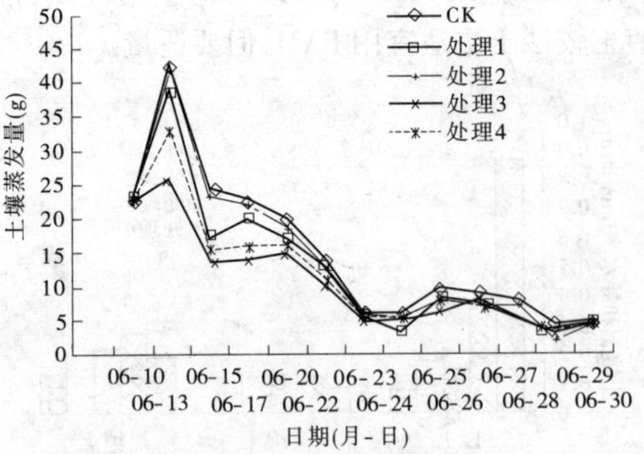

图7　PAM对黄绵土蒸发量的影响

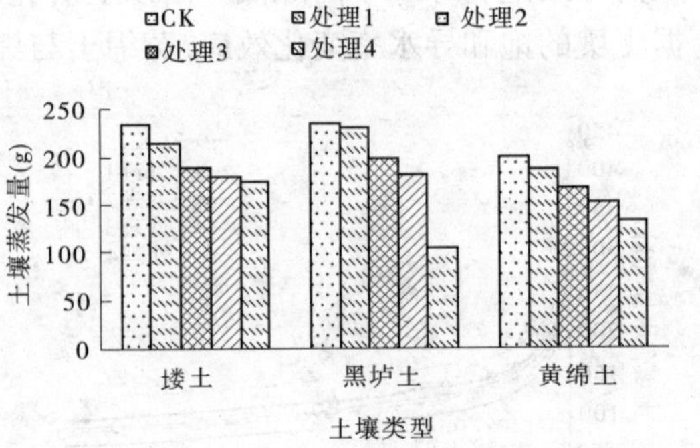

图8　施用PAM后不同土壤蒸发量的比较

结论如下:

(1)PAM对改善不同土壤持水性能的作用差异显著,其中PAM对黄绵土和黑垆土效果最显著,持水性均高于对照,但对塿土效果不明显。说明PAM对有机质含量较少的土壤的持水性能改善作用显著。

(2)PAM的施用增加了黄绵土中的胶结物质,促进了水稳性团粒结构的形成,提高了黄绵土的饱和导水率,除处理4外,随PAM用量的增加,其饱和导水率增大;塿土因本身有机胶结剂较多,施入PAM后,其饱和导水率降低;PAM对黑垆土饱和导水率的提高也有一定作用,处理1的土壤饱和导水率最高,说明该处理为PAM的最佳用量,但用量过多,土壤饱和导水率降低,说明PAM用量过多,容易形成糊状,堵塞土壤大孔隙,降低了土壤的有效孔隙度,导致土壤饱和导水率的降低。

(3)在土壤含水量达到土壤田间持水量的水分范围(21%~25%),随PAM用量的增多土壤蒸发量减少,表明PAM的土壤抗蒸发作用明显。

(4)施用PAM时必须考虑土壤性质,从PAM对土壤的保水、持水、导水及抗蒸发性质的改善作用等方面综合分析,黄绵土与黑垆土较塿土更适宜用PAM,但要适量。表明在黄土高原地区施用PAM,不仅可以将非生育期的降雨保存下来,增加土壤入渗、减少径流产生、提高土壤墒情、有效防止水土流失及土壤贫瘠化,还能提高土壤生态功能,给植被或作物一个良好的生长环境,促进植被或作物的生长。

本研究采用的土柱法仅为PAM土柱装法中的一种(保水剂与土壤混和物只是分布在土柱某个层次当中),而将PAM装入土柱顶层、底部及整个土柱需进一步研究。

参考文献

[1] 杨连利,李仲谨,邓娟利.保水剂的研究进展及发展新动向[J].材料导报,2005,19(6):42-44.

[2] 李秧秧,黄占斌.节水农业中化控技术的应用研究[J].节水灌溉,2001(3):4-6.

[3] 董英,郭绍辉,詹亚力.聚丙烯酰胺的土壤改良效应[J].高分子通报,2004(5):83-87.

[4] 赵兴全.积极开展土壤保水剂和防止水土流失剂的研究和推广应用[EB/OL].http://219.239.34.169/was40/detail?record=91&channelid=21828,1998-08-20/2006-11-20.

[5] Francisco L S, Ricardo P S. Improving Infiltration of Irrigated Mediterranean Soils with Polyacrylamide[J]. J agric Engng Res, 2000, 76:83-90.

[6] Lentz R D, Sojka E. Field results using polyacrylamide to manage furrow erosion and infiltration[J]. Soil Science, 1994, 158(4):274 - 282.

[7] 夏卫生,雷廷武,刘纪根. PAM 防治水土流失的研究现状及评述[J]. 土壤通报,2002,33(1):78 - 80.

[8] Sepaskhah A R, Bazrafshan - Jahromi A R. Controlling runoff and erosion in sloping land with polyacrylamide under a rainfall simulator[J]. Biosystems Engineering, 2006, 93(4):469 - 474.

[9] 何天白,胡汉杰. 功能高分子与新技术[M]. 北京:化学工业出版社,2001:332 - 333.

[10] 王天民. 生态环境材料[M]. 天津:天津大学出版社,2000:335 - 336.

[11] 张林栋,李佐邦,任志宽. 高吸水性树脂在农业中的应用试验[J]. 精细化工,1995,12(2):64 - 66.

[12] 员学锋,吴普特,冯浩. 聚丙烯酰胺(PAM)在土壤改良中的应用进展[J]. 水土保持研究,2002,9(1):141 - 145.

[13] 史竹叶,赵世伟. 黄土高原土壤持水曲线的计算方法[J]. 西北农业学报,1999,8(6):44 - 47.

[14] 欧少亭. 森林土壤渗透性测定[M]// 林业管理常用标准及政策法规汇编. 吉林:吉林电子出版社,2002.

[15] 华孟,王坚. 土壤物理学[M]. 北京:北京农业大学出版社,1993.

[16] 雷制栋,杨诗秀,谢森传. 土壤水动力学[M]. 北京:清华大学出版社,1988:19 - 24.

[17] Jary W A. Soil physics[M]. Printed in the United States of America, 1991:61 - 64.

施用不同保水剂对土壤水分变化的影响研究

郑惠玲[1] 薛毅芳[2] 管秀娟[3] 何 方[2]

(1. 河南省土壤肥料站,郑州 450002;
2. 河南省农业科学院土壤肥料研究所,郑州 450002;
3. 河南大学生命科学院,开封 475001)

摘要:通过施用保水剂裸地和种植作物对土壤水分变化的影响研究,结果表明不同保水剂的土壤水分变化特征具有明显差异。裸地时以营养型抗旱保水剂和进口保水剂效果较好,玉米和花生从萌发到出苗的变化与裸地基本一致;玉米幼苗期以进口保水剂和营养型抗旱保水剂效果较好,花生幼苗则以营养型抗旱保水剂和博亚保水剂效果较好;幼苗后期,花生以博亚保水剂和枝改型保水剂效果较好,玉米以进口保水剂和枝改型保水剂较好。说明不同作物对保水剂有一定的适宜性问题。

关键词:保水剂 玉米 花生 裸地 幼苗 土壤水分

无论是灌溉节水农业,还是旱作节水农业,做好土壤的蓄水保墒能力,提高降雨利用率是缓解我国农业用水压力的重要举措。保水剂作为一种新兴的化学节水产品,以它特殊的物理结构和化学性能,具有较强的吸水、保水性能,并能将其吸收的水分在农作物需要的时候释放出来[1~4],它在旱作农业生产应用中的效果越来越明显,并被众多国家所重视[2,3,5~7]。但目前对保水剂施入土壤后的保水性能的研究多局限于裸露地或单纯的实验室基础研究[5,8],对施用保水剂种植农作物后和保水剂品种间的土壤水分变化研究甚少,为探讨新型抗旱保水剂的保水性能,为新产品的配方优化和农业应用提供基础依据,借助国家863节水农业项目,本研究进行了施用保水剂后不同作物苗期土壤水分变化特征的试验研究。

1 材料与方法

本试验为在防雨棚内进行的盆栽试验,供试土壤为砂壤质潮土的耕层土壤,试验装盆时过筛除去石子和杂草;5月28日装土,每盆装土量为4.5 kg。

试验设置保水剂和地面覆盖相结合的处理15个,其中保水剂设置4种:营养型抗旱保水剂(河南农业科学院土肥所)、博亚高能抗旱保水剂(河北唐山)、枝改型保水剂(东北理工大学)和进口保水剂(美国);地面覆盖包括裸地和农作物种植(玉米和花生)。

表1为盆栽试验设置代码。

基金项目:"十五"国家节水农业重大专项课题(2002AA2Z4291)。

作者简介:郑惠玲(1966—),女,河南永城人,本科,农艺师,主要从事土壤肥料的研究与推广工作。

表1　盆栽试验设置代码

项目	营养型抗旱保水剂	博亚高能抗旱保水剂	枝改型保水剂	进口保水剂	对照
裸地	1	2	3	4	5
玉米	6	7	8	9	10
花生	11	12	13	14	15

试验种植的玉米品种为豫玉22号,花生品种为豫花11号,每盆的肥料用量分别为尿素0.72 g、过磷酸钙3.00 g、氯化钾0.45 g,保水剂用量为0.48 g。保水剂施在盆栽土壤的中部偏下,即埋深10 cm以下,以提高保水剂的保水性能,肥料的施用采用与盆栽土壤均匀混施的办法进行,追肥采用根部灌根追施以提高肥效。试验土壤水分测定时间段为2003年5月30日~7月4日,即在装土、施肥和保水剂、播种(5月28日)、灌水(5月29日)等试验基础工作完成后,就开始盆栽试验土壤水分的测定,出现旱情时,进行补充灌水,灌溉量为800 mL/盆,然后再进行水分测定。主要观测裸地和不同作物种植后施用保水剂的土壤水分变化特征,观测时间为每天下午4:00~5:00,土壤水分测定仪器为国产FDR土壤水分测定仪。

2　结果分析

试验结果表明,施用不同保水剂的土壤含水量均随时间的推移而逐渐降低(见图1~图3),这与以前的研究结果相似[5,8],但在不同时段不同保水剂有着明显的差异。

2.1　裸地时的土壤水分变化特征

在裸地情况下,前10天(5月30日~6月8日)土壤含水量为营养型抗旱保水剂>枝改型保水剂>进口保水剂>博亚保水剂>对照,10天以后则表现为枝改型保水剂>进口保水剂>博亚保水剂>营养型抗旱保水剂>对照(见表2);12天(6月11日)补充灌水后,6月11~19日均以营养型抗旱保水剂>博亚保水剂>进口保水剂>枝改型保水剂>对照,但从6月20日一直到再次补充灌水(6月26日)营养型抗旱保水剂和博亚保水剂的土壤含水量递减速度加快,并以进口保水剂>营养型抗旱保水剂>博亚保水剂>枝改型保水剂>对照(见图1)。说明不同的保水剂对保持土壤水分、减少土壤蒸发具有明显的效果,但营养型抗旱保水剂等国产保水剂的水分持效性还有待进一步提高。

2.2　种植作物条件下的土壤水分变化特征

从播种、幼苗萌发到出苗,播种花生和玉米的土壤水分变化特征与裸地土壤水分变化特征基本一致,即5月30日~6月10日土壤含水量为营养型抗旱保水剂>枝改型保水剂>进口保水剂>博亚保水剂>对照(见表2)。说明不同保水剂在作物播种后到出苗时段内受土壤良好墒情的影响,对土壤水分变化的影响与裸地相一致。

玉米出苗后,随着玉米幼苗的不断生长,对水分的需求不断增加,为便于对比和土壤水分测定,我们在6月11日统一补充灌水后,进行了幼苗生长前期的土壤水分变化曲线的测试,结果表明不同保水剂对土壤含水量变化的影响与裸地和幼苗萌发期有明显的不同,在6月11~26日再次补充灌水的15天内出现了三个时段的不同变化特征(见图2):

6 月 11 ~17 日土壤含水量表现为进口保水剂 > 营养型抗旱保水剂 > 枝改型保水剂 > 博亚保水剂 > 对照,6 月 18 ~20 日则为营养型抗旱保水剂 > 枝改型保水剂 > 进口保水剂 > 博亚保水剂 > 对照,6 月 21 ~25 日则表现为进口保水剂 > 营养型抗旱保水剂 > 枝改型保水剂 > 博亚保水剂 > 对照。进一步说明营养型抗旱保水剂等国产保水剂的水分持效性还有待进一步提高。

花生幼苗期则表现为不同的变化特征,从 6 月 11 日补充灌水后到 6 月 26 日再次补充灌水也经历了 3 个不同的水分变化时段(见图 3):6 月 11 ~18 日土壤含水量表现为营养型抗旱保水剂 > 枝改型保水剂 > 博亚保水剂 > 进口保水剂 > 对照,6 月 19 ~23 日表现为营养型抗旱保水剂 > 博亚保水剂 > 枝改型保水剂 > 进口保水剂 > 对照,6 月 24 ~25 日则表现为枝改型保水剂 > 博亚保水剂 > 营养型抗旱保水剂 > 进口保水剂 > 对照。表明国产保水剂在花生幼苗期施用后的土壤保水性能明显优于进口保水剂。

玉米幼苗期和花生幼苗期施用保水剂土壤水分变化特征表明,不同作物品种施用保水剂后的土壤水分变化有着明显的不同,说明不同保水剂对不同作物有一定的适宜性能问题,其机理有待于进一步研究与探讨。

表 2 施用保水剂对土壤含水量变化的影响 (%)

项目	日期(月-日)											
	05-30	05-31	06-01	06-02	06-03	06-04	06-05	06-06	06-07	06-08	06-09	06-10
处理 1	20.70	18.70	17.80	16.21	14.14	13.72	12.42	11.07	8.36	8.09	6.47	6.66
处理 2	19.50	16.90	14.70	12.97	10.89	10.52	9.80	9.62	7.27	7.02	6.82	6.64
处理 3	21.20	18.70	17.30	13.69	13.69	11.97	11.34	10.25	9.35	7.64	7.91	7.00
处理 4	19.90	17.10	16.20	13.69	12.60	11.52	11.52	8.36	7.45	7.29	7.45	7.00
处理 5	19.30	16.70	14.30	12.51	11.23	9.07	9.07	8.17	7.89	6.64	5.82	4.27
处理 6	20.70	17.90	16.90	14.77	13.51	11.97	10.99	9.87	8.80	7.92	7.81	6.35
处理 7	19.80	17.60	15.90	13.69	13.87	12.71	11.07	9.36	8.72	7.27	6.66	6.07
处理 8	19.40	16.70	13.50	12.15	11.51	10.97	10.07	9.91	8.54	7.45	7.64	6.91
处理 9	19.80	17.30	15.20	14.51	13.87	12.89	11.25	10.45	9.17	8.54	8.99	6.92
处理 10	19.60	17.30	15.00	13.05	12.69	10.07	10.07	8.09	6.99	6.64	5.35	5.36
处理 11	20.70	17.30	17.10	16.14	14.50	15.22	13.69	10.25	9.85	9.27	9.09	9.17
处理 12	19.30	16.20	14.80	13.23	11.79	11.42	10.44	8.36	7.45	7.74	7.91	7.91
处理 13	19.30	16.70	15.60	16.03	13.69	12.60	11.62	10.36	9.45	9.17	8.99	8.72
处理 14	21.60	19.30	17.90	17.21	17.30	15.40	11.79	11.07	9.54	9.37	9.34	9.17
处理 15	19.00	15.40	14.60	14.32	13.51	13.69	11.07	9.62	9.62	5.56	6.91	5.99

到了作物幼苗后期(出苗 20 天以后),在充分进行灌溉后(6 月 26 日)进行的土壤含水量观测表明,不同的保水剂对涵蓄土壤水分具有明显的效果(见表 3),受气温升高、幼

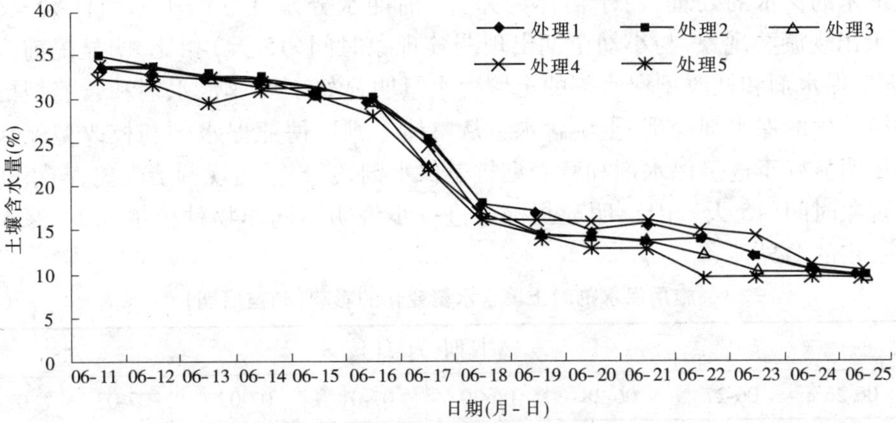

图1　施用保水剂裸地土壤含水量变化特征

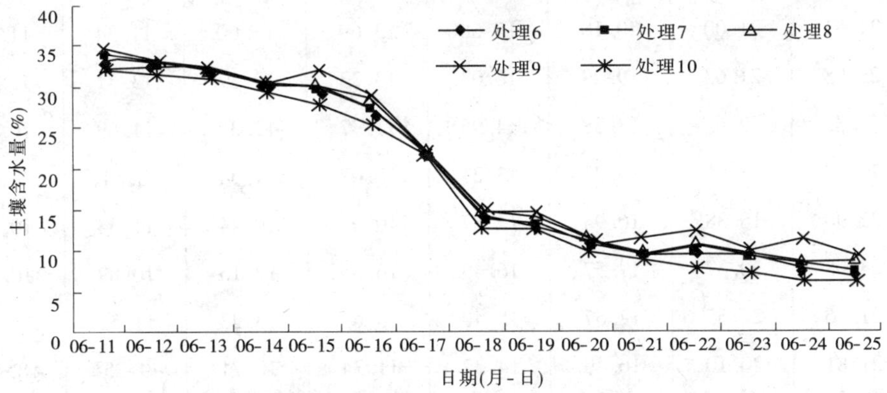

图2　玉米幼苗期施用保水剂土壤含水量变化特征

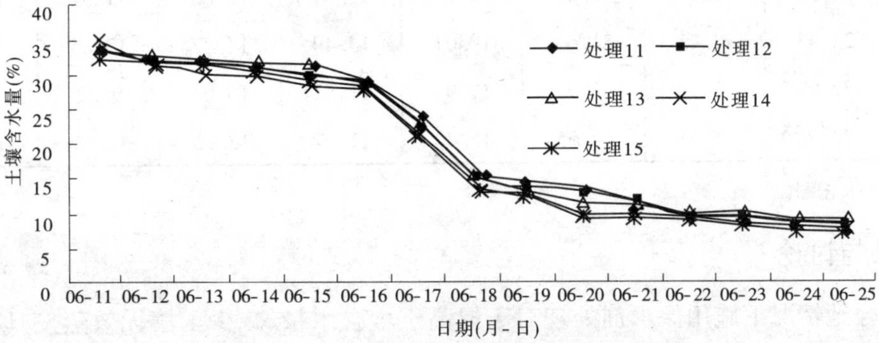

图3　花生幼苗期施用保水剂土壤含水量特征

苗长大等多因素的影响,各保水剂之间的差异性变得更复杂。在裸地情况下,前3天为营养型抗旱保水剂>进口保水剂>博亚保水剂>枝改型保水剂>对照,从第4天(6月30日)开始土壤含水量为博亚保水剂>进口保水剂>营养型抗旱保水剂>枝改型保水剂>对照,第7天开始转变为进口保水剂>博亚保水剂>营养型抗旱保水剂>枝改型保水剂>对照。

种植玉米的保水剂处理，由于苗体的差异（前期水分条件好的玉米苗体大，反之较小），第 8 天出现凋萎现象，与小幼苗期出现凋萎现象时间（15 天）相比，明显提前。从整体上看，进口保水剂和枝改型保水剂的土壤含水量明显好于博亚保水剂和营养型抗旱保水剂。种植花生的保水剂处理，土壤含水量从整体上则以博亚保水剂和枝改型保水剂的土壤含水量明显好于进口保水剂和营养型抗旱保水剂，第 8 天出现凋萎现象，与小幼苗期出现凋萎现象时间（15 天）相比，明显提前。进一步说明不同作物种植情况下，保水剂持水性能有一定的差异性。

表 3　施用保水剂对土壤含水量变化的影响（幼苗后期）　（%）

项目	日期（月-日）							
	06-26	06-27	06-28	06-30	07-01	07-02	07-03	07-04
处理 1	24.43	23.08	20.92	15.85	13.87	12.42	11.71	11.07
处理 2	23.98	19.92	19.92	16.49	14.32	13.69	11.97	11.78
处理 3	21.81	21.00	20.10	15.58	13.69	13.60	11.34	11.78
处理 4	23.98	21.63	19.29	16.03	13.23	13.87	13.51	11.97
处理 5	23.35	19.65	18.38	14.95	11.97	12.32	11.69	10.44
处理 6	20.27	19.65	16.21	13.23	10.07	11.34	8.54	7.91
处理 7	22.90	18.38	16.94	13.87	10.07	10.44	11.34	10.25
处理 8	23.08	20.37	17.57	16.49	13.05	12.15	10.89	10.25
处理 9	21.36	20.55	17.57	15.40	13.69	13.23	11.52	11.34
处理 10	21.81	20.10	16.49	14.32	11.34	10.71	9.35	8.72
处理 11	22.90	21.81	16.67	14.32	12.15	9.80	8.54	9.62
处理 12	20.37	19.65	18.65	14.77	11.34	12.60	11.34	10.44
处理 13	24.43	22.45	21.63	19.01	15.40	14.77	13.05	13.05
处理 14	22.09	19.29	17.93	11.97	11.52	10.07	9.62	9.17
处理 15	23.98	21.63	18.65	15.40	11.97	13.05	11.79	10.25

注：6 月 29 日未测。

3　结果与讨论

（1）裸地情况下施用保水剂处理对于提高土壤含水量、减少土壤无效蒸发具有积极的效果。

（2）从播种到出苗，施用保水剂播种花生和玉米的土壤水分变化特征与裸地土壤水分变化特征基本一致。

（3）作物出苗以后 15 天水分测定表明，花生与玉米幼苗期的土壤水分变化因保水剂品种有明显的不同，玉米幼苗期以进口保水剂和营养型抗旱保水剂效果较好，但营养型抗旱保水剂等国产保水剂后期的持水效果有待进一步改善；花生幼苗则以营养型抗旱保水剂的效果最好，而且国产保水剂在花生幼苗期施用后的土壤保水性能明显优于进口保水剂。

(4)在幼苗成长20天后，由于苗体的差异和水分消耗量的增加，土壤水分测定表明，花生苗期以博亚保水剂和枝改型保水剂效果较好，玉米以进口保水剂和枝改型保水剂较好。说明营养型抗旱保水剂的持水效果有待进一步提高。

(5)试验结果表明不同保水剂对不同作物有一定的适宜性能问题，但受水分测定时间与试验条件的限制，试验结果有待进一步验证，其机理也有待于进一步研究与探讨。

参考文献

[1] 山仑，黄占斌，张岁岐．节水农业[M]．北京：清华大学出版社，2000：16－38.

[2] 杜晓东，王丽娟，刘作新．保水剂及其在节水农业上的应用[J]．河南农业大学学报，2000，34(3)：255－259.

[3] 黄占斌，万会娥，邓西平，等．保水剂在改良土壤和作物抗旱节水中的效应[J]．土壤侵蚀与水土保持学报，1999，5(4)：52－55.

[4] 杜太生，康绍忠，魏华．保水剂在节水农业中的应用研究现状与展望[J]．农业现代化研究，2000，21(5)：317－320.

[5] 介晓磊，李有田，韩燕来，等．保水剂对土壤持水性的影响[J]．河南农业大学学报，2000，34(1)：22－24.

[6] 汪立刚，武继承，王林娟．保水剂有效使用的土壤水分条件及对小麦的增产效果[J]．土壤，2003(1)：80－82.

[7] 武继承，王志和，何方，等．不同技术措施对降水利用和土壤养分的影响[J]．华北农学报，2005，20(6)：73－76.

[8] 蔡典雄，王小彬，Keith Saxton. 土壤保水剂对土壤持水特性及作物出苗的影响[J]．土壤肥料，1999(1)：13－16.

第三部分　作物耗水特征及需水指标研究

不同补灌量对小麦产量和灌水利用的影响研究

武继承

（河南省农业科学院植物营养与资源环境研究所，郑州 450002）

摘要：不同补充灌水对小麦产量和水分利用的影响研究表明，前期补灌处理土壤亏缺比较严重，20～40 cm 是土壤含水量的低谷区，其次是 40～60 cm 层次；合理补灌可以改善小麦群体动态，单位成穗数增加 0.11 万～4.66 万/亩，单株分蘖和单株成穗分别增加 0.12～1.16 个与 0.01～0.11 个；灌水对株高、穗长、穗粒数的影响以前期灌水和前后中量灌水结合的处理表现较好。与对照相比，灌水处理分别增产 2.54%～13.61%，以处理 12 和处理 11 效果最佳。生育期则以拔节期 60 m^3/亩与孕穗期灌水相结合最好，平均增产 11.09%，其次为拔节期灌水，平均比对照增产 7.11%，说明在小麦中高产产区拔节期小麦的灌水量在降水偏丰年和平水年以灌 60 m^3/亩为宜，后期减半或等量补充；灌水利用效率并非随产量的提高而提高，以处理 2、处理 3 较好，进一步说明在降水偏丰年和平水年小麦中高产产区小麦灌水以拔节期为宜。

关键词：小麦　灌水　生育期　水分利用　土壤水分

水资源不足已在很多地区成为限制小麦生产的主要因素[1]。如何在不减产甚至增产的条件下减少灌溉定额，以提高灌溉效益，实现优质高产高效已成为我国小麦生产过程中的关键环节[2～5]。本文主要研究不同生育期不同补灌量对小麦生长发育和灌水利用的影响，以期为麦田管理和节水灌溉提供基础依据。

1　材料和方法

通过不同生育阶段补充灌水对小麦产量和水分利用率的影响研究，探讨小麦的最佳补灌时期和补灌量，提高水分的利用率和利用效率。该试验在西平县谭店乡大武庄村民责任田内进行；土壤质地为壤质黄土，前茬为玉米；基础土壤肥力为速效氮 49.4 mg/kg、速效磷 12.5 mg/kg、有机质 8.4 g/kg、速效钾 87.2 mg/kg。

试验安排两个灌溉时期、三种灌溉水平，共计 16 个处理：①对照；②拔节期灌溉 30 m^3/亩；③拔节期灌溉 60 m^3/亩；④拔节期灌溉 90 m^3/亩；⑤孕穗期 30 m^3/亩；⑥孕穗期 60 m^3/亩；⑦孕穗期 90 m^3/亩；⑧拔节期 30 m^3/亩，孕穗期 30 m^3/亩；⑨拔节期 30 m^3/亩，孕穗期 60 m^3/亩；⑩拔节期 30 m^3/亩，孕穗期 90 m^3/亩；⑪拔节期 60 m^3/亩，孕穗

基金项目："十五"国家 863 节水农业重点项目（2002AA2Z4291）和河南省重点科技攻关项目（0623102600）。

作者简介：武继承（1965—），男，河南通许人，博士，研究员，主要从事节水农业、土壤养分资源利用与管理等方面的研究。

期30 m^3/亩;⑫拔节期 60 m^3/亩,孕穗期 60 m^3/亩;⑬拔节期 60 m^3/亩,孕穗期 90 m^3/亩;⑭拔节期90 m^3/亩,孕穗期 30 m^3/亩;⑮拔节期 90 m^3/亩,孕穗期 60 m^3/亩;⑯拔节期 90 m^3/亩,孕穗期 90 m^3/亩。随机区组设计,小区面积 3.6 m×4 m=14.4 m^2,3 次重复。供试的小麦品种 9023-8,单位播种量为 15 kg/亩。试验所用氮肥为尿素,含氮 46%;磷肥为一铵,含氮 11%,含 P_2O_5 44%;钾肥为氯化钾,含 K_2O 60%。统一管理,统一进行除草剂、纹枯病、条锈病、红蜘蛛和麦健等化控技术应用与管理。

2 结果分析

2.1 对土壤水分的影响

从图 1 和表 1 可以看出,与基础土壤水分含量相比,0~20 cm、20~40 cm、60~80 cm 和 80~100 cm 土层的含水量均有明显降低,说明受作物生长和降水补偿滞后的影响,土壤水分匮缺比较严重;但 40~60 cm 在灌水合理分配和灌水量大时,对土壤水分补给有积极效果,其中处理 5~处理 16 的土壤含水量高于基础土壤水分样,处理 1~处理 4 的土壤含水量低于基础土壤水分样。

同时,不同处理对土壤水分的影响受其产量、灌水等多因素的影响,具有明显的差异性。表层 0~10 cm 土壤水分含量只有处理 4 和处理 13 低于对照,其他灌水处理均高于对照,并以处理 16 最高;亚表层 10~20 cm 土壤水分含量只有处理 4、处理 13、处理 15 和处理 3 低于对照,其他灌水处理均高于对照,也以处理 16 最高;20~40 cm 灌水处理的土壤含水量均高于对照,以处理 14 最高;40~60 cm 只有处理 2、处理 3 的土壤含水量低于对照,其他灌水处理均高于对照,也以处理 14 最高;60~80 cm 只有处理 2、处理 3、处理 8、处理 4 的土壤含水量低于对照,其他灌水处理均高于对照,也以处理 14 最高;80~100 cm 只有处理 3 的土壤含水量低于对照,其他灌水处理均高于对照,以处理 12 最高。

从总体上看,0~10 cm、10~20 cm 是水分活跃层,20~40 cm 处于所有土层土壤含水量的低谷区(水分亏缺层),其次是 40~60 cm,交替处于低谷区(水分次亏缺层),相对于其他层次,60~80 cm 受作物需水的影响(水分渐变层),变化也十分大,仅次于 40~60 cm 层。80 cm 以下层次(水分相对稳定层),水分相对较高和平稳。

2.2 对小麦生长发育特征的影响

从表 2 可以看出,与对照相比,单位成穗数除处理 4、处理 12 外,其他处理均有不同的增加,分别增加 0.11 万~4.66 万/亩,以处理 13 增加最多;单株分蘖除处理 2、处理 3 外,其他处理均有不同增加,分别增加 0.12~1.16 个,以处理 13 提高最多;单株成穗除处理 12 降低、处理 4 和处理 16 持平外,其他灌水处理分别比对照增加 0.01~0.11 个;分蘖成穗率以处理 2、处理 3 最高,分别达到 54.59% 和 53.71%,其他均低于对照的53.06%;说明其他处理的无效分蘖过多。越冬群体除处理 3 外,所有处理均高于对照,分别高 0.50 万~11.33 万/亩;最高群体除处理 3、处理 4 外,其他处理比对照分别提高 0.50 万~11.33 万/亩。总之,合理的补充灌水对改善小麦群体动态,提高单株成穗、单株分蘖、单位成穗数等具有积极效果。

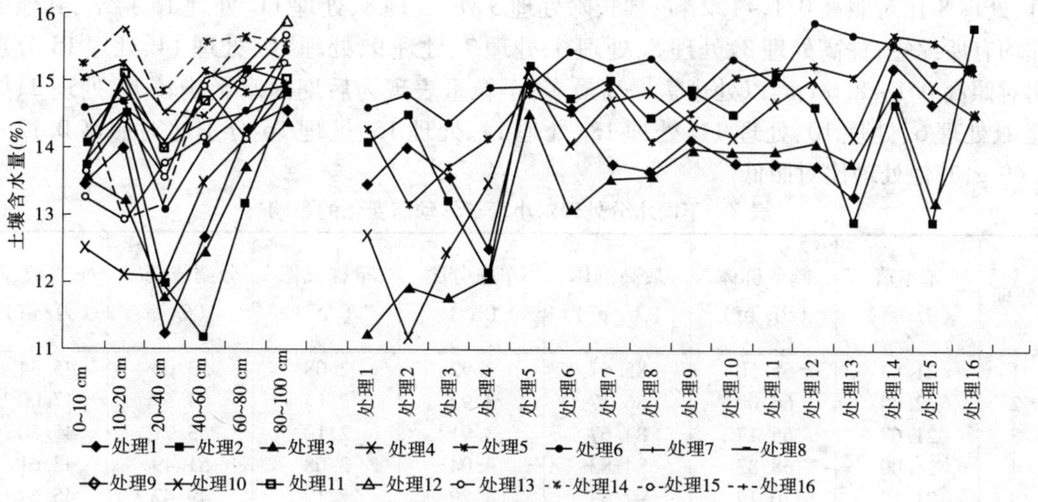

图 1　不同处理土壤含水量变化特征

表 1　不同水分处理对土壤含水量的影响　　(%)

处理	0 ~ 10 cm	10 ~ 20 cm	20 ~ 40 cm	40 ~ 60 cm	60 ~ 80 cm	80 ~ 100 cm
播前	15.94		15.10	13.87	19.20	18.87
1	13.44	14.05	11.21	12.69	14.29	14.58
2	14.04	14.50	11.94	11.16	13.15	14.78
3	13.57	13.20	11.74	12.43	13.70	14.37
4	12.50	12.12	12.07	13.50	14.13	14.88
5	15.02	15.24	14.52	15.14	14.81	14.92
6	14.57	14.69	13.05	14.04	14.54	15.44
7	13.75	15.01	13.52	14.69	14.93	15.21
8	13.65	14.41	13.57	14.86	14.09	15.32
9	14.14	14.87	13.98	14.37	14.52	14.75
10	13.78	14.48	13.95	14.17	15.02	15.32
11	13.80	15.09	13.95	14.67	15.16	14.97
12	13.76	14.61	14.08	15.02	15.23	15.87
13	13.26	12.89	13.75	14.16	15.06	15.69
14	15.24	14.68	14.83	15.55	15.66	15.56
15	14.65	12.89	13.16	14.93	15.59	15.25
16	15.22	15.79	14.53	14.48	15.13	15.22

从表 3 室内考种结果可以看出，灌水对株高、穗长、穗粒数的影响比较复杂，但总体上，以前期灌水和前后结合的中量灌水表现较好。其中穗粒数表现为处理 3、处理 4、处理

11、处理 8 比对照高 0.1 ~1.2 粒；穗长除处理 3 外，处理 8、处理 11、处理 15 持平，其他处理均有所缩短；株高处理 3、处理 5、处理 6、处理 7、处理 9、处理 10、处理 14、处理 15 分别比对照高 0.1 ~8.6 cm，以处理 7 增高最多；千粒重表现为后期灌水影响较大，处理 2、处理 4、处理 6、处理 10、处理 11、处理 13、处理 14、处理 15、处理 16 分别比对照高 0.12 ~ 2.69 g，其他处理比对照低。

表 2　不同水分处理对小麦群体动态变化的影响

处理	基本苗（万/亩）	越冬群体（万/亩）	最高群体（万/亩）	单株分蘖（个）	单株成穗（个）	分蘖成穗率（%）	穗数（万/亩）
1	21.83	65.50	85.67	3.92	2.08	53.06	45.34
2	22.00	66.00	86.17	3.92	2.14	54.59	47.00
3	21.67	65.17	84.67	3.91	2.10	53.71	45.50
4	21.00	68.83	84.83	4.04	2.08	51.49	43.61
5	21.50	70.17	92.33	4.29	2.12	49.42	45.67
6	22.17	71.33	96.17	4.34	2.12	48.84	47.00
7	22.67	73.17	100.17	4.42	2.09	47.29	47.33
8	22.67	75.33	115.00	5.07	2.17	42.80	49.11
9	22.00	72.83	94.83	4.31	2.12	49.19	46.61
10	22.50	74.17	108.00	4.80	2.11	43.96	47.45
11	21.67	71.17	92.17	4.25	2.12	49.89	45.95
12	21.33	70.83	87.00	4.08	2.06	50.49	44.00
13	22.83	76.83	116.0	5.08	2.19	43.11	50.00
14	21.83	73.00	95.67	4.38	2.13	48.63	46.39
15	22.50	74.83	110.00	4.89	2.17	44.38	48.72
16	21.83	72.17	93.33	4.28	2.08	48.60	45.45

表 3　不同处理对小麦生长特征及产量的影响

处理	株高（cm）	穗长（cm）	穗粒数（粒）	千粒重（g）	小区产量（kg）	产量（kg/亩）	比对照（%）	灌水利用效率（kg/m^3）
1	80.0	9.5	30.9	41.27	9.06	503.33		
2	79.0	9.1	30.2	41.63	9.67	537.04	6.70	1.12
3	83.1	10.3	32.1	39.47	9.78	543.52	7.98	0.67
4	79.4	9.2	32.0	41.97	9.66	536.85	6.66	0.37
5	80.1	9.3	30.7	39.91	9.29	516.11	2.54	0.43
6	83.9	8.9	30.2	43.01	9.56	530.93	5.48	0.46
7	88.6	8.2	30.2	38.97	9.40	522.22	3.75	0.21
8	77.6	9.5	31.4	40.09	9.66	536.85	6.66	0.56
9	84.8	8.9	28.1	41.21	9.48	526.85	4.67	0.26
10	83.2	9.2	28.5	41.39	9.52	528.89	5.08	0.20
11	76.9	9.5	31.0	43.09	10.07	559.44	11.15	0.62
12	79.6	9.0	30.9	39.87	10.29	571.85	13.61	0.57
13	79.2	8.9	30.7	42.77	9.83	546.11	8.50	0.29
14	83.2	9.1	29.3	43.96	9.48	526.67	4.64	0.19
15	80.1	9.5	29.2	41.43	9.50	527.96	4.89	0.16
16	76.0	9.0	30.1	43.64	9.58	532.04	5.70	0.15

2.3　对产量的影响

从表3可以看出,不同灌水对小麦籽粒产量的影响因灌水量、灌水时期的不同而有明显差异。灌水处理增产2.54% ~13.61%,并且以处理12和处理11增产效果最佳。若按生育期时段划分,则拔节期灌水平均比对照增产7.11%,孕穗期灌水平均比对照增产3.92%,拔节期30 m^3/亩与孕穗期不同量的结合平均比对照增产5.47%,拔节期60 m^3/亩与孕穗期不同量的结合平均比对照增产11.09%,拔节期90 m^3/亩与孕穗期不同量的结合平均比对照增产5.08%,说明早期灌水对小麦的影响较大,合理的灌溉量再加上后期的补充灌溉对小麦增产更有利。因此,在小麦中高产产区拔节期小麦的灌水量在降水偏丰年和平水年以灌60 m^3/亩为宜,后期减半或等量补充。

2.4　对灌水利用的影响

从表3可以看出,不同灌水对灌水利用的影响因灌水量、灌水时期的不同而有明显差异,灌水利用效率并非随产量的提高而提高,而是产量和灌水综合效应的体现,16个处理表现为:处理2>处理3>处理11>处理12>处理8>处理6>处理5>处理13>处理9>处理7>处理10>处理14>处理15>处理16。进一步说明在降水偏丰年和平水年小麦中高产产区小麦灌水以拔节期为宜,与前期旱作区的研究结果相一致[6]。

3　结果与讨论

(1)不同水分处理对土壤水分的影响明显,前期灌水处理土壤亏缺比较严重;所有处理的20~40 cm是土壤含水量的低谷区,其次是40~60 cm层次,80 cm以下层次水分相对平稳。

(2)合理的补充灌水对改善小麦群体动态,提高单株成穗、单株分蘖、单位成穗数等具有积极效果。越冬群体提高0.50万~11.33万/亩,单位成穗数增加0.11万~4.66万/亩,单株分蘖和单株成穗分别增加0.12~1.16个与0.01~0.11个,分蘖成穗率仅处理2、处理3高于对照,说明其他处理的无效分蘖过多。

(3)室内考种结果表明灌水对株高、穗长、穗粒数的影响以前期灌水和前后中量灌水结合的表现较好。

(4)灌水对小麦籽粒产量具有积极影响,灌水处理增产2.54% ~13.61%,并以处理12和处理11增产效果最佳。生育期则以拔节期60 m^3/亩与孕穗期灌水相结合最好,平均增产11.09%,其次为拔节期灌水,平均比对照增产7.11%,说明在小麦中高产产区拔节期小麦的灌水量在降水偏丰年和平水年以灌60 m^3/亩为宜,后期减半或等量补充。

(5)不同灌水处理灌水利用效率并非随产量的提高而提高,而是产量和灌水综合效应的体现,表现为处理2>处理3>处理11>处理12>处理8>处理6>处理5>处理13>处理9>处理7>处理10>处理14>处理15>处理16。进一步说明在降水偏丰年和平水年小麦中高产产区小麦灌水以拔节期为宜。

参考文献

[1] 许振柱,于振文. 限量灌溉对冬小麦水分利用的影响[J]. 干旱地区农业研究,2003,21(1):6-10.

[2] 武继承,张长明,王志勇,等. 河南省降水资源高效利用技术研究与应用[J]. 干旱地区农业研究,

2003,21(3):152 - 155.

[3] 孔祥旋,杨占平,武继承,等. 限量灌溉对冬小麦产量和水分利用的影响[J]. 华北农学报,2005,20(5):64 - 66.

[4] 贾秀领,蹇家利,马瑞昆,等. 高产冬小麦水分利用效率组分特征分析[J]. 作物学报,1999,25(3):309 - 314.

[5] 刘彦军. 灌水量灌水时间对麦田耗水量及小麦产量的影响[J]. 河北农业科学,2003,7(2):6 - 11.

[6] 武继承,王志和,徐建新. 河南省旱作节水农业建设的有效技术途径[M]. 郑州:黄河水利出版社,2006:81 - 116.

作物需水量研究进展

韩伟锋[1]　武继承[1]　孙　垦[2]　何　方[1]

(1. 河南省农业科学院植物营养与资源环境研究所,郑州 450002;
2. 华北水利水电学院,郑州 450011)

摘要:本文从作物需水的测定和作物需水的计算方法两方面入手,介绍了获取作物需水量的几种途径,论述了作物需水量的理论发展过程。对作物需水的理论进行了总结,并提出了在作物需水量研究方面的不足,对今后作物需水量的研究起到承上启下的作用。

关键词:作物需水量　计算方法

1　引言

作物需水量是农业用水的重要组成部分,也是整个国民经济中消耗水分的最主要部分。它是水资源开发利用中必不可少的资料,是确定作物灌溉制度以及地区灌溉用水量的基础,也是流域规划、地区水利规划、灌排工程规划、设计、管理的基本依据[1],以及准确预测预报土壤水分动态及地区水情的重要依据。

作物需水量的大小取决于作物生长发育和对水分需求的内部因子与外部因子。其中内部因子是指对需水规律有影响的生物学特性,与作物种类、品种以及生长阶段有关。气候条件(包括太阳辐射、气温、相对湿度、水面蒸发量、风速等)和土壤条件(包括土壤质地、含水量等)属于外部因子。同时,农业技术措施也会对作物需水产生影响。研究作物需水,对于准确计算作物需水量、优化区域灌溉制度、实现区域农业水资源可持续发展有着非常重要的理论和实际意义。

2　田间试验研究进展

作物需水是通过土壤—植物—大气系统的连续传输过程,大气、土壤、作物三个组成部分中的任何一部分的有关因素都影响需水量的大小。

2.1　作物需水量的测定研究

田间的蒸发蒸腾,是 SPAC 水分运移的关键环节,是农田灌溉管理、作物产量估算和土壤水分动态预报等各项研究的重要参考数据。多年来,人们对作物需水量的研究主要集中在田间,如经验公式法、水量平衡法、微气象学法(包括能量平衡法、空气动力学法、结合 Penman 法和遥感表面温度法)等研究和运用均取得了较大进展。为了掌握区域内

作者简介:韩伟锋(1981—),男,河南新安人,助理研究员,硕士,主要从事节水灌溉方面的研究。

作物总体需水动态,区域作物需水量等值线分布图的方面也进行了大量的工作。

目前,田间蒸发蒸腾的研究方法主要有三类:一类是土壤水量平衡法;一类是微气象学法;另一类是能量平衡法。

2.1.1 土壤水量平衡法

土壤水量平衡法是根据水量平衡的原理,在分析时段内田间作物土壤储水量的差值、降水量、地下水补给量、灌溉水量、地面径流量、土壤水分渗漏量的基础上,根据水量平衡方程计算作物时段内的蒸发蒸腾量。该方法计算简单直接,但受各种观测值测量精度有限的影响,使得土壤水量平衡的最短时间间隔通常达到一周左右,计算精度与实际情况相距甚远。它是目前拟定灌溉制度的主要依据。20 世纪 50 年代起人们开始研制测定土壤水分和蒸发蒸腾的各种仪器,包括张力计、射线仪、中子水分控制仪等,其中最常用的方法是蒸渗仪。Hatfield(1996)认为蒸渗仪是测量蒸发蒸腾最具代表性的仪器,尤其对于校正涡度相关法、波文比法、能量平衡法、土壤水量平衡法等具有较好效果。

2.1.2 微气象学法

随着小气候仪器和计算机技术的不断发展进步,以往受某些因素限制而具有一定物理基础的微气象学法逐步成为测定田间蒸发蒸腾的重要手段,主要包括空气动力学法和涡度相关法等。

2.1.2.1 空气动力学法

该法通过分析不同水平面上空气的水汽压和流动速度,联合相关的测定值用以确定瞬时蒸发蒸腾速率,推求田间作物的蒸发蒸腾量。空气动力学法所遇到的主要问题是作物冠层上方空气的不规则运动。谢贤群(1990)[4]认为在运用空气动力学法时,如不能确保测定严格准确,计算推求的田间蒸发蒸腾量误差将很大,尤其是在不稳定层下误差更大。

2.1.2.2 涡度相关法

采用涡度相关法测量蒸发蒸腾始于 20 世纪上叶。1930 年,Scrase 在记录垂直方向风速分量和水平分量成正比的信号时,首次将涡度相关技术用于计算水平动量的垂直涡度通量。Swinbank(1955)着重研究了测量湿热和潜热的涡度相关技术。Blank(1968)、Kanemasu(1979)等的研究表明,在粗糙表面采用涡度相关技术计算田间蒸发蒸腾量的精度远高于一些依靠梯度公式来计算通量的方法,但在比较平坦的表面,涡度相关技术需要安装精度较高的测量仪器。

2.1.3 能量平衡法

能量平衡法包含土壤水动力学方法和综合 Penman 法,它是根据植株下垫面能量平衡方程和空气动力学理论来测定田间总蒸发蒸腾量的一种方法。1948 年 Penman 在英格兰南部的 Rothamsted 地区首次研究了无水汽水平输送情况下的参考作物腾发量计算方法,并于 1953 年提出了计算单个叶面气孔蒸腾的模式;1959 年 Covey 把气孔阻力的概念推广到整个植被表层;Monteith(1959)在 Penman 和 Covey 等的工作基础上得出了计算整个冠层的参考作物腾发量方法,建立了 Penman - Monteith 计算模式,为蒸发、蒸散的研究开辟了一条新的途径。此后,Allen(1994)、龚元石(1995)等对 Penman - Monteith 计算模式作出了有益的补充等[5]。

2.1.3.1　土壤水动力学法

20世纪出现了土壤水分研究的能态观点。20世纪50年代以后,土壤水能态研究以及在此基础上用数学物理方法定量研究水分运动取得了一系列进展,并形成相对独立的学科——土壤水动力学。Marshall根据Childs Collis—Georg建立的方程式发展了仅用水分特征曲线即可求出非饱和导水率的模型。此后,Millington和Quirk对该模型进行了修正,并得到了广泛的应用。Brooks和Corey及Jeppson以Burdine的模型为基础,建立了预测非饱和导水率的简单解析式。后来,Mualem从对土壤水分特征曲线和土壤饱和导水率的认识出发,对上述模型进行扩展,得出一预测导水率的新的积分模型,只要为土壤水分特征曲线找到合适的表达式,代入Mualem模型就可获得简单的解析式。80年代末期,中国科学院沙坡头开放试验研究站分别与清华大学水利水电科学系、瑞典Iand大学水资源工程系进行合作,开展了沙地水分动力学的基础性研究,从而将我国的沙地水分研究推向新的阶段。陈建耀等利用中国科学院禹城综合试验站内的大型蒸渗仪、波文比、水力蒸发器等仪器,获得了大量水平衡因子的试验数据和SPAC模型中的有关参数,以大型蒸渗仪实测值为基准,验证了农田土壤—植物—大气连续体模型的模拟值,并主要就蒸散和潜水蒸发量,对实测与模拟值作了比较分析,探讨了两者差异的原因。邵明安等以植物根系吸水的人工模拟试验所测得的资料为依据,运用水流的电模拟原理,定量分析了SPAC中水流阻力各分量的大小、变化规律及其相对重要性。康绍忠等在对SPAC水分传输机理研究的基础上,提出了包括根区土壤水分动态模拟、作物根系吸水模拟和蒸发蒸腾模拟3个子系统的SPAC水分传输动态模拟模型,设计了SPAC水分传输模拟的计算机软件。

数理建模是研究土壤水分运动的重要手段。杨诗秀等用FORTRAN语言建立了一个非饱和水一维流动的数值计算模型,并作了实验室验证。该模型用以模拟均质土壤、地下水埋藏很深,且在不同的初始条件与边界条件下的水分运动,可用来计算土壤剖面入渗、蒸发、蒸腾和再分配以及当这些现象交替出现时的水分运动过程。周择福、洪玲霞由达西定理和能量守恒原理推导了土壤水分入渗的数学模型,水平土柱法实测了模型中的基本运动参数:土壤水分扩散率$D(\theta)$,推求了土壤水分非饱和导水率,经过计算机用有限差分法模拟了6块不同林地的土壤水分入渗过程,实地试验检验了模拟结果,得到了很好的效果。吴长文、王礼先采用4种常见的入渗模型对北京密云水库库区的8种主要林分的坡面土壤进行了入渗模拟,结果Horton入渗模型可方便地计算出林地土壤的有效贮水量,Smith. P模型能较好地描述在降雨条件下的入渗过程。周维博通过野外试验,求得了计算裸露土壤蒸发条件下土壤水分运动的上边界条件,并用数值模拟的方法,通过实例分析了降雨蒸发条件下层状土壤剖面土壤水分运移和相互转化关系。邵明安等使用积分方法求解了一维水平非饱和土壤水分运动问题,根据其解建立了推求非饱和土壤水分运动参数的简单入渗法,这一新的简单入渗法是基于Richards方程和土壤导水特征的闭合型方程。简单入渗法提供了利用瞬态水流方法来确定土壤水分特征曲线而替代通常的平衡法。目前测定非饱和导水率应用较广的实验室方法是稳定流法,在田间原位测定时则用内排水法;至于扩散率的测定,通常是在实验室内用水平土柱法测得。由于缺乏对沙地水文过程,尤其对于土—气界面、土—根界面的深入理解,还难以对沙地水分动态给以全面的认识。沙地凝结水是土、气相互作用的产物,在干旱区或极端干旱区有重要的研究价值,它对植物生存和局部地区短历时生态环境有重要意义。我国也开展了沙地凝结水的研究,但仍有待于进一步深入研究。

2.1.3.2 Penman 综合法

以能量平衡原理为基础的 Penman 公式法,只需利用常规气象资料便可较为准确地计算出参考作物的需水量,该法已成为计算参考作物需水量的一种主要方法。它包含直接计算方法和间接计算方法两种。直接计算方法一般是根据实测资料,分析几个主要影响因素(如水面蒸发、气温、湿度、日照、辐射等)与作物需水量之间存在的数量关系,归纳成某种形式的经验公式,先计算整个作物生育期的需水量,然后用阶段需水模系数分配各阶段的作物需水量,如以产量为参数的需水系数法(简称 K 值法)、水面蒸发量法(α 值法)、积温法、日照时数法、多因素法等。该法的精度在很大程度上取决于阶段需水模系数的准确程度。由于影响需水模系数的因素很多,如作物品种、气象条件,以及土、水、肥条件和生育阶段划分的不严格等,同一生育阶段不同年份同品种作物的需水模系数并不稳定,而不同品种的作物需水模系数则变化更大。间接计算参考作物需水量的方法很多,概括起来分为两类方法:一类是经验公式法;另一类较为常用的是 Penman 综合法。其中,经验公式是在特定的环境条件下推导出来的,有较强的区域局限性,或过于精巧而缺乏难以测得的资料而不便推广,或公式简单但计算结果过于粗略。联合国粮农组织 FAO 在 1977 年推荐经修改后的 Penman 公式来确定参考作物需水量,首次充分利用了参考作物需水量和作物系数的概念,但因昼夜风速修正系数 u 与众多因素有关,使得该公式在实际运用时受到一定的限制;此后,联合国粮农组织 FAO 又在 1979 年提出了 Penman 修正公式,该公式虽精度略低,但便于运用。1993 年在意大利罗马举行的作物蒸发蒸腾量计算方法国际研讨会上,FAO 和 ICID 认为有必要规范作物蒸发蒸腾量的计算方法,并按照 Penman – Monteith 公式的要求,对参考作物蒸发蒸腾做了新的定义。由于 Penman – Monteith 方法不需要专门的地区率定和风函数等,使用一般气象资料即可计算参考作物蒸发蒸腾量,此法的实际运用价值和计算精度都比较高。国内许多学者也对参考作物需水量进行了相关研究。史海滨、杜尧东等(2000) 通过试验论证,认为 Penman – Monteith 方法计算值比较接近实际值,适用范围广,使用一般气象资料即可计算参考作物蒸发蒸腾量。孙景生等(2002)利用 Penman – Monteith 公式对逐旬参考作物需水量在年内、年际间的变化进行了分析等。

近 20 年来,随着遥感技术的发展和运用,利用遥感技术估算区域作物蒸散发和需水的研究在国内外均取得了一定进展,是以地表热量平衡方程为基础,利用遥感数据获取地表热量平衡方程中净辐射、土壤热通量和感热通量等相关参数。

3 计算方法研究进展

3.1 序列分析法

由于影响作物需水量的某些因素(如气象因子)是随机变化的,因此作物需水量的变化过程中必然有随机的一面;同时,受生理机制的控制,又具有确定性的一面。因此,作物需水过程包含有反映多年递增或递减变化趋势的趋势项,也有体现多年变化过程中的周期性发展趋势的周期项,同时还有反映作物需水随机特性的随机项,可以运用时间序列法对序列中的趋势项、周期项、随机项进行分析。邵东国(1998)等[6]运用时间序列分析方法,建立了区域作物需水量长期预报模型,对南水北调中线工程作物需水量进行了预测,得到了比较满意的结果。郭宗楼(1995)等[7]运用灰色理论,建立了一个基于气温预报的作物需水量预测模型等。

3.2 回归分析法

作物需水量具有相宜性,即相邻一个或几个阶段之间相互有影响,同时前一个或几个时段的影响因子对本时段需水量也有影响。因此,可以利用影响因子与作物需水量的关系,通过建立线性或非线性回归模型,预测某一时段作物需水量。赵正宜根据水、土、植、气系统的关系,提出了以气象和土壤水分环境两要素为基础的作物实时灌溉回归模型。李远华(1997)[8]根据实际观测资料,分析了水稻需水量与气象因子的关系,以及水稻日平均需水量在全生育期内随时间的变化规律,并运用线性回归分析方法,建立了短、中、长期水稻需水量预报模型等。

综上所述,作物需水量的统计需以大量试验数据为基础,但受生产条件、技术水平等影响,实测资料十分有限,但由于该类模型或方法的建立和应用都局限于某一特定的区域及条件,有关参数的确定有一定的经验性,因此各类统计学方法普适性受到影响。

4 研究展望

人们对均一下垫面的作物生态系统作物需水量计算,取得了一系列重要成果,而非均一下垫面条件下,植被与环境以及植被间的相互作用要比均一下垫面复杂得多,目前的计算方法均存在许多假设,普适性不够,难以推广运用。另外,在计算方法方面比较单一,且比较复杂,难以推广应用,这应是以后我们应该努力的方向。

参考文献

[1] 房军,方小宇,吕东玉,等. 丘陵半干旱区作物需水规律的研究进展[J]. 安徽农业科学,2006,34(19):4847-4849.

[2] 刘丙军,邵东国,沈新平. 参考作物腾发量计算方法适用性分析[J]. 灌溉排水学报,2006,25(3).

[3] 段红星. 作物蒸散量计算模型探讨[J]. 山西水利,2005(6).

[4] 谢贤群. 测定农田蒸发的试验研究[J]. 地理研究,1990,9(4):94-102.

[5] 龚元石. Penman-Monteith 公式与 FAO-PPP-17Penman 修正式计算参考作物蒸散量的比较[J]. 北京农业大学学报,1995,21(1):68-75.

[6] 邵东国,郭元裕,沈佩君. 区域农业灌溉用水量长期预报模型研究[J]. 灌溉排水,1998,17(3):26-31.

[7] 郭宗楼,白宪台,马学强. 作物需水量灰色预测模型[J]. 水电能源科学,1995,13(3):186-192.

[8] 李远华,崔运来,杨场武. 漳河灌区实时灌溉预报研究[J]. 水科学进展,1997(1):71-77.

小麦生育期不同保水措施土壤水分变化研究

杨永辉[1,2,3]　武继承[1]　史福刚[1]　何　方[1]　杨占平[1]　薛毅芳[1]

(1. 河南省农业科学院植物营养与资源环境研究所,郑州 450002;
2. 西北农林科技大学 杨凌 712100;
3. 中国科学院水利部水土保持研究所国家节水灌溉
杨凌工程技术研究中心,杨凌 712100)

摘要:表层土壤影响水分的进入及逸出,为阐明不同保水措施及灌水对表层土壤保水及入渗性能的影响,研究了不同保水措施下小麦生育期内表层土壤水分的动态变化及透水性能,结果表明,随着保水剂用量的增加其保水性能增强,且在越冬期内,秸秆覆盖下的土壤表层水分略高于保水剂的处理。在返青期到孕穗期,灌水和不灌水的处理土壤表层水分消耗差异明显,灌水处理的小区表层土壤含水量下降水分比不灌水的多。在孕穗后期灌水,经过 7 d 后,各处理表层土壤水分差异很大,其中灌水处理明显较不灌水处理高,且随着保水剂用量的增加其含水量越高,秸秆覆盖稍低于保水剂处理。收获后,处理间的差异不显著。在土壤导水方面,耕作和保水措施提高了土壤的渗透性能,除处理 3(保水剂用量为 45 kg/hm^2)外,灌水降低了土壤饱和导水率,且对照的饱和导水率下降的最多。

关键词:小麦生育期　保水措施　土壤水分　表层土壤

旱作农业区保水措施对提高土壤的保水及导水性能不容忽视。而表层土壤作为土壤水分进出的"瓶颈",它的保水及透水性能的高低直接影响整个土体的水分状况及土壤墒情。

缺水是制约我国旱地农业生产的关键因素之一,水分胁迫是限制旱地农业生产力的严重问题[1]。秸秆覆盖是一种重要的保墒技术,据研究其保水机理是通过秸秆覆盖增加土壤有机质,增强土壤的蓄水能力,改善土壤结构,使土壤表层疏松,增加雨水入渗,提高上层土壤含水量[2];同时地表覆盖物也削弱了太阳对土壤的热照射,可调节土壤温度,控制水分蒸发,减少水分损失,提高土壤水分利用效率[3]。

保水剂是一种交联密度低、不溶于水、具高水膨胀性且吸水力特别强的高分子聚合物[4,5],其是土壤的良好胶结剂,既能改善土壤结构,促进团粒的形成,又能蓄水保墒[5,6]。大量研究表明,应用保水剂可以增加土壤表层颗粒间的凝聚力,维持良好的土壤结构,防止土壤结皮、增加土壤的入渗率[7],减少地表径流、防止土壤及水土流失[8~10]以及具有较好的抑制土壤水分蒸发能力,减少土壤的无效蒸发[11,12],且可蓄水保墒、调节降水的季节

基金项目:"十一五"国家 863 节水农业项目"绿色环保多功能节水制剂"课题(2006AA100215)和旱作区土壤水分变化及节水技术研究与应用(0623012600)。

作者简介:杨永辉(1978—),陕西西安人,博士生,主要从事土壤生态与节水农业研究。

分配、提高区域治理的整体水平、改善干旱半干旱地区的生态环境、提高水分利用效率。

秸秆覆盖及保水剂应用于作物生产的研究已有很多,但将秸秆覆盖、不同保水剂用量及灌水对土壤保水、导水的影响等多种因素结合起来研究土壤表层水分动态变化的报道较少,为了提高表层土壤的保水和导水能力,促进土体水分含量的提高,充分利用旱地土壤有限的水分资源及雨水资源就显得尤为重要。

本文旨在研究旱地不同保水措施对小麦不同生育阶段表层土壤水分状况的影响,从而进一步了解旱地小麦生长期间土壤水分在不同保水措施处理下的动态变化,为合理利用天然降水、提高土壤的入渗、改善土壤的表土环境和提高土壤水分利用潜力提供理论依据。

1　研究区概况

试验设在863节水农业禹州试验基地的岗旱地,该区年降水量674.9 mm,其中60%以上集中在夏季,存在较严重的春旱、伏旱和秋旱;土壤为褐土,土壤母质为黄土性物质,该地区地势平坦,肥力均匀,耕层有机质含量12.3 g/kg、全氮0.80 g/kg、水解氮47.82 mg/kg、速效磷6.66 mg/kg、速效钾114.8 mg/kg,排灌方便。前茬作物为玉米。

2　材料与方法

2.1　试验设计

3个试验因子分别为保水剂施用量、覆盖及灌水。在田间采取随机设计,重复3次。主处理为5种,处理1:对照(传统耕作)(A_1);处理2:翻松覆盖(覆盖6 000 kg/hm^2)(A_2);处理3~处理5:保水剂施用量水平:45 kg/hm^2(A_3)、52.5 kg/hm^2(A_4)、60 kg/hm^2(A_5);副处理为不灌水水平(B_1)和灌水水平450 mm/hm^2(B_2),在拔节孕穗期和灌浆期灌水。总共5×3×2=30个小区。播种前用普通过磷酸钙(P_2O_5 6 kg/亩)作肥底,施氮肥(纯氮10 kg/亩),分别在小区内均匀撒施。于2006年10月中下旬播种,2007年6月4日成熟收获。小区面积3 m×3.5 m。小麦播量为150 kg/hm^2。试验处理编号:不灌水处理:A_1B_1(1)、A_2B_1(2)、A_3B_1(3)、A_4B_1(4)、A_5B_1(5);灌水处理:A_1B_2(6)、A_2B_2(7)、A_3B_2(8)、A_4B_2(9)、A_5B_2(10)。

2.2　试验材料、方法及观测

本文采用自己生产的营养型抗旱保水剂,主要成分为:聚丙烯酰胺,N、P、K营养物质,有机物质和稀土等。保水剂施用方法为:将保水剂与土混合后,开沟盖土。选择平整均匀的地块进行试验,土壤表层水分采用FDR测定,土壤饱和导水率采用双环法[13]。在小麦每个生育期都进行土壤水分观测,包括各处理小区表层水分及定位水分观测。主要生育期为:11月14日主叶期;11月29日分蘖期;12月19日越冬期;1月17日返青期;3月21日拔节期;4月25日孕穗期;5月13日灌浆期;6月4日收获期。

3　结果与分析

3.1　小麦生育期内定位观测水分变化

通过对试验地前埋设的定位水分观测仪进行土壤水分变化的观测,以了解该地区土壤水分的动态变化,指导当地土壤水分的补充时间。从图1中可以看出,从小麦出苗20 d后到小麦收获后0~200 cm土层的土壤储水量的变化,播种后土壤储水量约增加20 mm,之后在整个越冬期土壤储水量几乎没有变化。但从拔节期(3月21日)开始直至小麦成熟收获,土壤水分急剧下降,共下降了227.4 mm,说明这一时期为土壤小麦生育耗水高峰期。

3.2 小麦生育期内不灌水处理间表层土壤水分变化

小麦生育期内各不灌水处理表层土壤水分变化见图2。从整体来看,各处理的表层土壤水分变化在分蘖期较其他时期高,进入越冬期后土壤水分整体变化不大,拔节期由于降雨的原因土壤水分有所提高,之后土壤水分急剧下降,最低达5%左右。小麦收获后土壤水分有所回升(降雨所致)。从各处理间来看,小麦主叶期由于没有降雨,所以处理间土壤表层水分差异不显著。越冬期开始各处理表层土壤水分差异明显,处理1(对照)最低,在越冬期处理2土壤水分最高,因为表层覆盖了秸秆,与沟施的保水剂处理相比其抗蒸发能力在这一时期效果较显著。但到拔节期土壤水分变化表现为:处理4>处理3>处理5>处理2>处理1;在孕穗期,表层土壤水分大小顺序为:处理2>处理3>处理5>处理4>处理1;在灌浆期,表层土壤水分大小顺序为:处理5>处理3>处理4>处理2>处理1;收获后各处理的表层土壤水分差异不显著。

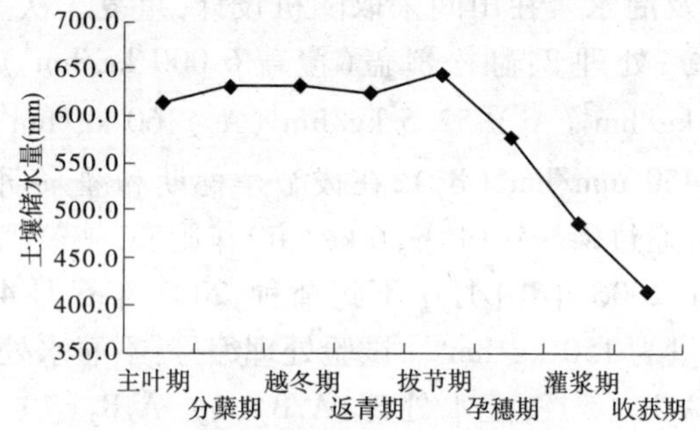

图1 小麦生育期内定位土壤储水量变化

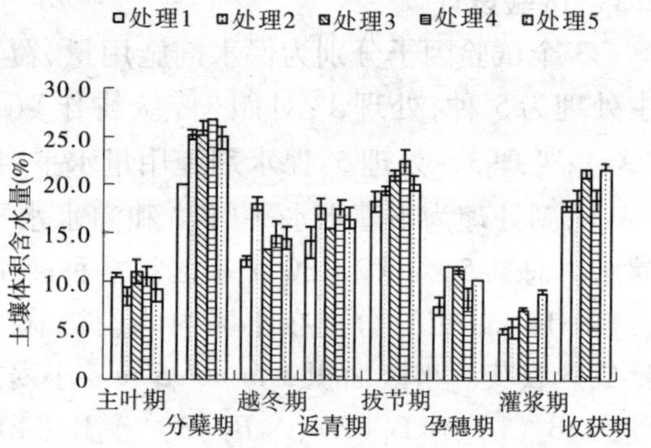

图2 小麦生育期内不灌水处理表层土壤水分变化

3.3 小麦生育期内灌水处理间表层土壤水分变化

小麦生育期内各灌水处理表层土壤水分变化见图3。拔节期前各处理土壤水分变化与图2基本相同,兹不赘述。拔节灌水后,孕穗期土壤水分大小顺序为:处理9>处理10>处理8>处理7>处理6;在灌浆期时,土壤水分随保水剂用量的增加而增高,且都大于秸秆覆盖,对照最低;收获后各处理土壤水分都大于对照。

3.4 不灌水、灌水小麦生育期内土壤水分及收获后土壤储水量比较

灌水影响土壤表层的胶结性而使土壤颗粒分散,影响土壤结构的稳定性,降低土壤的通透性,最终影响表层土壤保水性能。小麦生育期内灌水与不灌水处理土壤表层水分变化比较见图4。

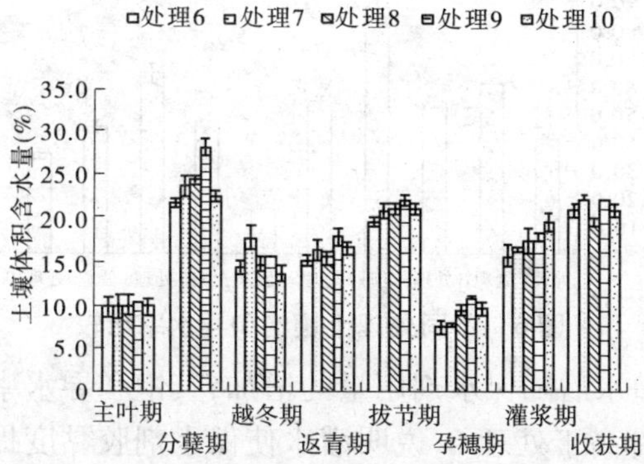

图3　小麦生育期内灌水处理表层土壤水分变化

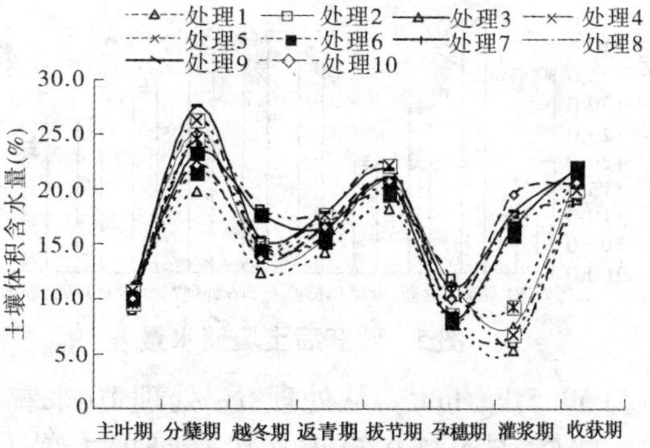

图4　小麦生育期内灌水与不灌水处理土壤表层水分变化比较

从图4中可以看出，在未降雨的小麦苗期，各处理表层土壤水分相差不大，为10%左右。但随时间的推移，从越冬期到拔节期灌水前（3月21日），土壤水分处理1和处理6最低；处理2、7、处理3、8、处理4、9和处理5、10的土壤表层水分变化与3.2节和3.3节基本相同。灌水450 mm/hm^2 后经一个月后，处理6表层土壤水分最小，其次为处理1，处理2、3、5、9土壤水分较高，其他处理比对照稍高，不灌水处理的平均土壤含水量略高于灌水处理的，说明在拔节期到孕穗期小麦耗水不仅耗掉了所有灌水，而且多消耗掉了部分土壤水，说明灌水有利于小麦更多地利用土壤中的水分。但在孕穗期后灌浆期前对处理6～处理10再进行一次灌水（450 mm/hm^2），7天后灌水与不灌水土壤水分差异显著，灌水是不灌水的表层土壤水分含量的3倍左右。处理间表层土壤含水量大小顺序为：处理10 > 处理9 > 处理8 > 处理7 > 处理6 > 处理5 > 处理3 > 处理4 > 处理2 > 处理1，基本随保水剂用量的增加土壤含水量越高，且大于秸秆覆盖和对照。收获后由于小麦生育耗水结束及降雨的缘故，土壤含水量有所回升，且各处理都大于对照，保水剂处理土壤水分最高，且随其用量的增加含水量提高[12]，最终土壤储水量（见图5）灌水处理的覆盖最高，对照（处理6）最低，随保水剂用量的增加，灌水处理的储水量减少；不灌水的处理覆盖储水量最高，处理5次之，处理4最少，说明保水剂和覆盖对提高土壤的储水量产生重要的作用。

3.5　耕种及灌水对小麦生育期土壤导水性能的影响

土壤饱和导水率是反映土壤入渗性能的一个重要指标，它的大小直接反映土壤结构的好坏。耕种及灌水对表层土壤的作用会影响土壤的饱和导水率。不同处理土壤饱和导水率见图6。

从图6中可以看出，除处理6外，耕种前的土壤饱和导水率较其他处理低，说明土地耕翻增加了表层土壤的孔隙度并降低了土壤容重，有利于土壤水分入渗，但经灌水浸泡的土壤（处理6），土壤结构很快遭到破坏而分散，其封堵了土壤孔隙而形成土壤结皮，从而降低了土壤的入渗性能。从处理1～处理5来看，其处理4饱和导水率最高（87.3 mm/h），其次为处理2，处理1最低，处理3和处理5基本相当，说明保水剂对于提高土壤的导水性能不是越多越高，而存在一个最适用量，本研究不灌水条件下提高土壤渗透性的最适宜用

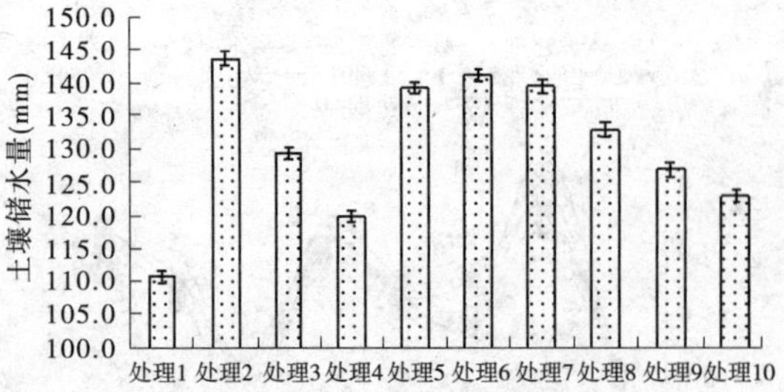

图5　收获后土壤储水量

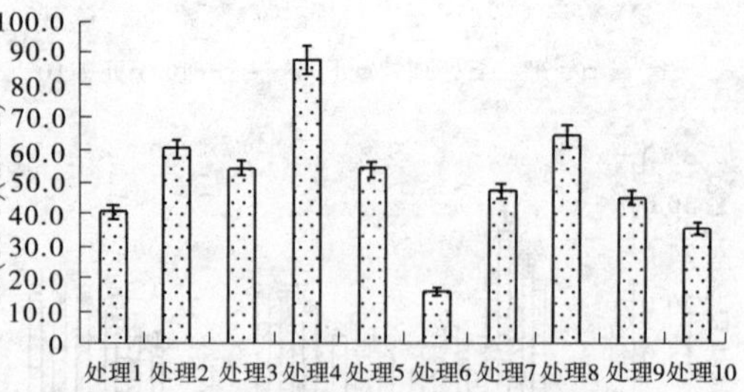

图6　不同处理土壤饱和导水率比较

量为52.5 kg/hm²。从处理6～处理10来看，灌水后随保水剂用量的增加，其饱和导水率反而降低，且处理9和处理10比处理7低，但都高于处理6，说明灌水使保水剂胶黏度提高且用量越多胶黏度越高，从而相对降低了土壤的孔隙度，降低了土壤导水性能，施用保水剂做灌水试验时应注意保水剂的用量要适中，并非越多效果越显著。从整体来看，处理3与之对应相同保水剂用量处理8的饱和导水率灌水后提高了18.5%，表明保水剂用量45 kg/hm² 对于在灌水条件下土壤饱和导水率的提高是有利的。而其他保水措施的灌水试验增加了土壤表层板结，降低了土壤的孔隙度，导致饱和导水率与不灌水相比有所下降，相应的处理6比处理1、处理7比处理2、处理4比处理9、处理5比处理10的饱和导水率分别下降了60.6%、22.0%、48.3%、34.3%，对照下降的最多，其土壤本身的胶结剂较少的缘故。

所以，耕作和保水措施都能提高土壤的渗透性能，但因不灌水、灌水的不同而各处理表现的结果也不尽一样，不灌水条件下处理4的渗透性最高，灌水条件下处理8的渗透性最强，随保水剂用量的增加而降低。除处理3外，其他各处理灌水后土壤饱和导水率都有所降低。

4　结论

(1)保水剂在土壤保水方面，总的趋势为随保水剂用量的增加其保水性能增强，且在越冬期内，秸秆覆盖下的土壤表层水分略高于保水剂的处理。在拔节期到孕穗期，灌水和不灌水的处理土壤表层水分消耗差异明显，灌水处理的小区表层土壤含水量下降水分比不灌水的高，说明小麦在拔节期到孕穗期之间耗水相当大，不仅消耗掉了灌水还利用了部分土壤水。在孕穗后期灌水的第7天的灌浆期，各处理表层土壤水分差异明显，其中灌水处理明显比不灌水的要高，且随保水剂用量的增加其含水量越高，覆盖稍低于保水剂处理。收获后覆盖和保水剂处理明显提高了土壤储水量，说明保水剂和覆盖能够改善土壤表层水分和土壤的水分储存量，进而促进作物的生长发育。

(2)在土壤导水方面，耕作和保水措施都提高了土壤的渗透性能，灌水对于土壤的饱和导水率影响较大，除处理3外，其他各处理灌水后土壤饱和导水率都有所降低，其中处理6比处理1、处理7比处理2、处理4比处理9、处理5比处理10的饱和导水率分别下降了60.6%、22.0%、48.3%、34.3%，对照下降的最多。

(3)在广阔的豫中地区农田中进行秸秆覆盖及施用保水剂，不仅可以将非生育期的大量降雨保存下来，增加土壤入渗，减少地表径流产生，提高土壤墒情及土壤生态功能，又可在作物需水时,将保存的水分释放出去,促进作物生长。

参考文献

[1] 李生秀,胡田田,高亚军. 旱地土壤的合理施肥[J]. 干旱地区农业研究,1993,11 (3):1-6.

[2] 张树兰,Lars Lovdahl,同延安. 渭北旱塬不同田间管理措施下冬小麦产量及水分利用效率[J]. 农业工程学报,2005(4):28-32.

[3] 于舜章,陈雨海,周勋波,等. 冬小麦期覆盖秸秆对夏玉米土壤水分动态变化及产量的影响[J]. 水土保持学报,2004,18(6):175-178.

[4] 杨连利,李仲谨,邓娟利. 保水剂的研究进展及发展新动向[J]. 材料导报,2005,19(6):42-44.

[5] 李秧秧,黄占斌. 节水农业中化控技术的应用研究[J]. 节水灌溉,2001(3):4-6.

[6] 董英,郭绍辉,詹亚力. 聚丙烯酰胺的土壤改良效应[J]. 高分子通报,2004(5):83-87.

[7] Francisco L S, Ricardo P S. Improving infiltration of irrigated mediterranean soils with polyacrylamide [J]. J. agric. Engng Res, 2000, 76:83-90.

[8] Lentz R D,Sojka E. Field results using polyacrylamide to manage furrow erosion and infiltration[J]. Soil Science,1994,158(4):274-282.

[9] 夏卫生,雷廷武,刘纪根. PAM 防治水土流失的研究现状及评述[J]. 土壤通报,2002,33(1):78-80.

[10] Sepaskhah A R, Bazrafshan-Jahromi A R. Controlling runoff and erosion in sloping land with polyacrylamide under a rainfall simulator[J]. Biosystems Engineering, 2006,93(4):469-474.

[11] 杨永辉,赵世伟,黄占斌,等. 沃特多功能保水剂保水性能研究[J]. 干旱地区农业研究,2006,24(5):35-37.

[12] 杨永辉,武继承,赵世伟,等. PAM 的土壤保水性能研究[J]. 西北农林科技大学学报(自然科学版),2007,35(12):120-124.

[13] 欧少亭. 森林土壤渗透性测定[M]//林业管理常用标准及政策法规汇编. 吉林:吉林电子出版社,2002:1218-1999.

冬小麦耗水特性及其生理生态特征的研究进展

程　俊[1]　武继承[2]　管秀娟[1]　尚　莉[1]

（1. 河南大学生命科学学院，开封 475001；
2. 河南省农业科学院植物营养与资源环境研究所，郑州 450002）

摘要：论述了冬小麦耗水特性和生理生态特征的研究进展，并且阐述了灌溉与冬小麦生长过程中需水的关系。目前研究主要集中在作物本身的生物学特性、土壤水分、农田生态环境三个方面，每个方面的研究都比较深入，但对其综合性研究及边缘学科间的协作研究还十分薄弱。今后应从土壤－作物－大气水分连续体（SPAC）出发，重点研究在高产优质栽培条件下非充分灌溉对冬小麦与水分关系的影响及其生理生态机制。这对提高冬小麦的水分利用效率，实现冬小麦节水与高产的统一有重要意义。

关键词：冬小麦　耗水特性　生理生态特征　土壤－作物－大气水分连续体　非充分灌溉

干旱对农业生产的影响由来已久，随着水资源匮乏的局面进一步加剧，水问题越来越受国内外专家学者的重视。据统计，世界上有 1/3 的可耕地处于供水不足的状态，尤其是近年来，气候的全球性恶性变化所引发干旱发生的周期越来越短、程度越来越重，对粮食生产构成了严重威胁[1,2]。发展节水农业、建立高效节水用水体系已经成为一个重要的研究领域。

我国是一个农业大国，水分是限制农田生产力的主要因子。小麦是我国干旱、半干旱地区的主要种植作物，水资源缺乏和水分利用效率低是小麦生长发育的主要限制因素。针对农作物生长发育不同阶段需水特点调控灌溉，是充分利用有限水资源，解决农业灌溉用水短缺矛盾的主要途径之一[3~5]。大量研究表明，对土壤水状况和作物水分亏缺情况进行判断，采集作物对缺水反应信息并根据作物缺水程度进行精量灌溉是建立高效灌溉制度的基础。因此，准确判断作物水分亏缺程度显得尤为重要。在众多的研究指标中，作物自身指标与作物生长关系最密切，以作物指标为灌溉依据比土壤水分指标更为可靠[6]。目前较多的研究集中在充分灌溉条件下作物抗旱指标、作物需水规律、干旱对作物生长发育的生理生态影响以及对干旱的防御技术和干旱预警研究；在非充分灌溉条件下对作物的生理生态特性、不同生育阶段耗水特性方面的影响及其相互之间关系的系统研究很少。因此，深入研究冬小麦在非充分灌溉条件下的生理生态特性、耗水特性及其相互之间关系的内在联系，对于揭示作物水分利用效率的内在机制和潜力以及确定合理的灌溉计划有重要的理论意义和实践价值。

基金项目：“十一五”国家 863 节水农业重点项目和河南省重点科技攻关项目。

作者简介：程俊（1980—），男，汉族，河南新乡人，硕士研究生，主要从事植物生理生态和旱作农业生态研究。

1　作物耗水特性方面的研究进展

作物需水包括生理需水和生态需水两个方面，生理需水是指作物生命过程中的各项生理活动（如蒸腾作用、光合作用等）所需要的水分；生态需水是指作物生育过程中为作物正常发育创造良好生活环境所需要的水分。作物这两方面需水通常通过叶面蒸腾和棵间蒸发来表示。作物蒸腾量和棵间蒸发量之和称为作物的需水量。供给旱作物的水分来源主要是降水和补充灌水两大部分。根据试验资料，小麦全生育期需水量为 250 ~ 400 m^3/亩[7]。

关于冬小麦需水临界期的研究结果不很一致[8]，从拔节期到成熟期都有报道[9,10]。这主要是由于不同的土壤、气象因素造成的。作物的需水规律不仅受自身生长的影响，气象条件（光、温、热、降雨等）、土壤条件（土壤性质、水分状况等）等环境因素的影响也很重要，只有综合考虑才能对作物需水规律作出符合实际的评价。

许多研究表明，不同生育时期土壤水分胁迫对小麦的产量形成都有一定的影响，但影响程度因土壤墒情、品种抗旱性等条件而异。吴凯等认为冬小麦全生育期水分耗散过程有两个明显的需水峰区和三个关键需水期。第一个峰区在出苗—越冬期，水分耗散以土壤棵间蒸发为主。第二个峰区包括拔节—收割期，水分耗散以作物蒸腾为主。从耗水强度来看第二个峰区有两个需水临界期：其一为拔节—抽穗期；其二为灌浆—收割期[11]。关于不同生育时期土壤水分胁迫对小麦的影响，有人强调底墒水，有人强调孕穗水[12]，也有人强调拔节水[13]，而程宪国等认为冬小麦灌浆期灌 50 mm 的关键水较为重要[14]。

彭世彰等认为在作物整个生长发育期内，节水灌溉模式的作物需水量变化规律是由小变大，再由大变小[15]。冬小麦出苗后，随着叶面积指数的增大，尽管气温已开始降低，冬小麦需水强度仍缓慢增大；越冬期气温低，叶面蒸腾力下降，冬小麦的需水强度降至最低；返青后气温逐渐回升，叶蒸腾活力提高，叶面积指数迅速增大，冬小麦需水强度呈近似直线增大，到孕穗—扬花期，冬小麦叶面积指数达一生中的最大值，其需水强度也达至最大；灌浆以后，尽管气温仍在增加，但绿色叶面积开始逐渐减少，叶面积指数下降，叶蒸腾活力降低，冬小麦的需水强度也开始逐渐下降。

因此，全面地、客观地了解不同地区小麦的耗水变化规律，为制定适合本地区的高效节水灌溉制度和水分利用率的提高提供科学依据。

2　在干旱胁迫条件下光合等生理指标的研究进展

2.1　对光合速率的影响

水分胁迫使小麦光合速率降低，不同胁迫强度和胁迫时间引起光合作用下降的主要原因不同[16]。在轻度水分胁迫条件下，光合作用下降的主要原因是气孔性的限制[17]，但在较长时间轻度以上土壤干旱或严重干旱下，光合速率下降的主要原因是非气孔性的限制[18]。一个植株不同部位的叶片光合速率对水分胁迫的反应不相同，上部叶片的光合速率受影响较小[19]。灌浆期轻度干旱对小麦叶片光合作用有促进作用，轻度及中度干旱能促进穗子的光合作用[20]。

2.2　对蒸腾速率的影响

植物蒸腾既受叶片气孔阻力的控制，也受环境因子和土壤水分供应的限制。研究指出蒸腾速率比光合速率对水分胁迫的反应更为敏感，更易受气孔调节影响。蒸腾速率与气孔阻力负相关，水分胁迫下植株主要通过降低气孔导度使蒸腾强度下降[21]。彭致功等验证了气孔对植株蒸腾的调控作用，建立了以太阳辐射、气温和大气湿度为主要因子的植株蒸腾方程[22]。刘静等认为随着灌溉量的增大，春小麦叶片蒸腾速率也相应增大，但当灌溉量超过 900 m^3/hm^2 时，叶片蒸腾速率不随灌溉量继续增大；灌溉水分不足时，蒸腾速率随气温升高而降低，更易表现出光合午休。当小麦根系活力下降、受旱或疏导组织供水满足不了叶片蒸腾耗水，或超出了气孔对植株体内水分调节能力时，会发生小麦生理脱水，这是小麦干热风或青干灾害产生的生理原因。当灌溉过多时，小麦也会出现生理活性下降，这可能是小麦后期早衰的生理原因[23]。

2.3　对气孔导度的影响

气孔是植物与外界环境的门户，调节控制着 CO_2 和水分的出入，影响植物的光合、蒸腾及体温等，因而对植物的生命活动有着极其重要的作用[24]。当植株供水良好时，气孔启闭主要受光照和 CO_2 这两个因素调控，表现出昼开夜闭有规律的气孔运动现象。当植株缺水时，水分就成为控制气孔开闭的决定性因素。水分胁迫对小麦叶片气孔导度的影响因胁迫强度和时间而异，轻度土壤干旱下，气孔导度略有上升，中度以上的土壤干旱下气孔导度才显著降低。在轻度水分胁迫条件下气孔导度下降是光合作用降低的主要原因，而在严重水分胁迫条件下气孔导度下降不是光合作用降低的主要原因，此时细胞间隙 CO_2 浓度反而升高[25]。

2.4　对叶绿素的影响

水分胁迫使小麦叶片叶绿素含量降低。植物受到干旱后，叶片早衰、变黄意味着叶片色素受到破坏。石岩[26]认为，叶绿素含量随着叶片水分状况恶化而降低。Loonnie（1987）在小麦试验中发现，干旱主要是阻止了叶绿素 b 的累积，致使叶绿素 a/b 的比值升高[27]。而薛松等（1992）研究表明，在水分胁迫下，小麦叶片叶绿素总量、叶绿素 a 和 b 含量均呈降低的趋势，但叶绿素 a/b 比值基本上不变[17]。研究小麦旗叶中叶绿素的含量与其净光合作用的文献很多，但研究内部因素对光合作用的影响不多见，对小麦全生育期叶片中叶绿素的变化，特别是前、中期的含量对光合作用的影响方面更少见。而在这方面的研究对提高冬小麦的水分利用效率，加速选育高产、高光效的小麦品种却十分必要。

2.5　对渗透调节能力的影响

作物在供水不足的情况下，会产生一系列生理反应，其中渗透调节是植物适应干旱逆境的重要生理反应。Morgan 在 1977 年就发现了关于小麦通过溶质积累形成渗透调节来适应干旱的现象，此后，不同的人分别研究了渗透调节能力及渗透调节物质与其他指标之间的关系[28]。研究发现小麦最终产量相对值与渗透调节能力相关分析达极显著水平[29]。渗透调节的关键是在干旱条件下细胞内溶质的积累和由此导致的细胞水势的下降。通过渗透调节可使植物在干旱条件下加强吸水以维持一定的膨压，从而保持细胞生长、气孔开放和光合作用等生理过程的进行[30]，并且随着在小麦开花期土壤含水量的降低，叶片与根系饱和渗透势和渗透势同步下降，表现出叶片与根系对水分胁迫反应的一致性,但根系的渗透调节低于叶片[31]。干旱条件下,植株体内合成和积累大量有机物质和无机物质,以提高植株的渗透调节能力。渗透调节的物质主要有钾离子、氯离子等无机离子和脯氨酸、甜菜碱等有机物质[30]。甜菜碱是重要的有机渗透调节物质,其在细胞内的积累可以提高细胞的渗透调节能力,稳定细胞内大分子蛋白质与生物膜的结构和功能,还可以保护细胞内许多重要代谢活动所需酶活性,维持光合作用,它的积累水平与植物抗胁迫能力成正比[32]。而无机离子主要积累在液泡中,细胞质中的离子浓度仅为液泡的1/3~1/2,所以无机离子主要是液泡的渗透调节物质,主要调节液泡的渗透势,以维持膨压等生理过程[38]。

3　在干旱胁迫下形态指标的研究进展

3.1　对根系发育的影响

水分胁迫引起植物根系的形态发生变化。旱生植物根系一般具有健壮、深扎的特征。一般认为,土壤水分含量在田间最大持水量的70%左右时,最有利于根系的生长发育,土壤水分不足或过多,均抑制小麦根系生长。当表层土壤干燥时,限制了表层新生根的发育,表层根系密度减小,促使根系向含水量相对较高的深层土壤扩展,根系密度增大,有利于作物对深层土壤水分的利用[34]。Sharma 等[35]观察到土壤干旱条件促进根系伸长,增加根系分枝级数,使植株更完整地利用土壤水分。冬小麦不同生育期对土壤水分反应不同,前期干旱有利于根系发育和生长,此时期为反应迟钝期,而在中后期根系对土壤水分反应敏感,干旱导致根系早衰。刘殿英(1991)研究指出冬小麦在苗期对土壤干旱适应能力最强,而拔节后根系对土壤水分减少的适应能力变弱[36]。

3.2　对根冠比的影响

冬小麦根冠比是反映地下部分与地上部分生长协调性的重要指标,二者既相互依存又相互竞争,构成作物整体功能的平衡系统。研究根冠关系对合理利用水资源,调控作物生长发育,提高水资源利用效率,实现作物高产高效有重要意义。在正常情况下,冬小麦生长前期和中期根冠比基本同步,根冠比较大;拔节期后地上部分生长迅速,营养生长和生殖生长竞争加剧,根系的生长缓慢,根冠比下降;在土壤适度干旱条件下,有利于干物质向根系运输,增强根系功能,使根冠比增大,提高抗旱能力[37]。Hamblina 等(1990)研究指出,在水分亏缺条件下,旱地小麦根系的生长相对快于地上部生长,即保持了较高的根冠比[38]。冯广龙等(1997) 研究发现,适度水分亏缺可促使冬小麦体内干物质较多地分配于根系,增强根系发育,相对减弱叶冠生长,使根冠比增大[39]。

3.3　对茎形态的影响

主要是针对干旱胁迫下茎秆直径变化进行研究。植株茎膨胀、收缩与作物体内水分状况有密切关系,能实时、准确地反映植株体内水分状况。20 世纪 60 年代后期学者就开始了相关试验研究,验证了茎直径变化与作物水分状况间的关联性。之后的定性研究重点探讨了茎直径变化与植株其他部位的水分信号之间的关系,发现茎直径与叶水势之间存在滞后效应。对水分胁迫导致茎秆直径变化的机理研究,许多学者得到了不同的结论。Molz 和 Klepper[40]研究证明水分胁迫条件下茎秆发生的任何可测变化都归因于韧皮部及相关组织内活细胞的失水。SoHB 等[41]针对茎直径变化与叶水势之间的滞后效应,提出了利用茎直径变化推求叶水势的方法,并在多种作物上验证了较高的精度。因此,国外将茎直径变化作为一个监测作物水分状况的指标,与灌溉自动控制系统相联结,实现作物水分管理的自动化。

3.4 对叶形态的影响

叶片是小麦进行光合作用的器官,是有机营养物质的供应者,干旱胁迫下作物功能叶维持一定的水势和渗透调节是适应缺水环境的重要特性。叶面积大小是小麦对干旱反应的重要指标之一,在干旱胁迫条件下叶片生长受到抑制,随着干旱胁迫程度的增加,由于受光合作用减弱的影响,小麦叶面积逐渐变小,叶片扩展缓慢,叶片狭小 ,并出现叶片增厚、下垂,颜色变深、变暗,下部叶子叶尖枯死,不易折断,叶片卷曲等萎蔫现象。叶片卷曲由叶片细胞膨压降低所引起,是内部水势状况和渗透调节结果的外部形态表现,能直观地反映作物对土壤水分胁迫的敏感程度[42]。

4 讨论

(1)关于冬小麦生理生态方面的研究现在已经进行了很多,而对非充分灌溉条件下冬小麦的生理生化机制的研究相对比较少,因此这方面的研究有很大的发展空间。今后,应该在深入对冬小麦生理生态研究的同时,与分子生物学相结合,加强对冬小麦生理生化机制的研究。

(2)在非充分灌溉条件下各种指标都与环境因子及作物种类等有关,还需要进一步研究不同区域不同作物在非充分灌溉条件下的生理生态指标。以此构建灌溉模式,国内有关冬小麦水分胁迫研究大多集中在水分斜坡时段内的作物生理生态变化,拘泥于静态缺水条件下研究冬小麦抗旱性和最佳供水时期,而对利用冬小麦水分生态生理特性主动调节的研究很少,缺乏系统性。应该加强对调亏灌溉时冬小麦自身生理的动态变化过程的研究,以便探讨其节水增产效益及其对产量或品质的影响。

(3)在非充分灌溉技术体系中,冬小麦的水分利用与消耗过程、生长发育过程以及产量形成过程都会发生较大的变化,因此过去以充分灌溉为基础布设的试验而取得的数据,很难满足未来非充分灌溉管理的需求。今后应该着重研究非充分灌溉条件下这些指标的变化。

综上所述,以前冬小麦节水灌溉研究多是从满足冬小麦需水特性,以夺取高产来确定灌溉方案的,而对非充分灌溉条件下冬小麦水分效应及需水规律、耗水特性研究较少,不能更加有效地提高冬小麦的节水、抗旱、增产能力。因此,对冬小麦非充分灌溉条件下的需水规律和耗水特性有待于进一步研究。此外,水分调节在充分发挥冬小麦各个生育阶段生理功能过程中是至关重要的,小麦的高产依赖于各个生长发育阶段的协调发展,依赖于个体和群体的生理功能的协调一致,在干旱半干旱地区小麦生产中,水分不但决定了冬小麦产量的高低,而且关系到冬小麦生产效益的好坏。利用冬小麦灌溉生理指标,针对不同生育时期的需水特点,实施节水灌溉技术,可以充分提高冬小麦水分利用效率,从而比较全面、客观地了解冬小麦节水灌溉的生理生态特性,为河南省冬小麦节水优质高效栽培生产提供理论依据。

参考文献

[1] 代久江,王永涛. 农业减灾指南[M]. 北京:中国农业出版社,1994.
[2] 吴景社. 世界水土资源的潜力与粮食人口问题[J]. 世界农业,1994(2):6-8.
[3] 朱成立,彭世彰,孙景生. 冬小麦节水高效优化灌溉制度模型应用研究[J]. 灌溉排水学报,2003,22(5):77-80.
[4] 许振柱,于振文,李辉,等. 限量灌水对冬小麦光合性能和水分利用的影响[J]. 华北农学报,1997,12(2):65-70.
[5] 刘静,李凤霞. 灌溉对春小麦蒸腾速率的影响及其生理原因[J]. 麦类作物学报,2003,23(1):58-62.
[6] Turner N C. Plant water relations and irrigation management[J]. Agricultural Water Management,1990,17:59-73.
[7] 李彩霞,马三力. 小麦的需水规律[J]. 农业与技术,2005,25(4):68-69.
[8] 山仑,陈培元. 旱地农业生理生态基础[M]. 北京:科学出版社,1998.
[9] Barber J S. Factors influencing the grain yield and quality in irrigated wheat[J]. Agric Sci Camb,1987,109(1):19-26.
[10] 夏国军,闫耀礼,程水明. 旱地冬小麦水分亏缺补偿效应研究[J]. 干旱地区农业研究,2001,19(1):79-82.
[11] 吴凯,陈建耀,谢贤群. 冬小麦水分耗散特性与农业节水[J]. 地理学报,1997,52(5):455-460.
[12] 陈培元,李英. 限量灌溉对冬小麦抗旱增产和水分利用的影响[J]. 干旱地区农业研究,1992,10(1):49-53.
[13] 孙宏勇,刘昌明,张永强,等. 不同时期干旱对冬小麦产量效应和耗水特性研究[J]. 灌溉排水学报,2003,22(2):13-16.
[14] 程宪国,汪德水. 不同土壤水分条件对冬小麦生长及养分吸收的影响[J]. 中国农业科学,1996,29(4):67-74.
[15] 彭世彰,朱成立. 作物节水灌溉需水规律研究[J]. 节水灌溉,2003(2):5-8.
[16] 蒋明义,郭绍川. 水分亏缺诱导的氧化胁迫和植物的抗氧化作用[J],植物生理学通讯,1996,32(2):41-50.
[17] 薛松,王沛洪. 水分胁迫对冬小麦 CO_2 同化作用的影响[J]. 植物生理学报,1992,18(2):1-7.
[18] 上官周平,周维. 栽培条件对冬小麦叶片水分利用效率的影响[J]. 植物营养与肥料学报,1998,4(3):231-236.
[19] 邹琦. 作物在水分逆境下的光合作用[J]. 作物杂志,1994(5):1-4.
[20] Wandlaw I F. The effect of water stress on translocation to photosynthesis and growth[J]. Aust J Biot Sci,1967,20:25-39.
[21] 张瑞美,彭世彰,徐俊增,等. 作物水分亏缺诊断研究进展[J]. 干旱地区农业研究,2006,24(2):5-10.
[22] 彭致功,杨培岭,段爱旺,等. 日光温室条件下番茄植株蒸腾规律研究[J]. 干旱地区农业研究,2004,22(1):62-65.
[23] 刘静,李凤霞,王连喜,等. 灌溉对春小麦蒸腾速率的影响及其生理原因[J]. 麦类作物学报,2003,23(1):58-62.
[24] 张永平,王志敏,吴永成,等. 不同供水条件下小麦不同绿色器官的气孔特性研究[J]. 作物学报,

2006,32(1):70 - 75.

[25] 刘孟雨,陈培元. 水分胁迫条件下气孔与非气孔因素对小麦光合的限制[J]. 植物生理学通讯,1990(4):24 - 27.

[26] 石岩,林琪,等. 土壤水分胁迫对冬小麦光合作用及产量的影响[J]. 华北农学报,1996,11(4):80 - 83.

[27] Loonnie J G. Physiological changes in portulacaria of ra(L.)Jacg during summer drought and rewatering [J]. Plant Physiol,1987,85: 481 - 483.

[28] Morgan J M. Osmoregulation and water stress in higher plants[J]. Ann. Rev. Plant Physiol,1984,35: 299 - 319.

[29] 李德全,邹琦,程炳蒿. 冬小麦的渗透调节能力与产量及抗旱性[J]. 植物学通报,1996,13(增刊):46 - 50.

[30] 杨瑞丽. 植物抗旱机制研究进展[J]. 内蒙古科技与经济,2003(4):107 - 108.

[31] 王玮,李春香,李德全,等. 土壤水分缓慢脱水对开花期小麦根系及叶片渗透调节及渗透调节物质的影响[J]. 植物学通报,2001,18(2):221 - 225.

[32] 梁峥,骆爱玲,赵原,等. 干旱和盐胁迫诱导甜菜叶中的甜菜碱醛脱氢酶的积累[J]. 植物生理学报,1996,22(2):161 - 164.

[33] 王娟,李德全. 逆境条件下植物体内渗透调节物质的积累与活性氧代谢[J]. 植物学通报,2001,18(4):459 - 465.

[34] 吕金印,山仑,高俊凤. 非充分灌溉及其生理基础[J]. 西北植物学报,2002,22(6): 1512 - 1517.

[35] Sharma B R,Chaudhary T N. Wheat root growth,grain yield and water uptake as influenced by water regime and depth of nitrogen placement in a sand soil[J]. Agriculture Water Management,1983(6): 365 - 373.

[36] 刘殿英,黄炳茹,董庆裕,等. 土壤水分对冬小麦根系的影响[J]. 山东农业大学学报,1991,22(2):37 - 44.

[37] 房全孝,陈雨海. 冬小麦节水灌溉的生理生态基础研究进展[J]. 2003,21(1):20 - 26.

[38] Hamblina,Tennantd,Perrymw. The cost of stress: dry matter partitioning changes with seasonal supply of water and nitrogen to dry land wheat[J]. Plant and Soil,1990,122: 47 - 58.

[39] 冯广龙,罗远培,刘建创,等. 不同水分条件下冬小麦根与冠生长及功能间的动态消长关系[J]. 干旱地区农业研究,1997,15(2): 73 - 79.

[40] Fred J Molz ,Betty Klepper. On the mechanism of water - stress - induced stem deformation[J]. Agron Journal,1973,65: 304 - 306.

[41] SoHB. An analysis of the relationship between stem diameter and leaf water potentials[J]. Agron. Journal ,1979,71: 675 - 679.

[42] Lilley J M,Ludlow M M. Expression of osmotic adjustment and dehydration tolerance in diverse rice lines [J]. Field Crops Res,1996,48: 185 - 197.

限量灌溉对冬小麦农艺性状与水分利用效率的影响

程　俊[1,2]　武继承[2]　尚　莉[1,2]　管秀娟[1,2]

(1. 河南大学生命科学学院,开封 475001;
2. 河南省农业科学院植物营养与资源环境研究所,郑州 450002)

摘要:对冬小麦不同生育时期进行水分控制,研究灌水量、灌水时间对冬小麦农艺性状和水分利用的影响。结果表明,不同生育时期灌水处理的冬小麦农艺性状得到有效改善,其中拔节期灌水能提高冬小麦的穗数和水分利用效率,孕穗期灌水能提高水分利用效率,灌浆期灌水能增加千粒重,拔节期是限量灌溉的最佳生育期。与对照相比,不同灌水时间和灌水量处理分别增产 9.49% ~29.64%,并以拔节期灌 600 m^3/hm^2 和灌浆期灌 300 m^3/hm^2 的处理增产效果最好,为 7 288.9 kg/hm^2;水分利用效率分别提高 7.8% ~22.7%,并以拔节期灌 300 m^3/hm^2 + 孕穗期灌 300 m^3/hm^2 的处理水分利用效率最高,为 15.7 kg/(hm^2·mm)。

关键词:冬小麦　限量灌溉　农艺性状　水分利用效率

冬小麦是我国北方主要的粮食作物,干旱缺水是造成小麦产量长期低而不稳的主要原因[1]。在水资源紧张的情况下,对于小麦生产潜力最大的黄淮海平原,提高现有水资源的利用效率是保证小麦高产、稳产、优质和有效解决水资源短缺问题的途径之一[2,3]。河南省地处黄淮海平原,又是全国小麦生产大省,面临着同样的问题。如何在不减产甚至增产的条件下减少灌溉定额,以提高灌溉效益,实现优质、高产、高效,已成为我国小麦生产过程中的关键环节。近些年,有关这方面的研究越来越多[4~6]。

小麦灌水有 2 个关键期,即拔节—孕穗期和扬花—灌浆期,这 2 个时期是小麦的灌水最大效益期[7],但关于小麦不同生育期需水临界期的研究报道很不相同[8,9]。不同时期的土壤水分胁迫也对小麦的产量、形态等性状有很大的影响,有人强调孕穗水[10],也有人强调拔节水[11],而程宪国等认为冬小麦灌浆期灌 50 mm 的关键水较为重要[12]。因此,研究不同灌水时期、不同灌水量对冬小麦产量、农艺性状和水分利用效率的影响,不仅有助于提高冬小麦的水分利用效率,而且可为制定正确的麦田灌水制度提供重要依据。

1　材料和方法

1.1　试验概况

试验设在 863 节水农业禹州试验基地的岗旱地,禹州市位于河南省中部,属伏牛山余

基金项目:"十一五"国家 863 节水农业重点项目(2006AA100215)和河南省重点科技攻关项目(0623012600)。

作者简介:程俊(1980—),男,河南新乡人,在读硕士研究生,主要从事植物生理生态和旱作农业生态研究。

脉与豫东平原过渡地区,在东经113°03′~113°39′和北纬330° 59′~34° 24′,西北部群山环绕、丘陵起伏,东南部为开阔平原,淮河最大的支流——颍河自西向东横贯全境。年降水量674. 9 mm,其中60%以上集中在夏季,存在较严重的春旱、伏旱和秋旱;土壤为褐土,土壤母质为黄土性物质,该地区地势平坦,肥力均匀,耕层有机质含量12. 3 g/kg、全氮0. 80 g/kg、水解氮47. 82 mg/kg、速效磷6. 66 mg/kg、速效钾114. 8 mg/kg,排灌方便。前茬作物为玉米。供试小麦品种为周麦18,2006年10月14日播种。试验共设置15个处理(见表1),3次重复,随机排列。小区面积4 m ×6 m,小区中间设保护行1 m,行距25 cm,株距20 cm。

表1 冬小麦不同生育时期不同水分处理

处理	灌水次数(次)	总灌水量(m^3/hm^2)	灌水量(m^3/hm^2)		
			拔节期	孕穗期	灌浆期
S1	0	0	0	0	0
S2	1	300	300	0	0
S3	1	600	600	0	0
S4	1	300	0	300	0
S5	1	600	0	600	0
S6	1	300	0	0	300
S7	1	600	0	0	600
S8	2	600	300	300	0
S9	2	900	300	600	0
S10	2	600	300	0	300
S11	2	900	300	0	600
S12	2	900	600	0	300
S13	2	600	0	300	300
S14	2	900	0	300	600
S15	3	900	300	300	300

注:大田冬小麦从拔节期开始进行水分处理,当地传统灌水量为1 200~1 800 m^3/hm^2。

1.2 测定项目及方法

1.2.1 土壤体积水分含量

土壤水分测定层次为0~20、20~40、40~60、60~80、80~100、100~120、120~140、140~160、160~180、180~200 cm,共计10层。20~200 cm土层采用定位水分观测仪测定,表土0~20 cm采用FDR测定,从2006年10月14日播种到2007年6月1日收获期,每间隔10天测1次0~20 cm土层的土壤体积含水量。在小麦播种前、每次灌水前和收获后分别取1m深土样,按烘干称重法测定0~100 cm土层的土壤含水量。

1.2.2 水分利用效率计算

根据土壤水量平衡方程(不考虑地表径流及地下水影响),则冬小麦生育期耗水量:

$$ET = P + I - \Delta W \tag{1}$$

式中:ET 为冬小麦生育期耗水量,mm;P 为生育期降水量,mm;I 为灌溉量,mm;ΔW 为 1 m 土层土壤含水量变化值,即土壤贮水消耗量,mm。

水分利用效率[WUE,kg/(hm^2 · mm)]为:

$$WUE = Y/ET \tag{2}$$

式中:Y 为单位面积作物产量,kg/hm^2。

1.2.3　灌水量

小区每次灌水采用水表计量。

1.2.4　农艺性状

冬小麦成熟后每小区收获 3 行,脱粒测产,测定千粒重;并在小区内随机取 5 株小麦进行室内考种,测定其株高、穗长、穗茎数等指标。

2　结果与分析

2.1　灌水量、灌水时间对冬小麦农艺性状的影响

从表 2 中可以看出,在灌水 300 ~ 900 m^3/hm^2 范围内,灌一水时的灌水量与单株成穗数、千粒重、单位面积成穗数、穗粒重、株高和穗长呈正相关,这与孔祥旋等的研究结果基本相同[4]。各灌水处理除 S4、S5、S6 外,其他对穗数均有显著性影响,并以拔节期灌水处理效果最显著。拔节期灌水处理(S2 和 S3)单位成穗数分别比对照(不灌水处理,S1,下同)提高了 52 万穗/hm^2 和 136 万穗/hm^2,增幅明显高于孕穗期灌水处理(S4 和 S5)和灌浆期灌水处理(S6 和 S7)的 14 万 ~44 万穗/hm^2,说明拔节期灌水对穗数增加的作用明显大于孕穗期和灌浆期灌水,而且拔节期 + 孕穗或灌浆期灌水复合处理的穗数也多于孕穗期 + 灌浆期灌水处理。进一步说明拔节期灌水对单位面积穗数、单株成穗数的增加效果比孕穗期和灌浆期明显。

所有灌水处理的穗粒数均比对照有所增加,且随灌水量增加,穗粒数提高。虽然孕穗期灌一水、灌浆期一水和孕穗、灌浆期灌二水对增加穗粒数都有一定的作用,但是拔节期灌水 + 孕穗期或灌浆期灌水处理的穗粒数增加更显著,这说明在增加穗粒数基础上,促进小穗、小花的分化,比后期保花增粒更为重要。因此,拔节期灌水有利于形成较好的产量性状。

与对照相比,不同灌水处理对千粒重的影响明显,其中孕穗期灌水(S5)、灌浆期灌水(S7)、拔节期 + 孕穗期灌水(S8、S9)、孕穗期 + 灌浆期灌水(S10、S13、S14)和拔节期 + 孕穗期 + 灌浆期灌水(S15)达到 0.05 显著水平。在相同时期灌水的处理中,随灌水量增加千粒重提高。孕穗水和灌浆水在增加千粒重上都比拔节水的作用明显,灌浆期灌水(S7)比拔节期灌水(S2)的千粒重有显著提高,并达到 0.05 极显著水平。说明与拔节期相比,灌浆期灌水对籽粒灌浆有较大的促进作用。

表 2　限量灌溉对冬小麦农艺性状的影响

处理代号	穗数（万穗/hm²）	单株成穗数（穗）	株高（cm）	穗长（cm）	穗粒数（粒）	穗粒重（g）	千粒重（g）
S1	364f	1.57	76.8	7.7	33.8c	1.46	43.9c
S2	416d	1.85	79.6	8.7	38.3abc	1.62	45.2bc
S3	500b	1.92	85.3	9.0	39.5ab	1.65	46.6abc
S4	378ef	1.77	81.5	8.1	34.4c	1.59	47.5abc
S5	390def	1.81	83.8	8.2	34.8bc	1.72	48.1ab
S6	382ef	1.67	83.8	8.5	35.5bc	1.82	47.3abc
S7	408de	1.72	85.0	9.3	36.5bc	1.83	49.3a
S8	536a	1.85	82.5	8.6	37.8abc	1.91	47.9ab
S9	468c	1.87	83.7	8.9	35.2bc	1.74	48.0ab
S10	524ab	2.04	81.9	8.0	36.8bc	1.77	47.6ab
S11	500b	1.83	83.1	8.2	39.6ab	1.81	45.9abc
S12	508ab	1.95	86.2	9.0	41.8a	2.00	47.5abc
S13	416d	1.76	80.6	8.2	35.3bc	1.60	48.2ab
S14	516ab	1.97	83.0	8.1	35.0bc	1.77	47.7ab
S15	448c	1.74	82.1	8.7	38.8abc	1.64	48.3ab

注：小写字母表示 5% 显著水平。

2.2　灌水量、灌水时间对冬小麦产量的影响

从图 1 的产量结果看，所有灌水处理的小麦产量均比对照增产，且随着灌水量增加产量提高。不同生育时期相同灌水量下，不同的灌水时间对产量的影响表现为拔节期 > 孕穗期 > 灌浆期。灌水 300 m^3/hm^2 时，拔节期补水处理（S2）的产量分别比孕穗期和灌浆期补水处理（S4 和 S6）增产 188.9 kg/hm^2 和 322.2 kg/hm^2；灌 600 m^3/hm^2 时，拔节期补水处理（S3）的产量分别比孕穗期和灌浆期补水处理（S5 和 S7）增产 244.4 kg/hm^2 和 411.1 kg/hm^2。灌水时间相同条件下，小麦产量随灌水量的增加而提高（见表 3）。说明拔节期灌水要比其他灌水时期的效果更明显，拔节水对产量的贡献大于孕穗期以后的灌水。

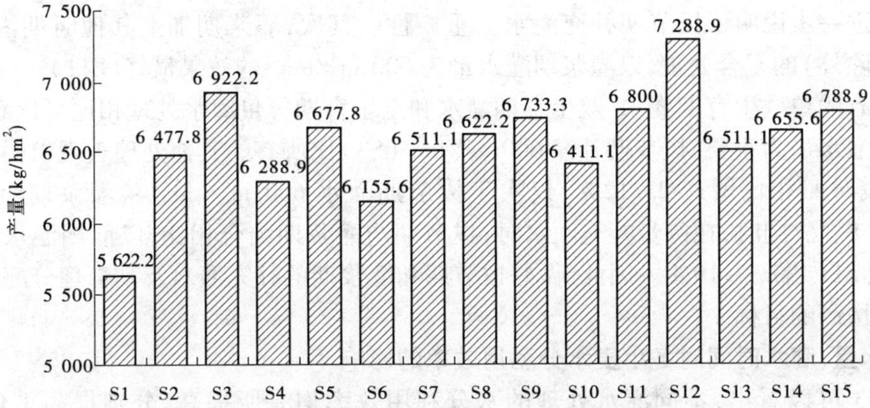

图1　不同灌水处理对冬小麦产量的影响

表3　不同灌水处理对冬小麦水分利用效率的影响

处理代号	产量(kg/hm^2)	比对照增产(%)	水分利用效率[$kg/(hm^2 \cdot mm)$]	比对照增加[$kg/(hm^2 \cdot mm)$]
S1	5 622. 2f		12. 8	
S2	6 477. 8bcde	15. 22	14. 1	1. 3
S3	6 922. 2ab	23. 12	15. 3	2. 5
S4	6 288. 9de	11. 86	14. 5	1. 7
S5	6 677. 8bcd	18. 78	15. 5	2. 7
S6	6 155. 6e	9. 49	13. 8	1. 0
S7	6 511. 1bcde	15. 81	14. 3	1. 5
S8	6 622. 2bcd	17. 79	15. 7	2. 9
S9	6 733. 3bcd	19. 76	15. 1	2. 3
S10	6 411. 1cde	14. 03	14. 8	2. 0
S11	6 800. 0b	20. 95	15. 3	2. 5
S12	7 288. 9a	29. 64	15. 2	2. 4
S13	6 511. 1bcde	15. 81	15. 2	2. 4
S14	6 655. 6bcd	18. 38	14. 9	2. 1
S15	6 788. 9bc	20. 75	15. 5	2. 7

注:小写字母表示5%显著水平。

在不同生育期复合灌水处理中,灌水600 m^3/hm^2 时,以拔节期+孕穗期(S8)补充灌水优于孕穗期+灌浆期(S13)和拔节期+灌浆期(S10)。灌水900 m^3/hm^2 时,以拔节期+灌浆期(S12、S11)优于孕穗期+灌浆期(S14)、拔节期+孕穗期(S9)和拔节期+孕穗期+灌浆期(S15)。而在同一复合灌水处理中,拔节期灌水加上其他生育时期灌水的叠加效应十分明显，特别是拔节期灌水 600 m^3/hm^2 的 S12 是所有处理中最好的，比对照增产29.64%，进一步说明了拔节期补充灌水的重要性。其次，灌浆期加上其他时期灌水（拔节期处理除外）的复合处理，以灌浆期灌水量为 600 m^3/hm^2 的效果最好（S11）。

从所有的单一生育期灌水、双生育期灌水和全生育期等量灌水处理相比可以看出，拔节期补充灌水最为重要，拔节期补灌 600 m^3/hm^2（S3）比所有的其他处理表现出明显的增产效果，较对照相比增产 23.12%，仅次于拔节期灌水 600 m^3/hm^2 + 灌浆期灌水 300 m^3/hm^2的 S12。同时，在等量补充灌水时，拔节期与灌浆期结合相比，以前期灌水量大为好，S12 比 S11 增产 7.19%。因此，做好拔节期和灌浆期的补充灌水及其合理分配有利于实现节水增产的目标。

2.3　灌水量、灌水时间对冬小麦水分利用效率的影响

从表 3 可以看出，不同灌水处理的水分利用效率均有所提高，分别提高 1.0 ~ 2.7 kg/(hm^2·mm)，增幅为 7.8% ~22.7%。不同时期相同灌水量处理，均表现为拔节期和孕穗期灌水处理的水分利用效率高于灌浆期灌水处理（S4 > S2 > S6，S5 > S3 > S7）。在同一时期不同灌水量的处理中，水分利用效率随灌水量的增加而提高。在不同生育期复合灌水处理中，以拔节期和孕穗期各灌 300 m^3/hm^2 处理水分利用效率最高，为 15.7 kg/(hm^2·mm)。在灌水量超过 600 m^3/hm^2 的处理中，水分利用效率不升反降。说明拔节期和孕穗期灌水有利于水分利用效率的提高，但并不是灌水量越多水分利用效率越高。

3　结论

（1）试验结果表明，在 300 ~900 m^3/hm^2 范围内灌水均有较好的增产效果，各处理比对照分别增产 9.49% ~29.64%，且随着灌水量的加大，增产效果愈显著。拔节期灌水对产量贡献最为明显，在所有复合灌水处理中以拔节期灌水 600 m^3/hm^2 和灌浆期灌水 300 m^3/hm^2 处理的增产效果最好，为 7 288.9 kg/hm^2，水分利用效率为 15.2 kg/(hm^2·mm)。

（2）灌水能改善冬小麦的农艺性状。相同灌水量中，不同的灌水时间对产量的影响不同，拔节期灌水，穗数和穗粒数有显著增加，孕穗水对千粒重有一定的促进作用，灌浆水有利于增加穗粒重。同一灌水时期灌水中，随着灌水量的增加，小麦穗数、穗粒数、千粒重和穗粒重等性状得到改善。

（3）灌水能有效提高水分利用效率，各灌水处理水分利用效率比对照提高了 7.8% ~22.7%。拔节期和孕穗期灌水对提高冬小麦水分利用率贡献较大，并以拔节期灌 300 m^3/hm^2 + 孕穗期灌 300 m^3/hm^2 处理水分利用效率最高，为 15.7 kg/(hm^2·mm)。因此，拔节期是限量灌溉的最佳生育期，限量灌溉有利于提高冬小麦对土壤水分的利用效率。

4　讨论

不同的灌水时期和灌水量对冬小麦农艺性状（如穗数、穗粒数、千粒重、穗粒重等）与水分利用效率的影响不同。拔节期和灌浆期为冬小麦的 2 个需水临界期，对冬小麦产量和水分利用效率都有影响。本试验结果显示，拔节期灌水对产量的贡献最大，产量随灌水量的增加而提高。因此，保证拔节期充分的灌水尤其重要。拔节期至孕穗期是营养生长和生殖生长并进的时期，是水分临界期，而灌浆期是小麦经济产量形成的时期。在高产麦

田底墒充足的前提下,水分运筹应掌握“前控后促”,重点保证关键水,并且应根据年型和地域的特点确定灌溉的最佳时期和最适灌水定额。

参考文献

[1] 兰林旺,周殿玺. 小麦节水高产研究[M]. 北京:中国农业大学出版社,1995.

[2] 石元春,刘昌明,龚元石. 节水农业应用基础研究进展[M]. 北京:中国农业出版社,1995.

[3] 王法宏,王旭清,任德昌,等. 水浇地冬小麦垄作栽培技术研究[J]. 麦类作物学报,2004,24(2):68-72.

[4] 孔祥旋,杨占平,武继承,等. 限量灌溉对冬小麦产量和水分利用的影响[J]. 华北农学报,2005,20(5):64-66.

[5] 许振柱,于振文. 限量灌溉对冬小麦水分利用的影响[J]. 干旱地区农业研究,2003,21(1):6-10.

[6] 房全孝,陈雨海. 节水灌溉条件下冬小麦耗水规律及其生态基础研究[J]. 华北农学报,2003,18(3):18-22.

[7] 刘海兴,王树安. 小麦产量形成的栽培技术原理[M]. 北京:北京农业大学出版社,1994:38-53.

[8] Chaudhary P N, Kumar N. The sensitivity of growth and yield of dwarf wheat to water stress at three different growth stages[J]. Irrig Sci., 1980(1): 223-231.

[9] Singh B N, Hazarika U K, Srivastava S P. Effect of irrigation on physiological stages on growth yield and water use efficiency of wheat[J]. Indian J Agric Sci, 1984, 54: 1052-1055.

[10] 陈培元,李英. 限量灌溉对冬小麦抗旱增产和水分利用的影响[J]. 干旱地区农业研究,1992,10(1):49-53.

[11] 孙宏勇,刘昌明,张永强,等. 不同时期干旱对冬小麦产量效应和耗水特性研究[J]. 灌溉排水学报,2003,22(2):13-16.

[12] 程宪国,汪德水. 不同土壤水分条件对冬小麦生长及养分吸收的影响[J]. 中国农业科学,1996,29(4):67-74.

河南主栽小麦品种叶绿素含量的变化特征研究

尚　莉[1,2]　武继承[2]　管秀娟[1,2]　程俊[1,2]

（1. 河南大学生命科学学院，开封 475001；
2. 河南省农业科学院植物营养与资源环境研究所，郑州 450002）

摘要：研究了15个河南主栽小麦品种不同生育时期、不同水分条件叶绿素含量变化特征，结果表明，整个生育期不同小麦品种Chla/b变化规律有较大差异，但灌浆期不同小麦品种干旱处理的Chla/b比值均达到最小，花期不同小麦品种灌溉处理的Chla/b比值最小。花期水分胁迫下小麦品种的Chla/b比值较同一时期灌溉处理Chla/b的比值大，灌浆期干旱处理的Chla/b比值均小于相应灌溉处理的小麦Chla/b比值。

关键词：小麦品种　叶绿素　Chla/b

叶绿素（Chl）含量和Chla/b比值，是对光合功能有重要影响的生理指标。一般Chla有利于吸收低温季节的长波光，Chlb有利于吸收夏季的短波光，前期Chla/b比值高，后期Chla/b比值低的品种，既能够增加光合产物，又能够延长叶片的功能期，从而积累较多的有机物质，获得较高产量[1]。有研究表明，水分胁迫下Chl含量降低，但对水分胁迫下Chla/b比值变化的研究结果不一致。有人认为，Chla不及Chlb稳定，即Chla对活性氧的反应较Chlb敏感，致使Chla/b比值降低[2]；但也有人认为水分胁迫下Chla/b比值增大，使叶片光合活性下降，从而导致灌浆速率降低，限制了作物产量的提高[3,4]。还有人认为，整个生育期Chla/b是一直下降的[5]。为此，对不同时期，不同水分条件下的15个不同小麦品种（系）的Chla/b比值含量变化进行了较为系统的研究，旨在为小麦育种工作者提供科学依据。

1　材料和方法

1.1　供试材料

试验于2006～2007年度在禹州863节水农业试验田中进行。供试材料为s1开麦18、s2许农5号、s3科旱1号、s4洛旱6号、s5豫麦2号、s6郑麦366、s7太空6号、s8温麦18、s9同舟麦916、s10漯4518、s11新麦18、s12郑州9023、s13济麦2号、s14洛旱3号和s15周麦18共15个小麦品种，多为河南省曾经或目前大面积种植的当家品种，供试材料分别由河南省农科院小麦研究所、洛阳市农科院和周口市农科院等提供。设置2种水分处理（自然干旱，孕穗期补充灌溉），3次重复，随机排列。小区面积为3 m×4 m。统一播种，统一管理，统一田间调查。

基金项目："十一五"国家863节水农业重点项目（2006AA100215）和河南省重点科技攻关项目（0623102600）。

作者简介：尚莉（1976—），女，河南商丘人，硕士研究生（2006AA100215），主要从事植物生理生态和旱作农业生态研究。

1.2　测定方法

分别于小麦生长的越冬、拔节、孕穗、开花、灌浆期取样测定、分析。每次取植株体上部叶片20片，擦净组织表面污物，剪碎（去掉中脉），混匀。称取剪碎的叶片0.1 g，5次重复，放入盛有80%丙酮和95%乙醇的25 mL容量瓶中。置于45 ℃恒温箱中，至叶片完全变白。取出冷却至室温，用提取液定容到25 mL，摇匀。把叶绿体色素提取液倒入光径1 cm的比色杯内。以80%丙酮和95%乙醇叶绿素提取液为空白，在波长643 nm和665 nm下用分光光度计测定吸收光度。测定仪器为TV－1800紫外分光光度计。

2　结果与分析

2.1　小麦叶片Chla/b值的变化趋势

由表1可以看出，小麦Chla/b值在越冬期至拔节期变化趋势平缓，孕穗期不同小麦品种的Chla/b值变化幅度较大，表现出品种之间的差异。两种水分处理下，灌溉处理花期小麦品种的Chla/b均降至2，干旱处理的花期Chla/b下降幅度较小，且不同小麦品种之间Chla/b值变化幅度不大。两种水分处理下的不同小麦品种灌浆期Chla/b值与花期相比反映不同的趋势，自然干旱处理下的呈现出下降趋势而补充灌溉处理下的呈上升趋势。对于花期来说，自然干旱处理下的Chla/b值大于灌溉处理的Chla/b值，而对于灌浆期来说，干旱处理的Chla/b值小于灌溉处理的Chla/b值，这表明在外界生长条件较好的情况下，小麦生育后期Chla/b值较大。同时，还可以看出前期Chla/b值均大于灌浆期Chla/b值，但在孕穗期不同小麦品种的Chla/b值表现出很大差异。因此，在育种上只考虑筛选前期Chla/b值高，后期Chla/b值低的品种是不科学的，还要把小麦的关键生育期孕穗期Chla/b的值考虑进去，这样才能筛选出既能够增加光合产量，又能够延长叶片的功能期，从而积累更多的有机物质，获得较高产量的小麦品种。

2.2　不同水分处理下小麦Chla/b的变化规律

从图1可以看出，在小麦生长的整个生育期，不同品种Chla/b变化规律有3种形式：许农5号、周麦18、温麦18、科旱1号、太空6号、洛旱3号变化趋势相同（见图1(a)），越冬期至拔节期变化平缓，Chla/b值在3.2～3.6，拔节期至孕穗期Chla/b开始增大，Chla/b值在3.4～4.8，其中又以周麦18 Chla/b上升最快，孕穗期进行一次灌溉的Chla/b下降很快，开花期比值均达到2，没有进行灌溉的Chla/b也略有下降，比值在3.2～3.6，灌浆期Chla/b值两者又趋于一致，比值在3～3.4。开麦18、洛旱6号、豫麦2号、郑麦366、郑州9023变化趋势相同（见图1(b)），越冬期至孕穗期变化平缓，孕穗期进行一次灌溉的Chla/b下降很快，开花期比值均达到2，没有进行灌溉的Chla/b也略有下降，比值在3.2～3.4，灌浆期灌溉处理的Chla/b值在3～3.6，没有灌溉处理的Chla/b值在2.8～3.2，小于灌溉处理的Chla/b。新麦18、同舟麦916、漯4518、济麦2号变化趋势相似（见图1(c)），越冬期间至拔节期变化平缓，Chla/b值在3.1～3.6，拔节至孕穗期Chla/b开始下降，Chla/b值在2.9～3.6，孕穗期进行一次灌溉的Chla/b下降很快，开花期比值均达到2，没有进行灌溉的Chla/b却呈现上升趋势，比值在3.2～3.5，这与前人认为水分胁迫下Chla/b值增大是一致的[3,4]。灌浆期灌溉处理的Chla/b值在花期后呈现上升趋势，值在3～3.3，没有灌溉处理的Chla/b值在花期后呈现下降趋势，比值在3～3.1，比灌溉处理的值要小。

表 1　不同小麦品种不同水分处理下各生育期 Chla/b 比值变化

品种代号	越冬	拔节	孕穗	花期(灌溉)	花期(胁迫)	灌浆(灌溉)	灌浆(胁迫)
s1	3.367	3.412	3.401	2	3.411	3.236	3.028
s2	3.355	3.499	3.765	2	3.62	3.285	3.267
s3	3.271	3.356	3.678	2	3.436	3.283	2.989
s4	3.571	3.465	3.476	2	3.318	3.126	2.92
s5	3.33	3.527	3.546	2	3.387	3.27	3.057
s6	3.336	3.401	3.505	2	3.356	3.482	3.161
s7	3.269	3.353	3.943	2	3.316	2.946	2.937
s8	3.449	3.421	3.709	2	3.344	3.082	3.048
s9	3.31	3.214	2.949	2	3.286	3.166	2.987
s10	3.505	3.278	2.963	2	3.455	3.079	3.074
s11	3.235	3.508	3.299	2	3.499	3.175	3.111
s12	3.349	3.448	3.537	2	3.424	3.065	3.084
s13	3.383	3.45	3.153	2	3.366	3.285	2.999
s14	3.514	3.41	3.802	2	3.584	3.266	3.21
s15	3.275	3.594	4.683	2	3.611	3.207	3.044

3　结论

(1)不同小麦品种叶片 Chla/b 值在小麦整个生育期内变化趋势是不同的,不同小麦品种在孕穗期表现出很大的差异,与前人研究结果认为整个生育期 Chla/b 是一直下降的[5]结论不一致。

(2)水分胁迫下,花期小麦品种 Chla/b 值较同一时期灌溉处理 Chla/b 的值大,但在灌浆期干旱处理的小麦 Chla/b 值均小于灌溉处理的小麦 Chla/b 值。

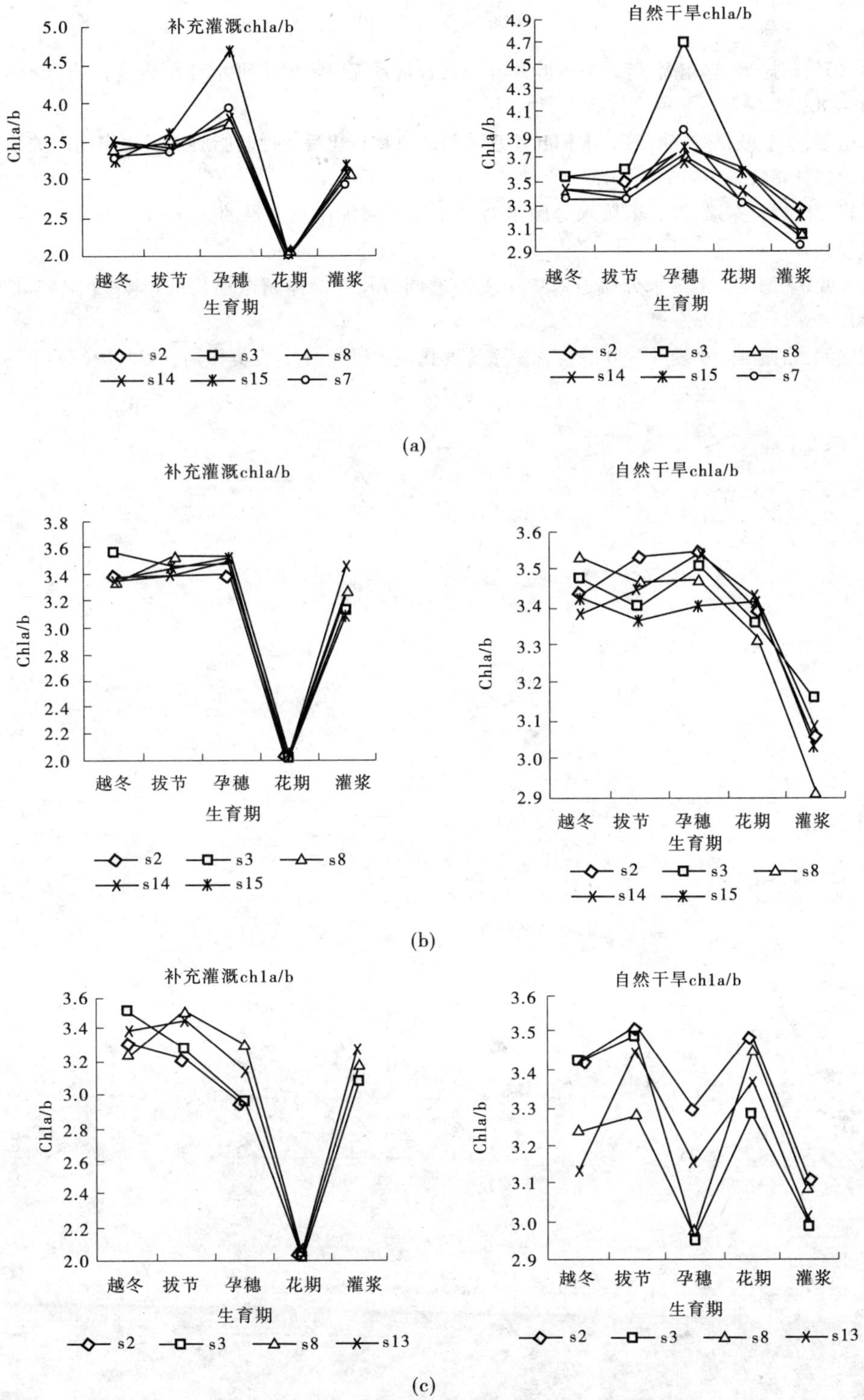

图 1　不同小麦品种不同水分处理下 Chla/b 比值变化

参考文献

[1] 牛立元,茹振钢,赵花周,等. 小麦叶片叶绿素含量系统变化规律研究[J]. 麦类作物,1999,19(2):36-38.

[2] 林植芳,李双顺,林桂珠,等. 水稻叶片衰老与超氧物歧化酶活性及脂质过氧化作用的关系[J]. 植物学报,1984,26(6):605-615.

[3] 石岩,林琪,位东斌,等. 土壤水分胁迫对冬小麦耗水规律及产量的影响[J]. 华北农学报,1997,12(2):76-81.

[4] 武玉叶,李德全. 土壤水分胁迫对冬小麦渗透调节及叶绿体超微结构的影响[J]. 华北农学报,2001,16(2):87-93.

[5] 牛立元,茹振刚. 小麦叶片叶绿素含量系统变化规律研究[J]. 麦类作物,1999,19(2):36-38.

小麦抗旱性生理生态研究进展

尚　莉[1]　武继承[2]　管秀娟[1]　程　俊[1]

(1. 河南大学生命科学学院,开封 475001;
2. 河南省农业科学院植物营养与资源环境研究所,郑州 450002)

摘要:论述了小麦主要抗旱性生理、生态指标方面的研究进展,目前的研究主要集中在小麦叶水势、渗透调节、光合作用、形态性状等生理、生态指标变化特征,而对于干旱胁迫后或复水后产生的有益的抗旱形态性状和农艺性状及抗旱生理机制,以及在作物抗旱节水遗传育种和栽培调控中应用的研究则十分缺乏。因此,应加强小麦抗旱性生理生态特性深层次的研究,促进抗旱节水高产优质品种选育和旱区农业可持续发展与生态环境建设。

关键词:小麦　抗旱性　生理生态　研究进展

21 世纪人类所面临的最主要挑战之一是粮食短缺与水资源不足问题,世界上干旱和半干旱面积约占世界总土地面积的 40%,由于水分胁迫造成的减产可能超过其他所有不良因素造成减产的总和,缺水已成为农业上最重要的全球性减产因子,因而节水成为当今世界农业发展亟待解决的问题之一。小麦是人类主要的粮食作物之一,世界上 70% 的小麦播种面积分布于干旱和半干旱地区,深入研究小麦抗旱的生理生态特性及其机理,提高小麦生育期间对干旱胁迫的抵御能力对世界粮食问题的解决具有重要意义。

从我国目前来看,农田有效灌溉面积为 0.5 亿 hm^2 左右,但由于缺水,每年实际灌水面积只有 0.43 亿 hm^2。全国灌溉区年缺水约 300 亿 m^3,因缺水而少收粮食 350 亿 ~ 400 亿 kg。从生理生态学角度来看,水分胁迫对植物的影响是多重的:一方面水分胁迫直接影响植物的水分代谢,使植物的膜结构受到损伤,代谢发生紊乱,对植物造成伤害。另一方面,水分胁迫又能诱使植物产生适应性。植物通过自身的反应来调节内部代谢平衡,以适应和抵御外界环境的胁迫,使自身免遭或减轻逆境的胁迫,维持正常生命活动。研究水分胁迫对作物的伤害机理和作物对水分胁迫的适应机理一直是生理生态学研究的热点课题。

小麦的抗旱性是一项复杂的生物性状,它反映在一系列生理和形态变化上,以及生长发育的节奏与农业气候因素变化相配合的程度,并最终对产量产生影响。

1　干旱胁迫对小麦生理特性的影响

1.1　叶水势

植物组织的水势可表达为单位体积(mol)水的化学势差,体现了植物体内水分的能量状态,可与土壤和大气中的水分联系起来,直接决定着植物对水分的吸收、运输和散失

基金项目:“十一五”国家 863 节水农业重点项目(2006AA100215)和河南重点科技攻关项目(0623102600)。

作者简介:尚莉(1976—),女,河南商丘人,硕士研究生,主要从事植物生理生态和旱作农业生态研究。

过程。植物叶水势代表植物水分运动的能量平衡，反映了植物组织水分状况，它是衡量抗旱的一个重要生理指标。在干旱条件下维持较高的叶水势（LWP）是植物表现抗旱性的一个重要机制。用叶水势的高低作为小麦抗旱性强弱的指标由来已久，应用也相当普遍[1]。EI Hafid 等研究发现，对小麦前期水分胁迫的时间越长，小麦叶片水势和渗透势下降越多，但抗旱性较强的品种下降较少[2]。

张正斌等（1998）研究小麦开花期旗叶水势在晴天的昼夜变化规律认为，不同品种的小麦在不同时间的水势变化区间及变化速率不同，水势变化并不是平行的，抗旱品种和非抗旱品种并不能以上述指标区分[3]。在许多作物上已证明耐旱型品种受水势影响小，而避旱型品种可维持较高的叶水势。Winter（1988）的研究也认为，应用叶水势的高低评价小麦的抗旱性强弱应当慎重[4]。

1.2　叶片相对含水量（RWC）及束缚水含量

植物的相对含水量可以反映植物的水分亏缺程度，只要植物的相对含水量小于100%，都可以认为是存在着水分亏缺。Schonfeld 等（1988）指出，与水势相比，叶片相对含水量能更加密切地反映水分供应与蒸腾之间的平衡关系[5]。大量研究表明，叶片相对含水量高的小麦品种抗旱性强。另外，一些研究证明，叶片中束缚水含量高的小麦品种抗旱性强[6]。

小麦幼苗叶组织的相对含水量和土壤含水量之间呈正相关关系，严重干旱胁迫下，相对含水量下降。相对含水量反映了植物体内水分亏缺的程度，抗旱性强的品种能维持较高的相对含水量，有较强的保水能力，自身水分调节能力较强，细胞受损较轻[7]。

植物体内的水分包括自由水和束缚水。自由水是植物体内可以移动的水分，维持植物体内营养物质的运输和细胞的紧张状态，因此自由水含量高低与植物生理活动密切相关，自由水含量高时代谢较强、生长较快；束缚水是植物体内被细胞胶粒所吸附不易移动的水分，干旱胁迫时小麦体内束缚水含量会增加，束缚水含量增加较多的品种抗旱性较强[6]。所以，束缚水与自由水含量的比值是判断抗旱性的重要指标，其比值越大抗旱性越强。

1.3　水分胁迫下小麦光合作用与蒸腾作用的变化

1.3.1　水分胁迫下小麦光合作用的变化

土壤水分胁迫加剧时，小麦叶片光合速率下降，气孔导度和叶绿素含量降低，从而导致光合速率降低，限制了作物产量的提高。

影响植物光合作用的因素可以分为气孔因素和非气孔因素，前者指水分胁迫使气孔导度下降，导致光合作用底物 CO_2 进入叶片受阻而使光合速率下降；后者指光合器官的光合活性下降，即叶肉细胞间隙和细胞内部 CO_2 扩散能力（叶肉导度）及 RuBP 羧化酶活性下降，电子传递和光合磷酸化受抑制，叶绿素含量降低，导致光合速率下降。一般情况下，轻度或中度水分胁迫时气孔因素占主导作用。严重胁迫时非气孔因素起主导作用[8]。严重胁迫使光合产物运输受阻，导致光合产物在叶片中积累，使光合速率下降[9,10]，而灌浆期轻度干旱能促进小麦叶片的光合作用，轻度或中度干旱能促进穗部的光合作用[11]。轻度水分胁迫与水分适宜相比光合速率并无明显差异，这就为节水高产提出了一个值得研究的问题。不同叶位对水分胁迫的反应不同，史吉平等研究指出[12]，同一植株不同部位的叶片光合速率对水分胁迫的反应不同,上部叶片的光合速率受影响较小。董树连等也研究表明[13],小麦旗叶光合速率的改善与产量形成有明显的相关性。旱地小麦要获得高产,必须在开花后保持旗叶和群体的高光合速率,才能保障籽粒灌浆速率快、高峰持续时间长,有利于形成高产。

光合速率能反映一个品种在水分胁迫下的增产能力,不同类型品种的净光合速率差异很大,抗旱品种高于不抗旱品种[14]。

1.3.2　水分胁迫与蒸腾作用

蒸腾作用既促进作物体内的水分运输与物质运转,又保证作物进行光合作用之需要,对作物的生命活动极为重要,但蒸腾失水是导致植物体水分平衡失调的主要原因。水分胁迫下蒸腾速率降低。蒸腾速率的高低反映了水分消耗量的多少,相对较低的蒸腾速率可以使蒸腾作用消耗较少水分,但过低的蒸腾速率却会影响其他的生理过程。小麦蒸腾速率随生育期而变化,其规律是:前期较小,中期大,在抽穗开花期最大,以后又有下降,与作物需水规律基本一致[15]。上部叶片的蒸腾速率大于下部叶片的蒸腾速率,因为上部叶片生理年龄较低,接受阳光辐射强,空气流动,相对湿度小,气孔开张度大[16]。

1.4　渗透调节与脯氨酸

对一些植物种或品种来说,水分胁迫可以诱使细胞内溶质积累、渗透势降低,从而保证组织水势下降时细胞膨压得以维持,这就是渗透调节作用。渗透调节是植物抗旱的一种重要生理机制。胡荣海等对260多个小麦品种渗透调节能力的研究表明,小麦渗透调节能力与抗旱性呈显著正相关。不同生育时期渗透调节能力不同,灌浆期最高,苗期次之,孕穗期最低。小麦旗叶的渗透调节强度不仅与抗旱性呈正相关,而且与干物质积累量也呈正相关[17~19]。李德全等[19]研究表明,在土壤干旱胁迫下,抗旱性强的小麦品种的渗透调节能力大于抗旱性弱的品种,渗透调节物质的相对贡献率为:K^+ > 可溶性糖 > 其他游离氨基酸 > Ca^{2+} > Mg^{2+} > 脯氨酸。小麦叶片渗透调节可区分为两种形式,一种形式是以脯氨酸和其他有机溶质为渗透调节物质,主要调节细胞质的渗透势,同时对酶、蛋白质和生物膜起保护作用;另一种形式是以K^+和其他无机离子为渗透调节物质,主要调节液泡的渗透势,以维持正常膨压和其他生理过程的进行。进一步研究发现,植物水分亏缺时,K^+的存在对脯氨酸的存在有促进作用,K^+可能参与甜菜碱合成积累及甜菜碱脱氢酶(BADH)活性的调节[20]。骆爱玲等研究结果表明,小麦的抗旱性与其种芽中的甜菜碱脱氢酶(BADH)的含量存在密切关系[21],但是也有与此不一致的研究结果[22,23]。脯氨酸含量的高低与抗旱性之间的关系通常被认为是有争议的,但是对在水分胁迫下,植物体脯氨酸含量会增高的认识是一致的。研究表明,在干旱胁迫下,尽管不同作物或同种作物的不同栽培品种之间表现出较大差异,但在相同时间内干旱胁迫强度越大,作物积累游离脯氨酸越多;在胁迫强度相同的一定范围内,随着处理时间的延长游离脯氨酸积累量不断增加[24~26]。洪法水等研究表明,在30天以内的短期自然干旱胁迫下,小麦叶片中脯氨酸含量与抗旱性关系不大,但随着干旱胁迫的延续和加剧,相关性明显加大[27]。

1.5　水分胁迫条件下叶绿素(Chl)、类胡萝卜素含量变化

叶绿素含量和Chla/b值,是对光合功能有重要影响的生理指标。一般Chla有利于吸收低温季节的长波光,Chlb有利于吸收夏季的短波光,前期Chla/b值高、后期Chla/b

值低的品种，既能够增加光合产物，又能够延长叶片的功能期，从而积累较多的有机物质，获得较高产量[28]。有研究表明，水分胁迫下 Chl 含量降低，但对水分胁迫下 Chla/b 值变化的研究结果不尽一致：有人认为 Chla 不及 Chlb 稳定，即 Chla 对活性氧的反应较 Chlb 敏感，致使 Chla/b 值降低[29]；但也有人认为水分胁迫下 Chla/b 值增大，使叶片光合活性下降，从而导致灌浆速率降低，限制了作物产量的提高[11]。但是，抗旱性强的小麦品种叶绿素含量受干旱影响较小。一个较好的品种，整个生育期内 Chl 的变化应该呈现前快、中平、后慢的特点[29]。

1.6 作物对水分胁迫及胁迫后复水的响应

作物对水分胁迫及胁迫后复水的响应是一个十分复杂的问题。Acevedo E.(1971)指出，高等植物对水分胁迫－复水的响应方式是在胁迫解除后存在短暂的快速生长，以部分补偿胁迫造成的损失。Wenkert W.(1978)把水分胁迫后复水引起的生长反应称为"补偿生长"或者"贮积生长"，且认为这是对环境变化的一种适应，适应的结果体现在植物外部形态的变化上，如植株高度、叶面积、生物量等方面。另一些研究者认为，水分胁迫解除后作物形态和生长速度的变化并不是立即作出的，从一种水分状态到另一种水分状态，生长的改变在 7 天左右才能被显著观察出来，即干旱对作物生长有延迟作用，复水后的生长表现仅是延迟事件的再现。说明复水对作物产生了激发效应[52,53]，使因水分胁迫而延迟的生长发育进程发生补偿。陈晓远等对小麦不同生育期复水的研究认为，不同生育期复水对前期遭受水分胁迫冬小麦的生长及产量均有促进作用。复水后作物的生长受到激发，在茎秆伸长的同时绿叶面积增大，干物质累积量增加且更多地向冠部分配，根冠比降低，作物进行补偿生长，其中以拔节期复水的补偿作用最大，开花期次之，分蘖期最小。研究认为干旱不一定总是有害的，作物生长过程中适当给予水分胁迫可增强作物后期的抗旱能力[54]。避免植株旺长消耗过多水分和营养物质，水分胁迫解除后植株通过补偿生长而部分或全部弥补前期干旱所减少的生长量，深入研究和充分利用植物的补偿效应，对促进农业节水增产意义重大。

2 干旱对小麦形态性状的影响

植物形态与生存环境之间是一种相互而协同进化与适应的关系，植物由于受外界生态因素的影响，逐渐演化出各种各样的形态和结构来适应所生长的环境。其中影响最大的是植物生长周围水分的供应状况。

小麦籽粒形成的遗传潜力极大程度上受水分供应的影响，尤其是生殖生长期，各种谷类作物在穗分化至成熟的各个阶段几乎都受到水分胁迫，都会导致籽粒产量的下降。在小麦孕穗、抽穗、开花和灌浆的需水高峰期，充足的水分对增加穗粒数、提高粒重都有明显的效应[30~34]。

周殿玺认为拔节期水分胁迫使小花退化率大幅度提高，穗粒数显著降低[35]。由于小花退化主要集中在挑旗前后的几天内，因此防止退化一般都强调在拔节后到挑旗前。灌浆初期是小麦需水最敏感的临界期，如此时受水分胁迫，胚乳细胞数目减少，使得库容减小，引起库的积累干物质能力降低，进而对产量造成明显影响[36]。在灌浆中后期自我调控能力比较强，干旱促进营养器官（根、叶、茎等）内储存物质向籽粒运输，无论灌浆速度快还是慢，它都保持一定浓度的营养物质进入籽粒[37,38]。然而，也有证据表明，此期水分胁迫缩短了灌浆持续期或降低了干物质积累速率，使各部位营养体运往籽粒的干物质的比例过大，导致植株用于维持各器官自身生命活动的物质基础缺乏，使植株因早衰而减产[39]。

不同时期土壤水分亏缺对作物生长与产量的影响不同。小麦拔节期土壤水分亏缺对叶片影响最大，抽穗期对茎秆影响最大，开花期对穗数、穗粒数影响最大，开花后持续干旱主要影响千粒重，灌浆后期对产量的构成因素基本没有影响。而单株绿叶面积对穗干重的直接效应最大，叶、茎、鞘干重合计对穗干重的直接效应最大[40~42]。王晨阳研究指出土壤干旱使茎、叶生长受抑，株高降低，叶面积系数减小[43]。

柴守玺等研究指出抗旱冬小麦品种的顶部三叶总面积较小[44]。王娟玲等(1996)[45]研究表明，抗旱性与株高密切相关，此外株高与单株产量及生物学产量均成显著正相关，与0~30 cm、0~50 cm土层中的根系重量也成明显正相关。因此，较高的株高是抗旱的最主要形态特征之一。但株高与穗数、成穗率、穗粒数均成负相关趋势，且容易发生倒伏，因此株高要适当。张岁岐等(1997)在小麦试验中发现，随干旱程度加剧，单株叶面积及株高明显减小[46]。

根系是小麦的重要器官，近几年许多研究者认为不应片面追求庞大根系在抗旱方面的作用，而应减少根系冗余，过大的根系反而会降低小麦的群体水分利用效率。景蕊莲(1997)研究认为小麦根数量较少、根总干重中等，但根系较长的品种抗旱性强[47]。在气候干旱的地方，叶片下披的小麦品种产量往往高过叶片直立的品种(Lupton，1988)[48]，也有一些研究者认为既抗旱又高产的小麦应该是叶片较大、叶色深绿、叶姿具有动态变化功能的叶片(苗期匍匐，拔节期直立，抽穗后逐渐由直立转为下垂贴茎)可能是理想的抗旱类型(陈生斗，2002)[49]。胚芽鞘是作物子叶应对生长初期逆境的保护组织，王德轩(1985)[50]研究表明，抗旱品种种子吸水力要强，芽鞘坚硬粗壮而长。Morgan等(1998)经过长期的研究表明，渗透调节与小麦抗旱性关系密切，小麦萌发期的胚芽鞘长度可反映小麦渗透调节能力。邹琦等(2000)[51]研究表明，小麦低水势萌发时的芽鞘长度与旱田产量和抗旱系数有较好的关系，抗旱性的品种芽鞘生长快。他们利用模拟干旱，结果表明胚芽鞘长度和芽鞘渗透势成正的显著相关(相关系数为0.783)。进一步的研究表明芽鞘长度与萌发期、孕穗期、开花期叶片渗透势的相关系数分别为0.738、0.946 6和0.756 6，与旱田产量的相关系数为0.759，与抗旱系数的相关系数达0.885 2，均达到显著和极显著相关，说明了胚芽鞘长度可以作为渗透势和抗旱的选择指标。

3　问题与讨论

目前在作物自身水分高效利用的生理遗传机理研究方面，应该从作物生长发育、形态结构、组织细胞、分子基因、代谢调控、基因组、基因工程、育种改良等层次，在以下几个方面进行深入研究：一是作物的抗旱机理；二是作物的水分高效利用机理，如水通道蛋白与WUE调控的分子生物学机理；三是作物提高收获指数的机理；四是抗旱和水分高效利用及高产的协调关系；五是水分和养分耦合共同高效利用的机理；六是水分和光合高效利用和转运机理。

在抗旱和节水灌溉方面，目前我国仍有大量低水平的重复研究，如不同时期不同灌溉定额、干旱胁迫后的农艺性状和产量构成因素的变化等，在干旱胁迫反应和灌溉增产效应及机理方面没有大的突破和发展。我们现在急需的是研究作物在干旱胁迫后或复水后产生的有益的抗旱形态性状和农艺性状及抗旱生理机制，以及在作物抗旱节水遗传育种和栽培调控中应用，选育种植抗旱节水高产优质优良品种。

小麦是我国主要粮食作物之一，种植面积很广，且又大部分分布于干旱或半干旱地区。因此，研究小麦在干旱胁迫下的外在形态与内在生理机制一直是植物生理生态学关注的热点。近年来，植物耐旱机制的研究发展较快，加强植物耐旱机制的研究，全面阐明小麦的抗旱机制，将有助于抗旱节水高产优质优良品种选育、旱区农业可持续发展和生态环境建设。

参考文献

[1] Bogdanova E D, Polimbetova F A. Use of adaptive traits for drought - resistance as a spring wheat breeding strategy [A] // Slinkard A E (ed.), Proceedings of the 9th International Wheat Genetics Symposium. Saskatchewan, Canada: University Extension Press, 1998, 4: 11 - 12.

[2] El Hafid R, Smith D H, Karrou M, et al. Physiological responses of spring durum wheat cultivars to early season drought in a mediterranean environment [J]. Annals of Botany, 1998, 81(2): 363 - 370.

[3] 张正斌，山仑. 小麦开花期旗叶水势晴天昼夜变化规律研究[J]. 西北农业学报，1998，7(1)：54 - 59.

[4] Winter S R. Evaluation of screening techniques for breeding drought - resistance winter wheat [J]. Crop Science, 1988, 28(3): 512 - 516.

[5] Schonfeld M A, Johnson R C, Carver B F, et al. Water relations in winter wheat as drought resistance indicators [J]. Crop Science, 1988, 28(3): 526 - 531.

[6] 柴守玺. 与小麦抗旱性有关的几个水分指标[J]. 甘肃农业科技，1990(6)：12 - 13.

[7] 孙彦，杨青川，张英华. 不同草坪草种及品种苗期抗旱性比较[J]. 草地学报，2001，9 (1)：16 - 20.

[8] 孟庆伟，李德全，赵世杰，等. 土壤缓慢脱水对冬小麦渗透调节、光合作用和膜脂过氧化的影响[J]. 山东农业大学学报，1994，25 (1)：9 - 14.

[9] 刘孟雨，陈培元. 水分胁迫条件下气孔与非气孔因素对小麦光合的限制[J]. 植物生理学通讯，1990 (4)：24 - 27.

[10] 许为钢，胡琳，周春菊，等. 陕西关中地区小麦光合作用及其演变[J]. 西北农业学报，1999，8(2)：11 - 15.

[11] 武玉叶，李德全. 土壤水分胁迫对冬小麦叶片渗透调节及叶绿体超微结构的影响[J]. 华北农学报，2001，16 (2)：87 - 93.

[12] 史吉平，董永华. 水分胁迫对小麦光合作用的影响[J]. 国外农学：麦类作物，1995(5)：49 - 51.

[13] 董树连，王卫国，李春茂，等. 旱地高产小麦光合速率与产量变化的研究[J]. 莱阳农学院学报，2000，17(3)：194 - 195.

[14] 冯佰利，王长发，苗方，等. 干旱条件下冷型小麦叶片主体交换特性研究[J]. 麦类作物学报，2001，21 (4)：48 - 51.

[15] 郑有飞，万长建，颜景义. 小麦水分利用及其最优化[J]. 中国农业气象，1997，18 (4)：13 - 17.

[16] 郑有飞，颜景义，张卫国. 小麦气孔阻力对气象条件的响应[J]. 中国农业气象，1995，16 (3)：9 - 13.

[17] 上官周平，陈培元. 不同抗旱性小麦品种渗透调节的研究[J]. 干旱地区农业研究，1991，9(4)：

60 – 63.

[18] 王伟,邹琦. 渗透调节对不同抗旱性小麦品种胚芽鞘生长的影响[J]. 植物生理学通讯,1997,33(3):168 – 171.

[19] 李德全,邹琦,程炳篙. 土壤干旱下不同抗旱性小麦品种的渗透调节和渗透调节物质[J]. 植物生理学报,1992,18(1):37 – 44.

[20] 侯采霞,汤章城. 钾离子对盐诱导菠菜甜菜碱积累的影响[J]. 植物生理学报,1998,24(2):131 – 135.

[21] 骆爱玲,刘家尧,马德钦,等. 不同基因型小麦和高粱的抗旱性与其种芽甜菜碱脱氢酶的关系[J]. 植物学报,2001,43(1):108 – 110.

[22] Wyn J, Storey R G. The physiology and biochemistry resistance in plants[M]. New York: Academic Press,1981:171.

[23] 景蕊莲,昌小平,胡荣海,等. 变水处理条件下小麦幼苗的甜菜碱代谢与抗旱性的关系[J]. 作物学报,1999,25(4):494 – 498.

[24] Mattioni C, Lacerenza N G, Traccoli A, et al. Water and salt stress – induced alterations on proline metabolism of triticum durum seedlings [J]. Physiologia Plantarum,1997,101(4):787 – 792.

[25] 关义新,戴俊英,陈军,等. 土壤干旱下玉米叶片游离脯氨酸的积累及其与抗旱性的关系[J],玉米科学,1996,4(1):43 – 45.

[26] 许兴,郑国琦,邓西平,等. 水分和盐分胁迫下春小麦幼苗渗透调节物质积累的比较研究[J]. 干旱地区农业研究,2002,20(1):52 – 56.

[27] 洪法水,李燮和. 自然干旱胁迫下不同抗旱性小麦品种游离脯氨酸积累与抗旱性的关系[J]. 安徽农业科学,1991(4):311 – 314.

[28] 牛立元,茹振钢,赵花周,等. 小麦叶片叶绿素含量系统变化规律研究[J]. 麦类作物,1999,19 (2):36 – 38.

[29] 林植芳,李双顺,林桂珠,等. 水稻叶片衰老与超氧物歧化酶活性及脂质过氧化作用的关系[J]. 植物学报,1984,26 (6):605 – 615.

[30] Barber J S. Factors influencing the grain yield and quality in irrigated wheat[J]. Agric. sci. Camb,1987,109(1):19 – 26.

[31] Eisher R A. The effect of water stress at various stages of development on yield processes in wheat[J]. In Plant Responses to Climate Factors,1973:223 – 241.

[32] Hergert G W. Cropping systems for soil and water conservation in the great plains[R]//Proceedings of International Conference on Dry Land Fanning, Bushland, texas, USA. 1988.

[33] Singh N T, Rachpal singh P S, Mahajan A C. Influence of supplemental inigation and persowing soil water storage on wheat[J]. Agronomy Journal,1979,71.

[34] Singh B N, Hazarikai J K, Srivastava S P. Effect of irrigation based on physiological stages on growth, yield and water use effciency of wheat[J]. Indian J. Agric. sci. ,1984,54:1052 – 1055.

[35] 周殿玺. 小麦节水高产栽培技术[J]. 节水农业,1995(3):27 – 29.

[36] Ober E S. Influence of water deficit on maize endosperm development. Enzyme activities and RNA transcriptions of starch and min synthesis, abscisic acid, and cell division[J]. Plant Physiology,1991, 97:154 – 164.

[37] 刘桂茹,张荣芝,卢建样,等. 小麦耐旱品种籽粒灌浆特性的研究[J]. 河北农业大学学报,1994,17(4):43 – 47.

[38] Virgona J M, Barlow E W P. Drought stress induces changes in the non – structural carbohydrate composition of wheat stems[J]. Australian Journal of Plant Physiology,1991,18:239 – 247.

[39] 李秧秧．灌浆期持续干旱对不同产量潜势小麦品种灌浆特性的影响[J]．西北农业学报,1997,6(4)：47－50.
[40] 康定明．不同灌溉量对小麦生长的影响[J]．石河子农学院学报．1996,14 (2):19－22.
[41] 居辉,兰砚,李建民,等．不同灌溉制度下冬小麦产量效应与耗水特性研究[J]．中国农业大学学报,2000,5 (5):23－29.
[42] Misra R K, Chaudhary T N. Effect of a limited water input on root growth, water use and grail yield of wheat[J]. Field Crops Research. 1985,10:125－134.
[43] 王晨阳．土壤水分胁迫对小麦形态及生理影响的研究[J]．河南农业大学学报,1992,26(1)：89－982.
[44] 柴守玺．小麦抗旱生态分类中的主要农艺性状[J]．甘肃农业大学学报,2001,36(1):112－118.
[45] 王娟玲,陈爱萍,李红铃,等．冬小麦品种抗旱特征特性研究[J]．山西农业科学 ,1996,24 (3):10－13.
[46] 张岁岐,山仑．磷素营养和水分胁迫对春小麦产量及水分利用效率的影响[J]．西北农业学报,1997,6(1):22－25.
[47] 景蕊莲,胡荣海,朱志华．冬小麦不同基因型幼苗形状遗传力和抗旱性的研究[J]．西北植物学报,1997,17(2):152－157.
[48] Lupton F G H. 小麦育种的理论基础[M]．北京:北京农业大学出版社,1988:346－347.
[49] 陈生斗．中国小麦育种与产业化进展[M]．北京:中国农业出版社,2002:119－136
[50] 王德轩．旱地小麦品种生态型及栽培技术的研究[J]．陕西农业科学,1985(2):1－3.
[51] 邹琦,王纬,杨兴洪,等．冬小麦抗旱鉴定的新方法——低水势下胚芽鞘长度法[J]．中国农学报,2000(5):23－28.
[52] 关义新,戴俊英 ,徐世昌,等．玉米花期干旱及复水对植株补偿生长及产量的影响[J]．作物学报,1997,23(6):40－45.
[53] 杨晓光,于沪宁．夏玉米水分胁迫与反冲机制及其应用[J]．中国生态农业学报,1999,7(3):27－31.
[54] 陈晓远,罗远培．不同生育期复水对受旱冬小麦的补偿效应研究[J]．中国生态农业学报,2002,10(1):35－37.

河南丘陵旱地冬小麦田土壤水分变化动态特征研究

杨占平[1] 姚宇卿[2] 史福刚[1] 张 洁[2]

(1. 河南省农业科学院土壤肥料研究所,郑州 450002;
2. 洛阳市农业科学研究所,洛阳 471022)

摘要:根据土壤水分定位观测结果,结合丘陵区气候、生态特点,将丘陵旱地冬小麦田土壤水分季节变化大致分为冬前、冬季、早春、春末夏初—成熟4个阶段。冬小麦田土壤水分垂直变化划分为:速变层(0~20 cm)、活跃层(20~40 cm)、次活跃层(40~100 cm)、过渡层(100~120 cm)。豫西、豫北旱地麦田0~40 cm土层水分在3月下旬~4月下旬下降最为迅速,而小麦此时正处于干物质积累最大的拔节孕穗期,此期也是小麦优先灌溉的关键时期。

关键词:土壤水分 旱地 定位 动态变化

河南省旱地耕地面积253.3万hm^2,占全省耕地面积的36.7%,主要包括干旱山区、丘陵旱塬区、平原旱区三大类。其中:地势平缓、有一定补灌条件的平原旱区耕地面积76万hm^2,占旱地耕地面积的约30%,没有补灌条件的丘陵旱塬区耕地面积120万hm^2,占旱地耕地面积的47.4%,丘陵旱塬地和平原旱地是旱区主要的农业活动区,冬小麦是重要的作物。由于丘陵区特定的气候、生态条件以及自然降水等因素影响,具有特定的土壤水分运动规律,通过定位研究并分析丘陵旱地农田土壤水分变化特征,对该区合理的水分管理和提高水分利用效率均有重要的指导意义。

1 材料与方法

本项研究时限为2003~2005年,定位试验观测在豫西和豫北两地进行。豫北定位观测点设在辉县市境内地势平缓、有一定补灌条件耕地上,土壤类型为褐土,质地为重壤,有机质含量14.5 g/kg,速效氮108.4 mg/kg,速效磷24.9 mg/kg,速效钾126.3 mg/kg,土壤凋萎湿度为9.7%~12.4%,田间持水量为25.2%~27.6%。选择一年两熟制的农田,在土壤剖面的不同层次按20 cm、40 cm、60 cm、80 cm、100 cm、120 cm深度埋入FDR土壤水分测定探头,在每月的5日、15日、30日对其进行观测。同时,用探头测定土壤表层含水量。

豫西定位试验观测点位于洛阳市北部孟津县境内丘陵旱塬坡耕地上,土壤类型为褐土,质地中壤偏黏,土壤肥力中等,有机质含量10.0 g/kg,速效氮68.4 mg/kg,速效磷23.9 mg/kg,各层土壤的凋萎湿度为6.2%~10.6%,田间持水量为23.1%~25.3%,年

基金项目:国家863节水农业项目(2002AA2Z4291)和河南省重点科技攻关项目(0623102600)。

作者简介:杨占平(1964—),男,副研究员,主要从事土壤水与资源利用研究。

平均气温13.7 ℃,年降水量643.7 mm,年日照时数2 260.7 h,年平均相对湿度61%,年干燥度1.34,属半湿润偏旱类,土壤水分测定仪器为TDR土壤水分测定探头。

2 冬小麦田土壤水分动态变化与分析

2.1 冬小麦田土壤水分季节变化规律

根据冬小麦田土壤水分季节变化特点,大致可以划分为4个阶段。

2.1.1 冬前阶段(播种~12月中旬)

小麦冬前苗期正是雨季过后土壤储水较多的时期,豫北丘陵区0~120 cm土壤含水率变幅15.3%~29.7%,豫西丘陵区0~120 cm土壤含水率变幅9.4%~34.2%,0~20 cm土层的土壤含水率平均在23.55%左右,0~120 cm土层的土壤含水率平均在24.72%上下。该阶段由于冬小麦植株矮小,蒸腾耗水较少,且气温逐降,土壤蒸发量趋减。豫北丘陵区120 cm土体储水量由302.2 mm下降至287.5 mm,消耗土壤水14.7 mm;豫西丘陵区120 cm土体储水量由379.2 mm下降至349.2 mm,消耗土壤水30.0 mm。该阶段的特点是:水分消耗以蒸发为主,土壤水分蒸散强度不大。

2.1.2 冬季阶段(12月下旬~翌年2月上旬)

进入12月下旬以后,由于地面冻结,冬小麦地上部分植株已基本停止生长,因此土壤耗水量很少,豫北丘陵区120 cm土体储水量由287.5 mm下降至285.9 mm,土壤水消耗1.6 mm;豫西丘陵区120 cm土体储水量由349.2 mm下降至342.3 mm,土壤水消耗6.9 mm,土壤含水率在22.95%~26.91%。豫北五陵区0~20 cm土壤含水率变幅9.6%~25%,豫西丘陵区0~20 cm土壤含水率变幅8.2%~28.6%。该阶段的特点是:土壤水分收支基本平衡,土壤水分处于相对稳定。

2.1.3 早春阶段(2月中旬~3月上旬)

进入2月中旬以后,气温迅速回升,冬小麦开始返青,麦田耗水日渐增加。豫北丘陵区0~120 cm土体储水量由285.9 mm下降至278.6 mm,土壤水消耗7.3 mm;豫西丘陵区120 cm土体储水量由342.3 mm下降至321.2 mm,土壤水消耗21.1 mm,土壤含水率在20.41%~22.63%。该阶段的特点是:土壤水分缓慢散失,土壤水分状态较稳定。

2.1.4 春末夏初—成熟阶段(3月中旬~成熟)

从3月中旬开始,麦田土壤含水量明显下降,到4月底,0~120 cm土层的储水量豫北丘陵区由278.6 mm下降至264.9 mm,土壤水消耗13.7 mm;豫西丘陵区0~120 cm土体储水量由321.2 mm下降至269.8 mm。进入5月份以后,豫西丘陵区0~120 cm土层的储水量继续减少,到小麦成熟时降到222.4 mm,为全年的最低点。豫北丘陵区0~120 cm土层的储水量由264.9 mm增加至303.1 mm。该阶段的特点是:土壤水分呈现急剧下降的趋势,并且豫西在小麦灌浆—成熟阶段的旱象较豫北更突出。

表1为小麦不同时期土壤含水率变幅级标准差比较。图1~图3分别为1.2 m、0~6 cm、20 cm土壤含水量变化。

2.2 冬小麦田土壤水分垂直变化

根据不同土层土壤含水率周年变化情况,麦田土壤水分垂直变化大致可分为4层。

土壤水分速变层:在0~20 cm土层,是土壤水分收支的最表层,受气候的影响较大,土壤水分变化急剧,大雨过后,土壤含水量可大于田间持水量;久旱不雨,又可降至凋萎湿度以下。据田间实测结果分析,该层土壤含水率季变幅:豫北丘陵区在9.6%~31.9%,标准差为6.58,豫西丘陵区在6.7%~28.6%,标准差为7.12。

表1　小麦不同时期土壤含水率变幅级标准差比较

阶段	豫北丘陵区				豫西丘陵区			
	0~20 cm 变幅(%)	0~120 cm 变幅(%)	0~20 cm 标准差	0~120 cm 标准差	0~20 cm 变幅(%)	0~120 cm 变幅(%)	0~20 cm 标准差	0~120 cm 标准差
冬前	15.3~29.7	15.3~29.7	4.65	3.50	9.4~34.2	9.4~34.2	6.30	4.91
冬季	9.6~25	9.6~28.3	6.61	5.43	8.2~28.6	8.2~33.1	8.70	7.22
2月11日~3月10日	10.5~24.8	10.5~28.1	5.77	4.58	12.2~28.6	12.2~32.6	6.40	5.60
3月11日~5月31日	7.8~31.9	7.8~31.9	7.38	5.06	6.7~26.2	6.7~32.4	5.46	6.37

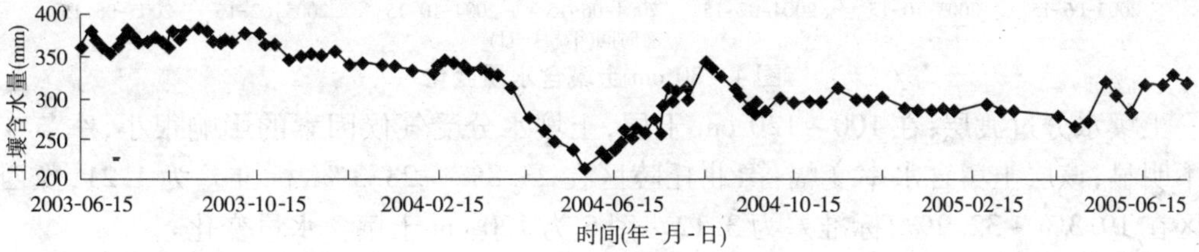

图1　1.2 m土壤含水量变化

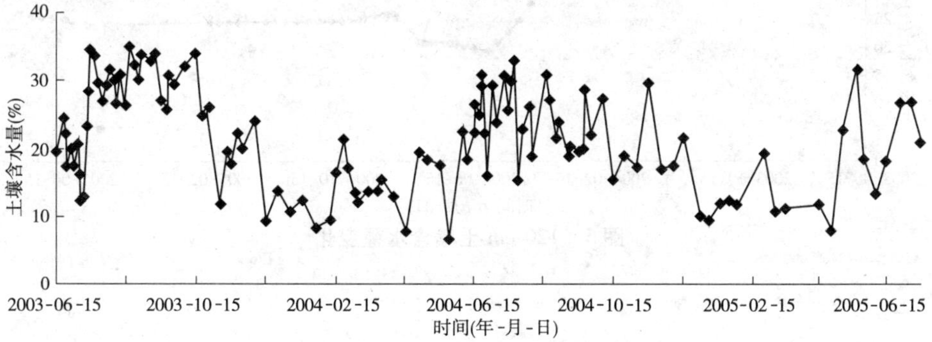

图2　0~6 cm土壤含水量变化

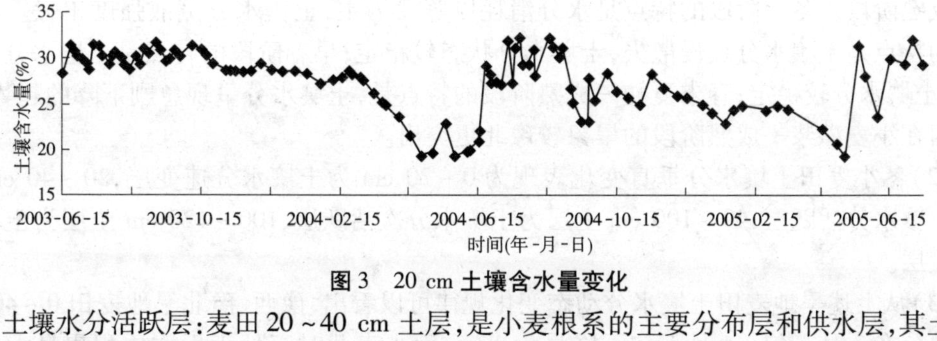

图3　20 cm土壤含水量变化

土壤水分活跃层:麦田20~40 cm土层,是小麦根系的主要分布层和供水层,其土壤水分状况受气候的影响减少,受小麦耗水的影响较大,季节性变化明显。田间实测结果分析表明,该层土壤水分变化比速变层慢,变化幅度也小于速变层。该层土壤含水率变幅:豫北丘陵区在15.5%～31.4%,标准差为3.46,豫西丘陵区在13.1%～31.0%,标准差为4.40。

土壤水分次活跃层:在40～100 cm土层,土壤水分受气候因素的影响较小,季节变化幅度有所减小,但在小麦拔节—抽穗期以后,受小麦蒸腾耗水的影响,土壤水分明显下降,到小麦成熟时,该层土壤水分降至难效水范围。据田间实测结果分析,该层土壤含水率变幅:豫北丘陵区在13.5%～28.6%,标准差为3.29,豫西丘陵区在11.1%～24.3%,标准差为5.36。图4为80 cm土壤含水量变化。

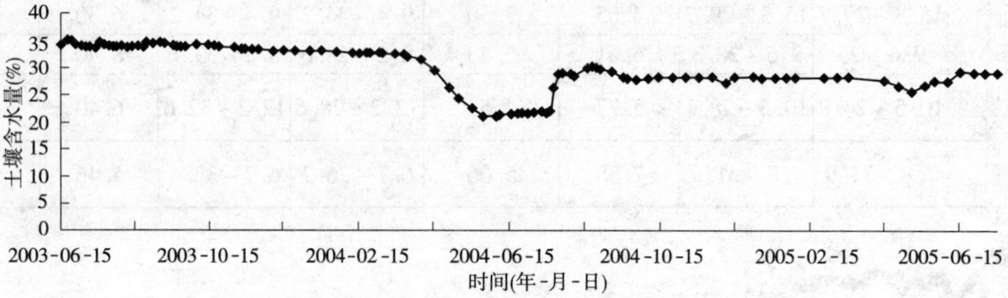

图4　80 cm土壤含水量变化

土壤水分过渡层:在100～120 cm土层,土壤水分受气候因素的影响很小,季节变化已不明显,该层土壤含水率变幅:豫北丘陵区在23.8%～28.3%,标准差为1.21,豫西丘陵区在19.3%～32.9%,标准差为3.12。图5为120 cm土壤含水量变化。

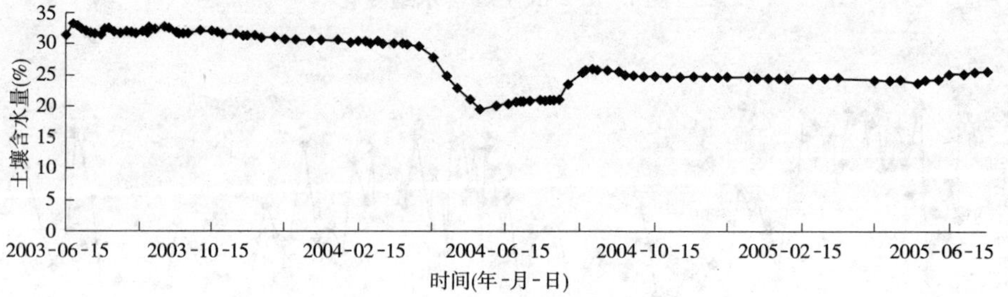

图5　120 cm土壤含水量变化

3　结论

(1)冬小麦田土壤水分季节变化大致分为冬前阶段、冬季阶段、早春阶段、春末夏初—成熟阶段。冬前阶段的特点是水分消耗以蒸发为主,土壤水分蒸散强度不大。冬季阶段的特点是土壤水分缓慢散失,土壤水分状态较稳定;早春阶段的特点是土壤水分缓慢散失,土壤水分较稳定;春末夏初—成熟阶段的特点是,土壤水分呈现急剧下降的趋势,并且豫西在小麦灌浆—成熟阶段的旱象较豫北更突出。

(2)冬小麦田土壤水分垂直变化表现为0～20 cm为土壤水分速变层,20～40 cm土层为土壤水分活跃层,40～100 cm土层为土壤水分次活跃层,100～120 cm土层为土壤水分过渡层。

(3)从上述旱地麦田土壤水分动态变化规律可以看出,豫西、豫北旱地麦田0～40 cm土层水分在3月下旬～4月下旬下降最为迅速,而小麦此时正处于干物质积累最大的拔节孕穗期,此期也是小麦优先灌溉的关键时期。

原状土柱模拟条件下作物耗水量研究

杨占平[1]　杨稚娟[1]　薛毅芳[1]　史福刚[1]　陈南祥[2]

（1. 河南省农业科学院土壤肥料研究所，郑州 450002；
2. 华北水利水电学院，郑州 450011）

摘要：原状土柱模拟结果表明，冬小麦和夏谷子耗水量，丰水年型分别为 242.9 mm 和 378.3 mm，平水年型分别为 180.3 mm 和 321.1 mm，缺水年型分别为 166.6 mm 和 200.5 mm。冬小麦总耗水量中，丰水年型土壤水占 22.8%，降水占 77.2%；平水年型土壤水占 32.9%，降水占 67.1%；缺水年型土壤水占 36.0%，降水占 64.0%。在不同降水年型中，夏谷子全生育期总耗水量与同期自然降水量比较，丰水年型夏谷子总耗水量占同期自然降水量的 97.8%，平水年型夏谷子总耗水量占同期自然降水量的 92.1%，缺水年型同期自然降水量占夏谷子总耗水量的 82.63%。说明在丰水、平水年型情况下，秋作物耗水占自然降水的 92.1% ~97.8%，基本能满足作物水分需要，而缺水年型情况下，即使是秋作物，自然降水也不能满足其要求。

关键词：作物耗水量　土柱　模拟

丘陵旱作农业区水资源缺乏，农田灌溉条件较差，历来以旱作农业为主，由于本区自然降水年际变化较大，年内季节分配不均，旱地作物产量的主要制约因素之一是水分供应状况，因水分的制约和变化导致旱地作物产量低而不稳，直接威胁着未来经济的持续稳定发展。为了探讨不同降水年型条件下作物水分供应状况，开展了该项试验研究，以便为合理利用旱地水分资源和指导旱地农业生产提供可靠依据。

1　材料与方法

该试验在河南省农科院网室内进行。在网室内建简易防雨棚，柱状试验材料选用 PVC 管材（内径 240 mm），试验土壤选取旱作区有代表性的褐土原状土柱，其土壤基本物理特性参数见表 1，夏作物为冬小麦，冬小麦品种为“洛阳 9505”，10 月上旬 ~ 中旬播种，翌年 6 月上旬收获，小麦种植前每个柱状 PVC 管中施尿素 0.737 6 g、重过磷酸钙 0.771 1 g、氯化钾 0.565 5 g（相当于 $N_5P_5K_5$/亩），小麦出苗后每个 PVC 管中留苗 14 株（相当于 21 万/亩）。

秋作物为夏谷子，夏谷子品种为“冀优 1 号”，6 月中旬播种，9 月中旬收获，谷子种植前每个柱状 PVC 管中施尿素 1.032 6 g（相当于 N_7/亩），谷子出苗后每个 PVC 管中留苗 3 株（相当于 4.5 万/亩）。

为便于测定土壤水分，在 PVC 管壁的 10 cm、20 cm、40 cm、80 cm、100 cm、120 cm 处预留直径 3 cm 的圆孔，作水分测定，平时用胶塞封闭，除冬季外定期测定土壤水分。

基金项目：国家 863 节水农业项目（2002AA2Z4291）和河南省重点科技攻关项目（0623102600）。

作者简介：杨占平（1964—），男，副研究员，主要从事土壤水与资源利用研究。

试验采用的年降水量为豫北辉县市 1973 ~ 2003 年 30 年降水气象资料(平均值 = 579. 8 mm),参考有关不同降水年型的划分标准,结合河南旱作区的实际情况,以实际年降水量为平均年降水量的 80% ~ 120% 为平水年型,大于 120% 为丰水年型,小于 80% 为缺水年型(即年降水量小于 460 mm 为缺水年型,460 ~ 700 mm 为平水年型,大于 700 mm 为丰水年型)。按 30 年气象降水资料计算出各个降水年型中的旬降水量作为试验的补给水量,每月的 5 日、15 日、25 日进行补水,每月的 10 日、20 日、30 日测定土壤水分。

表 1　褐土土壤物理特性参数

土壤层次(cm)	0 ~ 10	10 ~ 20	20 ~ 40	40 ~ 60	60 ~ 80	80 ~ 100	100 ~ 120
土壤容重(g/cm^3)	1. 54	1. 52	1. 56	1. 58	1. 58	1. 52	1. 54
饱和含水量(干土%)	34. 72	32. 01	36. 01	36. 08	44. 81	47. 11	46. 54
田间持水量(干土%)	23. 88	23. 08	22. 97	20. 4	19. 23	19. 91	19. 11

土壤水分测定仪器采用江苏南通中天精密仪器有限公司生产的 FDR 土壤水分探测仪器。

2　结果与分析

2. 1　丰水年型的模拟结果

在丰水年型的模拟条件下(年降水量 750. 8 mm),秋粮作物夏谷子全生育期耗水量为 378. 3 mm,夏粮作物冬小麦全生育期耗水量为 242. 9 mm。秋粮作物的耗水总量占同期自然降水量(387 mm)的 97. 75%,而夏粮作物的耗水量中自然降水(187. 5 mm)占 77. 2%,土壤水占 22. 8%。说明在丰水年型天然降水能满足秋作物的水分需求。

从作物阶段耗水情况看,在自然降水较丰沛的年份,无论是秋粮作物还是夏粮作物均存在奢侈耗水的情况。如在秋作物的 7 月 12 ~ 30 日,由于降水较多,水分消耗量为 134. 2 mm,而同期缺水年型、平水年型的水分消耗分别为 32. 8 mm、68 mm(见表 2)。

表 2　丰水年型的作物耗水量　　(单位: mm)

测定日期(月-日)	07-12	07-20	07-30	08-10	08-20	08-30	09-10	09-20	09-30			合计
土体水量	363	412. 5	386. 2	405. 6	403. 8	397. 9	372. 3	376. 8	371. 7			
阶段耗水量		44. 6	89. 6	64. 6	40. 8	60. 6	48. 5	15. 5	14. 1			378. 3
测定日期(月-日)	10-10	10-20	10-30	03-08	03-20	03-30	04-10	04-20	04-30	05-10	05-20	合计
土体水量	365. 9	355. 1	342. 8	324. 1	318. 4	306. 88	294. 9	288. 3	292. 3	303. 2	310. 5	
阶段耗水量		28. 6	16. 2	70. 3	11. 6	27. 5	16. 1	11	16. 1	26. 2	19. 3	242. 9

2. 2　平水年型的模拟结果

在平水年型的模拟条件下(年降水量 591. 4 mm),秋粮作物夏谷子全生育期耗水量为 312. 1 mm,夏粮作物冬小麦全生育期耗水量为 180. 3 mm,秋作物的耗水总量占同期自然降水量(338. 8 mm)的 92. 1%,而夏粮作物的耗水量中自然降水(120. 9 mm)占 67. 1%,土壤水占 32. 9%。

从作物阶段耗水情况看，自然降水能基本满足秋作物的水分需求，但突出问题是阶段性、间隙性水分缺乏，这在夏粮作物上表现得更为明显。如在3月8～20日，小麦阶段耗水量仅为8.7 mm，这时正是小麦的拔节阶段，3月30～4月10日小麦阶段耗水量仅为9.7 mm，这时正是小麦孕穗的关键期，这种水分状况将制约小麦的生长发育、产量及品质（见表3）。

表3　平水年型的作物耗水量　（单位：mm）

测定日期(月-日)	07-12	07-20	07-30	08-10	08-20	08-30	09-10	09-20	09-30			合计
土体水量	351.7	385.9	415.2	412.5	416.4	402.1	390.5	378.6	371.8			
阶段耗水量		16.9	51.1	57.2	47.3	47.5	40.9	27.7	23.5			312.1
测定日期(月-日)	10-10	10-20	10-30	03-08	03-20	03-30	04-10	04-20	04-30	05-10	05-20	合计
土体水量	349	349.7	341.5	305.2	299.7	292.7	286.6	284.2	284.8	283.1	284.3	
阶段耗水量		10.9	17.5	68.0	8.7	11.8	9.7	11.8	9.5	15	17.4	180.3

2.3　缺水年型的模拟结果

在缺水年型的模拟条件下（年降水量411.4 mm），秋粮作物夏谷子全生育期耗水量为200.4 mm，夏粮作物冬小麦全生育期耗水量为166.6 mm，同期自然降水量（165.6 mm）占秋粮作物耗水总量的82.63%，而夏粮作物的耗水量中同期自然降水（106.7 mm）占64.0%，土壤水占36.0%。

从作物阶段耗水情况看，在缺水年型的情况下，无论夏粮还是秋作物，自然降水都不能满足作物的水分需求，其突出的问题主要表现在两个方面：一是水分状况严重制约着夏、秋两季作物的正常播种和出苗，如在7月12～20日，阶段耗水量仅为8.45 mm，10月20～30日阶段耗水量仅为9.7 mm，这均会对播种和出苗产生严重影响；二是水分供应状况严重制约作物的生长发育进程，从作物阶段耗水数量和全生育期耗水数量均可以看出，在该条件下的耗水量是作物生长发育亏缺状况下的水分消耗量，说明抗旱保苗、造墒播种和作物关键生育期补充灌溉是调节作物需水状况、增加产量的关键措施（见表4）。

表4　缺水年型的作物耗水量　（单位：mm）

测定日期(月-日)	07-12	07-20	07-30	08-10	08-20	08-30	09-10	09-20	09-30			合计
土体水量	348.7	359.6	374.9	370.2	359	348.3	340.5	337.3	313.9			
阶段耗水量		8.45	24.4	21.8	35.4	17.2	27.3	37.2	28.7			200.5
测定日期(月-日)	10-10	10-20	10-30	03-08	03-20	03-30	04-10	04-20	04-30	05-10	05-20	合计
土体水量	286.3	276.2	273.6	258.6	249.3	242.5	237.7	233.6	236	243.1	230.9	
阶段耗水量		23.9	9.7	38.8	19.5	13.4	10.8	10.4	3.7	2.4	34	166.6

3　结论

（1）冬小麦和夏谷子耗水量：丰水年型分别为242.9 mm和378.3 mm，平水年型分别为180.3 mm和312.1 mm，缺水年型分别为166.6 mm和200.5 mm。

(2)冬小麦总耗水量中,丰水年型土壤水占22.8%,降水占77.2%;平水年型土壤水占32.9%,降水占67.1%;缺水年型土壤水占36.0%,降水占64.0%。

(3)在不同降水年型中,夏谷子全生育期总耗水量与同期自然降水量比较,丰水年型夏谷子总耗水量占同期自然降水量的97.8%,平水年型夏谷子总耗水量占同期自然降水量的92.1%,缺水年型同期自然降水量占夏谷子总耗水量的82.63%。说明在丰水、平水年型情况下,秋作物耗水占自然降水的92.1%~97.8%,基本能满足作物水分需要,而缺水年型情况下,即使是秋作物,自然降水也不能满足其要求。

旱地一年两熟制条件下作物阶段耗水规律研究

杨占平[1] 孔祥旋[1] 张新闻[2] 史福刚[1] 何 方[1] 姚宇卿[3]

(1.河南省农业科学院土壤肥料研究所,郑州 450002;
2.辉县市张村乡农业技术推广站,新乡 453612;
3.洛阳市农业科学研究所,洛阳 471022)

摘要:小麦亩产量300~400 kg水平,耗水量216.3~345.2 mm,但年际间的变幅悬殊较大;夏玉米亩产量450~500 kg水平,耗水量为299.6~462 mm,分别为同期自然降水量的81.3%~97.4%。小麦阶段耗水量,返青以前占25.9%~36.9%,返青—拔节占3.9%~6.2%,拔节—抽穗占15.8%~27.2%,灌浆期耗水占31.9%~40.4%;玉米阶段耗水量,拔节前占17.1%~17.3%,拔节—大喇叭口期占34.5%~39.1%,大喇叭口—成熟期占43.6%~48.4%。小麦、玉米拔节以后耗水强度明显增加,拔节期、灌浆期是小麦两个重要的水分需求期,大喇叭口期是玉米的重要水分需求期。目前在河南省中西部、中北部丘陵旱地,自然降水对秋季作物的水分保证率较高,而对夏粮作物的保证率较低,建议节水补灌的重点应放在夏粮作物上。

关键词:小麦 玉米 两熟制 耗水规律

丘陵旱作农业区水资源缺乏,农田灌溉条件较差,历来以旱作农业为主,由于本区自然降水年际变化较大,年内季节分配不均,旱地作物产量的主要制约因素之一是水分供应状况,因此水分的制约和变化导致旱地作物产量低而不稳,直接威胁着未来经济的持续稳定发展。为了探讨不同降水年型条件下作物水分供应状况,开展了该项试验研究,以便为合理利用旱地水分资源和指导旱地农业生产提供可靠依据。

1 材料与方法

本项研究时限为2003~2005年,通过定位试验数据观测进行。定位观测点设在辉县市张村乡小山前村,试验地地势平缓、有一定补灌条件,土壤类型为褐土,质地为重壤,有机质含量14.5 g/kg,速效氮108.4 mg/kg,速效磷24.9 mg/kg,速效钾126.3 mg/kg,土壤凋萎湿度为9.7%~12.4%,田间持水量为25.2%~27.6%。在土壤剖面的不同层次按20 cm、40 cm、60 cm、80 cm、100 cm、120 cm深度埋入FDR土壤水分测定探头,在每月的5日、15日、30日对其进行观测。同时,用探头测定土壤表层含水量。

FDR土壤水分测定仪器为江苏南通中天精密仪器有限公司生产的MPM-160型便携式测墒仪。

小麦种植品种为"新麦12号",播量为9 kg/亩,施肥量为纯氮8~10 kg/亩,纯五氧化二磷5 kg/亩。夏玉米种植品种为"农大108",种植密度为3 200~3 500株/亩,施肥量为纯氮12 kg/亩。夏秋两季均采用常规种植和田间管理。

基金项目:国家863节水农业项目(2002AA2Z4291)和河南省重点科技攻关项目(0623102600)。

作者简介:杨占平(1964—),男,副研究员,主要从事土壤水与资源利用研究。

2　结果与分析

2.1　小麦、玉米全生育期耗水量

2.1.1　小麦全生育期耗水量

从小麦阶段耗水量的测定试验结果看，在小麦亩产量 300～400 kg 水平，全生育期(10 月上旬～翌年 6 月上旬)耗水量为 216.3～345.2 mm，但年际间的变幅悬殊较大。2004～2005 年度的全生育期耗水量仅为 2003～2004 年度耗水量的 62.7%。2003～2004 年度小麦全生育期耗水中，消耗土壤水 174.2 mm，占总耗水的 50.5%，自然降水 171 mm，占总耗水的 49.5%。2004～2005 年度小麦全生育期耗水中，消耗土壤水 12 mm，自然降水 114.3 mm，补灌 90 mm，土壤水、自然降水分别占总耗水的 5.6%、52.8%。这一方面说明小麦全生育期耗水量与同期自然降水和播种时土壤的土体储水量有密切的关系；另一方面也说明小麦生育期间的水分供应状况，是重要的生产限制因素之一。

2.1.2　玉米全生育期耗水量

试验测定年度，在夏玉米亩产量 450～500 kg 水平，玉米全生育期耗水量为 299.6～462 mm，分别为同期自然降水量的 81.3%～97.4%，表明玉米的生育期与自然降水基本同步，除降水偏少的缺水年型外，一般情况下自然降水基本上能够较好地满足其生长发育需求。

2.2　小麦、玉米不同生育阶段耗水强度与耗水量

2.2.1　小麦阶段耗水强度与耗水量

从小麦的阶段耗水强度指标可以明显看出，自小麦拔节以后耗水强度明显增加，在小麦灌浆期达到最大值；从小麦阶段耗水量占全生育期总耗水量的比例上看，返青以前占 25.9%～36.9%，返青—拔节占 3.9%～6.2%，拔节—抽穗占 15.8%～27.2%，灌浆期耗水占 31.9%～40.4%(见表 1、表 2)。表明拔节后小麦的耗水强度和耗水量均呈现明显的增加，也说明拔节期、灌浆期是小麦两个重要的水分需求时期和水分消耗时期。保证这两个时期的水分供应对满足小麦生长发育和产量至关重要。同时，从阶段耗水的比例和耗水强度也可以发现，越冬前的阶段耗水与该阶段的作物生长量比较，耗水数值偏高。偏高的主要原因是田间土壤无效蒸发大，这说明在该阶段采取适宜的农艺措施减少水分的无效损失是很有必要的。

表 1　2003～2004 年小麦阶段耗水测定结果

测定日期(年-月-日)	1.2 m 土体含水(mm)	同期降水(mm)	阶段耗水(mm)	耗水强度(mm/d)	阶段占总量(%)
2003-10-05	378.5				
(越冬前)		63.7	65.4	0.93	18.9
2003-12-15	376.8				
(越冬—返青)		16	62.3	1.04	18.0
2004-02-15	330.5				
(返青—拔节)		3.5	13.3	0.44	3.9
2004-03-15	320.7				
(拔节—抽穗)		29.3	93.9	2.24	27.2

续表 1

测定日期（年-月-日）	1.2 m 土体含水（mm）	同期降水（mm）	阶段耗水（mm）	耗水强度（mm/d）	阶段占总量（%）
2004-04-27	256.1				
（灌浆前期）		15.9	27.4	3.43	7.9
2004-05-05	244.6				
（灌浆中期）		42.6	49.3	4.11	14.3
2004-05-17	237.9				
（灌浆后期）		0	33.6	4.2	9.7
2004-05-25	204.3				
耗水合计			345.2		

表 2　2004～2005 年小麦阶段耗水测定结果

测定日期（年-月-日）	1.2 m 土体含水（mm）	同期降水（mm）	阶段耗水（mm）	耗水强度（mm/d）	阶段占总量（%）
2004-10-15	286.3				
（越冬前）		49.7	36.5	0.6	16.9
2004-12-15	299.5				
（越冬—返青）		9.1	19.4	0.28	9.0
2005-02-25	289.2				
（返青—拔节）		0	13.5	0.68	6.2
2005-03-16	275.7				
（拔节—抽穗）		9.9	34.1	0.83	15.8
2005-04-27	251.5				
（灌浆前期）		36.9（补水 30）	19.6	2.18	9.1
2005-05-06	268.8				
（灌浆中期）		98.7（补水 60）	38	2.92	17.6
2005-05-19	329.5				
（灌浆后期）		0	29.7	4.95	13.7
2005-05-25	299.8				
（灌浆—成熟）		0	25.5	2.55	11.8
2005-06-05	274.3				
耗水合计			216.3		

2.2.2　玉米阶段耗水强度与耗水量

从玉米的阶段耗水量情况看，拔节前阶段耗水占总耗水量的 17.1%～17.3%，拔节—大喇叭口期阶段耗水占总耗水量的 34.5%～39.1%，大喇叭口—成熟阶段耗水占总耗水量的 43.6%～48.4%。拔节前的耗水强度为 2.08～3.16 mm/d，拔节—大喇叭口期的耗水强度为 3.9～4.98 mm/d，大喇叭口—成熟期的耗水强度为 2.9～5.2 mm/d（见表 3、表 4），表明玉米自拔节以后耗水强度明显增加，前期耗水量占总耗水量的 20% 左右，中后期的耗水量占总耗水量的 80% 左右。

表3　2003 年玉米阶段耗水测定结果

测定日期 (年-月-日)	1.2 m 土体含水 (mm)	同期降水 (mm)	阶段耗水 (mm)	耗水强度 (mm/d)	阶段占总量 (%)
2003-06-15 (拔节前)	350.3	71.5	78.9	3.16	17.1
2003-07-05 (拔节—大喇叭口)	342.9	178.1	159.3	4.98	34.5
2003-08-07 (大喇叭口—成熟)	361.7	225	223.8	5.2	48.4
2003-09-18	362.9				
合计		474.6	462		

表4　2004 年玉米阶段耗水测定结果

测定日期 (年-月-日)	1.2 m 土体含水 (mm)	同期降水 (mm)	阶段耗水 (mm)	耗水强度 (mm/d)	阶段占总量 (%)
2004-06-06 (拔节前)	234.1	80.5	51.9	2.08	17.3
2004-07-05 (拔节—大喇叭口)	262.7	150.8	117	3.9	39.1
2004-08-05 (大喇叭口—成熟)	296.5	137	130.7	2.9	43.6
2004-09-20	302.8				
合计		368.3	299.6		

综合以上小麦、玉米夏粮秋粮的结果表明，目前在河南省中西部、中北部丘陵旱地，自然降水对秋季作物的水分保证率较高，而对夏粮作物的保证率较低，节水补灌的重点应放在夏粮作物上。

3　初步结论与建议

(1)在小麦亩产量 300 ~ 400 kg 水平，全生育期耗水量 216.3 ~ 345.2 mm，但年际间的变幅悬殊较大。小麦全生育期耗水量与同期自然降水和播种时土壤的土体储水量有密切的关系，小麦生育期间的水分供应状况，是重要的生产限制因素之一。

(2)在夏玉米亩产量 450 ~ 500 kg 水平，玉米全生育期耗水量为 299.6 ~ 462 mm，分别为同期自然降水量的 81.3% ~ 97.4%，表明玉米的生育期与自然降水基本同步，除降水偏少的缺水年型外，一般情况下自然降水基本上能够较好地满足其生长发育需求。

(3)小麦阶段耗水量,返青以前占25.9%~36.9%,返青—拔节占3.9%~6.2%,拔节—抽穗占15.8%~27.2%,灌浆期耗水占31.9%~40.4%。小麦拔节以后耗水强度明显增加,在小麦灌浆期达到最大值,拔节期、灌浆期是小麦两个重要的水分需求期。

(4)玉米阶段耗水量,拔节前占17.1%~17.3%,拔节—大喇叭口期占34.5%~39.1%,大喇叭口—成熟占43.6%~48.4%。拔节前的耗水强度为2.08~3.16 mm/d,拔节—大喇叭口期的耗水强度为3.9~4.98 mm/d,大喇叭口—成熟的耗水强度为2.9~5.2 mm/d,表明玉米自拔节以后耗水强度明显增加。

(5)目前在河南省中西部、中北部丘陵旱地,自然降水对秋季作物的水分保证率较高,而对夏粮作物的保证率较低,节水补灌的重点应放在夏粮作物上。

不同生育期限量灌溉对冬小麦产量和水分利用的影响

孔祥旋　杨占平　武继承　史福刚　薛毅芳　何　方　杨稚娟

（河南省农业科学院植物营养与资源环境研究所，郑州 450002）

摘要：在河南省丘陵旱作区，采用限量灌溉的方法研究了灌水对冬小麦籽实产量和水分利用的影响。结果表明，在不同生育期灌水 30～90 mm 范围内，灌水平均增产 13.0%～39.6%，水分利用效率提高 7.0%～18.0%，且能改善冬小麦的生育性状和产量构成。满足最高作物水分利用效率的补充灌水量为 45 mm，满足灌溉水利用率最高时的补充灌水量为 30～45 mm。冬小麦拔节孕穗期灌水能增加成穗数，提高灌溉水利用率，灌浆期灌水能增加粒重，提高水分利用效率。拔节孕穗期是限量灌溉的最佳生育期。欲保持较高的增产率和获得较大的经济效益，在雨水偏丰的年份，以拔节孕穗期灌水 45 mm 或在拔节孕穗期和灌浆期各灌水 30 mm 为宜。

关键词：冬小麦　限量灌溉　产量　水分利用效率　旱地

河南省为我国冬小麦的主产区，境内黄河两岸平均年降水量仅有 600 mm 左右，且多集中于夏秋两季，有限的降水不能满足冬小麦生长发育的需要。在水资源日益紧缺的今天，以较低的灌溉水量，最大限度地利用自然降水，保证农作物相当产量的限额灌水技术，近年来在我国干旱半干旱地区的研究已有一些报道[1～3]。2002～2004 年我们通过豫西和豫北丘陵旱作区的田间试验，就不同生育期限量灌溉对冬小麦籽实产量和水分利用的影响进行研究，以期为该区有限水资源高效利用提供依据。

1　材料和方法

1.1　试验材料

先后于 2002～2003 年在河南省禹州市岗孙村和 2003～2004 年在河南省辉县市小山前村农用地上布置田间试验，岗孙村试验（以下简称试验 A）前茬为棉花，供试小麦品种为郑州 9023，小山前村试验（以下简称试验 B）前茬为玉米，供试小麦品种为新麦 12，耕层土壤化学性状见表 1。

1.2　试验设计、处理和测定项目

采用随机区组设计，重复 3 次。小区面积 12 m^2（3 m×4 m）。在灌底墒水 45 mm 基础上设如下处理（见表 2）。

基金项目：“十五”国家 863 节水农业课题（2002AA2Z4291）和河南省重点科技攻关项目（0423012600）。

作者简介：孔祥旋（1941—），男，副研究员，主要从事土壤水和节水灌溉技术研究。

表1　耕层土壤化学性状

试验	土壤	有机质 (g/kg)	全N (g/kg)	全P (g/kg)	全K (g/kg)	速效N (mg/kg)	速效P (mg/kg)	速效K (mg/kg)	pH
A	沙壤质褐土	12.3	0.80	—	—	47.8	6.7	114.8	—
B	黏壤质褐土	21.5	1.27	0.69	17.5	64.2	21.2	194.0	7.15

表2　试验处理　（单位:mm）

处理	1(CK)	2	3	4	5	6	7
拔节孕穗期灌水	0	30	45	0	0	30	45
灌浆期灌水	0	0	0	30	45	30	45
全生育期灌水	0	30	45	30	45	60	90

试验地底施尿素(纯 N 150 kg/hm^2)和过磷酸钙(纯 P_2O_5 75 kg/hm^2)。供试冬小麦于10月中、下旬播种,播量120 kg/hm^2,行距20 cm,翌年3月下旬灌拔节孕穗水,4月下旬~5月初灌灌浆水,6月初收获。为避免不同处理小区间土壤水分的相互影响,区组间隔1 m,处理间隔0.8 m。施肥前取耕层土样,常规分析土壤养分基础含量。灌底墒水前分层取0~1 m土样,测定土壤含水量(烘干法)和土壤容重(环刀法)。试验调查各处理冬小麦的基本苗、单株分蘖和群体总数,收获时小区计产,常规考种。收获后分层取土样,测定不同处理的土壤含水量。记载冬小麦生育期内旬降水量。田间管理措施同大田。

2　结果与分析

2.1　限量灌溉对冬小麦产量的影响

试验产量和统计分析结果表明(见表3、表4),灌水处理与不灌水处理相比较,除试验A处理4产量差异不显著外,其他灌水处理的产量均达到差异显著或极显著水平,可见冬小麦限量灌溉具有较好的增产效果,产量随着灌水量加大而增加(两试验同处理的产量和不同生育期灌水量相等的同处理产量均采用均值),灌水量(mm)与产量(kg)呈正相关,$r=0.994\,5^{**}$ $(n=5)$。就一个生育期灌水的产量而言,在相同灌水量条件下,拔节孕穗期优于灌浆期。冬小麦的拔节孕穗,标示着植株已进入旺盛生长期,生理需水剧增,无论是阶段耗水(%)和耗水强度(mm/d)均为其一生中最高的时期[4],在冬小麦这一水分临界期保持良好的土壤水分供给,能促使其幼穗发育的性细胞分化形成,为增加籽实产量打下良好基础,为此,可以认为拔节孕穗期是最优的灌水时期。冬小麦的灌浆期,尤其是灌浆前期,是籽实形成的重要时期,若期内缺少水分供给,会影响光合作用,降低结实率,所以灌浆期亦是较好的灌水时期。在拔节孕穗期和灌浆期均灌水的处理增产效果更加显著。

表 3　试验产量结果

处理	试验 A 小区产量(kg)			小区平均产量(kg)	试验 B 小区产量(kg)			小区平均产量(kg)	两试验小区平均产量(kg)	较 CK 平均增产(%)
	Ⅰ	Ⅱ	Ⅲ		Ⅰ	Ⅱ	Ⅲ			
1	5.45	5.10	5.20	5.25	6.06	6.45	5.79	6.10	5.68	—
2	6.15	6.00	5.90	6.02	7.25	6.91	7.49	7.22	6.62	16.5
3	6.40	6.20	6.25	6.28	7.70	7.82	7.59	7.70	6.99	23.1
4	5.75	6.25	5.50	5.83	7.10	6.72	7.22	7.01	6.42	13.0
5	5.80	6.45	6.05	6.10	7.66	7.68	7.30	7.55	6.83	20.2
6	6.50	7.05	6.55	6.70	8.48	8.36	7.45	8.10	7.40	30.3
7	7.05	7.75	8.00	7.60	8.61	8.55	7.58	8.25	7.93	39.6

表 4　试验产量差异显著性比较

处理	试验 A			试验 B		
	小区平均产量(kg)	显著性检验		小区平均产量(kg)	显著性检验	
		0.05	0.01		0.05	0.01
7	7.60	a	A	8.25	a	A
6	6.70	b	B	8.10	ab	AB
3	6.28	bc	BC	7.70	ab	AB
5	6.10	c	BC	7.55	b	AB
2	6.02	c	BC	7.22	b	B
4	5.83	cd	C	7.01	b	BC
1	5.25	d	C	6.10	c	C

注:试验 A 处理间均方为 1.638,$F=18.463^{**}$($F_{0.01}=4.82$);试验 *B* 处理间均方为 1.593,$F=13.158^{**}$($F_{0.01}=4.82$)。

2.2　限量灌溉对冬小麦生育性状的影响

试验调查、考种结果表明(见表 5),灌水处理均较不灌水处理的单位面积总穗数、单株成穗数、株高、穗长、穗粒数、穗粒重和千粒重等生育性状指标高,这与灌水显著增加冬小麦产量的结果是一致的。在 0~90 mm 灌水量范围内,灌水量与单株成穗数、千粒重、单位面积成穗数、穗粒重和穗长呈显著正相关,其相关系数依次为:$0.997\,1^{**}$、$0.996\,5^{**}$、$0.989\,6^{**}$、$0.970\,2^{*}$和$0.966\,6^{*}$($n=5$);在灌水诸处理之间,灌两水的处理均较灌一水的处理生育性状指标高。拔节孕穗期灌水与灌浆期灌水相比较,前者平均单位面积总穗数、单株成穗数和株高分别增加 7.8%、5.8% 和 4.7%,后者平均穗粒重、穗粒数、千粒重和穗长分别增加 9.2%、4.4%、4.2% 和 4.0%。在冬小麦产量构成三因子中,成穗数是遗传力最低的因子[5],拔节孕穗期灌水,有利于其有效群体的形成,进而提高单位面积总穗数,显然这是拔节孕穗期灌水增产的主要原因。灌浆期灌水能有效增加粒重,亦有较好的增产效果,但不及拔节孕穗期。

表5　试验调查、考种结果

处理	穗数(万/hm²)	单株成穗数(个)	株高(cm)	穗长(cm)	穗粒数(个)	穗粒重(g)	千粒重(g)
1	370	1.60	62.0	7.2	33.1	1.34	40.5
2	405	1.80	68.8	7.3	36.7	1.50	40.9
3	420	1.85	70.7	7.7	38.2	1.61	42.1
4	375	1.70	65.9	7.8	39.0	1.68	43.1
5	390	1.75	67.3	7.8	39.2	1.70	43.4
6	425	1.85	70.4	8.0	39.6	1.73	43.7
7	460	2.00	70.9	8.1	41.3	1.85	44.8

注:表中数字为两试验均值。

2.3　限量灌溉对冬小麦水分利用的影响

以试验B为例,依据降水量、灌溉水量、1m土体被利用的水量和产量计算的不同处理水分利用效率见表6。结果表明,灌水处理的水分利用效率均高于不灌水处理,增幅为7.0%~18.0%,可见限量灌溉能提高冬小麦对土壤水分的有效利用;灌水诸处理间比较,灌浆期优于拔节孕穗期,更优于两个生育期均灌水的处理;在0~90 mm灌水量范围内,以灌45 mm的处理平均水分利用效率最高。就灌溉水利用率而言,以拔节孕穗期灌30 mm的处理2最高,依次为处理3、处理6、处理5和处理4,而拔节孕穗期+灌浆期共灌90 mm的处理7最低。值得指出的是,处理6的灌溉水利用率较高,这可能是由于在两个生育期均以较少的水量(30 mm)灌溉,便于对灌溉水的有效利用。综上所述,在本试验冬小麦生育期降水和灌水量范围内(试验B冬小麦生育期多年平均降水量为132.2 mm,试验年当季降水为160.1 mm,属于降水偏丰),满足作物水分利用效率最高时的补充灌水量为45 mm,满足灌水利用率最高时的补充灌水量为30~45 mm。为此,可以认为,在雨水偏丰的年份,河南丘陵旱作区有限灌水的下限以30~45 mm为宜。

表6　限量灌溉对冬小麦水分利用的影响

处理	产量(kg/hm²)	水分利用效率[kg/(mm·hm²)]	耗水量(mm)	土壤耗水(mm)	灌溉水利用率[kg/(mm·hm²)]
1	5 083.3	12.8	397.0	191.9	0
2	6 016.7	14.5	418.7	183.6	31.1
3	6 416.7	14.7	437.9	187.8	29.6
4	5 841.7	14.6	402.5	167.8	25.3
5	6 291.7	15.1	416.6	166.5	26.9
6	6 750.0	14.4	468.1	203.0	27.8
7	6 875.0	13.7	501.6	206.5	19.9

2.4　限量灌溉的经济效益分析

依据当地小麦市场现行价格(1.40 元/kg)和实际灌水费用(0.30 元/m^3)计算,将限量灌溉的经济效益列于表7。结果表明,灌水处理净增值与增产率的大小排序是一致的,从净增值/灌溉费用看,以处理2 最高,处理3、处理6 居中,处理5、处理4、处理7 居后,综合分析,从既能保持较高的增产率又能获得较大的经济效益出发,在大田生产中采用处理6 和处理3 较宜。

表7　限量灌溉的经济效益

处理	灌水量(mm)	产量(kg/hm^2)	增产(kg/hm^2)	增产率(%)	灌溉费用(元/hm^2)	产量增值(元/hm^2)	净增值(元/hm^2)	净增值/灌溉费用
1	0	4 729	0	0	0	0	0	0
2	30	5 514	785	16.6	90	1 099	1 009	11.2
3	45	5 828	1 099	23.2	135	1 539	1 404	10.4
4	30	5 353	624	13.2	90	874	784	8.7
5	45	5 686	957	20.2	135	1 340	1 205	8.9
6	60	6 165	1 436	30.4	180	2 010	1 830	10.2
7	90	6 603	1 874	39.6	270	2 624	2 354	8.7

注:表中小麦产量为两试验均值。

3　讨论

(1)根据两地不同年份冬小麦限量灌溉田间试验结果,认为冬小麦生育期内灌水在0～90 mm 范围内,灌水有较好的增产效果,且随着灌水量的加大,增产效果愈来愈显著。考种结果表明,灌水能显著改善其生育性状和产量构成因子。拔节孕穗期和灌浆期均灌水的处理,其增产率及生育性状优于其中一个生育期灌水的处理;拔节孕穗期灌水的增产率高于灌浆期灌水的处理,拔节孕穗期灌水能显著增加成穗数,灌浆期灌水能显著增加粒重。

(2)冬小麦生育期内灌水在0～90 mm 范围内,灌水处理的冬小麦水分利用效率均高于不灌水处理,说明限量灌溉能提高其对土壤水分的利用。灌水处理间相比,水分利用效率为:灌浆期 > 拔节孕穗期 > 拔节孕穗期 + 灌浆期,灌溉水利用率则是:拔节孕穗期 > 灌浆期 > 拔节孕穗期 + 灌浆期;不同灌水量的水分利用效率和灌溉水利用率均为:45 mm > 30 mm > 60 mm > 90 mm(灌溉水利用率45 mm 和30 mm 几乎相等)。可以认为,在本试验冬小麦生育期降水和灌水量范围内,满足作物水分利用效率最高时的补充灌水量为45 mm,满足灌溉水利用率最高时的补充灌水量为30～45 mm。拔节孕穗期灌水有利于对灌溉水的利用,灌浆期灌水其水分利用效率较高。

(3)冬小麦限量灌溉经济效益分析认为,欲保持较高的增产率和获得较大的经济效益,建议在雨水偏丰的年份拔节孕穗期和灌浆期各灌30 mm 水或拔节孕穗期灌45 mm 水为宜。

参考文献

[1] 邓西平,山仑．旱地春小麦对有限灌水高效利用的研究[J]．干旱地区农业研究,1995,13(3):42－46.

[2] 邓国凯,张源沛,王平武,等．集雨节灌对地膜春小麦的产量和水分利用效率的影响[J]．干旱地区农业研究,2000,18(1):91－94.

[3] 夏国军,阎耀礼,程永明,等．旱地冬小麦水分亏缺补偿效应研究[J]．干旱地区农业研究,2001,19(1):79－82.

[4] 河南省农业科学院．河南小麦栽培学[M]．郑州:河南科学技术出版社,1988:136－168.

[5] 谭金芳,介晓磊,韩燕来,等．麦田灌溉与优化施肥技术研究开发专题总结报告[M]．北京:中国科学技术出版社,2003:61－77.

河南省不同农作物有限灌溉技术研究

武继承[1]　杨占平[1]　姚宇卿[2]　孔祥旋[1]　王东海[3]

（1. 河南省农业科学院植物营养与资源环境研究所，郑州 450002；
2. 洛阳市农业科学研究所，洛阳 471022；
3. 辉县市张村乡政府）

摘要：本文系统地分析了有效灌溉对冬小麦、夏玉米、棉花等作物生育性状、产量、生育期耗水量和水分利用率的影响，结果表明冬小麦水分利用效率最高时的补充灌水量为45 mm，灌溉水利用率最高时的补充灌水量为30～45 mm。玉米在丰水年不灌水或大喇叭口期灌一水，缺水年以补灌两水为宜，丘陵旱作区夏玉米有限灌水下限以30～45 mm为宜。棉花丰水年不需补灌，平水年现蕾期以补灌45 mm为宜，花铃期则以22.5 mm为宜，缺水年两时期均以补灌45 mm最佳。

关键词：冬小麦　夏玉米　棉花　有限灌溉　产量　耗水量　水分利用率

河南省既是农业大省，又是水资源缺乏的省份。据水利部门统计，2004年河南省水资源总量为404.96亿m^3，人均水资源占有量仅412 m^3，不足全国人均水平的1/5，居全国第22位，单位耕地水资源拥有量每公顷不足5 205 m^3。按照水利十年规划，到2010年我省缺水30亿～50亿m^3。同时，水分利用效率低，全省水分利用率和生产效率分别为40%和0.8～1.1 kg/m^3，具有很大的潜力。

同时，地下水超采严重。目前全省地下水开采量近130亿m^3，占全省总供水量的67%，占全国地下水开采量的1/8。多年来，由于对水资源缺乏科学的认识和有效的保护与管理，地下水超采严重，地下水位持续下降。全省浅层地下水漏斗面积已由1982年的2 230 km^2扩大到目前的1万km^2，占平原区面积的11.3%，不少漏斗区的地下水埋深超过20 m，并以每年0.5 m的速度递增。这已经造成了大量机井报废、泉水枯竭、湿地萎缩、土地沙化等一系列的生态环境问题，给群众生活和人民财产造成极大的损失。

因此，发展节水农业，建立我省优势作物的需水指标体系，实现水分利用率和利用效率的双重提高，才能够实现农业结构调整，促进水资源利用、经济发展与环境治理的有机统一。

根据河南省的实际情况和省科技攻关项目与省农科院科研发展基金项目的支持，2005～2007年主要开展了小麦、玉米、棉花等农作物的需水耗水特征研究及不同农作制度的周年需水指标体系研究，为全省优势农作物需水指标体系的建立进行有益的探讨。

1　玉米有限灌溉研究

本项试验研究设在洛阳农科所旱农中心和辉县市张村乡山前村，洛阳试验地土壤为

基金项目：国家863节水农业项目（2002AA2Z4291）和河南省农科院科研发展基金项目。

作者简介：武继承（1965—），男，博士，研究员，主要从事土壤资源和节水农业研究。

潮褐土，辉县市试验地土壤为壤质褐土，肥力中等，土质为重壤土。试验设七个处理：①全生育期不灌水；②苗期补灌 22.5 mm/亩；③苗期补灌 45 mm/亩；④大喇叭口期补灌 22.5 mm/亩；⑤大喇叭口期补灌 45 mm/亩；⑥苗期和大喇叭口期各补灌 22.5 mm/亩；⑦苗期和大喇叭口期各补灌 45 mm/亩，随机排列，3 次重复。

1.1　不同处理对玉米产量的影响

从洛阳试验结果（见表 1）可以看出，各处理均比对照增产，增产幅度为 17.41% ~ 63.05%，其中处理 7 产量最高。经方差分析，达到极显著水平（$F=20.48>F_{0.01}=4.82$）。用 LSD 法多重比较，处理 7 增产极显著，处理 5、处理 6 增产效果相当，且与处理 2 相比差异显著。处理 2 与处理 4 增产效果相当。从总体上看，同一用水量下，大喇叭口期灌水比苗期灌水增产高，且集中灌水比分次灌水效果好。在今年的气候条件下，灌水多比灌水少好。

表 1　不同处理对夏玉米产量的影响（洛阳）

处理	亩产（kg/亩）				较对照增产（%）	0.05 显著性	0.01 显著性
	Ⅰ	Ⅱ	Ⅲ	平均			
7	638.99	588.29	663.33	630.2	63.05	a	A
5	541.6	571.95	545.94	553.2	43.12	b	B
3	504.59	551.94	533.6	530.0	37.14	bc	B
6	514.59	490.58	538.2	514.5	33.11	bc	BC
4	475.24	454.56	533.27	487.7	26.18	cd	BC
2	487.24	430.22	443.89	453.8	17.41	d	CD
1（CK）	406.88	383.86	368.84	386.5		e	D

注：$LSD_{0.05}=52.69$ kg/亩，$LSD_{0.01}=73.95$ kg/亩。

辉县市的试验结果（见表 2）表明，在自然雨水较丰的年型，对玉米生长发育的前期进行补水增产作用不大，在该试验条件下仅增产 5 ~ 13.3 kg/亩，增产幅度为 1.1% ~ 3.0%；大喇叭口期补水却有明显的增产效果，增产幅度达 10.7% ~ 15.5%，这与玉米的产量比较高、增产潜力大，耗水量也比较大等因素有关。

表 2　不同处理对夏玉米产量的影响（辉县）

试验处理	小区产量			小区平均（$kg/12\ m^2$）	平均亩产（kg）	较对照增产（%）
	Ⅰ	Ⅱ	Ⅲ			
1	7.83	8.05	7.85	7.91	439.5	
2	7.94	7.96	8.10	8.00	444.5	1.1
3	8.23	8.06	8.16	8.15	452.8	3.0
4	8.83	8.65	8.80	8.76	486.7	10.7
5	9.17	8.98	9.27	9.14	507.8	15.5
6	9.28	9.30	9.38	9.32	517.8	17.8
7	9.64	9.47	9.42	9.51	528.4	20.2

1.2 不同处理对夏玉米生长性状、成产因素的影响

不同处理对玉米成产因素的影响见表3，各处理穗行数相差不大，而行粒数和千粒重各处理有明显不同，均以处理7最高，处理5的行粒数比处理3增加6%；处理4比处理2对行粒数影响显著，增加5.6%；处理5比处理6效果明显，增加6.70%。说明产量的提高主要是通过增加行粒数和提高千粒重实现的。

表3　不同处理对玉米成产因素的影响(洛阳)

处理	穗行数(行)				行粒数(个)				千粒重(g)			
	Ⅰ	Ⅱ	Ⅲ	平均	Ⅰ	Ⅱ	Ⅲ	平均	Ⅰ	Ⅱ	Ⅲ	平均
1	13.8	12.9	13.5	13.4	34.3	32.3	30	32.2	335.7	338.02	332.9	335.5
2	13.5	14	13.2	13.6	36.3	35.6	34.4	35.4	303.5	297.56	309.7	303.6
3	13.2	14.4	13.8	13.8	35.7	36	36	35.9	303.86	312.4	324.14	313.5
4	13	12.6	12.4	12.7	37.5	37	37.8	37.4	304.52	311.8	318.84	311.7
5	13.2	13.8	14	13.7	38.1	38.3	38.2	38.2	317.18	312.1	307.28	312.2
6	13	13.2	12.8	13.0	35.9	36.5	35.1	35.8	320.68	329.96	336.58	329.1
7	13.6	14.2	13.6	13.8	40.2	40	40	40.1	345	341.62	348.6	345.1

从不同处理对玉米穗粗、穗长、秃尖长的影响看(见表4)，穗长变幅为16.30~18.22 cm，其中以处理4最长；秃尖长幅度为0.49~1.06 cm，相差较大，其中以处理7最短；穗粗变幅为4.95~5.27 cm，变幅不大，其中以处理7最大。

表4　不同处理对夏玉米生长性状的影响(洛阳)

处理	穗长(cm)				秃尖长(cm)				穗粗(cm)			
	Ⅰ	Ⅱ	Ⅲ	平均	Ⅰ	Ⅱ	Ⅲ	平均	Ⅰ	Ⅱ	Ⅲ	平均
1	17.71	16.67	15.35	16.58	0.54	1.19	0.74	0.82	5.2	5.08	5.03	5.10
2	17.11	15.15	16.65	16.30	0.71	0.75	0.75	0.74	5.05	4.95	4.85	4.95
3	18.7	15.75	16.9	17.12	1.4	1.05	0.72	1.06	5.15	4.95	4.95	5.02
4	18.55	18.6	17.5	18.22	1.14	0.47	1.27	0.96	5.15	5	5.1	5.08
5	16.2	18.6	19.38	18.06	0.5	0.43	1.52	0.82	5.1	5.15	5.23	5.16
6	16.7	17.25	16.54	16.83	0.7	0.55	0.8	0.68	4.8	5.1	5.5	5.13
7	17.25	16.06	17.49	16.93	0.64	0.35	0.48	0.49	5.23	5.27	5.3	5.27

以上说明在缺水年型的条件下，玉米生育期进行补水对穗长、秃尖长的影响较大，而对穗粗的影响较小，其增产的主要因素是增加玉米的穗粒数和千粒重。

1.3 有限灌溉条件下夏玉米的耗水量及水分利用率

不同处理夏玉米耗水量及水分利用效率结果表明(见表5)，除含有苗期补灌22.5 mm的处理以外，其他有限灌溉处理的水分利用效率均高于不灌水处理，增幅为26.2%~

63.1%。可见，有限灌溉能提高夏玉米对土壤水分的有效利用；灌水诸处理间比较，大喇叭口期优于苗期，也优于两个生育期均灌水的处理；就不同处理来说，以大喇叭口期补灌22.5 mm处理的水分利用效率最高；就不同补灌量来说，在0～90 mm灌水量范围内，以补灌45 mm的处理平均水分利用效率最高。

表5　洛阳玉米生育期耗水量

处理	收获土壤水量(mm)	耗土壤水量(mm)	生育期耗水量(mm)	平均亩产(kg)	水分利用效率[kg/(mm·亩)]	灌溉水利用效率[kg/(mm·亩)]
1	331.1	-132.8	172.4	386.5	2.24	
2	321.7	-123.4	204.3	453.8	2.22	2.99
3	317.7	-119.4	230.8	530.0	2.30	3.19
4	321.2	-122.9	204.8	487.7	2.38	4.50
5	310.4	-112.1	238.1	553.2	2.32	3.70
6	306.7	-108.4	241.8	514.5	2.13	2.84
7	321.4	-123.1	272.1	630.2	2.32	2.71

注：土壤基础水量198.3 mm，生育期降水305.2 mm。

就灌溉水利用效率而言，也以大喇叭口期补灌22.5 mm处理的最高，其他依次为大喇叭口期补灌45 mm、苗期补灌45 mm、苗期补灌22.5 mm和苗期大喇叭口各补灌22.5 mm，而苗期喇叭口各补灌45 mm的处理最低。

综上所述，在本试验夏玉米生育期降水和灌水量范围内，满足作物水分利用效率最高时的补充灌水量为45 mm，满足灌水利用率最高时的补充灌水量为30～45 mm。为此，在河南丘陵旱作区夏玉米的农业生产中，有限灌水的下限以30～45 mm为宜。

2　棉花有限灌溉技术研究

棉花有限灌溉技术试验研究安排在洛阳伊川四合头农业试验站、安阳市农业科学研究所、黄泛区农科所等地进行。洛阳伊川试验地土壤为潮褐土，安阳两试验点的试验地土壤为壤质褐土，肥力中等，质地为重壤，黄泛区试验地土壤为潮土。试验设七个处理：①全生育期不灌水；②现蕾期补灌22.5 mm；③现蕾期补灌45 mm；④花铃期补灌22.5 mm；⑤花铃期补灌45 mm；⑥现蕾期和花铃期各补灌22.5 mm；⑦现蕾期和花铃期各补灌45 mm，随机排列，3次重复。

2.1　不同处理对棉花产量的影响

从棉花不同试验条件下的结果可以看出，不同处理情况其产量表现差异较大，增产效果也有很大的区别，这主要与棉花生育期的同期自然降水有关。

在降水丰沛的丰水年型条件下（黄泛区春棉同期降水量为721.4 mm），对棉花无论现蕾期补灌或花铃期补灌均未表现出增产的作用，甚至补灌的个别处理还出现了减产的现象（见表6），说明在丰水年型的条件下，棉花可以不进行补灌，应把节水的重点放在减少土壤水分的无效损失和作物的奢侈耗水方面，达到保蓄较多的土壤水分，为下茬作物的生长发育创造较好的水分环境。

表6　黄泛区棉花试验　　（单位：kg）

处理	籽棉小区产量				
	Ⅰ	Ⅱ	Ⅲ	平均	折亩产
1	12.93	12.27	11.86	12.35	247.1
2	12.95	12.15	12.71	12.60	252.1
3	11.84	11.57	11.96	11.79	235.8
4	12.38	11.69	11.87	11.98	239.6
5	11.79	12.39	12.69	12.29	145.8
6	11.77	11.74	12.13	11.88	237.6
7	12.99	11.24	11.78	12.00	240.1

在降水一般的平水年型条件下（安阳春棉同期降水量为397.2 mm），对棉花在现蕾期和花铃期进行补灌的增产效果均十分明显，现蕾期进行补灌增产幅度为14.7%～32.3%，花铃期进行补灌增产幅度为11.5%～23.4%，但是上述两个补灌时期在水分的补灌量上存在较大的差异性，现蕾期进行补灌45 mm的明显好于22.5 mm的处理，而花铃期进行补灌22.5 mm的明显好于45 mm的处理，说明对春棉花来说，现蕾期进行补灌以较高的水量45 mm为宜，花铃期进行补灌以较低的水量22.5 mm为宜（见表7）。分析其原因为，棉花的种植时间较秋季其他作物早，且生育期相对较长，在生长发育前期（现蕾期）自然降水量较少，土壤水分含量较低，这时补水量大的处理能够比较彻底缓解旱情、较好地满足作物生长需要，而补水量小的处理不能够有效缓解旱情、作物生长发育受到抑制和损失。在棉花生长发育中期（花铃期）以后，一方面前期自然降水量逐渐增多，土壤储水较多，缓解了水分与作物生长发育的矛盾，为棉花生长提供了较好的水分条件和环境；另一方面花铃期以后棉花进入了营养生长与生殖生长并进且以生殖生长为主的阶段，在满足水、肥两大主导因素的同时，光照和温度的作用比重在上升，这时如果土壤水分含量偏高，会导致棉花花、铃脱落量增加，这一点从考种结果中可以得到证明，因此花铃期进行补灌以较低的水量为宜。

在降水偏少的缺水年型条件下（洛阳夏棉同期降水量为312.2 mm），对棉花在现蕾期和花铃期进行补灌的增产效果均十分显著，现蕾期进行补灌增产幅度为9.4%～13.2%，花铃期进行补灌增产幅度为8.7%～10.6%，现蕾期和花铃期两次进行补灌增产幅度为15.4 %～22.3%，并且上述两个补灌时期在水分的补灌量上，均以补灌45 mm的处理好于补灌22.5 mm的处理（见表8）。这一方面与棉花生育期间同期自然降水偏少有关；另一方面也说明棉花的蕾期和花铃期是两个重要的需水和耗水阶段，在雨水偏少的年型应重视对棉花这两个时期的水分供应和管理，以达到有效地增加产量、提高水分利用效率的效果。

表7　棉花产量结果及考种统计（安阳春棉）

处理	株高（cm）	单株铃数（个）	平均铃重（g）	衣分（%）	小区产量（kg）	平均亩产（kg）	比对照增减产（%）
1	92.5	11.8	4.57	38.00	1.32	91.7	
2	97.5	18.8	5.25	38.23	1.51	105.2	14.7
3	99.5	21.4	5.49	41.63	1.75	121.3	32.3
4	100	16.3	5.10	38.18	1.63	113.2	23.4
5	94.5	15.2	4.61	37.62	1.47	102.2	11.5
6	95.5	23.6	5.52	42.00	1.78	123.3	34.5
7	96.6	16.2	5.36	41.00	1.74	120.9	31.8

表8　洛阳伊川夏棉试验产量及考种结果

处理	株高(cm)	单株果枝(个)	单株结铃(个)	单铃重(g)	亩产皮棉(kg)
1	84.1	7.4	8.1	13.21	43.7
2	85.5	7.8	8.4	13.31	47.8
3	86.2	8.1	7.9	13.04	49.5
4	84.7	8.4	8.2	14.6	47.5
5	85.2	8.2	8.2	13.09	48.3
6	85.3	8.2	8.1	14.21	50.4
7	85.8	8.6	8.2	14.67	53.4

2.2　不同处理对棉花生育性状、产量构成因素的影响

从对棉花生育性状、产量构成因素的调查看，在丰水年型条件下，补灌水的处理与全生育期不灌水的对照处理比较，主要表现为棉花植株的提高和果节位的增加。与对照处理比，灌水处理株高提高4.7～14.9 cm，果节位增加0.2～1.1，而与产量关系密切的单株结铃数、单铃重、衣分等指标却无明显的差异，这说明在该种生态条件下，棉花存在奢侈耗水现象（见表9）。

表9　有限灌溉对棉花性状的影响（黄泛区）

处理	株高（cm）	果枝数（个）	果节位	单铃重（g）	衣分（%）	子指	不孕籽	单株结铃（个）	亩株数（株）	亩成铃（个）
1	92.5	15.8	5.7	6.9	37.9	12.2	7.5	15.4	2 500	38 500
2	105.3	16.5	5.9	6.9	37.9	12.1	10.5	16.5	2 500	41 250
3	102.1	15.9	6.8	6.6	37.5	11.8	6	14.9	2 500	37 250
4	107.4	16.3	6.4	6.7	37.1	12.6	6	13.5	2 500	33 750
5	97.2	15.8	6.5	6.8	37.4	12.2	7.5	14.7	2 500	36 750
6	100.6	14.9	6.2	6.9	37.7	12.1	7	13.6	2 500	34 000
7	101.8	15.7	6.4	6.7	38.1	12.2	9.5	15.2	2 500	38 000

在平水年型条件下，与对照处理比，补灌水的处理棉花株高有所提高，提高2.5～7.5 cm，而单株结铃数和单铃重均有较大增加，现蕾期补灌单株结铃数平均增加8.3个，花铃期补灌单株结铃数平均增加4.0个，现蕾期、花铃期补灌单铃重分别提高0.8 g和0.29 g。

这说明在该种生态条件下，水分供应较好地满足了棉花的需求，使棉花营养生长和生殖生长得到了协调发展。

在缺水年型条件下，与对照处理比，补灌水处理的棉花株高、单株结铃数、单铃重基本无差异，单株果枝数却有一定的增加，现蕾期补灌单株果枝数增加0.4~0.7个，花铃期补灌单株果枝数增加0.8~1.0个。说明在该种生态条件下，即使在现蕾期和花铃期进行了补灌，棉花生长发育过程中仍然存在水分不足的现象，在一定程度上影响和制约了棉花的阶段发育进程。

2.3 有限灌溉条件下棉花的耗水量及水分利用率

测定结果(见表10)表明，在丰水年型条件下，不灌水的对照处理，棉花的全生育期作物耗水量为583 mm，水分生产效率为0.42 kg/(mm·亩)。有限灌水处理的棉花全生育期作物耗水量为605.6~657.7 mm，水分生产效率为0.23~0.42 kg/(mm·亩)，灌溉水效率为-2.25~0.22 kg/(mm·亩)。

表10　棉花播种—吐絮作物耗水量(黄泛区)

处理	收获土壤含水量(mm)	作物耗水量(mm)	耗水量占降水(%)	水分生产效率[kg/(mm·亩)]	灌溉水效率[kg/(mm·亩)]
1(对照)	238	583	71.0	0.42	
2(现蕾期22.5 mm)	237.9	605.6	73.8	0.42	0.22
3(现蕾期45 mm)	222.7	643.3	78.4	0.37	-0.25
4(花铃期22.5 mm)	221.5	622	75.8	0.39	-0.33
5(花铃期45 mm)	229.3	636.7	77.6	0.23	-2.25
6(蕾铃期各22.5 mm)	244.4	621.6	75.7	0.38	-0.21
7(蕾铃期各45 mm)	253.3	657.7	80.1	0.37	-0.08

注：土壤基础含水量221.6 mm，生育期降水量599.4 mm，合计821.0 mm。

在平水年型条件下，不灌水的对照处理，棉花的全生育期作物耗水量为375.2 mm，水分生产效率为0.24 kg/(mm·亩)。有限灌水处理的棉花全生育期作物耗水量为363.2~402.7 mm，水分生产效率为0.27~0.31 kg/(mm·亩)，灌溉水效率为0.23~0.96 kg/(mm·亩)(见表11)。

表11　春棉花作物耗水量(安阳)

处理	收获土壤含水量(mm)	耗水量(mm)	耗水量占降水(%)	水分生产效率[kg/(mm·亩)]	灌溉水效率[kg/(mm·亩)]
1(对照)	229.4	375.2	0.98	0.24	—
2(现蕾期22.5 mm)	235.0	392.1	1.03	0.27	0.60
3(现蕾期45 mm)	257.8	391.8	1.03	0.31	0.66
4(花铃期22.5 mm)	263.9	363.2	0.95	0.31	0.96
5(花铃期45 mm)	266.0	383.6	1.00	0.27	0.23
6(蕾铃期各22.5 mm)	251.8	397.8	1.04	0.31	0.70
7(蕾铃期各45 mm)	291.9	402.7	1.05	0.30	0.32

注：土壤基础含水量222.4 mm，生育期降水量382.2 mm。

在缺水年型条件下，不灌水的对照处理，棉花的全生育期作物耗水量为 304.3 mm，水分生产效率为 0.14 kg/(mm·亩)。花铃期进行有限灌水的处理棉花全生育期作物耗水量为 301.0～317.3 mm，水分生产效率为 0.15～0.16 kg/(mm·亩)，灌溉水效率为 0.10～0.17 kg/(mm·亩)(见表 12)。

表 12　洛阳伊川夏棉耗水量

处理	收获土壤水量(mm)	生育期耗水(mm)	水分利用效率[kg/(mm·亩)]	灌溉水效率[kg/(mm·亩)]	产量(kg/亩)
对照	250.3	304.3	0.14		43.7
花铃期 22.5 mm	276.1	301.0	0.16	0.17	47.5
花铃期 45 mm	282.3	317.3	0.15	0.10	48.3

注：土壤基础含水量 242.4 mm，生育期降水量 312.2 mm。

3　小麦有限灌溉技术研究

田间试验分别部署在河南省禹州市岗孙村和辉县市小山前村旱耕地上，岗孙村试验(以下简称试验 A)前茬为棉花，供试小麦品种为郑州 9023，小山前村试验(以下简称试验 B)前茬为玉米，供试小麦品种为新麦 12，试验 A 土壤为沙壤质褐土，耕层土壤养分为有机质 12.3 g/kg、全氮 0.80 g/kg、速效氮 47.8 mg/kg、速效磷 6.7 mg/kg、速效钾 114.8 mg/kg；试验 B 土壤为黏壤质褐土土，耕层土壤养分为有机质 21.5 g/kg、全氮 1.27 g/kg、全磷 0.69 g/kg、全钾 17.5 g/kg、速效氮 64.2 mg/kg、速效磷 21.2 mg/kg、速效钾 194 mg/kg。试验采用随机区组设计，重复 3 次，在灌底墒水 45 mm 基础上设置 7 种水分条件：①全生育期不灌水；②拔节孕穗 30 mm；③拔节孕穗 45 mm；④灌浆期 30 mm；⑤灌浆期 45 mm；⑥拔节孕穗灌浆各 30 mm；⑦拔节孕穗灌浆各 45 mm 等。

3.1　对冬小麦产量的影响

试验产量和统计分析结果表明(见表 13、表 14)，灌水处理与不灌水处理相比较，除试验 A 处理 4 产量差异不显著外，其他灌水处理的产量均达到差异显著或极显著水平。可见冬小麦限量灌溉具有较好的增产效果，产量随着灌水量加大而增加(两试验同处理的产量和不同生育期灌水量相等的同处理产量均采用均值)，灌水量(mm)与产量(kg)呈正相关，$r=0.994\ 5^{**}$ $(n=5)$。就一个生育期灌水的产量而言，在相同灌水量条件下，拔节孕穗期优于灌浆期。冬小麦的拔节孕穗，标示着植株已进入旺盛生长期，生理需水剧增，耗水强度(mm/d)为其一生中最高的时期。在冬小麦这一水分临界期保持良好的土壤水分供给，能促使其幼穗发育的性细胞分化形成，为增加籽实产量打下良好基础。为此，可以认为拔节孕穗期是最优的灌水时期。冬小麦的灌浆期，尤其是灌浆前期，是籽实形成的重要时期，若期内缺少水分供给，会影响光合作用，降低结实率，所以灌浆期亦是较好的灌水时期。在拔节孕穗期和灌浆期均灌水的处理增产效果更加显著。

表 13 有限灌溉对小麦产量的影响分析

处理	试验 A 小区产量(kg)				试验 B 小区产量(kg)				两试验小区平均产量(kg)	较对照平均增产(%)
	Ⅰ	Ⅱ	Ⅲ	平均	Ⅰ	Ⅱ	Ⅲ	平均		
1	5.45	5.10	5.20	5.25	6.06	6.45	5.79	6.10	5.68	—
2	6.15	6.00	5.90	6.02	7.25	6.91	7.49	7.22	6.62	16.5
3	6.40	6.20	6.25	6.28	7.70	7.82	7.59	7.70	6.99	23.1
4	5.75	6.25	5.50	5.83	7.10	6.72	7.22	7.01	6.42	13.0
5	5.80	6.45	6.05	6.10	7.66	7.68	7.30	7.55	6.83	20.2
6	6.50	7.05	6.55	6.70	8.48	8.36	7.45	8.10	7.40	30.3
7	7.05	7.75	8.00	7.60	8.61	8.55	7.58	8.25	7.93	39.6

表 14 试验产量差异显著性比较

处理	试验 A			试验 B		
	小区平均产量(kg)	显著性检验		小区平均产量(kg)	显著性检验	
		0.05	0.01		0.05	0.01
7	7.60	a	A	8.25	a	A
6	6.70	b	B	8.10	a b	A B
3	6.28	b c	B C	7.70	a b	A B
5	6.10	c	B C	7.55	b	A B
2	6.02	c	B C	7.22	b	B
4	5.83	c d	C	7.01	b	B C
1	5.25	d	C	6.10	c	C

注:试验 A 处理间均方为 1.638,$F=18.463^{**}$($F_{0.01}=4.82$);试验 B 处理间均方为 1.593,$F=13.158^{**}$($F_{0.01}=4.82$)

3.2 对冬小麦生育性状的影响

试验调查、考种结果表明(见表 15),灌水处理均较不灌水处理的单位面积总穗数、单株成穗数、株高、穗长、穗粒数、穗粒重和千粒重等生育性状指标高,这与灌水显著增加冬小麦产量的结果是一致的。在 0~90 mm 灌水量范围内,灌水量与单株成穗数、千粒重、单位面积成穗数、穗粒重和穗长呈显著正相关,其相关系数依次为:$0.997\,1^{**}$、$0.996\,5^{**}$、$0.989\,6^{**}$、$0.970\,2^{*}$和$0.966\,6^{*}$($n=5$);在灌水诸处理之间,灌两水的处理均较灌一水的处理生育性状指标高。拔节孕穗期灌水与灌浆期灌水相比较,前者平均单位面积总穗数、单株成穗数和株高分别增加 7.8%、5.8% 和 4.7%,后者平均穗粒重、穗粒数、千粒重和穗长分别增加 9.2%、4.4%、4.2% 和 4.0%。在冬小麦产量构成三因子中,成穗数是遗传力最低的因子,拔节孕穗期灌水有利于其有效群体的形成,进而提高单位面积总穗数,显然这是拔节孕穗期灌水增产的主要原因。灌浆期灌水能有效增加粒重，亦有较好的增产效果，但不及拔节孕穗期。

表 15　有限灌溉对小麦生育形状的影响

处理	穗数（万/hm^2）	单株成穗数（个）	株高（cm）	穗长（cm）	穗粒数（个）	穗粒重（g）	千粒重（g）
1	370	1.60	62.0	7.2	33.1	1.34	40.5
2	405	1.80	68.8	7.3	36.7	1.50	40.9
3	420	1.85	70.7	7.7	38.2	1.61	42.1
4	375	1.70	65.9	7.8	39.0	1.68	43.1
5	390	1.75	67.3	7.8	39.2	1.70	43.4
6	425	1.85	70.4	8.0	39.6	1.73	43.7
7	460	2.00	70.9	8.1	41.3	1.85	44.8

3.3　有限灌溉条件下冬小麦的耗水量及水分利用率

依据农田水量平衡公式和降水量、灌溉水量、1 m 土体被利用的水量和产量等数据，计算不同处理冬小麦耗水量及水分利用效率（见表16）。结果表明，灌水处理的水分利用效率均高于不灌水处理，增幅为7.0%～18.0%，可见限量灌溉能提高冬小麦对土壤水分的有效利用；灌水诸处理间比较，灌浆期优于拔节孕穗期，更优于两个生育期均灌水的处理；在0～90 mm 灌水量范围内，以灌45 mm 的处理平均水分利用效率最高。就灌溉水利用率而言，以拔节孕穗期灌30 mm 的处理最高，依次为拔节孕穗期灌水45 mm、拔节孕穗期和灌浆期各灌水30 mm、灌浆期灌水45 mm 和灌浆期灌水30 mm，而拔节孕穗期和灌浆期各灌水45 mm 的处理最低。值得指出的是，拔节孕穗期和灌浆期各灌水30 mm 的灌溉水利用率较高，这可能是由于在两个生育期均以较少的水量（30 mm）灌溉，便于对灌溉水的有效利用的结果。综上所述，在本试验冬小麦生育期降水和灌水量范围内（辉县市冬小麦生育期多年平均降水量为132.2 mm，试验年当季降水量为160.1 mm，属于降水偏丰），满足作物水分利用效率最高时的补充灌水量为45 mm，满足灌水利用率最高时的补充灌水量为30～45 mm。为此，可以认为，在雨水偏丰的年份，河南丘陵旱作区有限灌水的下限以30～45 mm 为宜。

表 16　有限灌溉对冬小麦水分利用的影响

处理	产量（kg/hm^2）	水分利用效率[kg/(mm·hm^2)]	耗水量（mm）	土壤耗水（mm）	灌溉水利用率[kg/(mm·hm^2)]
1	5 083.3	12.8	397.0	191.9	0
2	6 016.7	14.5	418.7	183.6	31.1
3	6 416.7	14.7	437.9	187.8	29.6
4	5 841.7	14.6	402.5	167.8	25.3
5	6 291.7	15.1	416.6	166.5	26.9
6	6 750.0	14.4	468.1	203.0	27.8
7	6 875.0	13.7	501.6	206.5	19.9

4　结果与讨论

（1）冬小麦生育期内灌水在 0 ~ 90 mm 范围内，灌水有较好的增产效果，且随着灌水量的加大，增产效果愈显著。水分利用效率为：灌浆期 > 拔节孕穗期 > 拔节孕穗期 + 灌浆期，灌溉水利用率则是：拔节孕穗期 > 灌浆期 > 拔节孕穗期 + 灌浆期；不同灌水量水分利用效率和灌溉水利用率为：45 mm > 30 mm > 60 mm > 90 mm。在本试验冬小麦生育期降水和灌水量范围内，满足作物水分利用效率最高时的补充灌水量为 45 mm，满足灌溉水利用率最高时的补充灌水量为 30 ~ 45 mm。因此，要保持较高的增产率和经济效益，建议在雨水偏丰的年份拔节孕穗期和灌浆期各灌 30 mm 水或拔节孕穗期灌 45 mm 水为宜。

（2）玉米有限灌溉试验表明，在丰水年型可以不灌水或在大喇叭口期灌一水，在缺水年型应以补灌两水为宜，在水源不足或有限的条件下，可以放在玉米大喇叭口期补水，并采用较大补灌量才能缓解旱情，获得较高的经济产量和收益。在本试验夏玉米生育期降水和灌水量范围内，满足作物水分利用效率最高时的补充灌水量为 45 mm，满足灌水利用率最高时的补充灌水量为 30 ~ 45 mm。因此，在河南丘陵旱作区夏玉米的农业生产中有限灌水的下限以 30 ~ 45 mm 为宜。

（3）棉花有限灌溉试验表明丰水年棉花不需补灌，平水年在现蕾期和花铃期进行补灌增产效果明显，其中现蕾期以较高补灌量 45 mm 为宜，花铃期则以较低补灌量 22.5 mm 为宜。缺水年在现蕾期和花铃期进行补灌增产效果十分显著，且两时期均以补灌 45 mm 为最佳。水分利用率分析进一步证实了其灌水效果。

不同小麦品种节水增产效应分析

陈献营[1]　马孝仁[2]　武继承[3]

(1.通许县农业综合开发办公室,通许 475400;
2.通许县农业科学研究所,通许 475400;
3.河南省农业科学院植物营养与资源环境研究所,郑州 450002)

摘要:通过对不同小麦品种在等量施肥条件下的节水增产效应研究表明,不同水平条件下不同小麦品种的生长发育具明显不同的特征,在小麦产量三要素的增减方面具有明显的差异;在试验年份降水条件下,周麦18、豫麦34和郑麦9023-8具有明显的节水增产效果。

关键词:小麦品种　节水增产　效应

小麦是河南省的主导优势作物,为探讨不同小麦品种的节水效果,提高水分资源的利用效率,根据河南省科技攻关项目和国家粮食丰产工程项目的要求,2004~2005年我们在通许县练城乡安排了不同小麦品种在等量施肥条件下的节水增产效应试验研究。

1　材料与方法

试验设置在暖温带温和半湿润型气候区的通许县练城乡,年平均降水量682.4 mm,其中7~9三个月降水量占全年降水量的60%,年蒸发量为1 936 mm。试验土壤为壤质潮土,土壤耕层养分状况为有机质含量12.5 g/kg、速效氮89 mg/kg,速效磷15.3 mg/kg,速效钾91 mg/kg,酸碱度值为7.9。

试验用小麦品种分别为豫麦34、郑麦9023-8(强筋)、周麦18、太空6号、新麦18和济麦2号(中筋),播种量为135 kg/hm^2,播期为10月19日,肥料用量为纯氮16 kg/亩、P_2O_5 8 kg/亩、K_2O 8 kg/亩,磷钾肥一次性施入作底肥,氮肥70%作底肥、30%留作追肥。做到统一灌溉,统一管理,统一化控。11月10日选定小麦定苗样段,定期观察小麦生长发育变化动态。试验用肥料采用过磷酸钙(含P_2O_5 12%)、尿素(含N 46%)、硫酸钾(含K_2O 60%)。灌溉时间为3月25日~4月5日,节水灌溉按常规灌溉量的80%灌溉,灌溉后进行氮素追肥。

2　结果与分析

2.1　不同水分条件对小麦生长发育的影响

从表1可以看出,在同等水分情况下不同小麦品种的株高、穗长、穗粒数和千粒重有着明显的不同。在节水灌溉条件下,小麦穗长以郑麦9023-8和济麦2号最长,穗粒数以

作者简介:陈献营(1963—),男,农艺师,主要从事农业综合开发研究与推广。

豫麦34、周麦18和新麦18较多,千粒重以豫麦34最高;在常规灌溉条件下,小麦穗长以太空6号和新麦18较短,穗粒数以新麦18最多,千粒重以周麦18最高。

节水灌溉与常规灌溉相比,株高只有新麦18有所提高;穗长提高的品种为郑麦9023－8和济麦2号,其他品种持平或缩短;穗粒数除新麦18和太空6号外,其他均有不同程度地增加,分别增加3～9粒;豫麦34、郑麦9023－8和济麦2号的小穗数分别增加1～3粒;豫麦34、周麦18和太空6号的千粒重也有不同程度地提高。说明不同小麦品种各生长发育形状对水分的需求具有明显的差异性。

表1　不同水分条件下不同小麦品种的生长发育特征及产量效应分析

项目	品种	株高(cm)	穗长(cm)	小穗(粒)	穗粒数(粒)	千粒重(g)	小区产量(kg)	亩产(kg/亩)	比相应增减(%)
节水灌溉	豫麦34	77	8	20	42	50.8	4.43	492.5	5.48
	郑麦9023－8	78	10	16	39	38.8	4.43	492.5	12.73
	周麦18	78	8	20	42	44.0	4.43	492.5	3.75
	太空6号	86	8	15	29	43.6	4.10	455.8	0.00
	新麦18	73	7	16	42	34.4	3.96	440.2	－3.42
	济麦2号	82	10	17	41	34.8	4.20	466.9	－3.89
常规灌溉	豫麦34	80	9	19	39	40.6	4.20	466.9	
	郑麦9023－8	86	9	13	32	39.8	3.93	436.9	
	周麦18	81	9	25	33	43.2	4.27	474.7	
	太空6号	82	8	16	37	41.2	4.10	455.8	
	新麦18	70	7	19	49	35.0	4.10	455.8	
	济麦2号	83	9	16	34	43.0	4.37	485.8	

2.2　不同水分条件对小麦产量的影响

从表1可以看出,与常规灌溉项目比,在节水灌溉条件下不同小麦品种表现为不同的特征,其中周麦18、豫麦34和郑麦9023－8表现为明显的增产,分别增产3.75%、5.48%和12.73%,并以郑麦9023－8节水增产效果最佳;太空6号持平,新麦18和济麦2号分别减产3.42%和3.89%。说明在试验年份降水条件下,周麦18、豫麦34和郑麦9023－8具有明显的节水增产效果。

3　结论和建议

(1)不同水分条件下不同小麦品种的生长发育具有明显不同的特征,在小麦产量三要素的增减方面具有明显的差异。

(2)在试验年份降水条件下,周麦18、豫麦34和郑麦9023－8具有明显的节水增产效果,分别增产3.75%、5.48%和12.73%,说明节水增产是切实可行的。

第四部分　雨水高效利用技术研究与应用

试论旱作节水高效农业技术集成体系的建设问题

武继承[1]　杨占平[1]　潘晓东[2]

（1. 河南省农业科学院土壤肥料研究所，郑州 450002；
2. 河南省农村科学技术开发中心，郑州 450003）

摘要：本文通过对我国旱作节水农业发展的技术基础分析，系统地论述了旱作节水高效农业技术集成体系需要解决的问题，提出了旱作节水高效农业技术集成的建设设想和建设途径及河南辉县旱作节水高效农业的技术集成体系。

关键词：旱作区　节水高效农业　技术集成　技术体系

我国旱作区约542万 km^2，其中有耕地0.51亿 hm^2，耕地中没有灌溉条件的旱地约占本区耕地的65%[1]。河南省的半干旱、半湿润易旱区耕地面积440万 hm^2，占全省耕地面积的63.9%，其中京广线以西典型旱作区耕地面积254万 hm^2，占全省耕地面积的36.7%；丘陵、山旱地180万 hm^2，占旱地面积的41%。干旱不仅制约着农、林、牧业的健康发展，同时受地形、气候的影响，常常伴随着水土流失、土壤退化等严重的生态环境问题，严重地影响着人类社会的生存与发展。问题的实质是水资源不平衡的问题。因此，解决水资源的利用问题，尤其降水的高效利用问题，是解决其问题的本质所在。

虽然我国对旱作区农业生产技术、雨水积蓄利用技术等多方面进行了长期的研究[2~4]，积累了丰富的技术，但缺乏系统的技术组装配套和技术集成，本文在前人工作的基础上，就旱作节水高效农业技术集成体系的建设问题进行有益的探讨，为旱作农业区节水高效农业的发展提供借鉴。

1　我国旱作节水高效农业发展的技术基础

1.1　水土保持型耕作技术

10多年来，我国旱作农业学者对多种水土保持型耕作方式进行大量研究探讨，并相继提出了蓄水聚肥改土耕作法、旱坡地聚流入渗孔耕作技术、旱坡地截流蓄水种植沟耕作技术、陡坡地集流聚肥梯田技术、坡耕地垄作区田水土保持耕作技术、垄膜沟播技术、保护性耕作技术等，研究表明集流聚肥梯田土壤含水率比坡耕地增加2.05%~4.07%；玉米产量比坡耕地增加41.1%~57.0%[5]。同时，集流蓄水聚肥改土耕作法可使耕作活土层达45~60 cm，土壤有机质、全氮、全磷含量分别提高0.45、0.022、0.011个百分点，垄顶、

基金项目：国家863节水农业项目（2002AA2Z4291）。

作者简介：武继承（1965—），男，研究员，主要从事节水农业和土壤资源研究。

垄侧、垄底0~50 cm土壤水分含量分别比常规田高出2.2、2.14、1.53个百分点[6]。保护性耕作休闲期土壤表层的贮水层厚度比传统耕作高14~27 mm,平均提高20.68 mm[7]。免耕和深松与传统耕作相比,水分利用效率分别提高10.6%、16.4%,降水利用效率分别提高11.9%、19.5%,肥料利用效率提高10%以上[8]。而在坡耕地因地制宜地采取垄作区田水土保持耕作措施可就地拦蓄雨水,促进作物当年增产增收,大豆增产14.5%~22.8%,玉米可增产16.2%~19.7%[9]。

1.2 地膜覆盖栽培技术

研究表明,渗水地膜覆盖可以起到渗水、保水、增温、调温和微通气等多种功能,使旱地农田种植的玉米比常规地膜覆盖的增产幅度可达20%以上,收入增加30%左右,0~100 cm土层的土壤含水量比常规地膜平均提高了2.0%[7]。膜侧沟播3叶期至收获前0~60 cm土层平均土壤含水量膜侧沟条播为151.2 g/kg,对照为132.2 g/kg[10]。采用膜际栽培技术在小麦160天的生育期内地温和气温比对照分别提高151 ℃和176.8 ℃,0~10 cm、10~20 cm耕层土壤含水量比对照分别提高0.9%和3.0%,小麦单株分蘖个数、返青群体数量、成穗数与对照相比分别增加0.6个、6.6万个和9.62万个,增产50.9%[2]。

1.3 雨水集蓄节灌技术

研究表明,在旱作区最有效的途径就是发展集水农业,不同生育期补水灌溉研究证明小麦集雨补灌效果为拔节期+孕穗期>孕穗期>拔节期,玉米为大喇叭口期>拔节期+大喇叭口期>拔节期[11]。膜上灌与常规灌溉相比,棉花节水40.8%,增产皮棉5.12%;玉米节水58%,增产51.8%[12]。膜下滴灌则较膜上灌增产25.12%,增产籽棉70.32 kg/亩,节水25%[13]。同时,调亏灌溉也表现出明显的节水增产效果,在春小麦分蘖、拔节、乳熟前受旱3~5天,可增产2%~20%,耗水量减少750~1 050 m^3/hm^2[14]。

1.4 化学节水技术

研究表明,采用保水剂拌种小麦可以增产5.2%~6.9%[15],保水剂红薯穴施不仅红薯病害减轻,而且增产幅度达14.07%~23.74%[2],不同水分条件下小麦则表现出不同的增产效应,并以亩施保水剂3~4 kg为宜[16]。

1.5 抗旱节水品种培育与筛选技术

目前,我国已进行抗旱、丰产性鉴定的作物品种100多个,应用取得了耐旱、节水、增产、高效和提高土壤水分利用率的良好结果。如粮饲兼用抗旱高产玉米新品种冀丰58、超高产甘薯新品种SL—01、豫薯13、郑旱1号小麦、豫麦38、豫麦48、郑州9023、新麦11、西农9766、石家庄8号、旱优118、节优218等都有上佳表现。

2 旱作节水高效农业技术集成应解决的主要问题

2.1 技术的适应性研究问题

任何一种旱作节水农业技术都涉及投资成本、经济效益及区域适宜性的问题。以抗旱保水剂为例,我们知道目前国内农用保水剂的施用量和施用范围十分有限,其问题的关键就是投资成本和区域适应性的问题,我们的研究证明抗旱保水剂在土壤中的施用以沙壤土的效益收益和保水性能最佳,其次是壤土和沙土,黏土最差;就不同作物品种而言,则以红薯穴施效果最好,其次是小麦,玉米效果最差。因此,对于技术的引进与应用,必须加强相应技术的适应性研究，为区域旱作节水农业的高效持续发展提供坚实的技术保证。

2.2　多元化技术体系研究

旱作区耕地类型有山地、丘陵和平原，农业结构有一元型、二元型、三元型和多元型，植物品种有农作物（禾本科、豆科、茄科和旋花科等）、果树（苹果、桃、梨、枣、杏、核桃等）和草地。因此，应根据其地形、植物品种和农业结构的不同类型建立多元化的旱作节水高效农业节水技术体系，以充分利用有效的降水资源，提高降水的利用率和利用效益，实现少投入、多产出的目标。

2.3　传统技术与高新技术的结合问题

传统技术与高新技术结合是当代旱作节水高效农业发展新的结合点，也是节水农业高效、持续发展的根本保证。一方面传统技术是多年来我国旱作农业生产实践的结晶；另一方面传统技术具有操作方便、投资小、实用性广泛等多种优点。但同时部分传统技术的节水效果较差，需要补充新技术、新设备、新方法进一步提高节水效应，而高新技术的发展为传统技术在旱作农业中发挥更大的节水效应提供了技术保证，所以要实现旱作农业的节水、高效和持续发展，必须推进传统技术与高新技术的有机结合。

2.4　农业结构调整与降水利用问题

旱作农业要实现节水、高效仅有先进的节水技术是不够的，必须配合相应的农业结构调整，变耗水型作物品种结构为抗旱节水型作物品种结构，变单纯粮食型作物结构为经济效益型作物结构；同时，也只有通过合理的结构调整才能充分发挥区域雨水积蓄工程的利用效益。因此，应根据区域降水量、降水蓄积量和农业生产特点，制订区域农业结构调整的整体发展方案，避免盲目地进行结构调整，推动区域农业结构调整与降水利用的有机结合。

2.5　雨水集蓄与先进节水灌溉技术的结合问题

我们知道通过蓄水窖（池）蓄积的降水含沙量大、杂质多，采取合理的节水灌溉技术是管好、用好降水资源的根本保证。因此，必须解决好节水灌溉方式和节水灌溉模式的筛选，以保证雨水资源高效利用和农作物的有机配合，实现降水利用率和工程效益的共同提高。

3　旱作节水高效农业技术集成体系建设的设想

综观世界各国旱作区水资源高效利用的模式，如美国中西部的“少耕覆盖”、澳大利亚南部的“粮草轮作”、印度的“农林耕作制”和“集水种植”、以色列的“设施农业”和“节水灌溉”高效创汇性农业等都是旱地农业综合技术集成建设的成功典例。针对我国旱地农业分布于干旱区、半干旱区、半湿润易旱区、半湿润偏旱区四种气候类型和平原、丘陵与山地三种地貌类型区及其农业生产特点、自然环境、降水量等都有很大的差异性，旱作节水高效农业综合技术体系的集成应有区域性、层次性和多元型。也就是说，以提高降水利用率和利用效率为核心，将农艺措施、生物技术、节灌工程、雨水积蓄工程和管理措施等有机地结合在一起，筛选出适宜于不同区域的旱作农业节水高效技术集成体系，以建立我国不同地域特色的旱作节水高效农业发展模式，如抗旱型、立体型、设施型、复合型、免耕型和集水型等[17]。

4 旱作节水高效农业技术集成体系的建设途径与效果分析

4.1 提高降水利用率的技术体系

4.1.1 就地拦蓄入渗利用技术

河南省南召县按照“提高质量，保证速度，加强防护”的原则，对全县的岗坡丘陵区进行了坡耕地的改造，建成的高标准水平梯田2万 hm^2。在2000年长达5个月没有降水的情况下，5月中旬测定5～20 cm 耕层含水量均在10%以上，比没改造的坡耕地高6%以上，花生平均产量3 229.5 kg/hm^2，比1999年正常年景增产22.7%[2]。

4.1.2 地面覆盖技术

2002～2004年我们在河南辉县示范区进行的冬小麦覆盖试验表明，地膜覆盖处理小麦产量达5 961 kg/hm^2，比对照增产19.7%，不同秸秆覆盖用量则比对照增产8.7%～16.3%。原因主要是地面覆盖处理在增加有效积温的同时，可以提高成穗率和促进穗分化，对小麦籽粒的形成和形成大穗有较好作用。同时，后茬玉米产量也表现出明显的提高，不同秸秆覆盖用量与对照相比增产525～774 kg/hm^2，增幅为7.1%～13.9%，且增长幅度随秸秆覆盖量增加而增加，地膜覆盖处理与对照相比增幅为7.8%。

4.2 提高降水利用效率的技术体系

4.2.1 优化种植结构，提高农田整体水分利用效率

2002～2003年我们在禹州试验基地的旱岗地上采用有机无机相结合，集雨补灌与旱作技术相结合，发展小麦－西瓜－棉花间套种植模式1.5 hm^2（小麦、西瓜、棉花品种分别采用豫麦34、西农8号和河南农科院的抗虫棉2号），平均产量分别为小麦3 345 kg/hm^2、西瓜39 877.5 kg/hm^2、棉花籽棉2 370 kg/hm^2，农民纯收入达到22 500元/hm^2，比未经结构调整的耕地增收9 000元/hm^2以上，降水水分利用率提高到65.7%。

4.2.2 筛选耐旱品种，增加抗旱节水品种的配置

研究证明，不同根系农作物的间套轮作，可以较充分地利用不同层次的土壤水分，提高土壤水利用效率和单位土地生物学产量。2002～2004年，我们在河南辉县示范区进行的抗旱节水小麦丰产品种筛选和优质谷子品种筛选及示范方表明，济麦2号、洛阳9505、郑州9023等小麦是旱作区种植的优选品种；谷丰2号、冀优2号和冀谷20等谷子品种平均比对照豫谷6号增产11.0%～17.3%，是河南省今后农业结构优化首先考虑的品种。

4.2.3 优化水肥耦合技术

试验表明，合理的水肥耦合对小麦具有明显的增产效果。与对照相比，不灌水施肥处理较对照增产34.2%～152.3%，补充灌水施肥处理增产39.2%～142.6%；补充灌水与不灌水各处理相比，增产幅度达21.0%～40.2%。因此，应发展合理的旱作区集雨补灌节水农业，提高单位产出效益[18]。

4.2.4 充分发挥化学节水技术

试验表明，旱地小麦施用保水剂具有明显的增产效果，并以亩施用抗旱保水剂3.5～4.5 kg处理增产效果最佳，增产幅度达33.77%～36.50%；同时可以提高耕层土壤含水量0.3%～1.0%和降水利用效率0.08～0.36 kg/（mm·亩）。

4.3　集雨补充灌溉技术体系

发展集雨补灌是旱作区变被动抗旱为主动抗旱的重要举措，关键是集雨工程、节灌设施的建设和节灌模式的筛选问题。在前期工程建设的基础上，2003～2004年我们在河南辉县示范区进行了小麦生育期节水补充灌溉的试验研究，试验表明冬小麦在拔节期和孕穗期进行补灌具有明显的增产效应，在补充一次灌水450 m^3/hm^2 的情况下，小麦产量分别为6 747 kg/hm^2 和6 871.5 kg/hm^2，分别较对照增产32.8%和35.2%。从田间观察情况看，冬小麦仅在拔节期进行补灌，小麦有早衰、早死现象，而仅在孕穗期补灌，小麦的早衰、早死现象较轻，而在拔节期、孕穗期进行两次补灌，小麦的长势、长相好，能较好地保证小麦中后期在水分、养分上的协调供应，说明小麦生育期较长，要保证其正常生长发育的需要，应以补灌2～3次为宜。但是在水源条件有限的条件下，补灌时期可放在小麦的中后期进行。

4.4　旱作节水高效农业的技术集成体系样板分析

河南辉县示范区几年来以雨水集蓄工程建设为基础，以提高降水利用率和利用效率为核心，通过提高降水利用率、降水利用效率和集雨补充灌溉技术的引进、筛选与运用，初步建立了旱作节水高效农业技术集成体系（见图1）。在技术集成的基础上，将雨水利用与种植业结构调整、传统技术与高新技术、雨水集蓄与补充灌溉等有机地结合在一起，以提高单位产出效益和工程利用效益为目的，2002～2004年河南辉县示范区共新建蓄水窖65眼，增加蓄水容积2 600 m^3，新建蓄水池2座，增加蓄水容积3 600 m^3；改造和修缮水池5座，增加蓄水容积3.15万 m^3，累计增加节灌面积340 hm^2，平均单位增产562.5 kg/hm^2，增幅达13.6%～24.2%，实现了降水利用效率和工程利用效益的双重提高。

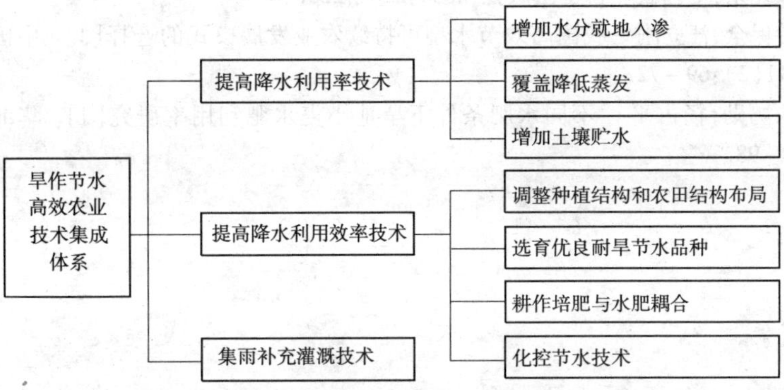

图1　河南辉县旱作节水高效农业技术集成体系

参 考 文 献

[1] 陶毓芬，王立祥，韩仕峰，等．中国北方旱农区水分生产潜力及开发[M]．北京：气象出版社，1993：1－11.

[2] 武继承，张长明，王志勇，等．河南省降水资源高效利用技术研究与应用[J]．干旱地区农业研究，2003，21(3)：152－155.

[3] 任杨军，李建牢，赵俊侠．国内外与水资源利用研究综述[J]．水土保持学报，2000，14(1)：88－92.

[4] 刘晓勇，吴普特．雨水资源集蓄利用研究综述[J]．自然资源学报，2000，15(1)：189－193.

[5] 高鹏,郑国相,李铁军,等. 陡坡地集流聚肥梯田技术的应用[J]. 资源开发与市场,1999,15(1):9-10.
[6] 梁德平,李有华,许国平,等. 集流蓄水聚肥改土耕作技术的应用研究[J]. 山西水土保持科技,2002(2):14-16.
[7] 李洪文,陈君达,高焕文,等. 旱地表土耕作效应研究[J]. 干旱地区农业研究,2000,18(2):13-18.
[8] 王育红,姚宇卿,吕军杰. 保持耕作技术对豫西旱坡地土壤养分变化的影响[J]. 安徽农业科学,2002,30(3):414-415.
[9] 杨爱民,沈昌蒲,刘福,等. 坡耕地垄作区水土保持效益研究[J]. 水土保持学报,1994,8(3):52-58.
[10] 邢国,郑勤,王天华. 半干旱雨养农业区小麦膜侧沟条播试验研究初报[J]. 甘肃农业科技,1998(5):21-22.
[11] 蔺海明,牛俊义,秦舒浩. 陇中半干旱区小麦和玉米补灌效应研究[J]. 干旱地区农业研究,2001,19(4):80-86.
[12] 孙景生,康绍忠. 我国水资源利用现状与节水灌溉发展对策[J]. 农业工程学报,2000,16(2):1-5.
[13] 夏智汛. 节水农业技术研究成果[M]. 北京:中国水利水电出版社,2004:111-163.
[14] 石培泽,杨秀英. 春小麦适度亏缺灌溉的节水增产效应[J]. 干旱地区农业研究,1998,16(2):80-83.
[15] 汪立刚,武继承,王林娟. 保水剂有效使用的土壤水分条件及对小麦的增产效果[J]. 土壤,2003(1):80-83.
[16] 史福刚,杨稚娟,王志勇. 水分条件对保水剂增产效应的影响[M]//梅旭荣,等. 节水高效农业理论与技术. 北京:中国农业科学出版社,2004:226-228.
[17] 武继承,游保全,汪立刚. 我国高效节水型可持续农业发展模式的选择[J]. 中国人口资源与环境,2001,11(2):69-72.
[18] 武继承,朱鸿勋,杨占平. 不同水肥条件下旱地小麦水肥利用率研究[J]. 华北农学报,2003,18(4):95-98.

耕作对土壤入渗性能的影响

杨永辉[1,2]　赵世伟[1]　雷廷武[3]　刘　汗[3]　赵　军[1]　赵勇钢[1]

(1. 中国科学院水利部水土保持研究所,杨凌 712100;
2. 中国科学院研究生院,北京 100039;
3. 中国农业大学水利与土木工程学院现代精细农业系统综合研究
重点实验室,北京 100083)

摘要:耕作影响降雨入渗、径流、土壤侵蚀过程。本研究采用新型的坡地降雨条件下土壤入渗能力的径流—入渗—产流测量方法和仪器,野外观测宁夏南部山区坡耕地与撂荒地土壤入渗性能,揭示耕作对土壤入渗性能影响的规律。在坡度为20°、土壤表层含水量11.3%的坡地进行测量。采用的降雨强度分别为:20、40、56 mm/h。结果表明,新型测量方法和仪器可以很好地测量坡面土壤入渗性能的全过程,并且具有省水、省工、操作方便的特点,且测量精度高。对比测量结果表明,坡耕地的初期土壤入渗性能在小雨强条件下略高于撂荒地的入渗性能,而在大雨强条件下则一直低于撂荒地的入渗性能。随雨强的增大坡耕地的入渗性能急剧减小,而撂荒地的入渗性能基本不受雨强变化的影响。坡耕地土壤的入渗性能(土壤结构)对降雨强度极为敏感,而撂荒地具有稳定的土壤结构和入渗性能。在3种雨强下,坡耕地的产流时间均比撂荒地提前。与撂荒地相比,各种雨强条件下坡耕地的稳定入渗率都较撂荒地明显降低。

关键词:耕作　土壤入渗性能

坡耕地土壤的降雨入渗性能对于水文过程[1]、作物水分利用、灌溉管理、土壤侵蚀[2]等方面的研究和实践非常重要。

土壤的入渗能力与土壤质地、结构、地面坡度、土壤剖面含水量有关,但总是随入渗时间的推移而逐渐降低[3,4],最终趋于一个常数——稳定入渗率。

降雨入渗率是反映土壤入渗性能的重要指标,实际降雨入渗决定于土壤表面所承接的水量、土壤表面特征及土壤的导水性能。众多研究表明[5~7],降雨和径流的双重作用引起土壤侵蚀,尤其在耕作条件下,土壤结构遭到破坏[8],其侵蚀土壤对土壤孔隙的填充作用和水流泥沙在地表的沉积作用而形成地表封闭或结皮,导致土壤入渗率降低和地表径流增加,造成水土流失。

坡耕地是黄土高原半干旱地区水土流失的重要来源。在坡耕地占有相当大比例的宁南黄土丘陵区,土壤侵蚀及土地退化严重,将耕地进行一定时段的撂荒,可以改善土壤结构,提高土壤入渗性能,减缓土壤侵蚀及水土流失。国内外关于坡耕地和撂荒地土壤入渗性能有一定的研究,但都未能将降雨条件下,决定坡面径流和发生侵蚀的重要原因的土壤

基金项目:中科院知识创新工程重要方向项目(KZCX3—SW—412)和国家863项目(2002AA6Z3301)资助。

作者简介:杨永辉(1978—),男,陕西西安人,硕士研究生,主要从事土壤环境效应研究。

前期入渗性能实际过程测定出来[9]。因此,本文采用新型坡地降雨条件下土壤入渗能力测量方法和仪器[10]研究坡地土壤降雨入渗性能的变化,尤其是降雨前期的土壤降雨入渗性能的真实变化情况,不仅可以为土壤侵蚀与水土流失过程的研究与防治提供参考和借鉴的作用,也可为水土保持工程措施的修建与配置等提供可靠的数据依据。

本研究的主要目的是:①检验新型坡地降雨条件下土壤入渗能力的径流—入渗—产流测量方法和仪器的野外实用性及其优缺点;②揭示实际坡耕地和撂荒地土壤入渗性能随时间变化的过程和规律;③比较坡耕地和撂荒地土壤入渗性能对不同雨强反应的敏感性,说明耕作对入渗和水土流失的影响机理。

1　研究区概况

研究区位于宁夏彭阳县中北部半干旱区的王洼乡,包括姚岔和姬阳洼两个小流域,东经106°32′45″~106°33′15″,北纬36°04′30″~36°09′36″,总面积18.5 km^2。属中温带半干旱梁状丘陵区,年平均温度6.8 ℃,年平均降水量为413.94 mm。

2　入渗产流模型及试验方法

2.1　入渗产流模型

入渗能力是土壤表面充分供水的条件下土壤的实际入渗率,初始时土壤的入渗能力很大,要测得此时的土壤入渗能力,必须供给很大的水量。而随着降雨的延续,土壤的入渗能力降低。根据中国农业大学雷廷武教授提出的产—渗—流法降雨入渗模型[10]进行降雨入渗研究,基本模型如下。

2.1.1　径流推进阶段的入渗率计算模型

计算模型如下:

$$i(t) = P\frac{x_1 W}{A(t)} \tag{1}$$

式中:$i(t)$为入渗速率,mm/h;W为入渗面宽度,m;P为降雨强度,mm/h;x_1为产流面沿坡面的长度,m;$A(t)$为t时刻水流在坡面上推进的面积,m^2。

2.1.2　坡面上有出流径流时入渗率的计算模型

计算模型如下:

$$i(t) = P\frac{x_1 W}{A(t)}\frac{q}{A\cos\alpha} \tag{2}$$

式中:$i(t)$为入渗速率,mm/h;W为入渗面宽度,m;P为降雨强度,mm/h;x_1为产流面沿坡面的长度,m;$A(t)$为t时刻水流在坡面上推进的面积,m^2;q为随时间变化的径流流量,L/h;α为坡面的坡度(°或弧度)。

2.2　材料与方法

2.2.1　试验材料

试验地点设在固原彭阳王洼水保站的相连接的两个地块(土壤为典型的黄绵土),坡耕地:土豆与谷子连作;撂荒地:撂荒之前与坡耕地种植作物及种植方式相同,撂荒3年后生有一年生杂草。研究土层为0~20 cm,两块样地的质地基本相同,其颗粒组成见表1。

表1　试验土壤颗粒组成

粒径（mm）	1 ~ 0.25	0.25 ~ 0.05	0.05 ~ 0.01	0.01 ~ 0.005	0.005 ~ 0.001	<0.001	<0.01
所占比例（%）	1.253	27.273	56.705	8.336	6.376	0	14.712

2.2.2　试验仪器

土壤颗粒组成分析采用MS2000激光颗粒分析仪测定。

野外人工模拟降雨试验中，降雨量比降雨的能量更重要，故用小型针头下滴式降雨模拟器。降雨器长2 m，宽0.55 m，雨滴直径在1 ~ 3 mm，雨强20 ~ 56 mm/h。相应地，降雨器下的坡面分为投影长度为2 m、宽度为0.15 m的3个顺坡条带，代表3个重复，产流面和入渗面长度之和为2 m，产流面长度为1 m（见图1），处于上部，下部为入渗面，长度1 m。

图1　坡地降雨小区示意图

2.2.3　试验方法及观测项目

根据以上降雨器及与之相对应的小区设置，具体试验操作步骤如下：

（1）试验前，将0.5 m^3的水装进事先准备好的大塑料桶里待降雨时用（0.5 m^3水可满足56 mm/h的降雨强度，剩下的水能够用于40 mm/h及20 mm/h的降雨强度）。

（2）选择比较平整的坡面建立试验小区（利于试验数据的观测及新型测定入渗方法的应用），坡度均为20°，两种下垫面（坡耕地和撂荒地）。坡面的处理是试验成功的关键，也是应用本法测定土壤入渗的必备条件，将选择好的相对平整的坡面上的作物残茬或杂草用剪刀剪掉，仅露出土壤即可，不能破坏土壤的原状性，这样做的目的为：①可以突出土壤本身性质对入渗、产流的影响；②有利于径流在坡面上推进时数据的读取。试验为连续两天完成，确保土壤的前期含水量不产生明显差异，使试验条件一致（土壤的前期含水量为11.3%），减少影响入渗性能的因素。

根据上述试验方法及目的，径流推进过程和累计径流出流量（或流量）的变化是计算入渗率的基础数据。因此，与本研究有关的试验观测记录的项目如下：

（1）径流在坡面上推进过程：在土槽的边缘标有刻度标尺。在降雨过程中，每一分钟读一次雨水径流在坡面的推进距离，将所得数据带入式（1），即可计算出该时刻的瞬时入渗速率。

（2）径流出流量随时间的变化过程：在入渗坡面的下方，用有刻度的采样瓶收集径流。在有径流出流的情况下，降雨进行一段时间后，坡面径流推进到达入渗面下端，产生径流出流。随着土壤入渗能力的降低，出流流量随时间的推移不断增加，当间隔相同时间内径流量相同时，试验停止。试验过程中，记录径流流量随时间的变化过程，从而计算出产流每一刻土壤的入渗速率。

3　结果与分析

3.1　坡耕地翻耕后不同雨强的雨水入渗过程

坡耕地在不同雨强下的水分入渗过程见图 2，可以看出，图 2 很好地反映了降雨过程中水分在土壤中的入渗速率变化的全过程，其中 y_1、y_2、y_3 分别为雨强 20 mm/h、40 mm/h、56 mm/h 的拟合方程，该曲线与土壤水分特征曲线相似，其相关系数分别为 0. 965 3、0. 938 5、0. 853 5，达显著水平。图 2 中曲线的变化趋势的缓急顺序为 56 mm/h >40 mm/h > 20 mm/h，表明降雨径流在坡面的推进距离随雨强的增大而增大，最终达到恒定的入渗速率（土壤稳渗率），但随雨强的增大其稳渗速率大小顺序为 20 mm/h >40 mm/h >56 mm/h，说明坡耕地经翻耕之后，土壤结构遭到破坏，且小雨强对于土壤的打击破坏作用小于大雨强，即雨强越大，雨滴对地表土壤的打击破坏越大，降雨产生的径流挟带侵蚀的土壤颗粒会堵塞地表土壤孔隙形成地表封闭或结皮，从而使土壤的降雨入渗速率有所降低[5,6]。另外，较大的降雨强度使得地表土壤颗粒发生崩解，破坏地表土壤结构形成更为细小的颗粒堵塞地表土壤孔隙，减少了入渗，增加地表径流和土壤侵蚀[11,12]。因此，与大雨强相比小雨强对土壤的打击破坏作用较弱，其土壤稳定入渗率大于大雨强的[13]。

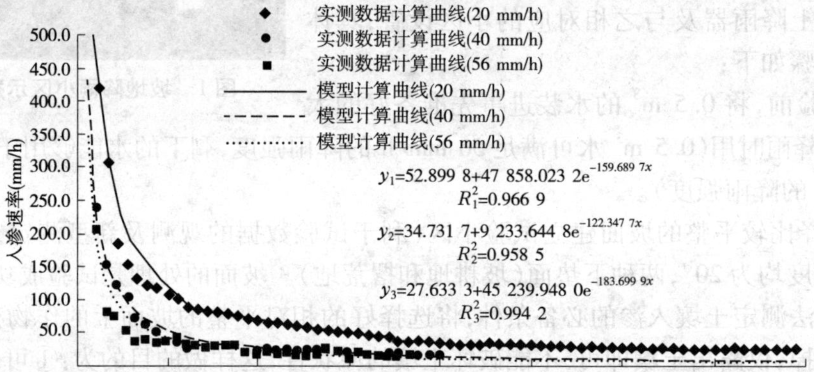

图 2　不同雨强下坡耕地翻耕后土壤入渗性能比较

3.2　撂荒地不同雨强的雨水入渗过程

撂荒地的降雨入渗过程见图 3，可以看出，无论雨强大小，其土壤稳定入渗速率最终为 32 mm/h 左右。表明，撂荒地土壤结构较好，在整个降雨入渗过程中，雨强对其土壤的破坏强度基本一样。在降雨初期，入渗速率的变化快慢为 56 mm/h >40 mm/h >20 mm/h。由于 20 mm/h的雨强雨量较少，达到稳渗率的时间比 40 mm/h 及 56 mm/h 要长 2 倍多，说明 20 mm/h 雨强在宁南山区构成的土壤侵蚀威胁远小于 40 mm/h 和 56 mm/h 雨强。

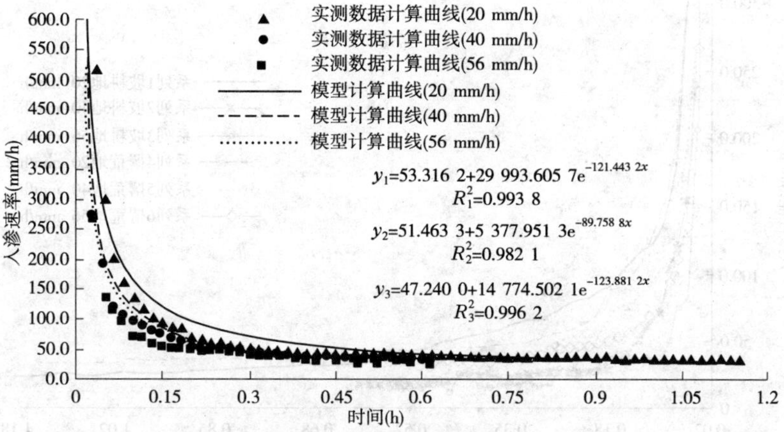

图 3　不同雨强下撂荒地土壤入渗性能比较

3.3　撂荒地与坡耕地降雨入渗性能比较

从表 2 中可以看出，随着雨强的增大，坡耕地与撂荒地的产流时间、达到稳定入渗率时间及次降雨过程中的产流总量都增大，其中撂荒地的产流时间虽比坡耕地长，但其产流量还是远小于坡耕地，平均产流量是坡耕地的 71%。在 3 种雨强下，坡耕地的产流时间均比撂荒地提前，而达到稳定入渗率的时间撂荒地比坡耕地长。

表 2　坡耕地与撂荒地不同雨强的产流时间等比较

项目	20 mm/h		40 mm/h		56 mm/h	
	坡耕地	撂荒地	坡耕地	撂荒地	坡耕地	撂荒地
产流时间(min)	32.4	41.0	6.4	9.4	4.0	8.2
达到稳定入渗率的时间(min)	54.0	64.0	29.0	31.0	17.0	20.5
开始产流到达稳定入渗率时的总产流量(ml)	1 052.0	315.0	3 679.0	2 660.0	6 138.0	4 745.0

从图 4(为实际测得折线图)中可看出，坡耕地的初期土壤入渗性能在小雨强条件下略高于撂荒地的入渗性能，而在大雨强条件下则一直低于撂荒地的入渗性能。随雨强的增大，土壤结构的破坏程度增强[14]，坡耕地的入渗性能急剧减小，而撂荒地的入渗性能基本不受雨强变化的影响。坡耕地土壤的入渗性能对降雨强度极为敏感，而撂荒地具有稳定的土壤结构和入渗性能。与撂荒地相比，各种雨强条件下坡耕地的稳定入渗率都较撂荒地明显降低，最低值仅为撂荒地的 60%。表明耕作破坏了土壤结构，易使表层土壤产生结皮，降低土壤入渗速率，导致径流量增大，土壤侵蚀加剧。

以上表明，坡耕地与土地撂荒之间对于土壤的入渗性能(就土壤本身)的区别相当明显，坡耕地经过一定时间的撂荒之后，土地得到了一定程度的恢复，土壤结构在不受人力的作用下得到了一定的改善，入渗性能提高，土壤的抗侵蚀能力增强[15]。

3.4　测量方法精度分析

按照潘英华[16]的方法分析了测量精度。具体做法如下：首先，根据坡面上各点计算

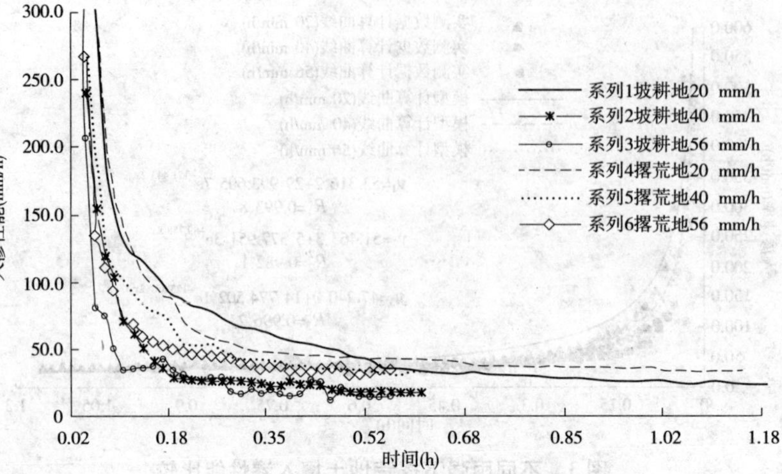

图4　坡耕地与撂荒地不同雨强下入渗性能比较

得到的入渗率随时间的变化过程，用数值积分方法得到了坡面上各点的累计入渗量。而后，在坡面上对各点的累计入渗量进行积分，得到坡面上总入渗量的计算值。将径流量和计算入渗量相加得到计算降雨量，与对应时间内实际降雨量比较，计算得到了计算降雨量与实际降雨量之间的误差。其计算公式为：

$$\varepsilon=\left|\frac{Q_0-Q}{Q_0}\right|\times 100\% \tag{3}$$

式中：ε 为计算入渗量和实际降雨量的相对误差，%；Q_0 为实际降雨量，m^3；Q 为计算降雨量，m^3。

计算结果如表3。从表3的结果可以看出，各次降雨的精确度都在误差范围内，且小雨强比大雨强的精确度高。说明新型的坡地降雨条件下土壤入渗能力的径流—入渗—产流测量方法应用于野外试验的真实可靠性。

表3　测量方法精度分析

项目	雨强（mm/h）	实际降雨量（L）	径流量（L）	计算入渗量（L）	计算降雨量（L）	误差（%）
坡耕地	20	3.96	1.052	2.85	3.90	1.44
	40	5.91	3.679	2.05	5.73	3.16
	56	8.40	6.131	1.97	8.10	3.53
撂荒地	20	3.00	0.32	2.66	2.97	1.00
	40	6.00	3.141	2.66	5.80	3.40
	56	8.40	4.375	3.75	8.13	3.27

4　结论

本文采用的降雨水分入渗模型和配套的降雨设备，对降雨过程中的水分入渗及径流情况进行野外实地测定与模拟，对开始降雨积水及达到稳定入渗速率的土壤水分入渗的全过程进行了测定。从降雨入渗率所表现出来的趋势来看,积水前,在降雨初期的很短时间内,降雨入渗率发生急剧变化,随时间延长,这种变化的趋势逐渐变缓;积水后,降雨入渗率变化更为缓慢,整个过程已接近一条曲线。因此,如果依照传统的方法,在试验过程中采用径流收集法来测定降雨入渗性能,由于在数据处理过程中得到的只是降雨入渗的平均值,就有可能错过了降雨入渗曲线前端数据急剧变化的阶段,开始时的瞬间入渗速率值就无法得到。说明径流—入渗—产流方法测定的土壤入渗性能比其他测定方法具有优越性。考虑到野外试验的可操作性,该法的另一个优越性为:省水,0.5 m^3 水就可以满足 56 mm/h、40 mm/h、20 mm/h 雨强的降雨,最多只需要 4 个人就可以完成整个试验,受风的影响很小。与其他野外模拟降雨试验相比可实施性很强。

在相同土壤前期含水量条件下(11.3%),坡耕地与撂荒地相比,坡耕地的土壤入渗性能小于撂荒地。坡耕地的初期土壤入渗性能在小雨强条件下略高于撂荒地的入渗性能,而在大雨强条件下则一直低于撂荒地的入渗性能。随雨强的增大坡耕地的入渗性能急剧减小,而撂荒地的入渗性能基本不受雨强变化的影响。坡耕地土壤的入渗性能对降雨强度极为敏感,而撂荒地具有稳定的土壤结构和入渗性能。与撂荒地相比,各种雨强条件下坡耕地的稳定入渗率都较撂荒地明显降低。表明耕作破坏了土壤结构,易使表层土壤产生结皮,降低土壤入渗速率,导致径流量增大,土壤侵蚀加剧。而坡耕地经过撂荒之后,土地得到了一定程度的恢复,土壤结构有了一定的改善,比坡耕地有利于降雨水分的入渗,降低径流流量,减缓土壤侵蚀。在广阔的宁南山区应该将耕地进行撂荒,将撂荒地与耕地进行合理调配,撂荒与种植交叉进行,这样既满足了人的粮食需求,又可以在一定范围内减缓耕作导致的水土流失的程度。

参考文献

[1] 辛格. 水文系统流域模拟[M]. 赵卫民,等译. 郑州:黄河水利出版社,2000.

[2] 蒋定生. 黄土高原水土流失与治理模式[M]. 北京:中国水利水电出版社,1997.

[3] Hillel D. Environmental soil physics[M]. New York: Academic Press, 1998.

[4] Scott H Don. Soil physics[M]. Ames: Iowa State University Press, 2000.

[5] Helalia A M, Letey J, Graham, R C. Crust formation and clay migration effects on infiltration rate[J]. Soil Sci Soc Am J, 1988, 52:251 - 255.

[6] Morin J, Van Winkel J. The effect of raindrop impact and sheet erosion on infiltration rate and crust formation[J]. Soil Sci Am J, 1996, 60:1223 - 1227.

[7] Levy g J, Levin J, Shainberg I. Seal formation and interill soil erosion[J]. Soil Sci Soc Am J, 1994, 58: 203 - 209.

[8] 陈奇伯,齐实,孙立达,等. 黄土丘陵区坡耕地土地退化研究[J]. 水土保持通报,2004,24(1):12 - 15.

[9] 吴发启,赵西宁,崔卫芳. 坡耕地土壤水分入渗测试方法对比研究[J]. 水土保持通报,2003,23(3):39 - 41.

[10] 雷廷武,刘汗,潘英华,等. 坡地土壤降雨入渗性能的径流—入渗—产流测量方法与模拟[J]. 中国科学:D辑地球科学,2005,35(12):1180 - 1186.

[11] Mamedov A I, Levy G J, Shainberg I, et al. Wetting rate and soil texture effect on infiltration rate and

runoff[J]. Aust J Soil Res, 2001, 36: 1293 - 1305.

[12] Levy G J, Levin I, Shainberg. Prewetting rate and aging effect on seal formation and interrill soil erosion [J]. Soil Sci, 1997, 162: 131 - 139.

[13] Abu-awwad A M. Water infiltration and redistribution within soils affected by a surface crust[J]. Journal of Arid Environments, 1997, 37:231 - 242.

[14] Michael J, Singer, Yves Le Bissonnais. Importance of surface sealing in the erosion of some soils from a mediterranean climate[J]. Geomorphology, 1998:79 - 85.

[15] 王晓燕,高焕文,杜兵,等. 用人工模拟降雨研究保护性耕作下的地表径流与水分入渗[J]. 水土保持通报,2000,20(3):23 - 25,62.

[16] 潘英华. 物理化学调控对土壤水分运动特性的影响研究[D]:[博士学位论文]. 杨凌:西北农林科技大学,2004.

宁南黄土丘陵区不同植被措施的土壤水分特征

杨永辉[1,2]　赵世伟[1]　刘娜娜[3]　苏　静[3]　徐　洁[4]

（1. 中国科学院水利部水土保持研究所，杨凌 712100；
2. 中国科学院研究生院，北京 100039；
3. 西北农林科技大学资源环境学院，杨凌 712100；
4. 宁夏彭阳县水保站，彭阳 756500）

摘要：杏树、柠条、沙棘、苜蓿及天然草等为宁南黄土丘陵区主要植被，其对该地区的土壤生态功能及防止水土流失产生重要意义。为阐明该地区不同植被措施与土壤水分特征之间的关系，本文应用离心机法及定水头法分别测定了土壤的水分特征曲线及土壤饱和水率，研究了该地区植被措施下土壤的水分特征，结果表明，土壤含水量与土壤水吸力之间的关系符合幂函数 $\theta = aS^b$，且相关水平达到极显著。参数 a 的大小与不同植被有一定的关系，且呈现出有规律的变化：苜蓿 > 沙棘 > 天然草 > 杏树 > 柠条 > 农田。土壤饱和导水率天然草与苜蓿最高，农田最低，沙棘、柠条等灌木林地居中。在同一吸力范围内，苜蓿的含水量最高，沙棘次之，天然草、柠条及杏树含水量基本相同，农田最低。在低吸力段土壤平均含水量从大到小顺序为苜蓿、沙棘、农田、天然草、杏树、柠条，但除苜蓿及沙棘外，农田、天然草、杏树及柠条差异不大。在中吸力阶段，平均土壤含水量苜蓿 > 天然草 > 杏树，且苜蓿相对较高，随着土壤吸力的增大，其土壤含水量差异逐渐缩小。凋萎含水量苜蓿最大，其次为沙棘和天然草，柠条、杏树再次之，农田最低。有机质是以上结果的主导因素，有机质能改善土壤结构，提高土壤总孔隙度、毛管孔隙度，降低非毛管孔隙度及土壤容重，提高土壤导水性及持水性能。

关键词：黄土丘陵区　植被措施　土壤水分特征

植被和土壤互为环境因子，国内外学者对植物群落组成及其结构变化特征做了大量研究，而对与之密切相关的土壤条件变化研究相对较少[1]，特别是水土保持措施下的人工植被。土壤水分的有效性是评价植物对土壤水分利用程度和水分胁迫对植物生长影响的主要指标，也是半干旱地区植物或作物水分利用与种植人工植被的关键问题。这方面的研究在国外开展较早，研究内容已涉及植物根系的吸水速率和土壤水分有效性动力学[2]。

我国黄土高原地区植被与土壤水分条件关系的研究主要集中在林地土壤水分背景、地带性和非地带性因素分析、土壤水分生态分区和土壤干层及其形成等方面[3,4]，并对自然植被恢复下土壤水分特征做了一定研究[5]，而在人工植被的坡地土壤水分特征方面的研究报道较少。

宁南黄土丘陵区大多为人工植被（苜蓿（*Medicago lupulina*）、柠条（*Caragana korshin-*

基金项目：国家863项目（2002AA6Z3301）和中国科学院知识创新工程重要方向项目（KZCX3—SW—412）。

作者简介：杨永辉（1978—），男，陕西西安人，硕士研究生，主要从事土壤环境效应研究。

skii)、沙棘(*Hippophae rhamnoides*)和杏树(*Prunus armeniaca*)等)及天然草被,且大多为坡地,不同植被下土壤的水分特征反映了植被的生长对水分利用的能力。表层土壤为雨水转化的活动层,雨水和土壤发生作用,破坏土壤结构,导致土壤侵蚀的发生,最终导致土壤功能遭到破坏。

本文的目的是对宁南黄土丘陵区水土保持植被措施下坡地土壤水分特征进行研究,旨在说明不同人工植被与土壤水分特征之间的关系,从而为阐明该地区水土保持优势林草种下的土壤水分生态功能提供科学依据。

1 研究区概况

研究区点位于宁夏南部典型黄土丘陵区的彭阳县中北部的王洼乡,该区包括姚岔和姬阳洼两个小流域,位于东经106°32′45″~106°33′15″,北纬36°04′30″~36°09′36″。总面积18.5 km^2。海拔1 684~1 890 m,相对高差206 m,平均沟壑密度0.68 km/km^2,沟道比降5%。坡面组成为:<5°坡面9%,5°~15°坡面47%,15°~25°坡面26%,25°~35°坡面14%,>35°坡面4%。属中温带半干旱梁状丘陵区,年平均降水量413.94 mm,年平均温度6.8 ℃,≥10 ℃积温2 690.4 ℃,平均无霜期145 d,最大180 d,最小105 d。年平均日照时数2 518 h,太阳总辐射535 920 J/cm^2。耕地999.6 hm^2,林地362.1 hm^2,人工草地297.1 hm^2,非生产用地31.9 hm^2,荒地60.1 hm^2,不可利用地87.3 hm^2,其他用地8 hm^2。

2 材料与方法

2.1 样区的选择

在2004年9月选择了5种植被类型的坡地,土壤均为黄绵土,植被类型分别为沙棘(*Hippophae rhamnoides*)(16年生,密度:150 cm×100 cm,平均株高:155 cm,平均地径:3.2 cm,植被覆盖度:70%)、柠条(*Caragana korshinskii*)(22年生,密度:0.5 cm×1.5 cm,平均株高:121 cm,冠幅:120 cm,植被覆盖度:55%)、天然草(60年,覆盖度:65%)、苜蓿(*Medicago lupulina*)(5年生,退耕前种植荞麦、冬小麦等,覆盖度75%)及杏树(*Prunus armeniaca*)(20年生,密度:200 cm×400 cm,平均株高:511 cm,平均胸径:6.5 cm,植被覆盖度:70%)、农田(对照),其前茬作物为荞麦。各样地立地条件见表1。

表1 各样地立地条件

小区	坡度(°)	海拔(m)	坡向(°)
农田(对照)	20	1 763	南偏西14
苜蓿(5年生)	11	1 805	南偏西40
天然草(60年)	20	1 760	南偏西10
柠条(22年生)	19	1 751	南偏西40
沙棘(16年生)	21	1 763	南偏东30
杏树(20年生)	19	1 751	东偏南15

2.2 土样采集与制备

在各植被类型的样地(10 m×10 cm)以对角线取3个剖面,按土层深度0~10 cm、10~20 cm、20~30 cm、30~40 cm、40~70 cm、70~100 cm分别取原状土、环刀样(0~

10 cm每个剖面取 2 个重复)及混合样。表层留做测定土壤饱和导水率及水分特征曲线。

2.3　测定方法

土壤有机碳采用重铬酸钾外加热氧化法测定,土壤含水量采用烘干法测定,土壤容重采用环刀法[6],土壤水分特征曲线采用离心机法[7],土壤饱和导水率采用恒定水头法[8,9]。

3　结果与分析

3.1　不同植被下坡地土壤水分特征曲线的数学模型

土壤水分特征曲线是研究土壤水分特征的重要工具,它既可以反映土壤保持水分的状况,又可以表现土壤水分的数量与能量之间的关系,因此也被称为土壤持水曲线[10,11]。不同植被对于土壤的改良作用有所不同,导致其土壤具有不同的理化特征,因而它们的蓄水性能也有所不同,反映了不同的土壤水分特征曲线。实测的水分特征曲线反映了土壤含水量与土壤水吸力之间存在着幂函数关系,其函数关系式为:

$$\theta = aS^b$$

式中:S 为土壤吸力;θ 为土壤重量含水量;a、b 为参数。

用实测的土壤含水量与土壤吸力($0.1\times10^2 \sim 10\times10^2$ kPa)的资料(见表 2),拟合的参数及数学模型如表 3 所示。从表 3 可以看出,土壤含水量随着土壤吸力的变化而变化,从而换算出土壤含水量。参数 a 值可以反映土壤持水性能的大小,且随植被的不同而呈规律性变化:苜蓿 > 沙棘 > 天然草 > 杏树 > 柠条 > 农田。

表 2　不同吸力下的土壤含水量

植被类型	土深(cm)	低吸力($\times10^2$ kPa)					中吸力($\times10^2$ kPa)						凋萎含水量(%)
		0.1	0.2	0.4	0.6	0.8	1	2	4	6	8	10	15×10^2 kPa
农田	0~10	26.00	20.03	15.89	14.02	12.76	11.95	10.59	9.10	8.24	7.50	7.07	5.10
天然草	0~10	27.75	19.19	15.71	13.95	12.96	12.28	11.1	9.91	9.19	8.52	8.11	6.20
沙棘	0~10	30.48	20.62	16.87	14.68	13.33	12.4	10.91	9.41	8.54	7.81	7.41	6.15
柠条	0~10	28.42	19.41	15.4	13.63	12.48	11.64	10.56	9.41	8.65	8.02	7.65	5.56
杏树	0~10	29.24	19.50	15.5	13.80	12.68	11.9	10.82	9.68	8.92	8.32	7.94	5.70
苜蓿	0~10	31.91	22.50	18.96	17.22	16.05	15.07	13.74	12.12	11.1	10.37	9.86	7.96

表 3　土壤水分特征曲线的数学模型与相关系数

土地类型	土层(cm)	数学模型	相关系数	F 值检验	显著水平
农田	0~10	$\theta=12.699S^{-0.2921}$	$R=0.9846$	577.2	0
天然草	0~10	$\theta=13.216S^{-0.2792}$	$R=0.9410$	143.4	0
沙棘	0~10	$\theta=13.285S^{-0.2816}$	$R=0.9630$	234.4	0
柠条	0~10	$\theta=12.752S^{-0.3064}$	$R=0.9426$	147.7	0
杏树	0~10	$\theta=13.016S^{-0.3051}$	$R=0.9305$	120.5	0
苜蓿	0~10	$\theta=16.045S^{-0.2588}$	$R=0.9520$	178.8	0

3.2　不同植被下坡地土壤饱和导水率

土壤饱和导水率是反映土壤入渗性能的一个重要指标，同一质地土壤其入渗性能越大土壤保水潜力就越大。不同土地类型土壤的饱和导水率见图1，从图中可以看出苜蓿地及天然草的饱和导水率最高，超过了0.80 mm/min；其次为沙棘，超过了0.60 mm/min；柠条和杏树较低，达到了0.30 mm/min以上；农田的饱和导水率最低，低于0.10 mm/min。其总趋势为：苜蓿 > 天然草 > 沙棘 > 杏树 > 柠条 > 农田，表明苜蓿对于土壤结构的改良作用明显[11]，可以有效地提高土壤的饱和导水率。经过60年形成的天然草，地表长满了各种草被，对于土壤物结构的改良也相当明显，土壤饱和导水率也相当高，超过了0.80 mm/min。农田土壤结构破坏严重，有机质含量低，土壤中的有效空隙度较少，从而导致了土壤饱和导水率相对最小[13]，说明饱和导水率大的土壤，其入渗性能强。从图1可以看出，天然草与人工草在提高土壤饱和导水率方面，明显优于沙棘、柠条及杏树等乔灌林。

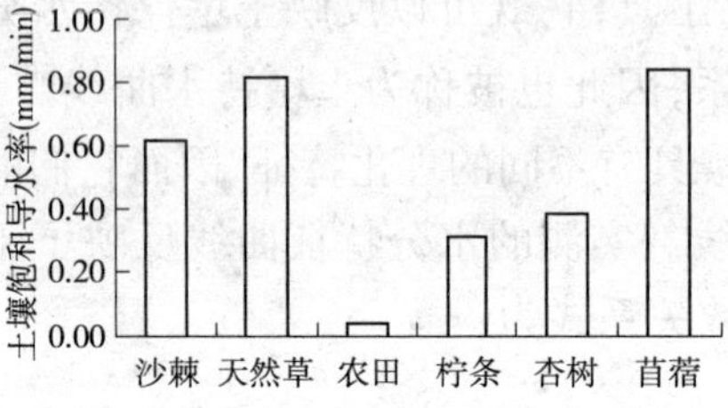

图1　不同坡地土壤饱和导水率

3.3　不同植被下坡地土壤的持水性

土壤的吸力范围可划分为3个阶段[11,14]：①吸力值小于 1×10^2 kPa 为低吸力段；②吸力值 $1\times10^2\sim15\times10^2$ kPa 为中吸力段；③吸力值大于 15×10^2 kPa 为高吸力段。15×10^2 kPa 吸力以下的是能被植物吸收利用的范围。将实测的值($0.1\times10^2\sim10\times10^2$ kPa)及由上述回归方程 $\theta=aS^b$ 计算出 15×10^2 kPa 所对应的凋萎含水量分别列于表2。

从表2中可以看出，在同一吸力范围内，苜蓿的含水量最高，沙棘次之，天然草、柠条及杏树含水量基本相同，农田最低，表明苜蓿对于土壤结构的改善作用较其他植被明显[11]，改善了土壤的水分状况，增强了土壤的持水性。

在低吸力阶段，当土壤吸力为 0.1×10^2 kPa 时，土壤含水量为：苜蓿 > 沙棘 > 杏树 > 柠条 > 天然草 > 农田。在 $0.2\times10^2\sim0.8\times10^2$ kPa 土壤吸力范围内，土壤平均含水量从大到小顺序为苜蓿、沙棘、农田、天然草、杏树、柠条，但除苜蓿及沙棘外，农田、天然草、杏树及柠条差异不大，平均在15.43%左右。

在中吸力阶段，当土壤吸力为 1×10^2 kPa 时，苜蓿仍最高，达15.07%，沙棘为12.4%，天然草为12.28%，杏树和农田几乎相等，为11.9%，柠条最低，为11.64%。在 $2\times10^2\sim10\times10^2$ kPa 吸力范围内，土壤平均含水量苜蓿 > 天然草 > 杏树，其他土壤含水量变化不明显。当土壤吸力为 15×10^2 kPa 时，对应的土壤含水量除苜蓿最大达7.96%外，其他各植被的土壤含水量差异不大。土壤的有效水含量见图2，苜蓿和沙棘最高，超过了13%，柠条、杏树、天然草及农田对照有效水含量都大于11.5%，说明在水分充足的条件下，苜蓿及沙棘与其他植被相比生长条件好。

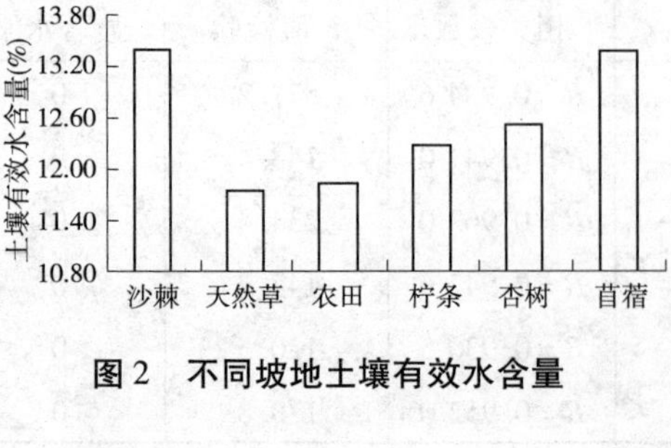

图2　不同坡地土壤有效水含量

3.4 影响土壤持水性能的土壤物理因素

土壤的持水性能主要受土壤总孔隙度、毛管孔隙度、土壤容重、土壤有机质、土壤颗粒组成的影响[15]。有机质是土壤的良好胶结剂,尤其对黄绵土更是如此(其有机质含量很有限),很多研究表明有机质可以改善土壤的结构,提高土壤总孔隙度、毛管孔隙度;降低非毛管孔隙度及土壤容重,提高土壤导水性及持水性能。这些都有助于提高土壤的持水性能。

不同植被下土壤表层有机质含量为:沙棘 > 苜蓿 > 杏树 > 天然草 > 柠条 > 农田。农田的有机质含量最低,为0.89%,总孔隙度最低,土壤容重较高,毛管孔隙度最低,所以它的导水性能及持水性都较差。土壤有机质含量基本与不同植被下土壤的持水性能的大小保持一致(见表4)。

表4　不同植被下表层土壤物理性质

土地类型	土壤深度(cm)	有机质含量(%)	土壤容重(g/cm^3)	总孔隙度(%)	非毛管孔隙度(%)	毛管孔隙度(%)
农田	0~10	0.89	1.28	36.2	21.08	15.13
天然草	0~10	1.43	1.23	39.0	23.50	15.52
沙棘	0~10	1.86	1.13	52.4	37.21	15.15
柠条	0~10	1.29	1.25	42.0	26.63	15.37
杏树	0~10	1.53	1.26	38.2	22.45	15.75
苜蓿	0~10	1.75	1.12	47.1	32.10	14.96

4 结论与讨论

由上述的分析中得出:不同植被下其表层土壤水特征是不同的,但都符合土壤含水量与土壤吸力之间的关系式:$\theta = aS^b$,且达到极显著水平。参数 a 决定了曲线的高低,亦即持水能力大小,a 值越大,持水能力越强;参数 b 决定曲线的走向,即土壤含水量随土壤水势降低而递减的快慢[16]。a 值的大小顺序为:苜蓿 > 沙棘 > 天然草 > 杏树 > 柠条 > 农田,即人工草的 a 值比灌木及乔木都大。土壤饱和导水率天然草地与苜蓿地最高,农田最低,沙棘、柠条等灌木林地居中,由于农田土壤结构破坏严重,有机质含量低,土壤中的有效空隙度较少,从而导致了土壤饱和导水率相对最小[13],说明饱和导水率大的土壤,其入渗性能强。

在同一吸力范围内,苜蓿的含水量最高,沙棘次之,天然草、柠条及杏树含水量基本相同,农田最低,表明苜蓿对于土壤结构的改善作用较其他植被明显[12],改善了土壤的水分状况,增强了土壤的持水性。在低吸力阶段,土壤平均含水量从大到小顺序为苜蓿、沙棘、农田、天然草、杏树、柠条,但除苜蓿及沙棘外,农田、天然草、杏树及柠条差异不大。在中吸力阶段,平均土壤含水量为:苜蓿 > 天然草 > 杏树,且苜蓿相对较高,随着土壤吸力的增高,其他土壤含水量差异逐渐缩小。凋萎含水量苜蓿最大,其次为沙棘和天然草,柠条、杏树再次之,农田最低。有效水含量苜蓿和沙棘最高,柠条、杏树、天然草及农田对照有效水含量大于11.5%,说明在水分充足的条件下,苜蓿地及沙棘地更利于其生长。

苜蓿地的土壤持水性能最佳,充分说明了苜蓿对土壤结构有明显的改善作用[11],主要通过有机质及根系的缠绕作用[17]来实现,但多年生苜蓿,在生长10年以后容易使土壤发生板结。不同植被下土壤表层有机质含量为:沙棘>苜蓿>杏树>天然草>柠条>农田。柠条地的有机质含量少的原因是其植株栽培密集[18],导致土壤水分比较亏缺而矮化,最终导致生产力低[19]。

通过以上的分析,种植苜蓿(10年以内)的坡地土壤持水性能比沙棘、天然草、杏树及柠条高。沙棘的持水性能仅次于苜蓿,表明苜蓿和沙棘相对于其他植被对土壤结构的改善作用明显。持水性能的大小,可以间接地反映土壤的抗冲刷能力,持水性能大其抗冲刷能力就强,反之亦然。所以,在该地区坡地应继续实施苜蓿及沙棘的种植,但考虑到多年生苜蓿生长到一定年限容易使土壤发生板结,因此到一定年限应对土壤进行适度耕翻,促使苜蓿再生长,最终达到提高该地区水土流失的防治速度。

参 考 文 献

[1] 张全发,郑重,全义兴. 植物群落演替与土壤发育之间的关系[J]. 武汉植物学研究,1990,8(4):325-334.

[2] 邵明安. SPAC中的水分运动[J]. 中国科学院水利部水土保持研究所集刊,1991(13):3-12.

[3] 杨文治,马玉玺. 黄土高原地区造林土壤水分生态分区研究[J]. 水土保持学报,1994,8(1):1-9.

[4] 邹厚远,张信. 关于黄土高原植被恢复的生态学依据探讨[J]. 水土保持学报,1995,9(4):1-4.

[5] 赵世伟,周印东,吴金水. 子午岭北部不同植被类型土壤水分特征研究[J]. 水土保持通报,2002,16(4):119-122.

[6] 中国科学院南京土壤研究所. 土壤理化分析[M]. 上海:上海科学技术文献出版社,1995.

[7] 史竹叶,赵世伟. 黄土高原土壤持水曲线的计算方法[J]. 西北农业学报,1999,8(6):44-47.

[8] 森林土壤渗透性测定. 林业管理常用标准及政策法规汇编[M]. 吉林:吉林电子出版社,2003:1218-1999.

[9] 华孟,王坚. 土壤物理学[M]. 北京:北京农业大学出版社,1993.

[10] 雷制栋,杨诗秀,谢森传. 土壤水动力学[M]. 北京:清华大学出版社,1988:19-24.

[11] Jary W A. Soil physics[M]. Published by John Wiley & Sons. Inc. , Hoboken. New Jersey. Printed in the United States of America,1991:61-64.

[12] 樊铭京,卢兆增,张从华,等. 紫花苜蓿根系对土壤结构及肥力影响的研究[J]. 山东水利专科学校学报,1999(2):14-15,29.

[13] 袁建平,张素丽,张春燕,等. 黄土丘陵区小流域土壤稳定入渗速率空间变异[J]. 土壤学报,2001,38(4):579-583.

[14] 庄季屏,王伟. 土壤低吸力段持水性能及其早期土壤干旱关系的研究[J]. 土壤学报,1986,23(4):309-312.

[15] 周择福,李昌折. 北京九龙山不同植被土壤水分特征研究[J]. 林业科学研究,1994,7(1):48-53.

[16] 吴文强,李吉跃,张志明,等. 北京西山地区人工林土壤水分特性的研究[J]. 北京林业大学学报,

2002,24(4):51－55.

[17] 张宇清,齐实,文妙霞. 梯田埂坎植物根系营养空间及伸展模式初步研究[J]. 中国水土保持科学,2003,1(3):31－36.

[18] 程积民,万惠娥,王静,等. 半干旱区不同整地方式与灌草配置对土壤水分的影响[J]. 中国水土保持科学,2003,1(3):10－14.

[19] 王孟本,李洪建. 人工柠条林土壤水分生态环境研究[J]. 中国水土保持,1989(5):22－25.

宁南黄土丘陵区集雨补灌节水农业效益评价

杨永辉[2,3]　赵世伟[1,2]　黄占斌[4]　宋松柏[1]　刘娜娜[1]　曹丽花[1]

(1. 西北农林科技大学,杨凌 712100;
2. 中国科学院水利部水土保持研究所黄土高原土壤侵蚀与旱地农业国家重点实验室,杨凌 712100;
3. 河南省农业科学院植物营养与资源环境研究所,郑州 450002;
4. 中国矿业大学(北京校区),北京 100083)

摘要:针对黄土丘陵区雨水资源开发利用现状和特点,以小流域为单元,通过资料收集、实地调查、实地试验监测相结合,初步建立了反映宁南山区小流域集雨补灌旱作农业的经济发展、社会进步、生态环境改善及雨水利用效率提高的效益评价指标体系。采用多层次模糊综合评价法,评价结果表明,经过3年的集雨补灌工程建设与集雨补灌技术示范,其生态效益、经济效益、社会效益、雨水利用效益及综合效益分别提高了27.9%、27.4%、66.7%、54.7%、41%,尤其是生态效益、经济效益和雨水利用效益,达到了中级及良好水平。体现了定性与定量评价相结合的综合性,实现了效益评价的客观合理性。

关键词:集雨补灌　效益评价　多层次模糊综合评价法　宁南黄土丘陵区

目前,对雨水收集利用模式效益评价的研究还刚刚起步[1,2],国内还没有成熟的评价指标体系和评价方法。宁南山区干旱缺水,自1994年以来,在解决旱作农田缺水和人畜饮水方面,实施了集雨窖灌农业工程并配以相应的集雨节灌设施[3~5],粮食单产提高了30%左右,贫困人口从100万人减少到50万人,并在雨水利用形式上取得了一定的成就,开展了雨水的高效利用模式[6],促进雨水利用及生态建设的发展[7],且取得了一定的经济及生态效益。

如何综合评价集雨工程及雨水利用效益,则报道少见,而采用的评价指标体系只包括生态、经济效益和社会效益的指标,不能直接体现雨水利用工程与技术的效益。基于半干旱区集雨工程及集雨补灌节水农业的进一步实施,雨水利用及与之相关的因素对效益评价将产生重要影响,因此在评价指标体系中,补充雨水利用效益的评价指标则更为合理和科学。

目前,最常用的效益评价方法为定性评价法、定量评价法及综合评价法。

定性评价法[8]受随机因素的影响,此法还存在主观性强、结论模糊、同项目比照性不强等弊端。定量评价法[9],由于受统计数据的限制,判断依据难以统一量化,因此在具体操作中存在困难。综合评价法以监测信息为基本依据,以项目实施前的状况为纵向对比

基金项目:国家"十一五"高技术研究发展计划(863计划)课题:宁夏半干旱区现代节水农业技术研究与集成(2006AA100219);国家863项目(2002AA6Z3301);"十一五"国家科技支撑计划重大项目"典型脆弱生态系统重建技术与示范"中"半干旱黄土丘陵区退化生态系统综合管理技术和模式"(2006BCA01A07)。

作者简介:杨永辉(1978—),男,陕西西安人,硕士,主要从事土壤环境效应研究。

基准期,运用定性方法(德尔菲法)和定量方法(AHP法)相结合[10~16],提出多层次模糊综合评价法。这样既反映了各评价因素间客观存在的层次关系,又克服了评价因素过多难以匹配权重的弊病。

为体现国家863"北方半干旱集雨补灌旱作区节水农业技术体系集成与示范"项目的特色,本文将雨水利用效益与经济、生态、社会效益四者相结合进行效益综合评价,将为该项目的进一步实施提供依据,并为半干旱区集雨补灌节水农业效益评价提供可靠依据。

1　研究区基本概况

示范区位于宁夏黄土丘陵区彭阳县中北部的王洼乡,包括姚岔和姬阳洼两个小流域,东经106°32′45″~106°33′15″,北纬36°04′30″~36°09′36″。总面积18.5 km^2。属中温带半干旱梁状丘陵区,年平均温度6.8 ℃,年平均降水量为413.94 mm。示范区涉及4个行政村的6个自然村,共有农户385户,农业人口1 906人,劳力874人,人口密度103人/km^2。农耕地1 000 hm^2,林地358.76 hm^2,人工草地217.2 hm^2,水域18.06 hm^2,非生产用地31.9 hm^2,荒地94.5 hm^2,不可利用地87.3 hm^2,其他用地8.0 hm^2。农业人口人均耕地0.52 hm^2。土地利用率90.1%,农、林、牧三业用地比例为1∶0.36∶0.31。

2　调查与监测

本研究采用基础资料收集、实地调查及实地试验监测相结合的方法。基础资料包括示范区历年治理情况统计表,有关示范区的统计资料(以2002年以前为主),与示范区所在的政府部门如统计、农业、林业、水土保持站等单位合作,详细了解当地的实际情况,查阅水土保持治理、农村经济发展、雨水利用情况方面的资料,并对项目的实施及形成的经济、生态、社会、雨水利用及综合效益进行实时监测。实地试验监测包括各监测点的作物种植前期、作物各生育期、收获后的土壤含水量及各生育期的降雨量,计算雨水利用率及雨水利用效率,监测深度0~200 cm。

治理效益评价调查采用系统抽样与随机抽样相结合,一般调查和重点调查相结合的方法,根据人口、农田、收入等指标,并结合当地人员提供的信息,确定一定数量的典型农户进行调查。这些农户一般为该村农户数量的30%,然后划分为3个层次(富裕、中等、贫困),在每个层次上随机抽取几户进行重点调查。以这几户的调查平均值并结合村、镇的统计数字作为研究使用数据。调查每个典型农户的资料包括:①家庭人口、劳力、耕地面积、基本农田面积、果园面积等;②农作物产量及灌水情况;③牛、羊、驴、猪、鸡等的数量及饲料的来源;④人均纯收入、劳动生产率;⑤产品价格、农作系统总投入(包括种子、耕种、肥料、农药、灌溉、地膜、管护、收割、费税等所有成本)、总收入(粮食、果品等农产品及劳务收入);⑥农产品商品产值。

3　多层次模糊综合评价

由于集雨补灌旱作区节水农业效益评价具有自身的特点,目前尚未有成熟的效益评价指标体系和方法。结合相关研究领域的方法和指标体系,考虑指标体系的科学性、适应性和可操作性,提出以下评价指标体系和评价方法。

3.1　评价指标体系的建立及各指标值计算方法

宁夏南部山区小流域集雨补灌旱作区节水农业效益评价指标体系(15 项)如下。

生态效益(4 项):

(1)径流系数＝径流量/降雨量;

(2)侵蚀模数＝单位面积单位时间的土壤侵蚀量;

(3)植被覆盖率＝植被覆盖面积/土地面积;

(4)梯田化率＝梯田面积/土地面积。

经济效益(3 项):

(5)人均收入＝居民总纯收入/总人口;

(6)人均粮食＝粮食总产量/总人口;

(7)粮食单产＝粮食总产量/总种植面积。

社会效益(3 项):

(8)土地利用结构(以耕地率表示)＝区域耕地面积/区域土地面积;

(9)农业人口率＝农业人口人数/总人口;

(10)农业产品商品率＝(农业商品产值＋其他商品产值)/农村经济产值。

雨水利用效益(5 项):

(11)粮食增产率＝(一般水平农业措施雨水灌溉产量－一般水平农业措施雨水不灌溉产量)/(一般水平农业措施雨水不灌溉产量);

(12)人均收入贡献率＝(一般水平条件下雨水灌溉人均收入－一般水平条件下雨水不灌溉人均收入)/(一般水平条件下雨水不灌溉人均收入);

(13)水分利用效率(单方水生产粮食能力)＝1 m^3 水生产粮食的数量;

(14)集雨补灌面积率＝集雨灌溉面积/耕地面积;

(15)雨水资源利用率＝当年雨水资源利用量/总雨水资源量。

3.2　效益评价指标层次结构模型

将效益评价指标体系的 4 大类 15 项评价指标,按目标层(O)、准则层(U)、指标层(M)3 个层次(由上至下)建立效益评价层次结构模型(见图 1)。

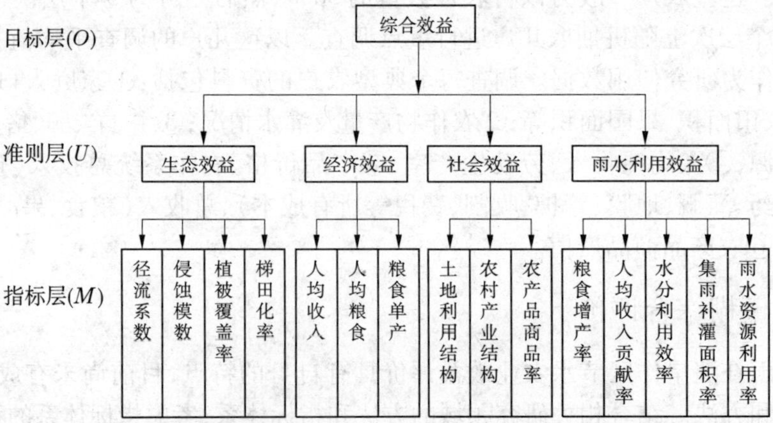

图 1　集雨补灌旱作区节水农业效益评价层次结构模型

3.3　效益评价方法

多层次模糊综合评价[17]，是按照层次结构和多级评价模型，由低层到高层逐层确定权重分配来进行该层的综合评价，将其所得结果作为高层次的模糊矩阵，进行高层次的综合评价。它是由下而上进行模糊合成运算，其一般模糊关系方程是：$B = A \cdot R$，式中 B 为评价结果即判决子集；A 为模糊集中的权重分配；· 为模糊算子；R 为各评价因素的单因素评价矩阵。M 层中生态效益、经济效益和社会效益的评价矩阵及雨水利用效益 R_i（$i = 1,2,3,\cdots$）由各评价指标的实际值按隶属函数标准化计算而得。M 层的评价结果 B_i 将作为 U 层评价中相应的 R_i 值，以此类推最终得到 O 层（综合效益）的评价值。考虑到影响因素众多且为整体因素起作用，故采用加权平均模型 $M(\cdot,\oplus)$ 予以计算。

3.4　效益评价过程

3.4.1　评价指标权重的确定

层次分析法可以对非定量事物做定量分析，对人们的主观判断做出客观描述。因此，采用层次分析法来解决权重问题[18,19]。根据建立的层次分析结构模型，构造判断矩阵并确定标度，经过层次单排序、总排序及一致性检验最后得到权重值[18]（已将整个过程采用 matlab 软件编成计算机程序）。表 1 中 A 为综合效益评价权重，A_i 为 M 层中对应于生态效益、经济效益、社会效益和雨水利用效益的各评价指标的权重向量。本评价中各因素的权重见表 1。

表 1　权重向量表

A	A_i
$A = (0.073, 0.401, 0.193, 0.333)$	$A_1 = (0.112, 0.112, 0.416, 0.360)$ $A_2 = (0.452, 0.274, 0.274)$ $A_3 = (0.262, 0.368, 0.370)$ $A_4 = (0.179, 0.325, 0.169, 0.144, 0.182)$

3.4.2　效益指标分级量化标准

采用德尔菲法，根据各项指标含义，结合项目区实际情况，提出各级效益评价指标的分级标准（采用百分制）。

建立模糊数学隶属度函数对指标进行标准化，根据对指标性质的分析，采用升半梯形、降半梯形 2 种类型[9,19,20]对指标进行标准化。

表达式如下：

（1）升半梯形函数：

$$U(x) = \begin{cases} 0 & 0 \leqslant x \leqslant a_1 \\ \dfrac{x - a_1}{a_2 - a_1} & a_1 < x < a_2 \\ 1 & x \geqslant a_2 \end{cases} \tag{1}$$

(2)降半梯形函数:

$$U(x)=\begin{cases}1 & 0\leqslant x\leqslant a_1\\ \dfrac{a_2-x}{a_2-a_1} & a_1<x<a_2\\ 0 & x\geqslant a_2\end{cases}\tag{2}$$

式中:x 为指标实际值;a_1、a_2 分别为指标的上、下限,可依据评价标准,即基准值和理想值确定。

3.4.3　效益指标标准值的确定

评价指标的标准值是指基准值和理想值。基准值是评价指标对于特定时间上一定范围总体水平的参照值,理想值是在某一时段内预计将要达到的值或理论上的最优值[18]。

研究对象王洼乡的基准值的参照时间为 2002 年,理想值的时间界限为 2015 年(见表 2)。确定基准值的参照依据有 2002 年项目实施之前,王洼乡的自然条件和社会经济情况、典型调查资料、专家咨询和专项研究资料、某些指标的计算与推导。理想值的确定依据是如下:

(1)客观标准:指系统本身在理想条件下所能达到的最高或最低值。如水分利用效率、集雨补灌面积率、雨水资源利用率、土地利用结构、农村产业结构。

(2)社会规范标准:指根据国家和现已明确制定规划目标,以 2015 年全乡预计的平均先进水平表示。如人均收入、人均粮食、粮食单产、植被覆盖率、径流系数、侵蚀模数、梯田化率。

(3)人为标准:根据人们的实践经验人为确定的标准。如农业产品商品率、粮食增产率、人均收入贡献率。

表 2　效益评价指标标准值

评价指标	基准值	理想值	评价指标	基准值	理想值
1. 径流系数	0.31	0.05	9. 农村产业结构(农业人口率)(%)	50	30
2. 侵蚀模数[t/(a·km²)]	10 000	500	10. 农业产品商品率(%)	10	50
3. 植被覆盖率(%)	10	60	11. 粮食增产率(%)	20	50
4. 梯田化率(%)	20	70	12. 人均收入贡献率(%)	20	50
5. 人均收入(元/人)	100	2 000	13. 水分利用效率(kg/m³)	0.5	2.5
6. 人均粮食(kg/人)	100	500	14. 集雨补灌面积率(%)	7.8	50
7. 粮食单产(kg/hm²)	975	9 000	15. 雨水资源利用率(%)	50	90
8. 土地利用结构(耕地率)(%)	60	20			

利用上述两类函数,依据评价标准值对评价指标实际值标准化,结果如表 3,其中第 3、4、5、6、7、10、11、12、13、14、15 指标为升半梯形标准化类型,第 1、2、8、9 指标为降半梯形标准。

3.4.4　效益评价值计算

效益评价值的计算:运用模糊评价方程 $B=A\cdot R$,由表 1 和表 3 的数据可以计算效益评价值。A_i 为 M 层中对应于生态效益、经济效益、社会效益和雨水利用效益的评价指标的权重向量；R_i 为 M 层生态效益、经济效益、社会效益和雨水利用效益的单因素评价矩阵，由表 3 中相应的指标标准化值组成。

表 3 效益评价指标标准化值

效益评价指标		2002 年		2005 年	
		实际值	标准值	实际值	标准值
生态效益	1. 径流系数	0.11	0.23	0.06	0.04
	2. 侵蚀模数[$t/(a·km^2)$]	7 000	0.68	1 755.0	0.13
	3. 植被覆盖率(%)	33.4	0.47	39.8	0.52
	4. 梯田化率(%)	33.9	0.23	37.2	0.59
经济效益	5. 人均收入(元/人)	1 233	0.38	1 824	0.43
	6. 人均粮食(kg/人)	421	1	559	1
	7. 粮食单产(kg/hm^2)	2 158.5	0	2 308	0
社会效益	8. 土地利用结构(耕地率)(%)	56.6	0.6	52.9	0.21
	9. 农村产业结构(农业人口率)(%)	45.9	0.8	36.47	0.32
	10. 农业产品商品率(%)	8.40	0	10.69	0.02
雨水利用效益	11. 粮食增产率(%)	38.4	0.61	46.0	0.87
	12. 人均收入贡献率(%)	35.3	0.51	46.5	0.88
	13. 水分利用效率(kg/m^3)	0.7	0.1	1.23	0.32
	14. 集雨补灌面积率(%)	7.8	0	15.3	0.18
	15. 雨水资源利用率(%)	50.5	0.42	75.1	0.88

(1)对生态效益的评价为：$B_1 = A_1 \cdot R_1 = (0.441\,3, 0.607\,6)$；

(2)对经济效益的评价为：$B_2 = A_2 \cdot R_2 = (0.529\,8, 0.729\,6)$；

(3)对社会效益的评价为：$B_3 = A_3 \cdot R_3 = (0.097\,7, 0.301\,8)$；

(4)对雨水利用效益的评价为：$B_4 = A_4 \cdot R_4 = (0.294\,7, 0.643\,7)$；

(5)将 M 层的生态效益、经济效益、社会效益和雨水利用效益的评价值 $B_i(i=1,2,3,4)$ 作为高层次 U 层的模糊评价矩阵值，则 U 层综合效益的评价，即目标层评价值为：$B = A \cdot R = (0.361\,7, 0.609\,6)$。

前式中：

$A_1 = (0.112, 0.112, 0.416, 0.360)$；$A_2 = (0.452, 0.274, 0.274)$；

$A_3 = (0.262, 0.368, 0.370)$；

$A_4 = (0.179, 0.325, 0.169, 0.144, 0.182)$；$A = (0.073, 0.401, 0.193, 0.333)$。

$$R_1 = \begin{bmatrix} 0.77 & 0.96 \\ 0.32 & 0.87 \\ 0.47 & 0.60 \\ 0.35 & 0.43 \end{bmatrix} \quad R_2 = \begin{bmatrix} 0.60 & 0.91 \\ 0.80 & 1.00 \\ 0.15 & 0.17 \end{bmatrix} \quad R_3 = \begin{bmatrix} 0.09 & 0.18 \\ 0.21 & 0.68 \\ 0.00 & 0.02 \end{bmatrix}$$

$$R_4=\begin{bmatrix}0.61 & 0.87\\0.51 & 0.88\\0.10 & 0.37\\0.00 & 0.18\\0.01 & 0.63\end{bmatrix}\qquad R=\begin{bmatrix}0.4413 & 0.6076\\0.5298 & 0.7296\\0.0977 & 0.3018\\0.2947 & 0.6437\end{bmatrix}$$

通过计算得出各效益评价值，为了使评价结果直观明了，将评价值换算为百分制[21]，公式为：$b'_i=\text{int}(100b_i+0.50)$，结果见表4。

表4　效益评价值

年份	生态效益	经济效益	社会效益	雨水利用效益	综合效益
	评价值/百分制	评价值/百分制	评价值/百分制	评价值/百分制	评价值/百分制
2002	0.441 3/44	0.529 8/53	0.097 7/10	0.294 7/29	0.361 7/36
2005	0.607 6/61	0.729 6/73	0.301 8/30	0.643 7/64	0.609 6/61
增幅(%)	27.9	27.4	66.7	54.7	41

3.4.5　评价结果等级划分

将生态效益、经济效益、社会效益、雨水利用效益和综合效益评价结果按得分划分4个等级（见表5）。

表5　效益评价等级划分

等级	I_1	I_2	I_3	I_4
得分区间	80～100	70～79	60～69	≤59
评语	优	良	中	差

3.4.6　评价结果

依据各类效益得分值和评价等级的划分得出各类效益的评价结果（见表6）。

表6　效益评价结果

年份	生态效益		经济效益		社会效益		雨水利用效益		综合效益	
	评价等级	评语	评价等级	评语	评价等级	评语	评价等级	评语	评价等级	评语
2002	I_4	差	I_4	差	I_4	差	I_4	差	I_4	差
2005	I_3	中	I_2	良	I_4	差	I_3	中	I_3	中

（1）从效益评价结果来看，各效益都有很大的提高，从表4中可以看出，效益增长幅度最大的是社会效益，增长幅度为66.7%，其次为雨水利用效益，其增长幅度为54.7%，生态效益和经济效益增长幅度也达27%，示范区综合效益增长幅度较快，达41%。但从评价结果来看，生态效益与雨水利用效益从2002年的差（I_4）提高到2005年的中等（I_3）水平，经济效益从2002年的差（I_4）提高到2004年的良好（I_2）水平，社会效益在2002年和2005年虽然表现的水平均为差，但其增长速度与生态效益、经济效益及雨水利用效益

相比却最快(达66.7%),主要原因为该地区的社会效益基础水平较低。

(2)从当前治理情况来看,2005年生态效益、雨水利用效益和综合效益均为中等(I_3)水平。经济效益为良好(I_2)水平,进一步治理应大力提高社会效益。只有四类效益兼顾、共同提高,才能实现生态效益、经济效益、社会效益的协调发展,最终实现雨水利用效益及综合效益的稳步提高。

4　结论与讨论

(1)初步建立了反映宁南半干旱山区小流域集雨补灌旱作农业生态效益、经济效益、社会效益以及雨水利用效益评价的指标体系。采用多层次模糊综合评价方法进行评价,可以全面考虑各评价因素间客观存在的层次关系;采用层次分析法确定评价因子的权重、使权重确定具有客观性;将模糊评价结果转换为百分制得分,并进行等级划分,使评价结果直观明了。从评价过程来看,该法体现了定性与定量评价相结合的综合性,实现了效益评价的客观合理性。

(2)通过以上分析得出,自2002年在宁夏彭阳王洼乡开展的国家863"集雨补灌农业节水技术体系集成示范"项目实施3年来,其效果比较明显,生态效益、经济效益、社会效益、雨水利用效益及综合效益都有所提高,尤其是生态效益、经济效益和雨水利用效益,达到中级及良好水平。

(3)该方法将雨水利用效益作为效益评价指标体系之一,与生态、经济、社会效益相结合,对宁南山区及同类型区的集雨补灌节水农业项目、工程的科学布局、规划、决策和管理提供效益综合评价的依据,对推动雨水资源的高效利用,发展集雨补灌节水农业产生重要影响,从而为半干旱区集雨补灌节水农业效益评价提供可靠依据。

参考文献

[1] 高燕云. 研究与开发评价[M]. 西安:陕西科学技术出版社,1996.
[2] 卜卫. 社会科学成果价值评估[M]. 北京:社会科学文献出版社,1999.
[3] 赵力仪,马国力,祁永新,等. 水土保持社会效益的监测与评价[J]. 人民黄河,2000,22(6):23-25.
[4] 李智广,李锐. 小流域治理综合效益评价方法刍议[J]. 水土保持通报,1998,18(5):19-23.
[5] 汪培庄. 模糊集合论及其应用[M]. 上海:上海科技出版社,1983:247-253.
[6] 王晓慧,孙保平. 北京市大兴永定河沙地综合治理效益评价[J]. 水土保持通报,1998,18(6):34-38.
[7] 王稳地,唐晓春,陈勇,等. 流域泥石流防治效益评估模型初探[J]. 水土保持学报,1994,8(3):69-73.
[8] 王礼先. 小流域综合治理效益评价方法与指标[J]. 北京林业大学学报,1991,13(3):50-51.
[9] 许树柏. 层次分析法原理及其应用[M]. 天津:天津大学出版社,1988:1-25.
[10] 黄占斌,程积民,赵世伟,等. 半干旱地区集雨利用模式及其评价[J]. 农业工程学报,2004,20(2):301-304.
[11] 赵西宁,冯浩,吴普特,等. 黄土高原小流域雨水资源化综合效益评价体系研究[J]. 自然资源学报,2005,20(3):352-360.

[12] 马文林,杨春燕,张贤. 宁南山区集雨水窖工程效果评述[J]. 水土保持科技情报,2001(6):39-40.
[13] 马文林,崔文慧. 宁南山区集雨微灌工程实践[J]. 中国农村水利水电,2000(9):11-13.
[14] 马文林. 宁夏南部山区集雨节水灌溉工程[J]. 水资源保护,2002(1):39-41.
[15] 杨永辉,赵世伟,刘娜娜,等. 宁南山区雨水高效利用模式分析[J]. 干旱地区农业研究,2005,23(5):138-142.
[16] 赵西宁,吴普特,王万忠,等. 生态环境需水研究进展[J]. 水科学进展,2005,16(4):617-622.
[17] 贺北方. 多级模糊层次综合评价的数学模型及应用[J]. 系统工程理论与实践,1989(6):1-6.
[18] 蔡常丰. 数学模型建模分析[M]. 北京:科学出版社,1995.
[19] 芪垆. 实用模糊数学[M]. 北京:科学技术文献出版社,1989:194-201.
[20] 齐鑫山. 山东省生态农业综合评价标准值的确定及其应用[J]. 生态农业研究,1995,3(3):34-39.
[21] 张跃. 模糊数学方法及其应用[M]. 北京:煤炭工业出版社,1992.

旱作农业区不同田间集雨措施应用研究

史福刚　武继承　杨永辉

（河南省农业科学院植物营养与资源环境研究所，郑州 450002）

摘要：对冬小麦和夏玉米不同田间集雨措施的试验研究结果表明，起垄可使垄背土壤变得疏松、空隙度增大，有利于土壤通气透水，增加土壤水库容，因此有利于作物根系生长、增强抗倒伏能力，并可以减少地表径流，使表土土壤结构体免遭破坏。由于土壤贮水能力增加，地形对降水的再分配、土壤水的运移及蒸发强度的不同，所以更多水分可以被作物利用。而冬小麦生育期由于降水较少且强度不大，除使得垄背表土疏松外，无明显差别。秸秆覆盖也可以缓冲雨滴的冲击力而减弱了对土壤结构体的破坏，并且可以减少土壤水的蒸发损失。垄沟种植对夏玉米有明显的增产效应；而在没有覆盖措施的情况下因加快了土壤水分的蒸发，会降低冬小麦降水利用率。

关键词：田间集雨　旱作农业　土壤水分

我国北方旱作农业地区有耕地 0.34 亿 hm^2；其中，0.23 亿 hm^2 耕地由于水资源短缺或灌溉条件的限制无法灌溉[1]，因此天然降水成为这些地区农业生产的主要水源。但是由于降水时间上分布不均，降水充分时有 60% ~70% 以地表径流、向地下入渗和无效蒸发的方式损失，能被作物利用的降水仅为总降水量的 30% ~40%[2]。尽管水分不足是限制农业发展的重要因子，但半干旱地区降水量仍在允许从事农业生产的范围之中；能否实现对自然降水的有效保持和高效利用就成为决定旱作农业可持续发展的关键[3]。

垄作培土是改变土壤孔隙度最直接、最简单的机械方法；上层土壤容重减少，孔隙度增大，这种“上虚下实”的分布，有利于土壤通气透水和保水稳扎根的功能。这样通过改善作物根部的水环境，增加表土贮水量[4]，减少入渗和径流，而提高对降水的利用率。有研究表明，山坡地沟播栽培可减少径流量、冲刷量和水土流失，减少养分流失，土壤含水量提高 0.003 5 ~0.010 2 kg/kg，冬小麦单产平均提高 267.5 kg/hm^2[5]。

为探讨我省丘陵半干旱地区农业高效利用降水的种植模式，使干旱地区有限的水、肥资源得到更充分的利用，本文通过田间试验方法，研究了沟播栽培对提高降水利用率和作物产量的影响。

1　试验设计与方法

2005 ~2006 年在河南省辉县市张村乡分别安排了冬小麦和夏玉米田间试验。

基金项目：“十五”国家 863 节水农业课题（2002AA2Z4291）。

作者简介：史福刚（1980—），男，河南安阳人，研究实习员，主要从事土壤生态与节水农业研究。

1.1　冬小麦垄沟种植试验

试验安排在樊庄的山前梯田，共设5个处理：①常规种植（行距20 cm）；②宽窄行种植（宽行行距40 cm，窄行20 cm，平均行距30 cm，但播种量各处理一致）；③垄沟种植（垄高15～20 cm，垄距60 cm，垄沟宽20～25 cm，沟内种植两行小麦，行距20 cm，垄背宽35～40 cm，平均行距亦30 cm，因而宽窄行行距和处理2相同）；④垄沟＋地膜（在处理3的基础上，在垄背上覆盖地膜）；⑤垄沟＋秸秆覆盖（在处理3的基础上，在返青期试验田追肥后覆盖秸秆，覆盖量6 000 kg/hm^2）。

播种量各处理相同，均为75 kg/hm^2。小麦和玉米试验全生育期均不灌水，拉丁方设计。

1.2　夏玉米垄沟种植试验

该试验共设4个处理：①对照；②秸秆覆盖；③垄沟种植；④垄沟种植＋秸秆覆盖。该试验垄高、垄距均与冬小麦试验相同，每垄沟内种植一行玉米，各处理行距60 cm，种植密度5.5万株$/hm^2$。

1.3　测定项目及方法

定期进行田间调查，收获时各小区测产面积相同，然后换算成公顷产量；冬小麦试验处理1各小区收获6行小麦，而其他处理各小区收获4行。容重样品用环刀法，采样深度均为5～10 cm，结果为3次重复平均。质量含水量用烘干法测定，容积含水量用MPKit－B便携式测墒仪测定。

2　试验结果分析

2.1　对土壤结构及贮水能力的影响

土壤的结构性和空隙度对土壤的通气透水及贮水能力有着直接关系，而土壤容重又反映了土壤结构和空隙度的状况。

冬小麦和夏玉米试验各处理收获时表土土壤容重分别见图1、图2。

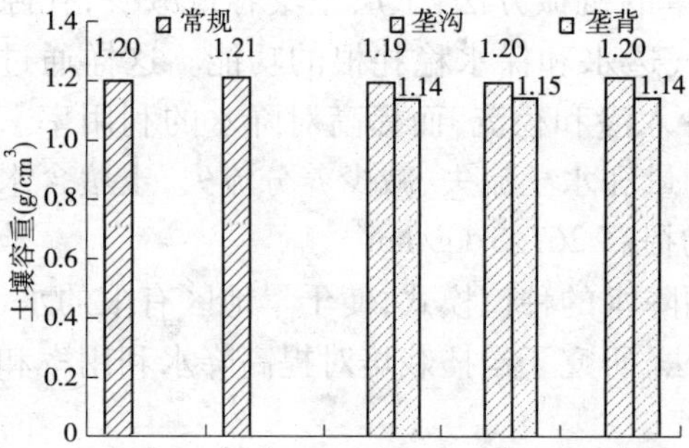

图1　冬小麦试验不同处理对表土土壤容重的影响

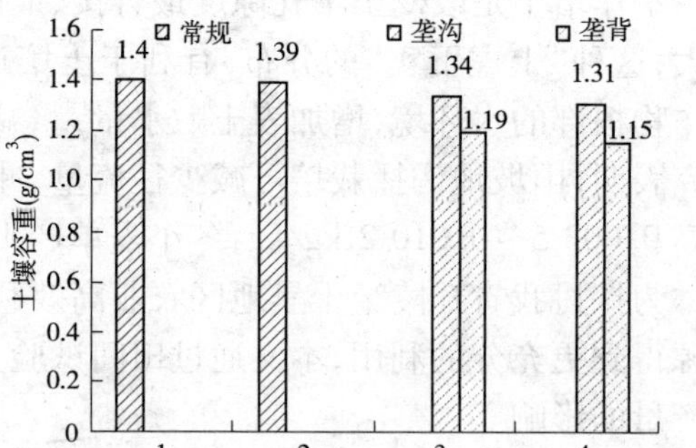

图2　夏玉米试验不同处理对表土土壤容重的影响

冬小麦试验中各处理垄沟表土的容重和常规处理无明显差异，垄背的土壤容重明显降低；处理2（宽窄行种植）略高于处理1（见图1）。而夏玉米试验中垄沟种植处理不但垄背的土壤容重降低显著，垄沟的土壤容重也明显低于常规处理，并且秸秆覆盖的处理略低于不覆盖处理(见图2)。

上述结论表明,起垄措施使得垄背土壤变得疏松,空隙度增大;而夏季由于降水较丰富且集中,孔隙度增大有利于土壤通气透水,增加土壤水库容,减少了地表径流,使表土土壤结构体免遭破坏,因而夏玉米垄沟种植处理垄沟的土壤容重也明显低于常规处理。同时,秸秆覆盖也可以缓冲雨滴的冲击力而减弱了对土壤结构体的破坏,因而容重偏低而空隙度较大。冬小麦生育期由于降水较少且强度不大,除使得垄背表土疏松外,无明显差别。而处理2(宽窄行种植)容重略高于处理1说明作物根系对土壤结构的保持及改善有一定作用。

图3为夏玉米收获时表土土壤的质量含水量、容积含水量和容重三者关系。从图中可以看出,土壤容重和容积含水量呈正相关,和质量含水量大体上呈负相关;因土壤贮水能力增加,垄沟和垄背的土壤水质量含水量均高于常规种植处理,而由于地形对雨水的再分配、土壤水的运移及蒸发强度的不同,垄沟的含水量偏高。

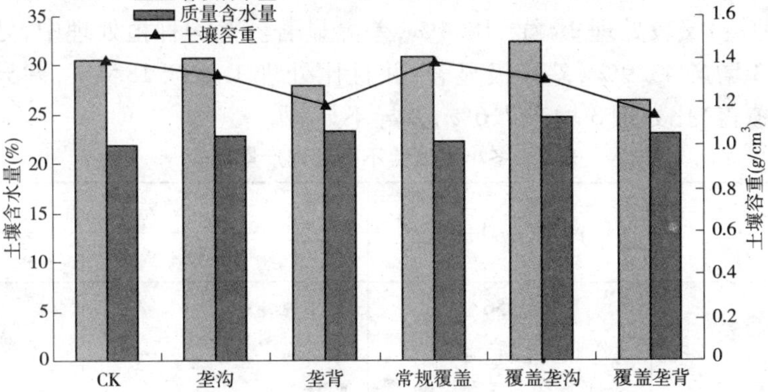

图3　夏玉米试验不同处理对土壤含水量的影响

2.2　对作物生长及籽粒产量的影响

分蘖数对小麦单位面积有效穗数具有重要意义。从图4和表1可以看出,处理1不论冬前冬后分蘖率都是最高,但有效分蘖数和处理2无差别;而处理3分蘖数和成穗率都是最低;处理4冬前分蘖比处理5多,但成穗数几乎无差别。从结果可以看出,不同处理对产量的影响主要表现在千粒重和有效穗数。

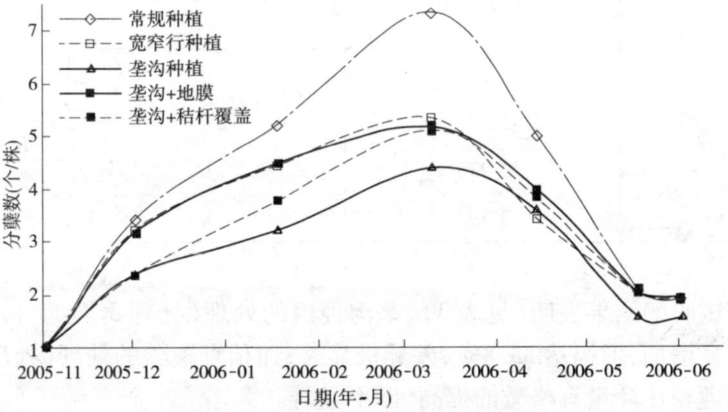

图4　不同措施下小麦分蘖的差异

表 1　不同措施下冬小麦植株性状的差异

处理	株高 (cm)	穗长 (cm)	千粒重 (g)	有效穗数 (万穗/hm^2)	穗粒数 (粒/穗)
1	62.70	7.18	43.0	353.0	35.9
2	65.72	7.56	43.9	362.1	36.4
3	67.20	7.40	40.3	288.9	37.1
4	65.00	7.79	46.5	379.7	37.8
5	57.80	7.06	46.9	382.6	31.1

冬小麦试验的方差分析结果(见表2)表明,处理2(宽窄行种植)的产量略高于处理1(常规种植),差异不显著。因处理2种植行距同处理3～处理5,可作为它们的对照处理。处理3(垄沟种植)又较处理2减产18.4%,差异显著。垄沟种植处理中,处理4(垄沟+地膜)比处理3增产43.9%,差异极显著,并且比处理1增产18.4%,差异显著;处理5(垄沟+秸秆覆盖)比处理3增产7.6%,差异不显著。

表 2　冬小麦试验不同处理产量比较

处理	产量(kg/hm^2)	差异显著性	
		5%	1%
4	6 356	a	A
2	5 412	b	AB
1	5 368	b	AB
5	4 750	bc	B
3	4 416	c	B

表 3　夏玉米试验不同处理产量比较

处理	产量(kg/hm^2)	差异显著性	
		5%	1%
4	5 233	a	A
3	5 157	a	A
2	3 975	b	B
1	3 792	b	B

而夏玉米试验的结果表明(见表3),垄沟种植的处理(处理3、处理4)均比常规种植的处理产量明显增加,增幅达33.8%,差异极显著;而秸秆覆盖的处理(处理2、处理4)与相应不覆盖处理相比产量有略微的提高,但不显著。

由以上分析可知,宽窄行种植由于空带的边行优势不会使冬小麦产量降低,并且该模式适宜间作套种,能实现夏秋双高产[6]。由于小麦生育期内降水较少,垄沟种植对降水的集蓄作用比较小,其对表土贮水能力的增加也变得没有意义,反而增加了土壤表面积,加快了土壤水分的蒸发。因此,如配合适当覆盖措施就可以大大提高降水的利用率;地膜覆盖不仅减少了地面蒸发,而且将田间的降水集中到小麦可利用的部分,提高了水分的有效性。

玉米生育期内降水较充沛,土面蒸发对土壤水的影响远小于田间地形对降水再分配的作用,相比秸秆覆盖对增产的效应变得不明显。试验表明,夏玉米常规种植处理倒伏现象均比垄沟种植处理严重。垄沟种植不仅增加了土壤水库容,而且改善了土壤的结构性和通气透水能力,有利于作物根系生长、增强抗倒伏能力。

3　小结

(1)起垄使得垄背土壤变得疏松,空隙度增大,有利于土壤通气透水,增加土壤水库容,减少了地表径流,使表土土壤结构体免遭破坏,因而夏玉米垄沟种植处理垄沟的土壤容重也明显低于常规处理。秸秆覆盖也可以缓冲雨滴的冲击力而减弱了对土壤结构体的破坏,因而容重偏低而空隙度较大。冬小麦生育期由于降水较少且强度不大,除使得垄背表土疏松外,无明显差别。因土壤贮水能力增加,地形对雨水的再分配、土壤水的运移及蒸发强度的不同,使更多水分可以被作物利用。

(2)由于降水时间上的分布不均(小麦生育期内较少,而玉米生育期内较充沛),垄沟种植对夏玉米有明显的增产效应;不仅可以使表土集蓄更多降水,而且改善了土壤的通气透水能力,宜于根系的生长,增强抗倒伏能力。而冬小麦生育期垄沟种植对降水的积蓄作用远小于对土面蒸发的加速;因此,在没有覆盖措施的情况下由于加快了土壤水分的蒸发,反而会降低冬小麦降水利用率。

参 考 文 献

[1] 赵聚宝,李克煌．干旱与农业[M]．北京:中国农业出版社,1995:352－368.

[2] 蔡焕杰,王健,王刘栓．降雨聚集条件下节水高效农业综合技术[J]．干旱地区农业研究,1998,16(3):78－83.

[3] 山仑．我国北方半干旱地区农业出路在哪里[N]．中国科学报,1990-11-02.

[4] Branson F A, Miller R F, McQueen I S. Contour furrowing, pitting and ripping on range lands of the western United States[J]. J Range Manage ,1966,19 :182－190.

[5] 李志军．沟播栽培蓄水保土效应试验研究[J]．土壤,2004,36(3):331－332.

[6] 陈雨海,李永庚,余松烈,等．小麦边际效应与种植方式规范化的研究[J]．麦类作物学报,2003,23(2):68－71.

西北黄土高原半干旱地区雨水高效利用技术

杨永辉　赵世伟

（中国科学院水利部水土保持研究所，西北农林科技大学水土保持研究所，杨凌 712100）

摘要：针对半干旱地区的雨水资源状况，通过调查和对已有的研究资料和成果的分析，总结出该地区雨水资源化及高效利用方法和技术：首先从雨水的直接利用入手，即把降到地面的雨水就地利用。主要是通过改变土壤的物理性质（利用土壤改良剂、植被种植、覆盖技术等方法）促进雨水的入渗、防止蒸发，从而达到雨水的高效利用。将无法即时就地利用的雨水收集贮存起来，主要是通过降低地表雨水入渗率（选择合适的集流面材料）促使其产生径流，然后将雨水收集到水窖等蓄水设施里，等到缺水时将贮存起来的雨水进行节水补灌和解决人畜饮水，达到雨水资源的高效利用。

关键词：雨水资源　就地利用　异地利用　高效利用技术

我国西北黄土高原跨北纬 34°～45°5′，东经 101°～114°33′，南北分别以横贯东西的秦岭和阴山山脉作为天然屏障，西以日月山、贺兰山为界，东到太行山与华北平原相望，总土地面积 62.38 万 km^2[1]。包括山西、宁夏、内蒙古西南部、陕西关中和陕北、甘肃陇东和陇中、河南豫西北、青海东部，共 287 个县（市、旗），总人口约 8 100 万人，现有耕地面积 1 691万 hm^2，占全国耕地面积的 17.6%。由于地理位置、气候等原因，这一地区年降水量分布很不均匀，人均水资源占有量不足全国平均水平的一半。从东南部 800 mm 递减至西北部 150 mm，6～7 月的降水量占全年降水量的 55%～78%，并伴随着产生大量的暴雨径流，在水分无谓流失的同时，也加剧了这些地区的水土流失。因此，为了建设一个山川秀美的大西北，加快黄土高原的治理，提高雨水利用率，把将要流失的雨水收集并作为人畜饮水及灌溉用水，发展集水农业是西部大开发的重要措施之一[2]。

1　雨水就地利用

所谓雨水就地利用就是通过多种技术途径，促进雨水的入渗，防止雨水径流和减少蒸发，提高雨水利用率的雨水利用过程。

1.1　土壤改良

1.1.1　人工施肥

施肥对土壤的物理性能产生重要影响，从而影响土壤保水性能。土壤物理性质对降

基金项目：国家 863 项目（2002AA6Z3301）和国家“十五”重大科技攻关项目“半干旱退化山区生态农业建设技术与示范”。

作者简介：杨永辉（1978—），男，陕西西安人，硕士研究生，主要从事土壤环境效应研究。

雨入渗的影响因素有:土壤的孔隙状况、土壤质地、土壤结构的稳定性[3]、地表是否结皮[4]、土内是否有间层等[5~7]。一般说来,地表土壤的孔隙度越高,土壤结构的通透性越好,初期入渗率越高;剖面通体的孔隙度越高土壤的稳渗率也越高。如果土壤表面被压实或有结皮产生,土壤入渗率将大大降低,产生径流,从而降低雨水的利用率。

常庆瑞、李刚等通过对乾县试区土壤定点培肥试验地土壤团聚体及微团聚体的分析测定,得出连续不同施肥水平下的土壤有机质含量、各级团聚体及微团聚体的数量与组成差异明显的结论[10]。与对照相比,随着施肥水平的提高,土壤有机质含量中10~250 μm微团聚体和>0.25 mm团聚体不断增加,<10 μm的微团聚体的有机质含量有下降趋势;土壤分散系数减小,结构系数增大,土壤容重降低;特别是施高量的有机肥或有机-无机配施,更有利于土壤中较大粒径团聚体形成和土壤结构改善。相关分析表明,土壤有机质与>0.25 mm团聚体和10~250 μm微团聚体呈极显著正线性相关,与<10 μm微团聚体含量呈显著负线性相关。土壤团聚体不但对土壤肥力有重要作用,且对水分的保持也有重要的作用。尤其在干旱半干旱地区,土壤团聚体多寡及其水稳定性对土壤中水分的保持及防止水土流失至关重要。干旱半干旱地区由于降雨量严重不足,所以土壤的结构就显得特别重要,尤其是团粒结构对保肥、保水发挥着巨大的作用,实现以水促肥,以肥调水,从而可以促进水分的高效利用。

1.1.2 土壤改良剂

土壤改良剂对土壤的结构及侵蚀有重要的影响,而土壤的结构影响水分的动态变化。在英格兰桥北区Brandsma、Fullen、Hocking[11]等在壤质砂土上布置试验,研究4种改良剂对土壤稳定性的作用。Agri-sc对土壤溅蚀作用的试验结果表明,经过3次重复施用Agri-sc,过20个月后,Agri-sc处理的土壤平均溅蚀量可降低14.3%,用其他3种土壤结构改良剂:soiltex(土壤酸度试剂)、Humus(腐殖酸)、kiwi Green(肯格林)与其作比较,发现这4种改良剂均可降低土壤密度,提高总孔隙度,然而只有soiltex和kiwi Green可使土壤结壳强度增加。施入Agri-sc两次后可使团聚体的稳定性提高。结果证明,加入合成的土壤结构改良剂通过不断改良土壤性质,通常能改变土壤结构、降低土壤可蚀性,有利于土壤保持。施入合成的土壤改良剂,可通过不断地改善土壤性质和降低壤质沙土的可蚀性来改变土壤结构,这对土壤保持是有益的[12]。高聚物改良剂对干旱土壤保水性的改良作用有两种途径,一是创建水稳性团粒,减少表层蒸发和底层渗漏;二是作为改良剂的高聚物树脂能够吸收水分并缓慢地释放,起到微水源的作用[13]。

土壤保水剂按制造原料不同可分为淀粉类、纤维类和聚合类[14]。其作用机理为:从保水剂的组成和结构看,它们是一类具有一定交联度的高分子电解质,在其交联的纤维网状结构上有大量的羧基、羟基等强的亲水性官能团,这是吸水的动力。同时,保水剂本身的交联网状结构及氢键作用又限制了它不能无限制地吸水,也就是说,不同的保水剂其保水能力是不同的,随固有的亲水性和电荷密度的增大而提高,随其交联密度的增大而降低。一般来说,同样组成的聚合物交联度越低,虽然吸水倍率和速度相对越高,但其保水性、稳定性、凝胶强度越差,反之亦然。其所吸持的水分主要保持在10~50kPa的吸力范围内,98%为自由水,是植物能够吸收利用的水分[15,16]。保水剂具有很强的膨胀性,抑制蒸发,影响持水性、有效水,能消除地表积水、影响作物的出苗与凋萎等[17]。

保水剂的生产应用最早出现在美国,20 世纪中叶美国农业部为有效利用本国过剩的玉米,将玉米淀粉与丙烯腈聚合再通过加水分解而率先研制出了保水剂[14]。目前国际市场上的保水剂主要有两类[18],即淀粉接枝丙烯酸盐聚合交联物(简称淀粉接枝剂)和丙烯酰胺—丙烯酸共聚交联物(简称聚丙烯酰胺型)。保水剂的使用方法有拌种涂层、种子包衣、蘸根及与土混合调成泥团包裹根系[19]、直施、成膜表施、植物体喷施[20]、流体播种[21]等,但目前主要是拌种、蘸根、直施 3 种方法。拌种、蘸根一般比直施用量少成本低,国内更多地用这两种方法,但刘效瑞、黄凤球等研究初步表明土施比拌种好[22,23],只要条件允许,尽量使用浸泡吸水后的保水剂,效果会更好,以避免首次吸水就受到土壤中不利因素的影响,还可保证再次吸水膨胀的空间。沙土使用效果最明显,因为沙土有很好的空间膨胀。保水剂宜深施,以避免由于土壤表层干湿交替使土壤产生板结。目前,沟施、穴施用量以每公顷 7.5 kg、15 kg、22.5 kg、37.5 kg 效果明显[24]。

保水剂能提高土壤汲取地表水的能力,同时土壤保水性能增强,减少土表蒸发和防止水分深层渗漏,提高水分的利用率等[19,24,25,26]。由于保水剂具有特殊的抗旱、节水、保水等作用,在作物保苗、抗旱增产、城市花木生产等方面得到了应用[17]。人们已认识到保水剂在农业应用方面的广阔前景[14]。

1.2　地表覆盖

1.2.1　植被覆盖

植被对地表起着保护伞的作用[27],与土壤类型和质地相比,植被覆盖程度对土壤入渗速率有更为重要的影响,植被覆盖的多少决定着土壤水土流失的程度,树林及草地可以截留大部分雨水,同时还可以削弱雨滴对地面的击溅侵蚀能力,随着植物郁闭度的增加,地表出现径流的时间推迟,并使入渗水量多[28]。由于植被可改变下垫面的性质(坡度、土壤性质、地面糙度等),使水的静态分布和动态分布发生变化,从而引起土壤含水量的变化[29]。在自然界中,植被几乎在任何条件下都能起到阻缓水土流失的作用[30,31]。

吕永光[32]、程积民[33]、侯庆春[34]、王库[35]等对芨芨草的水土保持功能进行了研究,认为芨芨草根系发达,根长一般可达到 2 m 以上,根密度表层一般在 3 000 条/m^2 以上。根系在土体中交错、穿插,使得土体有了良好的孔隙状况,改善了土壤的入渗性能,从而能减少地表径流,且有利于保持土壤水分。另外,根系活动及根系分泌物作用,使得土壤具有良好的结构和团聚状况,改善了土壤的抗蚀性、抗冲性。

除此之外,随着土地免耕、少耕等休闲制的推广,地表覆盖物数量大大提高,风蚀和水蚀得到大面积控制,Tanaka Anderson[39~41]在美国北部平原对冬小麦实行免耕、少耕和作物残茬覆盖等休闲法,测定土壤蓄水量、降水贮存效率及它们之间的关系。试验证明,休闲法对收割后和冬闲期土壤蓄水量无显著影响;降水贮存效率冬闲期最高(约 59%),夏闲期最低(13% ~20%)。免耕、少耕法土壤蓄水量和降水贮存效率分别比作物残茬覆盖高 12%和 16%。生产者利用休闲期降水与土壤蓄水量的关系,加强集约化程度,能够提高作物产量。

1.2.2　渗水地膜覆盖

为了提高天然降水利用率,特别是小雨量资源的开发利用,具有渗水、集水、保水、增温、调温、微通气等功能的渗水地膜应运而生。姚建民、殷海善等通过对我国半干旱地区小雨量降雨的研究,认为小雨资源有效化是旱地农业的重要增产途径,利用渗水地膜进行的覆盖试验与示范证实了小雨量资源利用的显著增产效果。1997 年在山西省境内经过小区试验,渗水地膜覆盖的玉米单产达到 7 792.5 kg/hm^2,比普通地膜覆盖增产 38.3%,比无覆盖增产 103%。渗水地膜覆盖比普通地膜覆盖增产 2 175 kg/hm^2;而普通地膜覆盖比无覆盖仅增产 1 875 kg/hm^2[42]。试验表明,渗水地膜覆盖比普通地膜覆盖以及其他覆盖技术在农作物的长势上和最终产量上具有十分明显的优势[43]。

1.2.3　保水剂和稻草覆盖相结合

张永涛[44]等比较了稻草覆盖、覆膜及保水剂等不同措施下的保水效果,试验结果表明,覆膜的保水效果明显优于覆草,覆草又优于对照。适量的保水剂可有效地提高土壤的含水量,其保水效果优于前两者。孙进[45]等在江苏淮北东海县季节性干旱严重的岗岭沙土上,开展了施用保水剂和稻草覆盖对保持土壤水分和作物产量的效应比较试验。保水剂和稻草的用量各分 4 级,分别为 1、2、3、6 g/kg(土)和 1 500、3 000、4 500、6 000 kg/hm^2。结果表明,两者均可促进小麦生长,提高当季及后茬作物产量。覆盖稻草和施用保水剂分别比对照增产小麦 12.5% 和 10%,其作用机制在于两者均能减少土壤水分蒸发,提高土壤持水能力,增加有效水供应,并对土壤容重、温度及养分状况有一定改善作用,从而有利于雨水的有效利用。

2　雨水异地利用

所谓雨水的异地利用,是指通过人工控制调节雨水分配,达到提高降水利用效率的一种主动方法[46]。其原理是,通过把一定面积的降水经过集流场聚集到贮水设施内,在作物缺水季节内,补充限量灌溉,达到作物抗旱增产的目的。它的过程包括集流收集—雨水贮存—高效利用三个环节。其系统基础构件包括:①工程构件:主要是用于解决生产用地的水源补偿,应具备集水、储水、供水三个体系;②生物构件:应具备较高的蒸腾效率、较强的生理特性和较高的经济价值;③农艺构件:对工程、生物效应具有增进作用,具有保水效率高、水分损耗和无效蒸发低、培土效应显著等特点。雨水异地利用具有三个特点:第一,应用于具有间歇性径流的干旱和半干旱地区;第二,该技术仅包括雨水的收集与利用;第三,就集水面积、蓄水容积及投资而言,技术规模小,很适应在水资源匮乏的干旱半干旱地区推广应用。

2.1　雨水的蓄集

人工集雨农业技术是一种历史悠久的灌溉技术,它是利用建造集雨设备将非耕地的自然降雨富集贮存,按作物维持正常生长对水分在时间和数量上的不同要求,限量补给作物,实现对自然降雨在时、空、量上的人为调控,形成一条"利用天时,主动防旱,雨水治旱"的抗旱新途径[47]。

2.1.1　集流场建设

应首先考虑工程区是否可以利用硬化地面作为现成的集流场,当现有硬化地面不能满足集流水量要求或无直接借用的集雨场时,应在综合经济效益分析基础上建设集流场。集流场建设应根据当地经济实力选择合适的集雨场所(如公路路面、草地植被等)来进行。目前,西北地区已建设的集雨窖灌工程大多数利用现有庭院、打麦场、硬化路面和场院、屋顶等作为集雨场收集雨水，如果利用径流系数较高的材料再进行处理（覆膜、硬化），集水效率可达到70%以上，聚流贮存的水会更多。少量用专用的集雨场收集雨水，一般集雨效率较高。有许多工程发挥着较高的工程效益，如榆林市农业局主持的专用集雨场，充分利用一个山顶，集雨场占地3 342 m^2，蓄水池容积540 m^3，年复蓄指数1.5，利用地形落差，以自压渗灌系统控制着周围约3.33 hm^2 农田的灌溉，每年为秋作物灌关键水1～2次，使工程区域产量提高了约6成，经济效益提高了近1倍[2]。

2.1.2 集流面材料的选择

人工集雨场要本着因地制宜、就地取材、造价低廉、集流效率高的原则。集流面的防渗材料可采用机瓦、石棉瓦、混凝土、塑料覆砂、水泥土、滴膜、聚乙烯薄膜以及自然土坡面夯实等。其中，HEC（High Strength and Water Stability Earth Consolidator）和AAM（Active Aluminate Mixture）材料添加剂与黄土混掺[48]后形成的黄土复合集流材料具有较强的抗拉、抗压能力，在不同雨强和雨量等级范围均具有较高的集流效率（78%），已达到混凝土的集流效果，其成本仅为混凝土的1/3～1/2。

2.1.3 集流面的修建

集流面是人工整修用以产生径流的场地[49]。土质集流面的纵坡应不小于1/10；瓦面屋顶的坡度以1/4为佳，不宜小于1/6；混凝土面的纵坡可取1/50。土质集流面要进行平整翻土夯实，干容重不小于1.5 g/cm^3，翻土深度30 cm即可。若土壤含水量小于25%，须洒水后方可夯实。塑膜覆砂集流面，塑膜接缝采用黏结剂黏结或塑膜热合机焊合。覆砂可降低塑膜的光、热老化与紫外线老化，延长塑膜寿命。一般覆砂厚度以10 cm为好，若取砂困难，最小厚度不小于5 cm。混凝土集流面的水泥使用325标号时，水泥、砂、石子的配合比采用1∶2∶4；使用425标号水泥时，配合比可采用1∶3∶6。水灰比以0.6为宜。混凝土集流面要预备伸缩缝，伸缩缝的间距不大于2 m，缝宽1.0 cm，缝间填塞烘胶泥或沥青砂浆[50]。

2.1.4 集雨工程

根据当地土壤种类、地形特征，尽量参照附近已建工程，选用安全、经济可行的蓄水形式。如靠近坡地、公路、麦场等设立蓄水工程蓄水。我国干旱地区的人们在与自然的斗争中所创造的集蓄雨水的工程，人们称之为“旱井”[51,52]、“涝池”，有的地方又把“涝池”叫做“旱池”或“坡池”[53]。由于打窖已有很长的历史，群众打窖经验丰富，不但能根据用途、经济承受能力、地形等选择不同的窖型（蓄水窑、窑窖、水池、水泥面窖、混凝土碗面、砖拱窖等）和容积，而且对窖的防渗和防冻胀采取必要的措施，使蓄水设施经久耐用。

但要注意，无论采用何种水窖，在集流面与水窖之间均需修建拦污栅和沉沙池，并在窖的基部安一金属或塑料进水管，将清水导入水窖，注意不要冲坏窖底。需安井盖，以免落入杂物，并要在每年蓄水前进行清淤养护。

2.2 提水设备及配套动力

蓄水池取水方式有人工取水，电泵、柴油泵抽水，自压取水等[54]。目前，集雨窖灌工程多数修建在缺乏动力的高坡地上，这些地方一般电源未通，许多采用手压泵、人力等提水，无形中给集雨窖灌工程的推广带来许多不便。如果使用较大动力的柴油机提水，将加大能量的无形消耗。为了解决这个问题，有必要推广节水、节能的配套灌水方法[55]。集雨窖若高于灌溉地块,可用自压或采用塑料软管,用虹吸管原理进行灌溉。如果落差不够,则需用小型提水设施。有电源的地方,可配备25~50 mm的潜水泵;无电源处可选用1.0~1.5 kW的柴油机或汽油机做动力。对于果树、宽行种植作物,在严重干旱时,可用软管引水逐穴补灌[2]。

2.3 降水聚集的高效利用

西北大部分地区年降水量250 mm以上[2],如果有10%的降雨径流能被集蓄利用,则可极大地缓解该地区的水资源供需矛盾。通常在作物最关键缺水期灌一次"救命水"可显著提高作物产量,以取得很好的经济效益。因此,进行天然降雨的时空调控,集蓄降雨期多余的雨水径流,用于作物需水关键期的补灌是解决这一地区农作物产量长期低而不稳定的重要举措[56]。

应多渠道用水,引进和筛选节水高产良种[57],推广地膜覆盖、配方施肥和病虫害防治等农业综合技术,使产量和产值及水分利用效率都得到大幅度提高。半干旱区集蓄雨水的主要目的是抗旱保苗,补灌大田粮食作物,解决人畜饮水和补灌果树、塑料大棚蔬菜、日光温室蔬菜,发展庭院经济[58]。评定雨水利用措施效益的结果表明,集蓄的雨水用于大田作物补灌,每1t水产值均在11元以下;用于果园补灌,每1t水产值高达40元,补灌日光温室蔬菜,每1t水产值可达72元。由于大部分自然集流面都远离农户,不便于蔬菜果树生产,只能用于粮食作物生产,尽管经济效益不如蔬菜和果园高,但通过大面积补灌,可以提高粮食作物产量,解决温饱问题。

实践和试验结果也表明,采用有限补灌,合理的供水和栽培管理,雨水利用率可显著提高,作物单产由目前1 200~1 500 kg/ hm^2 提高1~2倍是可能的[2,59,60]。雨水就近拦截存贮,无须高扬程提引,经济实用。配套以先进的自流灌溉方法和管理措施,投资小,见效快,易于推广。在这类地区,水资源缺乏,经常遭受汛期暴雨径流的冲刷,致使水土流失严重,土壤肥力下降,生态环境恶化。因此,应充分有效利用当地雨水资源,发展多种经营,增加粮食产量。为了更有效地利用所收集的雨水,可配套选用膜下沟灌技术、地膜集流穴灌技术、滴灌[61]及渗灌法[62~64]。

由于我国的西北半干旱地区年降水量只有200~400 mm[50],为了人们的生活需要和灌溉少量面积农作物,可利用一定的集雨面积,将雨水收集于水窖、涝地的微型集雨工程[65]。集雨工程除解决人、畜生活饮用水外,将剩余的蓄水采用先进的微灌技术发展庭院经济作物,成为我国西北地区摆脱农业靠天吃饭、脱贫奔小康的有效措施。

参考文献

[1] 李英能. 黄土高原区农业高效用水创新组合方案[J]. 中国农村水利水电,1999(1):10-12.

[2] 李援农,马孝义,范兴科,等. 陕西省集雨窖灌农业问题探讨[J]. 干旱地区农业研究,2000,(18):96-99.

[3] Sun Eun Cho, Seung Roe Lee. Evaluation of surficial stability for homogeneous slopes considering rainfall characteristics[J]. Journal of Geotechnical and Geoenvironmental Engineering. 2002,128(9):756-763.

[4] 吴发启,范文波. 坡耕地土壤结皮形成的影响因素分析[J]. 水土保持学报,2002,16(1):33-36.

[5] 王秀英,曹文洪. 水土保持下的土壤入渗研究及次暴雨地表产流计算方法[J]. 泥沙研究,1999,

(6):79-83.
[6] 王晓燕,杜兵,高焕文,等. 保护性耕作的不同因素对降雨入渗的影响[J]. 中国农业大学学报,2001,6(6):42-47.
[7] 吴发启,范文波. 坡耕地黄墡土结皮的理化性质分析[J]. 水土保持通报,2001,21(4):22-24.
[8] 吴承祯,洪伟. 不同经营模式土壤团粒结构的分形特征研究[J]. 土壤学报,1999,36(2):162-167.
[9] Tisdall J M,Oadas J M. 土壤中的有机质和水稳性团聚体[J]. 土壤学进展,1998,5(2):32-39.
[10] 刘京,常庆瑞,李岗,等. 连续不同施肥对土壤团聚性影响的研究[J]. 水土保持通报,2000,20(4):24-26.
[11] Brandsma R T, Fullen M A, Hocking T J. 土壤结构改良剂对土壤结构和土壤侵蚀的影响[J]. 高丽译. 水土保持科技情报,2001(2):14-17.
[12] 吴淑芳,吴普特. 化学物质对提高雨水利用率的应用研究进展[J]. 水土保持研究,2002,9(2):146-169.
[13] 龙明杰,曾繁森. 高聚土壤改良剂的研究进展[J]. 土壤通报,2000,31(5):199-202, 223.
[14] 王晗生,王青宁. 保水剂农用抗旱增效研究现状[J]. 干旱地区农业研究,2001,19(4):38-35.
[15] 李景生,黄韵珠. 土壤保水剂的吸水和保水特征[J]. 中国沙漠,1996(1):6-91.
[16] 胡芬,姜雁北. 高吸水剂 KH841 在旱地农业中的应用[J]. 干旱地区农业研究,1994(4):83-86.
[17] 蔡典雄,王小彬. 土壤保水剂对土壤持水特性及作物出苗的影响[J]. 土壤肥料,1999(1):13-16.
[18] 蔡典雄,赵兴宝. 保水剂探密[N]. 中国绿色时报,2000-01-26(3).
[19] 何滕兵,田仁国,陈焰,等. 高吸水剂对土壤物理性质的影响[J]. 耕作与栽培,1996(6):46-48.
[20] 李淑珍,冯孝严,温树英. 保水剂在果树上应用试验初报[J]. 北方果树,1992(3):11-15.
[21] 魏新田,马英周,魏秀山,等. 流体播种技术在油菜生产上的应用[J]. 河南农业科学,1996(12):7-9.
[22] 刘效瑞,伍克俊,朱大权,等. 土壤保水剂对农作物的增产增收效果[J]. 干旱地区农业研究,1993,11(2):32-35.
[23] 黄凤球,杨光立,黄承武,等. 化学节水技术在农业上的应用效果研究[J]. 水土保持研究,1996(3):118-124.
[24] 吴德瑜. 保水剂在农业上的应用进展[J]. 作物杂志,1990(1):22-23.
[25] 王九龄,孙键. 华北石质低山阳坡应用吸水剂抗旱造林试验初报[J]. 林业科技通讯,1984(11):16-20.
[26] 王砚田,华猛,赵小雯,等. 高吸水性树脂对土壤物理性状的影响[J]. 北京农业大学学报,1990(2):181-186.
[27] 牛银栓. 黄土高原水土流失诸因素分析及治理展望[J]. 水土保持研究,2001,8(1):85-88.
[28] 邹厚远. 陕西黄土高原植被区划及林草建设的关系[J]. 水土保持研究,2000,7(2):96-100.
[29] 穆兴民,陈霁威. 黄土高原水土保持措施对土壤水分的影响[J]. 土壤侵蚀与水土保持学报,1999,5(4):39-43.
[30] 桂发亮,罗来瑜,欧阳毅. 水土保持与资源可持续开发利用的探讨[J]. 水土保持研究,2000,7(3):163-166.
[31] 刘秉正,刘世海,郑随定. 作物植被的保土作用及作用系数[J]. 水土保持研究,1999(2):32-36.
[32] 吕永光. 芨芨草在伊克昭盟的分布特点及其发展利用[J]. 香根草通讯,1998, 2(2):3-4.
[33] 程积民. 芨芨草生物生态学特征与栽培技术[J]. 香根草通讯,1998, 7(1):1-3.
[34] 侯庆春,唐克丽,等. 芨芨草——优良的水土保持草种[J]. 当代复合农林业,1999(1):1-3.

[35] 王库．芨芨草水土保持功能的初步研究[J]．水土保持研究,2001,8(2):157-159.

[36] Mishra P J, Sahu D. Comparative performance of vegetative barriers in north eastern ghat zone of Orissa. Indian [J]. Soil Cons, 2001,29(1):50-52.

[37] 刘兆普(译)．复合农林与土壤保持[M]．北京:农业科技出版社,1996:10,43-49.

[38] 孙鹏,王丽华,李光宗,等．麦草覆盖对果园土壤理化性质影响的研究[J]．水土保持研究,2001,8(3):37-39.

[39] Tanaka D L, Anderson R L. 保护耕作制中土壤蓄水量与降水贮存的研究[J]．舒乔生译．水土保持科技情报,1999(1):21-23.

[40] 李俊华,王靖．美国有关覆盖作物对水土流失影响的研究[J]．水土保持科技情报,2002(1):15-17.

[41] Williams J R,Ouyang Y,Chen J S,et al. Estimation of infiltration rate in the vadose zone:compilation of simple mathematical models. EPA/600/R—97/128b,EPA,Cincinnati.

[42] 姚建民,殷海善,杨瑞平．旱地小雨资源渗水地膜覆盖利用技术研究[J]．水土保持研究,2000,7(4):36-38.

[43] 张永涛,汤天明,李增印,等．地膜覆盖的水分生理生态效应[J]．水土保持研究,2001,8(8):45-47.

[44] 张永涛,杨吉华,高伟．不同保水措施的保水效果研究[J]．水土保持研究,2000,20(5):46-48.

[45] 孙进,徐阳春,沈其荣,等．施用保水剂和稻草覆盖对作物和土壤的效应[J]．应用生态学报,2001,12(5):731-734.

[46] 尚新明,常继青．甘肃中部地区雨水蓄集利用与农村经济发展[J]．干旱地区农业研究,1999,17(2):116-121.

[47] 尹光华,蔺海明．旱地春小麦集雨补灌增产机制初探[J]．干旱地区农业研究,2001,19(2):55-60.

[48] 冯浩,吴普特,彭红涛,等．HEC 和 AAM 添加剂对提高黄土集流效率的试验研究[J]．农业工程学报,2001,17(3):28-31.

[49] 杨新民,李怀思,张岁岐．渭北旱塬雨水的集蓄及补灌与高效利用[J]．水土保持研究,1999,6(1):51-55.

[50] 李振海,史群．集雨灌溉[J]．节水灌溉,1999(4):26-29.

[51] 段喜明,王治国,胡振华．旱井集雨系统中沉沙池结构优化研究[J]．水土保持研究,2000,7(4):29-31.

[52] 郭乃平．临县石家塔旱井集雨工程介绍[J]．中国农村水利水电,2000(10):17-18.

[53] 彭世琪．旱区雨水集蓄及高效利用[J]．中国农技推广,2001(3):34-35.

[54] 刘小勇,吴普特．对渭北地区集雨灌溉的思考[J]．水土保持通报,2000,20(4):46-50.

[55] 余建新,郑宏刚．小流域水土流失治理中取水方法探讨[J]．水土保持研究,2001,8(1):116-119.

[56] 肖国举,任万海,刘一祖,等．窖灌雨水与农作物补充灌溉技术研究[J]．干旱地区农业研究,1999,17(1):81-86.

[57] 袁本华,颜小红,李新成,等．水土保持产业化精品——水果高新技术发展战略[J]．水土保持研究,2000,7(3):226-230.

[58] 曹国．半干旱区发展集雨节灌农业的效益研究[J]．水土保持通报,1999(2):40-43.

[59] 马孝义,娄宗科,李援农,等．陕西省集雨节灌工程发展模式与对策[J]．水土保持通报,2000,20(5):42-45.

[60] 张静．渭北旱塬降水规律及高效利用的技术选择[J]．水土保持通报,2000,20(2):28-31.

[61] Donald F Wanjura, Dan R Upchurch, James R Mahan, et al. Cotton yield and applied water relationships under drip irrigation[J]. Agricultural Water Management, 2002, 55:217－237.

[62] 王进鑫,张晓鹏,高保山,渭北旱塬红岩土苹果需水量与限水灌溉效应研究[J]. 水土保持研究, 2000, 7(1):69－72.

[63] 徐勇. 水土保持型农村产业开发投资问题探讨[J]. 水土保持研究, 2001, 8(2):143－146.

[64] Shao Zhongkang, Lu Zhang, Yin Liliang, et. al. Effect of limitied irrigation on yield and water use efficiency of winter wheat in the loess plateau of China[J]. Agricultural Water Management. 2002, 55(3): 203－216.

[65] 李秀君. 坡地田间微地型集雨种植技术研究[J]. 水土保持通报, 2000, 20(2):41－42.

保水剂对不同生育期冬小麦光合及水分利用的影响

杨永辉[1,2,3,4]　武继承[1]　吴普特[2,3,4]　冯　浩[2,3,4]

(1. 河南省农业科学院植物营养与资源环境研究所,郑州 450002;
2. 西北农林科技大学,杨凌 712100;
3. 中国科学院水利部水土保持研究所,杨凌 712100;
4. 国家节水灌溉杨凌工程技术研究中心,杨凌 712100)

摘要:保水剂能改善土壤结构、保墒、促进土壤中水分和养分的有效利用,从而提高作物的产量。本文针对冬小麦不同生育期(拔节、孕穗、灌浆)、不同处理方式(保水剂 45 kg/hm^2、保水剂 52.5 kg/hm^2、保水剂 60 kg/hm^2 以及对照)下的光合速率、蒸腾速率、水分利用效率以及作物水分生产效率进行比较研究。结果表明,整个生育期内,冬小麦的净光合速率(P_n)、蒸腾速率(T_r)及水分利用效率(WUE)表现为:孕穗期>灌浆期>拔节期。各生育期内,随保水剂用量的增加,光合速率、蒸腾速率和水分利用效率都增大。收获后,冬小麦水分生产效率各处理均优于对照,且分别比对照高 5.4 kg/(mm · hm^2)、5.5 kg/(mm · hm^2)和 10.4 kg/(mm · hm^2)。

关键词:保水剂　冬小麦　净光合速率　水分利用效率

保水剂是一种交联密度很低、不溶于水、高水膨胀性的吸水力特别强的高分子聚合物[1,2]。它是土壤的良好胶结剂,能够改善土壤结构,促进团粒的形成,达到蓄水保墒[2,3]。

干旱缺水制约节水农业发展,降水季节分配不均导致旱作区"旱涝"并重的危害,而采用保水剂可以蓄水保墒、调节降水的季节分配、改良土壤结构、减少无效蒸发、提高土壤水分利用效率、减少水土流失,从而提高区域治理的整体水平,改善干旱半干旱地区的生态环境。保水剂因其特有的结构和优异的性能正逐渐被用于生态环境的修复与改善[4,5],其具有超强的吸水和保水能力,施用在土壤中可以显著提高土壤的持水能力[6,7],抑制土壤水分的无效损耗,提高水资源利用效率。

保水剂的应用是旱作节水农业研究的热点[8~11],有关保水剂应用于农作物的研究和对生产的影响研究已有不少[12~18],但大都停留在研究保水剂对土壤水分及作物产量的关系和影响上,而关于保水剂对作物生理特征及水分利用效率影响的研究较少。因此,为探

基金项目:"十五"和"十一五"国家 863 节水农业项目(2002AA2Z4291、2006AA100215)和河南省重点科技攻关项目(0423102600)。

作者简介:杨永辉(1978—),陕西西安人,博士生,主要从事土壤生态与节水农业研究。

明保水剂对不同生育期冬小麦水分利用生理特征及水分生产效率的作用机理，本文通过对不同保水剂用量对旱作区冬小麦生长、水分利用、光合作用等的影响研究，旨在为保水剂在豫中干旱半干旱地区的应用、对冬小麦的作用机理、合理利用天然降水及提高土壤水分利用效率提供可靠的理论依据。

1　研究区概况

试验设在863节水农业禹州试验基地的岗旱地，年均降水量674.9 mm，其中60%以上集中在夏季，存在较严重的春旱、伏旱和秋旱；土壤为褐土，土壤母质为黄土性物质，该地区地势平坦，肥力均匀，耕层有机质含量12.3 g/kg、全氮0.80 g/kg、水解氮47.82 mg/kg、速效磷6.66 mg/kg、速效钾114.8 mg/kg，排灌方便。前茬作物为玉米。

2　材料与方法

2.1　试验设计

在田间采取随机设计，重复3次。设4个处理，处理1：对照（传统种植）；处理2：45 kg/hm^2；处理3：52.5 kg/hm^2；处理4：60 kg/hm^2；总共4×3=12个小区。播种前用普通过磷酸钙（P_2O_5 6 kg/亩）作底肥，施氮肥（纯氮10 kg/亩），分别在小区内均匀撒施。于2006年10月中下旬播种，2007年6月4日成熟收获。小区面积3 m×3.5 m。小麦播量为150 kg/hm^2。在冬小麦拔节期、孕穗期和灌浆期进行光合作用的测定。

2.2　试验方法及观测

保水剂施用方法为开沟盖土法，沟深5～10 cm。土壤表层水分采用FDR测定，光合速率和蒸腾速率采用美国生产的Li－6400光合仪测定，土壤储水量采用烘干法，土壤饱和导水率采用双环法[19]。在冬小麦每个生育期都进行土壤水分观测。

3　结果与分析

3.1　不同处理不同生育期土壤水分变化

保水剂用量不同导致表层土壤的各生育期含水量不同，从整体来看（见图1），从播种（11月14日）到收获（6月4日），土壤水分含量有3个峰值和3个谷值，这与降雨量和小麦需水特征有关。从各处理来看，种植初期，由于没有降雨，所以各处理土壤含水量基本相同。而受降雨和小麦生长的影响，各处理之间的土壤水分变化明显，在整个生育期，处理1（对照）的土壤含水量比其他处理都低。在11月29日～3月21日处理3的土壤含水量最高，其他处理的土壤含水量大小变化不一，但都比对照高。在3月21日的孕穗、灌浆期作物需水量大，土壤水分

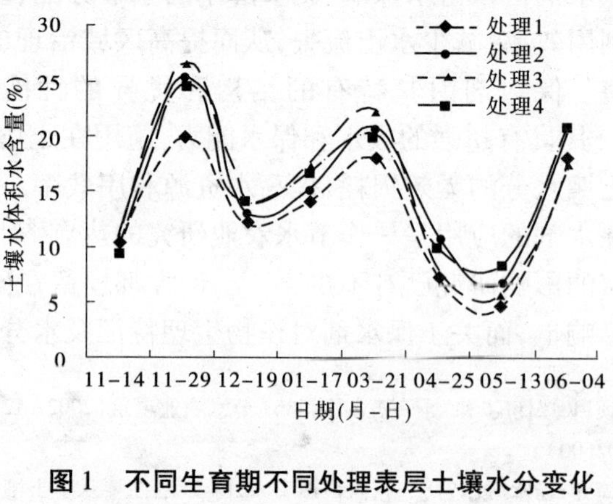

图1　不同生育期不同处理表层土壤水分变化

迅速下降。作物成熟以后，需水量急剧降低，在降雨的补充下，土壤水分迅速提高（6 月 4 日）。说明，施用保水剂后，有效地提高了土壤在各生育期对小麦的供水状况，促进了光合作用的潜力提高。

3.2　不同处理对土壤饱和导水率的影响

土壤饱和导水率是反映土壤渗透性的一个重要指标，它的大小直接反映土壤的导水和对作物的供水能力。从图 2 中可以看出，从处理 1 ~ 处理 4 来看，其处理 3 饱和导水率最高（87.3 mm/h），其次为处理 2 和处理 4，处理 1 最低，说明保水剂对于提高土壤的导水性能不是越多越高，而是存在一个最适用量，因为保水剂用量过多，使土壤的孔隙被保水剂胶体堵塞，降低了土壤的有效孔隙度，导致饱和导水率的降低，故本研究提高土壤渗透性的最适用量为 52.5 kg/hm^2。

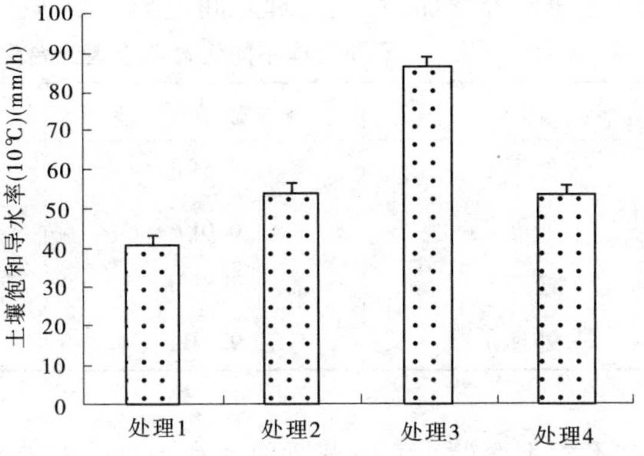

图 2　不同处理土壤饱和导水率比较

3.3　不同处理对不同生育期小麦蒸腾速率、光合速率及 *WUE* 的影响

作物 90% 以上的干物质来自光合作用，光合作用是作物干物质积累的基础，作物叶片光合作用强弱与产量大小成正相关[20]。许多研究表明，土壤干旱影响植株各器官的生长，使叶面积和叶绿素含量降低，同时水分状况变差，也影响一系列生理代谢功能[21,22]，使光合产物减少，并进一步限制植株生长。目前，与作物产量直接相关的生理反应包括生长发育、光合与蒸腾作用、物质运输、经济系数和环境因素等。

不同生育期小麦的需水特征表现不同，进而表现出蒸腾速率的差异，而保水剂通过影响土壤的水分状况来影响小麦的蒸腾速率。从表 1 中看出，各处理的蒸腾速率，孕穗期显著增大，而灌浆期和拔节期，除处理 1 外，其蒸腾速率差异不显著，说明孕穗期相对于拔节期和灌浆期需要水分强烈。在拔节期，随保水剂用量的增加，小麦蒸腾速率增加，处理 2 增加不显著，而处理 4 和处理 3 显著增加，但处理 4 和处理 3 之间差异不显著。在孕穗期和灌浆期，随保水剂用量的增加蒸腾速率增加，处理 2 和处理 3 增加不显著，而处理 4 增加显著。

表 1　不同处理不同生育期小麦蒸腾速率及差异性比较　（单位：μmol $H_2O/(m^2 \cdot s)$）

处理	拔节期	孕穗期	灌浆期
处理 1	3.3Cc	4.5Ab	3.9Bb
处理 2	3.6Bbc	4.7Aab	4Bab
处理 3	3.9Bab	4.9Aab	4.3Bab
处理 4	4.2Ba	5.1Aa	4.5Ba

光合速率的大小反映作物合成干物质能力的高低。保水剂通过影响土壤的水分状

况,来影响小麦的光合。从表2中看出,各处理的光合速率,孕穗期显著增大,灌浆期次之,拔节期最低,且差异显著,说明孕穗期是光合速率最强烈的时期。在拔节期,随保水剂用量的增加,小麦光合速率显著增加,各处理间差异显著。在孕穗期,随保水剂用量的增加,处理4和处理3分别与处理2和处理1之间差异显著,而处理4和处理3之间、处理2和处理1之间差异不显著。在灌浆期,随保水剂用量的增加蒸腾速率增加,处理4相对于其他处理显著增加,其他处理之间差异不显著。

表2　不同处理不同生育期小麦光合速率及差异性比较（单位:μmol CO_2/(m^2·s)）

处理	拔节期	孕穗期	灌浆期
处理1	5.5Cd	10.1Ac	7.5Bd
处理2	6.6Cc	11.1Abc	7.8Bcd
处理3	7.8Cb	12.5Aa	8.7Bb
处理4	9.1Ba	13.03Aa	9.8Ba

不同生育期小麦的蒸腾速率和光合速率差异显著,最终表现出水分利用效率的差异,而保水剂通过影响土壤的水分状况来影响小麦的水分利用效率。从表3中看出,各处理

表3　不同处理不同生育期小麦 *WUE* 及差异性比较　（%）

处理	拔节期	孕穗期	灌浆期
处理1	1.7Bc	2.27Ab	1.9Ba
处理2	1.87Bbc	2.37Aab	1.93Ba
处理3	2.03Bab	2.53Aa	2.03Ba
处理4	2.2Ba	2.57Aa	2.2Ba

的水分利用效率,孕穗期显著增大,而灌浆期和拔节期,其水分利用效率差异不显著。在拔节期,随保水剂用量的增加,小麦水分利用效率增加,处理4和处理3显著增加,但处理4和处理3之间差异不显著,处理2与处理1差异不显著。在孕穗期,处理4和处理3显著增加,但处理2、处理3和处理4之间差异不显著,且处理2和处理1差异不显著。在灌浆期,随保水剂用量的增加水分利用效率增加,但差异不显著。

3.4　不同生育期各处理小麦群体动态变化特征

作物受干旱或水分胁迫反应是水分利用效率生理生态机制研究的关键,也是提高作物产量和水分利用效率的基础。保水剂用量对土壤的保水、需水产生重要影响,从图3中可以看出,在保水

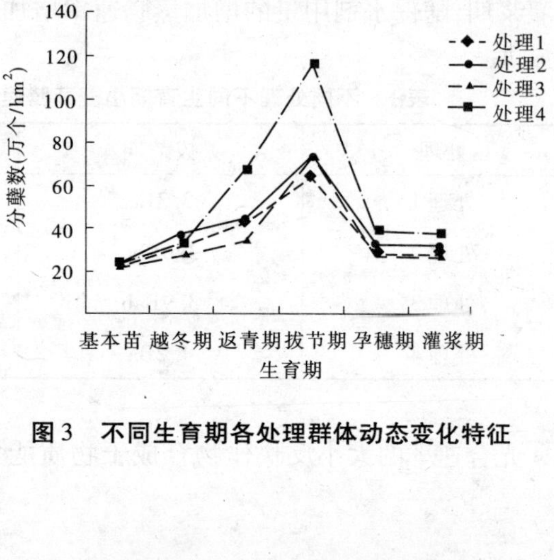

图3　不同生育期各处理群体动态变化特征

剂施用条件下,不同生育期的群体变化具有不同的特征。从整体来看,在整个生育期,随着小麦的生长发育,各处理的总群体都逐渐增加,在拔节期达到最高,灌浆期以后总体数不再增加。就各处理之间比较而言,在整个生育期,除拔节期外,处理3的总群体最低,总群体和成穗数的高低顺序为:处理4 > 处理2 > 处理1 > 处理3。说明,保水剂用量为45 kg/hm^2 和60 kg/hm^2 对小麦群体数和成穗数的提高产生重要作用。

3.5　不同处理对小麦成产因素的影响

穗粒数、结实小穗、穗长及千粒重表征小麦产量潜力的大小,从表4可以看出,施用保水剂后,株高、穗粒数、结实小穗、穗长和千粒重均有所增高;其中,随保水剂用量的增加,株高和穗长先降低再增加,穗粒数和结实小穗先增加再降低,而千粒重降低,但均高于对照。说明,保水剂的施用促进了小麦各生产要素的提高,最终对小麦的产量产生重要影响。

表4　不同处理对小麦成产要素的影响

处理	株高(cm)	穗粒数(粒)	结实小穗(个)	穗长(cm)	千粒重(g)
处理1	79.2	30.3	19.5	8.7	43.9
处理2	84.4	32.2	20.5	9.1	46.4
处理3	80.5	38.4	21.8	9.0	45.3
处理4	83.7	36.5	21.3	9.2	44.1

3.6　不同处理对小麦产量、土壤耗水及水分生产效率的影响

从表5中可以看出,从小麦种植到小麦收获的整个生育期,各处理的土壤储水量均降低,表明在小麦生长过程中消耗了大量的土壤水和降雨以满足小麦的生长;消耗水量最多的是处理4,其次为处理2、处理1,处理3消耗的最少;与对照相比,保水剂处理的小麦产量分别提高了30%、26.2%、61.6%,且达到极显著水平,处理4与处理2和处理3达到极显著水平,处理2和处理3之间不显著(见表6);水分利用效率分别比对照高:5.4 kg/(mm·hm^2)、5.5 kg/(mm·hm^2)和10.4 kg/(mm·hm^2)。

表5　不同处理对小麦产量、土壤耗水及水分生产效率的影响

处理	种前土壤储水量(mm)	降雨量(mm)	收后土壤储水量(mm)	土壤耗水量(mm)	小麦平均产量(kg/hm^2)	水分生产效率[kg/(mm·hm^2)]
处理1	272.7	180.2	130.6	322.3	5 928.6	18.4
处理2	272.7	180.2	129.4	323.5	7 706.3	23.8
处理3	272.7	180.2	139.2	313.7	7 484.1	23.9
处理4	272.7	180.2	120.0	332.9	9 579.4	28.8

表6　不同处理多重比较

处理	平均产量(kg/hm²)	5%显著水平	1%极显著水平
处理4	9 579.4	a	A
处理2	7 706.3	b	B
处理3	7 484.1	b	B
处理1	5 928.6	c	C

4　结论

通过以上分析表明,保水剂用量不同对表层土壤的各生育期含水量产生重要影响,在小麦整个生育期内,土壤水分含量呈波动性变化,这与降雨和小麦需水特征有关。在整个生育期,处理1(对照)的土壤含水量比其他处理都低。施用保水剂提高了土壤饱和导水率,其中处理3饱和导水率最高(87.3 mm/h),其次为处理2和处理4,处理1最低,说明存在一个最适用量为52.5 kg/hm^2。因此,施用保水剂后,有效地提高了土壤在各生育期对小麦的保水和供水状况,促进了光合作用潜力的提高。

小麦的净光合速率、蒸腾速率及水分利用效率表现为:孕穗期>灌浆期>拔节期。各生育期内,随保水剂用量的增加,光合速率、蒸腾速率和水分利用效率都增大。保水剂处理的小麦产量分别提高了30%、26.2%、61.6%,且达到极显著水平。水分生产效率分别比对照高:5.4 $kg/(mm \cdot hm^2)$、5.5 $kg/(mm \cdot hm^2)$和10.4 $kg/(mm \cdot hm^2)$。

在广阔的豫中地区农田中施用保水剂,不仅可以将非生育期的大量降雨保存下来,增加土壤入渗,减少地表径流产生,提高土壤墒情及土壤生态功能,还可在作物需水时,将保存的水分释放出去,促进作物生长。

参考文献

[1] 杨连利,李仲谨,邓娟利. 保水剂的研究进展及发展新动向[J]. 材料导报,2005,19(6):42-44.
[2] 李秧秧,黄占斌. 节水农业中化控技术的应用研究[J]. 节水灌溉,2001(3):4-6.
[3] 董英,郭绍辉,詹亚力. 聚丙烯酰胺的土壤改良效应[J]. 高分子通报,2004(5):83-87.
[4] 王天民. 生态环境材料[M]. 天津:天津大学出版社,2000:335-336.
[5] 张林栋,李佐邦,任志宽. 高吸水性树脂在农业中的应用试验[J]. 精细化工,1995,12(2):64-66.
[6] 杨永辉,赵世伟,黄占斌,等. 沃特多功能保水剂保水性能研究[J]. 干旱地区农业研究,2006,24(5):35-37.
[7] 杨永辉,武继承,赵世伟,等. PAM的土壤保水性能研究[J]. 西北农林科技大学学报(自然科学版),2007,35(12):120-124.
[8] 武继承,王志和,何方,等. 不同技术措施对降水和土壤养分的影响[J]. 华北农学报,2005,20(6):73-76.
[9] 武继承,杨稚娟,何方,等. 试论河南省旱地节水农业发展的有效途径[J]. 河南农业科学,2006(1):5-8.

[10] 黄风球,杨立光,黄承武,等．化学节水技术在农业上的应用效果研究[J]．水土保持研究,1996,3(3):118－124.

[11] 杜晓东,王丽娟,刘作新．保水剂及其在节水农业上的应用[J]．河南农业大学学报,2000,34(3):255－259.

[12] 黄占斌,万惠娥,邓西平,等．保水剂在改良土壤和作物抗旱节水中的应用[J]．水土保持学报,1999,5(4):52－55.

[13] 周世新,宁作斌,顾云杰,等．高效营养保水剂在大田玉米生产上的试验效果[J]．中国农业气象,2001,22(4):43－46,35.

[14] 赵敏,高会东．保水剂对花生生理特性及产量构成因素的影响[J]．吉林农业科学,2002,27(6):15－18.

[15] 黄占斌,朱书全,张铃春,等．保水剂在农业改土节水中的效应研究[J]．水土保持研究,2004,11(3):57－60.

[16] 刘子凡,梁计南,谭中文,等．土壤保水剂对甘蔗抗旱性的影响[J]．甘蔗(研究探讨),2004,11(2):11－15.

[17] 高凤文,罗盛国,姜佰文．保水剂对土壤蒸发及玉米幼苗抗旱性的研究[J]．东北农业大学学报,2005,36(1):11－14.

[18] 陆国盈,韩世健,裴铁雄,等．不同时期施保水剂对甘蔗抗旱性和产量及品质的影响[J]．广西蔗糖,2005(4):3－7,16.

[19] 欧少亭．森林土壤渗透性测定[M]//林业管理常用标准及政策法规汇编．吉林:吉林电子出版社,2003:1218－1999.

[20] Zhang Q D , Jiang G M, Zhu X G, et al . Photosynthetic capability of 12 genotypes of triticumaestivum [J]. Acta Phytoecol Sin,2001,25 (5) :532－536.

[21] 李雁鸣,王焕忠,段巍巍,等．冬小麦品种河农859和河农326的光合性能与子粒产量对水分的反应[J]．河北农业大学学报,2001 ,24(1) :1－4 ,12.

[22] 郭晓维,赵春江,康书江,等．水分对冬小麦形态、生理特性及产量的影响[J]．华北农学报,2000,15(4) :40－44.

河南省秸秆资源及综合利用现状调查

王志勇

(河南省土壤肥料站,郑州 450002)

摘要:农作物秸秆是一种可开发利用的宝贵资源。本文就河南省农作物秸秆资源的利用方式以及主要作物秸秆的还田方式和数量、作物秸秆利用的地域及种类特点,秸秆资源利用特征的新变化做了调查,并根据河南省秸秆还田目前存在的问题,提出了一些建议。

关键词:农作物 秸秆 调查 问题 建议

农作物秸秆是一种可开发利用的宝贵资源。随着河南省粮食产量的不断提高,作物秸秆产量也有所增加。近几年来,河南省农业部门在上级的领导下,大力推广秸秆还田,作物秸秆综合利用也有较快的发展,这对河南省农业可持续发展,维持生态平衡发挥着十分重要的作用。为了进一步提高作物秸秆有效利用率,充分利用生物资源,根据全国农技中心要求,省土肥站组织18个市,对河南省的小麦、玉米、水稻、红薯、花生、大豆、油菜等主要作物秸秆资源与利用现状进行了一次全面系统的调查,结果表明,河南省秸秆资源总量有所增加,利用呈现出新的特点。

1 农作物秸秆资源

河南省年产主要作物秸秆4 988万t。其中小麦秸秆2 438.3万t,占年产作物秸秆总量的48.9 %;玉米秸秆1 415.3万t,占年产作物秸秆总量的28.4%;水稻秸秆344.4万t,占年产作物秸秆总量的6.9%;红薯秸秆245.3万t,占年产作物秸秆总量的4.9%;花生秸秆222.1万t,占年产作物秸秆总量的4.4%;豆类秸秆172.1万t,占年产作物秸秆总量的3.5%;油菜秸秆51.3万t,占年产作物秸秆总量的1.0%(见图1),其他作物秸秆98.7万t,占年产作物秸秆总量的2%。

2 河南省作物秸秆资源的利用方式

河南省作物种类较多,不同秸秆利用方式不同。河南省全年主要作物秸秆总产量4 988万t,其中用做肥料1 995.5万t,占40.0%;饲料1 504.6万t,占30.2%;燃料779万t,占15.6%;原料238.9万t,占4.8%;焚烧325万t,占6.5%;弃置乱堆145万t,占2.9%(见图2)。

小麦秸秆的主要利用方式为做肥料、饲料和燃料用。其中,用做肥料的量为1 132.95

基金项目:河南省重大公益科研项目。

作者简介:王志勇(1965—),主要从事土壤肥料研究推广。

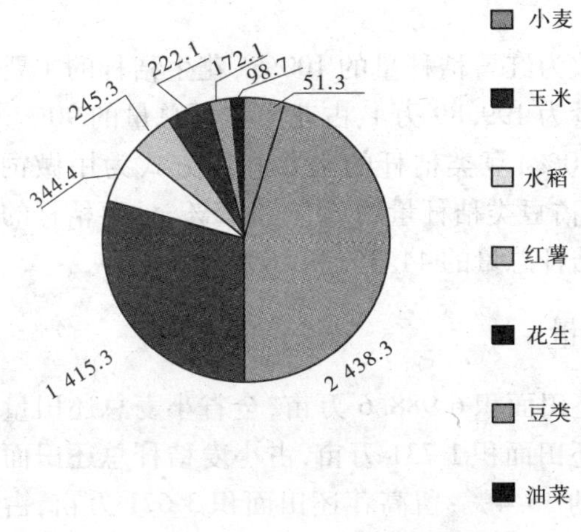

图1 河南省年农作物秸秆总量

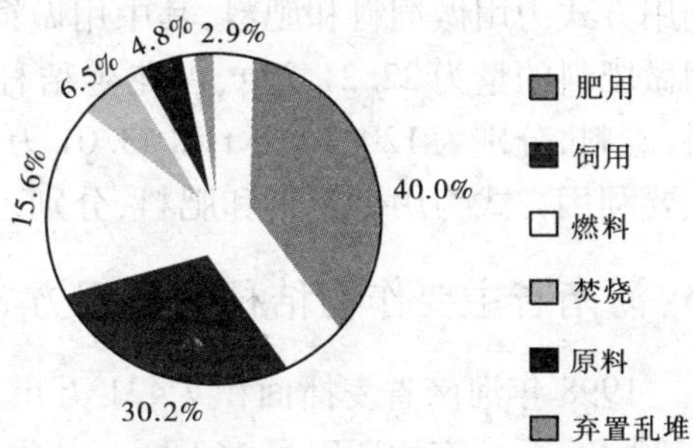

图2 秸秆利用方式及所占比例

万 t,占小麦秸秆总量的46.5%,用做饲料的量为438.79万 t,占小麦秸秆总量的18%,用做燃料的量为419.9万 t,占小麦秸秆总量的17.2%,其他用做原料、焚烧和弃置乱放的量为446.7万 t,占小麦秸秆总量的18.3%(见图3)。

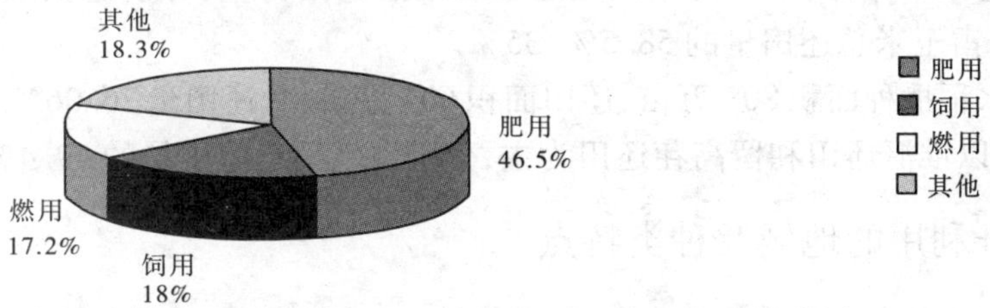

图3 小麦不同利用方式及所占比例

玉米秸秆的主要利用方式为用做肥料、饲料、燃料。其中,用做肥料的量为750.9万 t,占玉米秸秆量的53.1%,用做燃料的量为286.37万 t,占玉米秸秆量的20.2%,用做饲料的量为254.67万 t,占玉米秸秆量的18.0%,其他为123.1万 t,占玉米秸秆量的8.7%(见图4)。

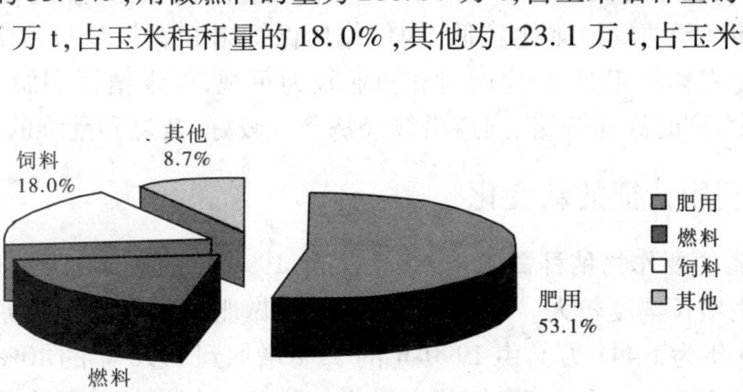

图4 玉米不同利用方式及所占比例

水稻秸秆的主要利用方式是用做肥料和饲料,其中,用做饲料的量为235.49万 t,占水稻秸秆量的68.4%,用做肥料的量为76.06万 t,占水稻秸秆量的22.1%,其他为32.7

万 t，占水稻秸秆量的 9.5%。

红薯秸秆的主要利用方式为用做饲料，大致为红薯秸秆量的 100%；花生秸秆的主要利用方式为用做饲料和肥料，其中用做饲料的量为 199.89 万 t、占花生秸秆总量的 90%，用做肥料的量为 22.21 万 t、占花生秸秆量的 10%；豆类秸秆的主要利用方式为用做饲料、燃料，分别为 120.44 万 t 和 43.01 万 t，分别占豆类秸秆量的 70% 和 25%；油菜秸秆的主要利用方式为用做燃料和肥料，分别占油菜秸秆总量的 44.3% 和 26%。

3　河南省主要作物秸秆的还田方式和数量

1998 年河南省麦播面积 7 421 万亩，小麦还田面积 6 988.6 万亩，全省小麦总还田量 1 132.95 万 t，亩均还田量 162 kg。其中，堆沤还田面积 1 731 万亩，占小麦秸秆总还田面积的 24.8 %，还田量 411.95 万 t，占总还田量的 36.4%；留高茬还田面积 3 671 万亩，占总还田面积的 52.5%，还田量 413.2 万 t，占总还田量的 36.5%；覆盖还田面积 1 175.8 万亩，占小麦秸秆总还田面积的 16.8%，还田量 205 万 t，占总还田量的 18.1%；机械翻压还田 410.8 万亩，占总还田面积的 5.9%，还田量 102.8 万 t，占总还田量的 9.1%。

1998 年玉米播种面积 3 233 万亩，还田面积 2 061.3 万亩，全省玉米总还田量 750.94 万 t，亩还田量 364 kg，其中以机械翻压还田和堆沤还田为主，分别占玉米总还田面积的 50%、42.5%，占玉米总还田量的 58.5%、35%。

1998 年水稻播种面积 808 万亩，还田面积 604 万亩，总还田量 76.06 万 t，亩均还田量 126 kg。其中以堆沤还田和留高茬还田为主，分别占水稻总还田量的 49.4%、32.3%。

4　作物秸秆利用的地域及种类特点

由于社会经济的发展水平不一致，河南省作物秸秆利用呈现两大特点：一是相同的作物秸秆的利用方式呈现出明显的地域特点，这一特点主要表现在小麦、玉米秸秆上；另一个特点是花生秧、红薯秧和豆秧等作物秸秆利用方式比较单一，一般都作为饲料。

小麦秸秆在豫南的南阳、驻马店、周口等市用做饲料和燃料量分别达 78.8%、40.1%、55%，而在豫北等地则比较低，如焦作用做饲料和燃料量只占 2.3%。玉米秸秆的利用特征与小麦秸秆相似，在豫南对养殖业较为重视，玉米秸秆用做饲料的比重较大，而在豫北则较少，同时高速公路、国道沿线经济条件较好，焚烧和乱堆的比重较大。

5　秸秆资源利用特征的新变化

1998 河南省主要作物秸秆资源 4 988 万 t，比 1990 年的 4 500 万 t 有所增加，特别是小麦、水稻、花生增长幅度较大。在利用方式上，用做肥料的量有所增加，1998 年大致为 1 996 万 t，1990 年为 1 441 万 t，由 1990 年的 32% 增加到 1998 年的 40%。用做饲料的量 1998 年大约为 1 500 万 t，和 1990 年基本一样。烧柴和焚烧掉的量大幅度减少，由 1990 年的 1 217 万 t 减少到 1998 年的 1 104 万 t，减少了 5 个百分点。

6　存在的问题

河南省近几年秸秆还田工作有较大进展，但还存在着一些问题，主要表现在以下几个方面。

(1)资金投入不足,缺乏优惠扶持政策。秸秆能源利用和生物发酵等高新技术的研究和推广以及试点示范阶段需要大量的资金,在很多地方因先期经费不足,使工作的开展受到很大限制。

(2)茬口紧张。为了解决河南省人口对于粮食的需求,目前主要是通过提高单产和复种指数来增加粮食总产,造成两茬茬口十分紧张。在河南省小麦—玉米轮作区,夏收种玉米、秋收种小麦都要在一两个星期内完成,民间有“夏争时秋争日”的说法。如果在这些地方没有相应的还田技术和机械,要在很短的时间内完成上茬作物收获、秸秆还田、整地和下茬作物的播种是十分困难的。

(3)采用新技术新产品投入较高。在当前市场经济条件下,农民受比较效益的影响,对传统的费工费时的秸秆沤制还田方法积极性不高,新技术产品价格高,农民不愿接受。

(4)地区间工作进展不平衡。一些地方对多层次综合利用秸秆、节约能源、培肥地力的意义认识不足,或是财力有限等原因,秸秆的利用率较低。

7　几点建议

河南省年产农作物秸秆近 5 000 万 t,按其所含氮、磷、钾总量估计,约折合 50 万 t 尿素、30 万 t 磷肥、60 万 t 钾肥,是十分宝贵的资源。试验表明,在目前农业生产条件下,每年每亩耕地还田作物秸秆 300 ~ 500 kg,可增产粮食 25 kg 以上,连续还田 3 年,可增加土壤有机质 0.2 ~ 0.4 个百分点。因此,采用有效措施,大力推广作物秸秆还田及综合利用不仅是净化环境增加粮食产量的有效措施,而且对增加土壤有机质、提高耕地质量、弥补磷钾肥投入不足、促进农业良性发展具有十分重要的意义。主要措施有以下几点:

(1)多方配合,齐抓共管。各级政府有关部门要充分认识农作物秸秆还田及综合利用的重要性、必要性和紧迫性,按照“统一安排、综合利用、突出重点、标本兼治”的原则,采取“政策上引导,经济上扶持,行政上干预,法律上约束”的措施把工作抓出成效。秸秆还田和综合开发利用是一个政策性、技术性、群众性很强的工作,只有制定适合农业和农村工作的新特点,具有可操作性的配套政策,才能形成有效的秸秆资源综合开发利用的激励机制。通过耕地保养条例的尽快颁布和实施,推进秸秆还田工作的深入广泛的发展。各地要在各种农业综合开发、中低产改良、吨粮田建设等项目中安排一定比例,用于该项工作的新技术研究和开发、推广和应用。各地政府要切实加强对该项工作的领导,统一组织农业、农机、环保、科技等部门,密切配合,明确责任,共同做好该项工作。

(2)认真组织实施“沃土计划”推动全省秸秆还田工作的开展。按照省政府办公厅下发的《河南省“沃土计划”实施方案》,把秸秆还田作为“沃土计划”的主要内容认真组织实施,大力推广小麦、水稻留高茬和玉米秸秆还田技术,严禁焚烧秸秆,大力积造有机肥,引进新技术,提高秸秆还田的技术水平,对秸秆还田提出具体要求,将秸秆还田任务进行分解,列入目标管理,定期不定期地组织检查评比,有力地推动秸秆还田工作的开展。

(3)因地制宜,大力推广秸秆多层次多渠道综合利用技术。各地要从实际出发,在秸秆还田上因势利导、因地制宜,合理开发利用,主要是:在农区发展秸秆青贮和氨化,过腹还田模式;禁烧区、高产区巩固和扩大双季秸秆还田面积及多层次利用方式;旱地发展秸秆覆盖农业，焚烧秸秆严重及三料矛盾突出的地区要推广秸秆气化及沼气技术；草菇生产区推广作物行间铺草养菇，菇渣做饲料，粪尿还田。通过各种形式的秸秆还田，大量增施有机肥，平衡施用化肥，实现土地资源的永续利用和生态系统的良性循环。

(4)广泛宣传和培训，调动广大农民积极性。在夏收、秋收前及高温多雨季节利用电视、报纸、广播等宣传媒体进行多种形式的广泛宣传，让广大干部和农民群众充分认识秸秆还田的好处及重要意义，让全社会来共同关心这一事业。另外，要做好秸秆还田技术的培训和普及，培养技术骨干，让农民正确掌握要领，特别是秸秆快速腐熟技术，为秸秆还田及综合利用做好充分的准备工作。

试论雨水集蓄与节水农业

褚小军[1]　武继承[2]　何　方[2]

(1. 河南省土壤肥料站,郑州 450002;
2. 河南省农业科学院植物营养与资源环境研究所,郑州 450002)

摘要:概述了雨水集蓄利用的现状、雨水集蓄利用工程与雨水利用的理论途径,系统地分析了不同雨水利用途径的增产效果,提出了雨水高效利用必须是节灌技术与高效农业模式的有机结合。

关键词:雨水　雨水集蓄利用　旱作农业　节水农业

我国人均水资源仅 2 200 m^3,相当于世界平均水平的 1/4。每年农业用水缺水约 300 亿 m^3,有效灌溉面积中每年有 670 万 hm^2 耕地得不到灌溉。特别是北方旱作区水资源量仅占全国的 14.4%,耕地却占 58.3%。同时,降水年际年内分配不均,造成水旱灾害并重,经济贫困。但其光热条件好,潜力大,而且是名优特产品的生产基地。兴建水利工程受地形、经济等因素限制,难以解决用水问题。雨水是旱区农业生产的主要水源,发展集雨节水农业是一种变被动抗旱为主动抗旱的高效用水方式。因此,合理利用降水,发展雨水集蓄工程与节水农业,有利于解决经济贫困和生态环境问题,促进小康社会经济建设。

1　雨水集蓄利用现状

古代中东纳巴特人就在涅杰夫沙漠开展了雨水利用,他们把从岗丘汇集的径流通过渠道分供作物利用或贮存备用。20 世纪中叶国外兴起了对径流农业的研究和实践。20 世纪 80 年代以来随着全球性干旱加剧与水问题突出,雨水利用得到迅速发展,降水利用形式日趋多元化,从生活用水向城市用水和农业用水方向发展。尤其 1982 年夏威夷第一次国际与水集流会议以来,促进了雨水集蓄利用交流与研究,成立了国际雨水利用协会(IRCSA)。不仅少雨国家(如以色列等)发展较快,且一些多雨国家(如东南亚、日本、澳大利亚、美国等)都在积极开发利用雨水。以色列、澳大利亚、美国、印度、伊朗等国家将雨水利用作为面向未来的战略选择。目前,以色列在集雨农业方面成就显著,日本则利用雨水回灌地下水。

我国雨水利用也有悠久的历史,4 100 年前夏朝后稷开始推行区田法,2 700 年前春秋时期黄土高原地区已有引洪漫地技术,600 多年前已有水窖。20 世纪五六十年代,开始用窖水点浇玉米、蔬菜等,突破了原来只用窖水作为生活饮用水的传统,并创造出了鱼鳞坑、隔坡梯田等就地拦蓄利用技术[1]。80 年代将收集的雨水用于发展庭院经济和作物补充

基金项目:国家 863 农业 (2002AA2Z4291)。

作者简介:褚小军(1969—)男,农艺师,主要从事土壤肥料研究及推广工作。

灌溉。90 年代在国际雨水利用事业的推动下，雨水集蓄利用和节水农业研究得以飞速发展，如甘肃的“121 雨水集流工程”、陕西的“甘露工程”、山西的“123 工程”、宁夏的“窖窑工程”和内蒙古的“112 集雨节水灌溉工程”以及河南集雨抗旱工程等，减轻了自然灾害，提高了旱地农业生产活力。目前，我国雨水利用研究已经将重点集中在雨水集蓄旱作节水农业与环境建设问题上，并对雨水集蓄补灌地下水及城市集流等问题开展研究[2,3]。

2　集雨利用工程的组成

集雨利用工程一般由集雨系统、净化系统、存储系统和用水系统等组成（见图 1）。

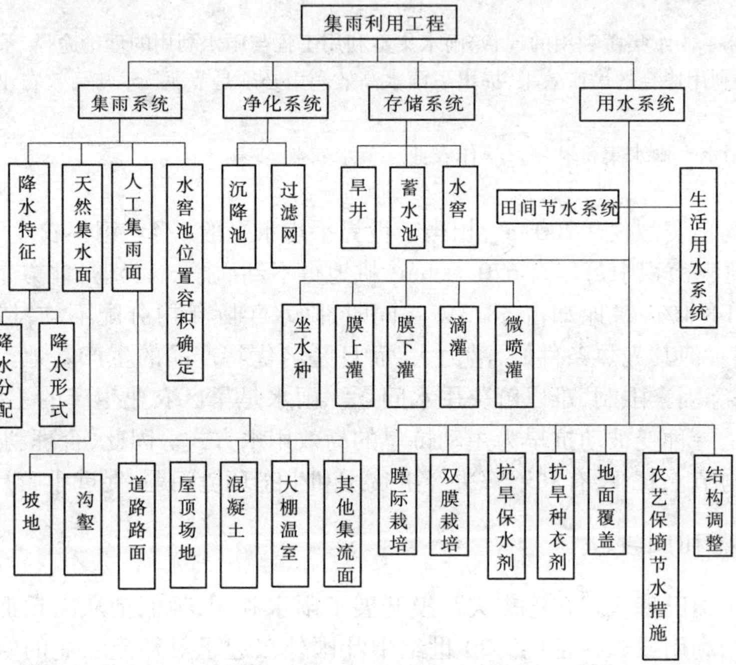

图 1　集雨利用工程系统构成

3　雨水利用的理论途径

雨水高效利用的主要理论途径包括：

（1）强化就地入渗，即采取保持耕作、土地平整、梯田建设等拦蓄雨水，尽可能提高土壤水分入渗率和存储量。

（2）促进土壤水转化，土壤水是雨水进入土壤的转化形态，也是作物吸取水分的最终形态。

（3）抑制蒸发，覆盖是减少旱区土壤水分蒸发逸失的最直接方法。覆盖材料有地膜覆盖、作物残茬与秸秆覆盖，以及草地覆盖；按覆盖时期有农田休闲期覆盖和作物生育期全程覆盖。

（4）径流汇集叠加利用，即采用自然或人工方法集蓄雨水是改变降雨时空多变的对策，将大面积降雨集蓄起来。即将多个时段雨水叠加在一个时段，增加农田总供水量和生育期供水量。这是雨水集蓄利用技术和节水农业的理论所在。

(5)提高作物水分利用效率。提高蒸腾效率是提高作物水分利用效率的关键,其途径有节水高产抗逆品种选择、合理作物布局、规范栽培及化学调控等。

4　雨水利用的有效途径及其效果

4.1　修筑梯田,拦蓄雨水

丘陵旱地由于地形复杂,沟壑多,土层薄,保水保肥能力差,降雨产生的径流很快下泄,冲刷土壤,雨后又容易干旱,农作物生产保证率低。修筑高标准梯田,不仅可以拦蓄雨水,增加土壤有效水分储量,而且能防止水土流失,减少泥沙危害。如南召县根据自身实际,按照“提高质量,保证速度,加强防护”的原则,进行了岗坡丘陵区坡耕地改造,建成“沿着等高线,绕着坡势转,里切外垫倒流水,活土层达到二尺半”的高标准水平梯田31万亩。在2000年春长达5个月没有降水的情况下,5月中旬测定5~20 cm耕层含水量均在10%以上,比没改造的坡耕地高6%以上,花生平均产量3 229.5 kg/hm^2,比1999年增产22.7%。

4.2　利用庭院、场院和屋顶集雨

农户房前屋后和村边地头,一般都有经过碾压的庭院和场院,屋顶面多是水泥石灰土和瓦,是雨水收集的良好场所。通过雨水拦蓄、存储,不仅解决人畜饮水,而且可以利用富余水发展庭院经济——种植业、养殖业和小型加工业。

4.3　利用坡地、道路集雨

乡间都通柏油路或石子路,还有不少田间路,这些坡地、道路可以直接收集或经过改造后收集雨水,可修建人工防渗蓄水工程(水窖或水窑),再配上适宜的灌溉系统,采用先进的灌溉技术——喷灌、微灌技术,浇作物关键水,可以提高降水的利用效率和作物产出效益。

4.4　深耕松土,增加降水入渗,扩大土壤水分库容

据测定,采用深耕松土,可有效地提高降水的入渗量,扩大土壤蓄水能力,疏松深度在20 cm以上,耕层有效水分可增加4.0%~5.6%,渗透率提高13%~14%,粮豆增产8%~12%;在伏雨前深松可使40~100 cm土体蓄水量增加73%,小麦增产5.9%~29.6%。

4.5　保护性耕作栽培技术

保护性耕作栽培包括少耕免耕、带状间作、沟垄耕作等栽培技术。据美国内布拉斯加州统计资料,常规耕作蒸发损失为88%,而免耕法只有57%,土壤贮水率增加10%~20%,作物产量增加900 kg/hm^2左右。我国的试验研究表明[4],保护性耕作技术与传统翻耕技术相比,降低地表径流60%,减少土壤流失80%;玉米地休闲期蓄水量增加35%,小麦增加24%;春玉米平均增产16%,小麦增产13%;土壤有机质含量年平均增加0.03%~0.05%。

4.6　地面覆盖技术

研究资料表明,在干旱、半干旱地区的降水中有70%~80%以径流和蒸发的形式损失掉,仅有20%~30%为作物所利用,即使是半湿润易旱区的降水也有60%以径流和蒸发的形式被浪费和损失。因此,提高土壤贮存水分的利用效率,减少无效蒸发,是提高降水利用率的重要途径。研究表明[5],采用地面覆盖小麦单产达到6 105 kg/hm^2,比传统耕作增产72.6%,将自然降水保蓄率从25%~35%提高到50%~65%。

4.7 “四水一旱”利用技术

坡耕地降水资源高效利用技术就是以种节水、以肥调水、以土蓄水、以管保水和提前播种，实现“四水一旱”相结合，提高降水资源利用率。近年来镇平县累计推广5.33万 hm^2，增产小麦630 kg/hm^2，新增总产3 360万kg，创社会经济效益2 016万元。

4.8 双膜栽培技术

双膜栽培是为了提高降水的有效利用，运用不同的塑料薄膜而建立起来的蓄水、保水、抗蒸发、集径流、防渗漏等于一体的降水利用与种植结构调整相结合的综合栽培技术。首先在坡地下部建立蓄水窖；然后，建造U形田间地下蓄水槽，即每米宽耕地挖1/4～1/3 m宽的土沟，深度60～70 cm，埋入塑料薄膜，离地表深度为30 cm，封土即成；最后，覆土施肥与覆盖地膜，地膜与地膜间空隙一个在蓄水槽上，另一个在两蓄水槽中间，以利于土壤蓄水。作物种植在蓄水槽两边和膜际边缘，实现了降水利用和农业生产效益的双重提高。洛宁县雷新周和河南省农科院节水农业研究室试验表明，采用该技术1999年年收入达22 500元/hm^2，2000～2001年虽属重旱年，小麦产量达6 480 kg/hm^2，对照仅2 745 kg/hm^2，充分显示了其抗旱、增产、增效和提高水分利用率与生产效益的巨大潜力。

4.9 化学节水技术

充分利用成熟的抗旱保墒剂、保水剂和抗旱种衣剂，提高降水的利用效益。1999～2002年河南农科院节水农业研究室试验表明，应用稀土营养型抗旱种衣剂的小麦平均增产7.5%～15.6%，不同保水剂旱地小麦条施增产18.6%～66.9%；营养保水剂红薯穴施在2001年只有一次有效降水(25 mm)的情况下，平均增产4 500～6 870 kg/hm^2，比对照增产14.07%～23.74%，同时，红薯病害减轻85%。

5 雨水集蓄利用的有效节水灌溉技术与高效农业

由于雨水集蓄的水分资源十分有限，发展田间漫灌、喷灌不现实，只有发展田间微灌、膜上和膜下灌溉等先进的节水灌溉技术，才能实现灌水效率和灌水效益的有机统一。目前，有效的雨水集蓄利用节灌技术主要有微灌(包括滴灌、渗灌和微喷灌等)技术、抗旱坐水种技术、地膜集流穴灌技术和注射灌溉技术等。采用这些先进的节水灌溉技术由于投入相对较大，要发挥其工程的利用效益，需要发展相适应的节水高效农业模式，如设施集雨补灌高效农业、关键生育期节水补灌特色种植、滴灌高效林果种植和高效用水特色农业等。

参考文献

[1] 任杨军，李建牢，赵俊侠．国内外雨水资源利用研究综述[J]．水土保持学报，2000，14(1)：88－92.

[2] 宋进喜，李怀恩，李琦．城市与水资源化及其生态环境效应[J]．生态学杂志，2003，22(2)：32－35.

[3] 惠士博，谢森传，赵士礼．北京市平原区汛雨利用回补措施及其水文模拟分析[A]//中国雨水利用研究文集．徐州：中国矿业大学出版社，1998：162－168.

[4] 高焕文，李洪文，陈君达．可持续机械化旱作农业研究[J]．干旱地区农业研究，1999，17(1)：57－62.

[5] 李立科，王兆华，赵二龙，等．留茬少耕免耕秸秆全程覆盖技术的地位和作用[J]．西北农业大学学报(综合版)，2000(8)：119－122.

河南省旱作区雨水高效利用技术研究与应用

武继承[1]　郑惠玲[2]　焦建伟[3]　杨永辉[1]

(1. 河南省农业科学院植物营养与资源环境研究所，郑州 450002；
2. 河南省土壤肥料站，郑州 450002；
3. 郑州农业技术推广中心，郑州 450006)

摘要：本文分析了国内外旱作农业的发展现状与趋势，针对河南省旱作区水资源的利用现状与问题，提出了雨水高效利用的总体思路，并叙述了旱地农业降水资源利用的技术体系及应用效果。

关键词：现状与趋势　问题　总体思路　技术体系　应用效果

1　国内外研究现状与趋势分析

1.1　旱地农业特征及分布

水资源短缺是一个世界性的问题，在我国表现得尤其突出，日益增长的人口和生活水平的不断提高对农畜产品的需求量不断增加，促使节水农业、旱地农业和雨养农业成为21世纪我国农业发展的重要研究内容[1]。

旱地农业[2]，又称旱作农业、雨养农业或雨育农业，是指在干旱、半干旱和半湿润易旱地区，主要利用天然降水，通过建立合理的旱地农业结构和采取一系列旱作农业技术措施，不断地提高地力和天然降水的有效利用率，实现农业高产稳产，使农、林、牧综合发展的农业。旱地农业区呈干旱、半干旱和半湿润易旱，地多水少，地表水和地下水资源短缺，或地形丘陵起伏，发展灌溉农业有困难。因此，其水资源的高效利用，主要是充分利用天然降水资源。

我国旱地农业主要分布于淮河、秦岭及昆仑山以北年水分收不抵支的广大区域。涉及16个省(市、自治区)，面积约542万 km^2，占国土面积一半以上，其中有耕地0.51亿 hm^2，约占全国总耕地的51%，耕地中没有灌溉条件的旱地约占本区耕地的65%[3]。河南省的半干旱、半湿润易旱区面积440万 hm^2，占全省耕地面积的63.9%，其中京广线以西典型旱作农业面积254万 hm^2，占全省耕地面积的36.7%。同时，在河南省440万 hm^2 的旱作农业区域中，丘陵、山旱地180万 hm^2，占旱地面积的41%[4]。限制旱作农业发展的主要因子是水资源匮乏、土壤贫瘠、水土流失严重，这不仅制约着农林牧业的健康发展，而且产生一系列的生态、环境问题，其关键问题的实质是水资源问题，尤其降水的高效利

基金项目："十五"国家863节水农业重点项目(2002AA2Z4291)和河南省重点科技攻关项目(0623102600)。

作者简介：武继承(1965—)，男，河南通许人，博士，研究员，主要从事节水农业、土壤养分资源利用与管理等方面的研究。

用问题,是解决其问题的本质所在。

1.2　降水资源利用发展概况

1.2.1　国外发展概况

4 000 年以前古代中东的纳巴特人就在涅杰夫沙漠开展了降水的利用,他们把从岗丘汇集的径流通过渠道分配到各个田块供作物利用(或把径流贮存到窖里以备后用),并获得了较好的收成。阿富汗等干旱、半干旱地区的国家也推广使用了纳巴特人的利用雨水资源的方法[5]。20 世纪 70 年代以来,美国、苏联、突尼斯、巴基斯坦、印度、澳大利亚等国对集水面进行了大量的研究,如墨西哥利用天然不透水的岩石表层作为集水面、美国则利用化学材料进行处理以提高集水面的集水效率,美国、索马里、墨西哥等国在集水面上铺设塑料薄膜、沥青纸、金属板等方法进行降水资源的收集与利用,效果十分明显,但费用太高。目前,德国、日本、加拿大等许多发达国家采用了铁皮屋顶集流的方法,将汇集的雨水径流贮存到蓄水池中,再通过输水管道进行庭院花卉、草坪、林木的灌溉,有效地提高了降水的利用[6~9]。20 世纪 80 年代以来,世界各地掀起了对降水利用的高潮,不仅少雨国家(如以色列等)发展较快,而且一些多雨国家(如东南亚国家)也得到迅速发展,降水的利用形式也日趋多元化,并从生活用水向城市用水和农业用水方向发展。1982 年成立了国际雨水集流系统协会,20 年间在世界各地召开了多次国际雨水收集大会。联合国粮农组织和国际干旱地区农业研究中心对雨水利用技术也十分重视,以色列、印度、美国、澳大利亚等国都有集水农场,对解决本国干旱缺水问题发挥了巨大作用。1995 年国际雨水集流系统协会主席霍雨时博士认为,雨水利用是 21 世纪水资源开发的方向[5]。

1.2.2　国内发展概况

我国劳动人民在黄河流域创造出许多降水利用的经验。约 4 100 年前夏朝的后稷便开始推行区田法,战国末期创立了高低畦种植法和塘坝,明代出现了水窖。在此期间相继创造性地建立了水窖、坎儿井、大口井和蓄水塘等雨水蓄集工程设施。20 世纪 50 ~ 60 年代,创造出了鱼鳞坑、隔坡梯田等就地拦蓄利用技术[5]。近年来,全国各地,尤其是中西部旱地农业区,纷纷实施了雨水集流利用工程,如甘肃的“121 雨水集流工程”、陕西的“甘露工程”、山西的“123 工程”、宁夏的“窖窑工程”和内蒙古的“112 集雨节水灌溉工程”以及河南集雨抗旱工程等,这些省区雨水利用技术的研究与应用,在旱区农业生产与人民生活中取得显著的成效,抗御和减轻了自然灾害,减轻了水土流失,改善了区域的生态环境,提高了旱地农业的生产活力,增强了旱地农业的竞争力。目前,我国雨水利用研究已经将重点集中在雨水集蓄旱作节水农业与环境建设问题上,并对雨水集蓄补灌地下水及城市集流等问题开展研究[6,10]。

1.3　旱地农业技术进展概况

在我国旱作区水资源利用方面,旱地农业科研工作者不仅重视集雨工程、集流技术的研究与应用,而且更加重视农艺、生物等水资源利用技术的研究与应用。随着旱作区水资源利用的不断深化,相关技术的研究与应用也不断加强,在传统旱作农业技术的基础上,近 10 年来,根据我国地域旱作农业的发展特色又相继提出了蓄水聚肥改土耕作法、旱坡地聚流入渗孔耕作技术、旱坡地截流蓄水种植沟耕作技术、陡坡地集流聚肥梯田技术、坡耕地垄作区田水土保持耕作技术、垄膜沟播技术、保护性耕作技术、集雨补灌旱作农业节水技术、渗水地膜利用技术、膜侧栽培技术、膜际栽培技术、双膜栽培技术、田间微集水种植技术[11~23]、化学节水技术、控制性分根灌溉技术、自压微灌、水肥穴灌、膜上灌溉、膜下滴灌、简易微喷灌技术、非充分灌溉(调亏灌溉)、作物根际注灌[24~30]等先进、实用的旱作区水资源“蓄、存、保、用”高效技术,并在生产中取得良好的效果。

第一,在旱地耕作方面,多种水土保持型耕作方式得以大量研究与应用。研究表明,集流聚肥梯田中的土壤含水率比坡耕地的含水率增加2.05%~4.07%;玉米单位面积产量增加到7 371.8~8 198.3 kg/hm^2,比坡耕地增加41.1%~57.0%[15]。集流蓄水聚肥改土耕作法可使耕作活土层达45~60 cm,土壤有机质、全氮、全磷含量分别提高0.45、0.022、0.011个百分点,垄顶、垄侧、垄底0~50 cm土壤水分含量分别比常规田高出2.2、2.14、1.53个百分点[16]。保护性耕作休闲期土壤表层的贮水层厚度比传统耕作高14~27 mm,平均高20.68 mm,播种前的土壤含水量比传统耕作高1.34~2.58个百分点[32]。免耕和深松与传统耕作相比,水分利用效率分别提高10.6%、16.4%,降水利用效率分别提高11.9%、19.5%,肥料利用效率提高10%以上[18]。而在坡耕地因地制宜地采取垄作区田水土保持耕作措施可就地拦蓄雨水,促进作物当年增产增收,大豆增产14.5%~22.8%,玉米可增产16.2%~19.7%[22]。

第二,田间微集水、新型地膜和地膜覆盖栽培方面得到了有益探讨。研究表明,农田微集水技术不论旱年还是丰水年份,作物耗水量均比对照高出92.2%~119.3%,土壤供水量高出65.8%~181.8%,说明农田微集水技术具有较强的水分空间再分配能力,使有限的降水和土壤水分集中于作物生长带,明显提高作物水分利用率[11]。渗水地膜覆盖可以起到渗水、保水、增温、调温和微通气等多种功能,使旱地农田种植的玉米比常规地膜覆盖的增产幅度可达20%以上,收入增加30%左右,0~100 cm土层的土壤含水量,比常规地膜平均提高了2.0%[12]。膜侧沟播3叶期至收获前0~60 cm土层平均土壤含水量膜侧沟条播为151.2 g/kg,对照为132.2 g/kg[13]。地膜冬小麦生育期进行有限补偿供水对植株生长发育及籽粒产量均有明显影响,补水15.0~30.0 mm,比旱作不供水增产小麦388.9~859.2 kg/hm^2,增产率为9.9%~21.8%[31]。

第三,在雨水集蓄节灌方面取得明显进展。研究表明,在旱作区最有效的途径就是发展集水农业[34~37],不同生育期补水灌溉研究证明小麦集雨补灌效果为拔节期+孕穗期>孕穗期>拔节期,玉米为大喇叭口期>拔节期+大喇叭口期>拔节期[14]。简易微喷灌技术不同补水时期的增产效应为抽穗期>拔节期>返青期,增产率为25.0%~90.4%[24]。膜上灌溉与常规灌溉相比,棉花节水40.8%,增产皮棉5.12%;玉米节水58%,增产51.8%[25]。膜下滴灌则较膜上灌增产25.12%,增产籽棉70.32 kg/亩,节水25%[28]。同时,调亏灌溉也表现出明显的节水增产效果,研究表明在春小麦分蘖、拔节、乳熟前受旱3~5天,可增产2%~20%,耗水量减少750~1 050 m^3/hm^2[30]。

第四,在耕作保墒、水肥耦合[39]、品种筛选[38]等一系列旱地保水、蓄水和高效用水技术研究的同时,近年来化控节水调控技术越来越受到重视[40~44],研究表明采用保水剂拌种小麦可以增产5.2%~6.9%[45],保水剂红薯穴施不仅红薯病害减轻,而且增产幅度达14.07%~23.74%[19],不同水分条件下小麦则表现出不同的增产效应,并以亩施保水剂3~4 kg为宜[46]。

总之,对于旱区水资源高效利用技术的研究涉及了水分“蓄、保、存、用”等多个方面,同时对区域旱区农业可持续发展模式与农业产业化建设进行了有益的探讨[47~49]。

2　河南省旱作区水资源利用现状与问题

2.1　河南水资源利用状况

(1)人均水资源总量小。2004 年全省人均水资源量为 412 m^3,不足全国人均水平的 1/6;水资源拥有量不足 6 000 m^3/hm^2,属联合国指定的贫水区。

(2)区域分布不均。豫南信阳、驻马店、南阳 3 市人口占全省的 28.7%,水资源量却占全省的 50.6%,人均水资源量 922 m^3,而占全省人口 57% 的豫北、豫西和豫东 11 个市的水资源量却不足全省的 33%,人均水资源量仅 322 m^3。其中豫西和豫北一些县市人均水资源量不足 250 m^3,仅为世界人均水量的 1/40[51]。

(3)时间变异大。受降水季节的影响,径流量高度集中于夏季,一般汛期(6~8 月)径流量占年径流量的 80% 以上,而枯季许多河流干涸断流;同时年际径流量变化大,年径流离差系数为 0.5~0.8,年径流极值比为 6~30。

(4)水资源利用率低,浪费严重。全省工业用水重复利用率(除电力工业)均低于 30%,不足全国先进水平的一半;全省多数灌区渠系利用系数仅为 0.3~0.5,耕地用水量高达 7 500~9 000 m^3/hm^2,超过作物需水量的 2~5 倍[52]。同时,受工业、乡镇企业和化肥施用量的大幅度增加,水污染严重,至 1994 年全省 100 km^2 以上的 491 条河流受到不同程度的污染,60% 以上的河流丧失使用功能[53]。

(5)地下水超采严重。全省地下水漏斗面积由 1982 年的 2 230 km^2 扩大到 1992 年的 7 571 km^2,年均增加 534 km^2;漏斗区地下水埋深由 1~15 m 下降至 14~25 m,如以地下水为主要供水源的豫北濮阳、清丰、南乐漏斗区已连成一片,面积从 1982 年的 405 km^2 扩大到 1992 年的 6 130 km^2,中心地下水埋深由 9.2 m 降至 17.4 m,年均下降 0.82 m[52]。

2.2　河南省旱地农业水资源利用的问题突出

(1)单项技术突出,综合技术应用少。目前,在河南省旱地农业中使用的旱地农业节水措施很多,而且有的表现十分突出。如膜际栽培技术、沟播技术、地面覆盖技术、节水灌溉技术等,但单项技术组合配套的少,抗大旱、抗连续干旱的能力差。其关键因子就是单项技术蓄积的降水少,短期内或小旱年能够解决或缓解旱情,一遇大旱或长期旱情则无法抗拒旱灾,造成绝收。

(2)窖贮降水量少,使用严重浪费。河南省旱地区域的贮水井、窖等多集中于坡地的下部、路边、房前屋后等,很少位于农田;蓄积的水量在重旱年仅够人畜饮用、生存,旱年、中旱年则够作物一水灌溉(节水灌溉);同时,由于不在田间,灌溉时损失、浪费严重。因此,应大力发展“田间微集水”农业,一方面扩大降水的蓄积量;另一方面可以采取小工程措施,发展节水灌溉,如地下渗灌、滴灌、膜上灌等,使有限的蓄水发挥更大的效益。

(3)灌溉技术落后,成本高。贮水窖本身蓄积的水量就少,而灌溉方法和方式却以传统方法为主,技术含量低,水资源浪费较重;同时,利用扶贫资金或旱地专用款发展的丘陵旱地机井,灌溉成本太高,很多地方小麦灌溉一水合 50~60 元/亩,且灌溉以漫灌为主,水资源浪费严重。因此,发展节水补灌,采用先进的地下渗灌、滴灌等节水灌溉技术,将对旱地农业区水资源的高效利用和保护起到积极的推动作用。

(4)水肥耦合性能差,忽视有机肥的使用。试验证明,通过合理施肥,培肥土壤,可以实现以肥调水、肥水耦合的良好效果,提高水肥的利用效率。但目前的水肥管理技术中,常常把水和肥分隔开来去考虑,未能发挥水肥的协同效应和相互促进机制,旱地农业的水肥利用率较低。因此,应重视水肥耦合技术的研究与应用,提高旱地农业的水肥利用率和利用效率。同时,在肥料使用中偏氮、磷,轻视钾肥,忽视有机肥的施用。长期试验表明,增施有机肥可提高单位土壤的蓄水量和水分利用效率。施有机肥比不施有机肥每公顷增加蓄水量750~900 m^3,水分利用效率提高50%~80%,小麦产量提高20%~30%[12]。因此,应大力发展养殖业,走农牧结合的道路,促进有机无机相结合土壤培肥体系的建立,奠定土壤养分循环和水肥耦合的物质基础,推动旱地农业的高效持续发展。

(5)水分利用率亟待提高。全省旱作区降水利用率多数在30%~35%,最高也只有50%左右,水分生产效率仅0.5~0.8 kg/(mm·亩),具有很大的开发潜力。

(6)干旱频繁,损失严重。受年度降水时空分配不均的影响,干旱发生频率高,干旱发生频率达59.6%,平均约2年一遇,夏秋连旱3年一遇,春夏旱几乎年年发生[54]。旱灾受灾面积呈现逐年增加的趋势,并由20世纪70年代的118.1万 hm^2 增加到80年代的171.2万 hm^2,2001年则高达300万 hm^2。全省每年抗旱费用高达数亿元,因干旱造成直接经济损失达10多亿甚至几十亿元[54]。

(7)水土流失严重,土壤瘠薄。全省旱作农业区域水土流失面积3.2万 km^2,占旱地面积的41.7%,年水土流失量达1.2亿t,相当于损失掉2.4万 hm^2 耕地,流失的土壤养分含量折合标准肥约100万t[55]。严重的水土流失造成大量的表土层丧失,土壤耕层养分严重下降,全省旱地农业区域有机质含量10 g/kg以下的中低产田面积占80%以上。

(8)水源困难,投资较大。河南省豫西、豫北等旱作农业区域的地下水位一般都比较深,抽取地下水多以供人畜饮水使用为主,利用到农业生产上由于成本太高,在我国目前的国情和国力下是不现实的,关键是提高降水的利用效率。

综上所述,开展集雨水集蓄、土壤保水和作物高效用水于一体的旱地农业综合技术建设,是我省旱作区提高降水资源利用的重要任务和根本途径。

3　雨水高效利用的总体思路

综观世界各国旱作区水资源利用和旱地农业建设的经验,突出的一点就是寻求改善生态环境和提高土地生产力相结合,采取两者同时受益的关键技术[50],这种关键技术在美国中西部归结为“少耕覆盖”,澳大利亚南部为“粮草轮作”,而印度则为“农林耕作制”和“集水种植”,以色列为“设施农业”和“节水灌溉”高效创汇性农业。河南省旱地面积大,且分布在半干旱、半湿润易旱区、半湿润偏旱区三种气候类型区和平原、丘陵与山地三种地貌类型区,农业生产特点、自然环境、降水量等都有很大的差异性,关键技术应有层次性和区域性。

因此,河南省旱作区水资源利用和旱地农业建设,应该以降水的高效利用为中心。具体地反映在三个方面:一是提高降水利用率,即一定区域和时期内的农田所利用的雨量站降雨总量的百分比,河南省目前为30%~35%,从生产典型和潜力分析可以提高到60%

以上。二是提高降水利用潜力开发程度，即现实生产力与降雨生产潜力之比。目前我国北方旱地农业区大部分地区降水利用潜力开发程度为40% ~50%，可提高到60% ~70%。三是提高水分利用效率，即单位水量所产生的干物质量或产量，目前河南省旱作区多为7.5 ~12 kg/(mm · hm^2)，通过综合技术的运用和实践证明，完全可以提高到15.0 ~21.0 kg/(mm · hm^2)。

围绕降水利用率和降水利用效率，结合河南省旱地农业的实际，因地制宜地建立旱地农业降水资源利用的技术体系（见图1），提出河南省旱地农业降水资源的高效利用及发展对策。

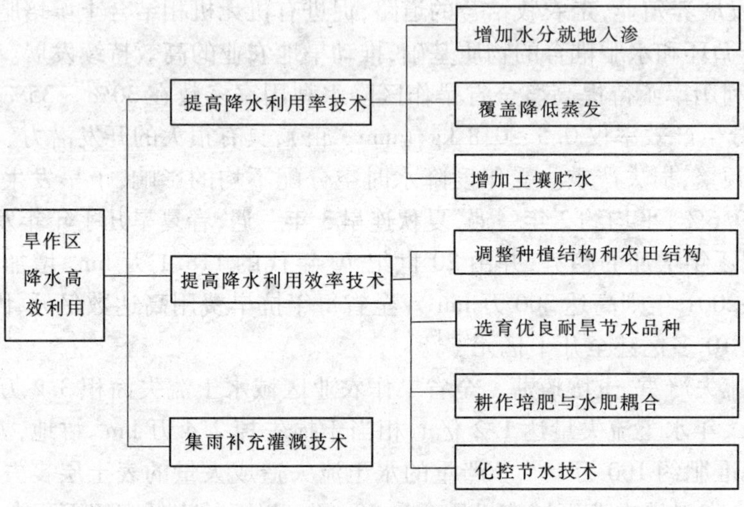

图1　旱地农业降水资源利用的技术体系

4　旱地农业降水资源利用的技术体系及应用效果

4.1　提高降水利用率的技术体系

4.1.1　就地拦蓄入渗利用技术

豫西、豫北丘陵旱地，不仅水资源缺乏，而且水土流失严重，每逢雨季，暴雨形成大量的地面径流，顺坡而下，它所经过的农田，不仅水过田干，而且挟带走大量的表层肥土和肥料。据测定，坡度为10° ~30°坡耕地，每年的流失水量为216 m^3/hm^2，冲走表土96.9 t。这些表土含有氮素51 kg、有机质765 kg，相当于流失厩肥8.25 t/hm^2[15]。年复一年的水土流失，使表层土壤层次变薄、地力严重下降；在水土流失严重的坡耕地，有机质含量仅1.7 ~2.5 g/kg，有效磷含量仅12 ~15 mg/kg，许多农田变为难以耕种的石渣地。豫西的洛阳—三门峡一带旱坡地水土流失严重，其年平均水蚀模数在1 225 t/km^2 以上，个别地方高达1 500 ~2 215 t/km^2。据豫西13个县市统计，水土流失面积总计14 434.2 km^2，占豫西总面积的62%，成为河南省地力最薄、产量最低的地区之一。通过修筑水平梯田、水平沟、隔坡梯田、鱼鳞坑等水土保持工程技术的应用，有效地提高了降水的拦蓄入渗，增加了土壤蓄水量，提高了降水的利用率。

4.1.1.1　修筑梯田，拦蓄雨水

据洛阳市农业局旱地办统计，至2000年底全市共进行坡耕地改造12.44万hm^2，有效地控制了水土流失，提高了降水的就地拦蓄入渗，增强了土壤接纳存蓄降水的能力。根据调查，经过坡耕地改造后，单位土壤增加蓄水量300 m^3/hm^2以上。孟津县王良乡桐乐村组织全村干群通过打堰填土，增加活土层，将全村207 hm^2坡耕地全部治理一遍，实现了"小水不出地，大水不出沟"，增强了保水能力。几年来，小麦单产均稳定在3 000 kg/hm^2以上。南召县是一个"七山一水一分田，一分道路和庄园"的典型山区县，年降水量虽在900 mm以上，但多集中在7、8、9月三个月和北部山区，7、8、9月降雨量占全年降水量的57.4%，深山区降水比平原区多243 mm，旱灾频繁，平均年2.6次，因此有"十年九旱"之称。该县根据自身实际，围绕土字做文章，在"土"字上下工夫，按照"提高质量，保证速度，加强防护"的原则，对全县的岗坡丘陵区进行了坡耕地的改造，建成"沿着等高线，绕着坡势转，里切外垫倒流水，活土层达到二尺半，田埂高宽各1尺(1尺=0.333 m)，人路水路穿中间"的高标准水平梯田31万亩。改造后的梯田基本达到：连续80 mm降水无径流，大到暴雨无冲毁农田，最大限度地蓄积天然降水。在2000年春长达5个月没有降水的情况下，5月中旬测定5~20 cm耕层含水量均在10%以上，比没改造的坡耕地高6%以上，花生平均产量215.3 kg/亩，比1999年正常年景增产22.7%[2]。

4.1.1.2　深耕松土，扩大土壤水分库容

据测定，采用深耕松土，可有效地提高降水的入渗量，扩大土壤蓄水能力，疏松深度在20 cm以上，耕层有效水分可增加4.0%~5.6%，渗透率提高13%~14%，粮豆增产8%~12%；在伏雨前深松，可使40~100 cm土体蓄水量增加73%，小麦增产5.9%~29.6%[59]。研究结果表明，采取深耕、松土具有显著地增加土壤蓄水量、促进作物生长发育、提高农作物产量等功效。在耕种深度上，不同的耕深与对照相比均有不同程度的增产，小麦分别增产295.5~1 036.5 kg/hm^2，增幅8.9%~31.4%，并以耕深26.6 cm效果最佳；而在耕翻的同时，采取松土的措施，可以增加小麦的次生根、叶面积系数和穗粒数、千粒重，提高小麦产量。耕翻加松土与单独的耕翻相比，小麦的增产幅度分别达12.3%~16.8%[60]。

4.1.2　保护性耕作栽培技术

保护性耕作栽培就是通过采取不同的间套轮作、休闲、农林间作等所进行的耕作栽培，如少耕免耕栽培技术、带状间作技术、粮草等高线带状轮作技术、水平沟耕作技术、沟垄耕作技术等。少耕免耕栽培具有土壤结构好、耗能少、增加土壤有机质、维持土壤生态良性循环等优点，同时提高土壤贮水量，减少水分蒸发。据美国内布拉斯加州统计资料，常规耕作蒸发损失为88%，而免耕法只有57%，土壤贮水率增加10%~20%，作物产量增加900 kg/hm^2左右，少耕免耕栽培技术目前在国外发展很快，如美国在20世纪90年代初以每年360万hm^2的速度发展。洛阳农科所的试验表明，采用少耕免耕栽培技术，具有改善土壤结构、减少水分蒸发等特点，今后应在旱地农业区大力推广应用。

4.1.3　地面覆盖技术

旱地农业区多处于干旱、半干旱、半湿润易旱区，降水量相对较少，但蒸发量却很大，多是降水量的2~4倍，即使有效的降水贮存到土壤中，也常常因为很强的蒸发作用而无

效地浪费掉。研究资料表明，在干旱、半干旱地区的降水中有70% ~80%以径流和蒸发的形式损失掉，仅有20% ~30%为作物所利用。即使是半湿润易旱区的降水也有60%以径流和蒸发的形式被浪费和损失[34]。因此，如何提高土壤贮存水分的利用效率，减少无效蒸发，是提高降水利用率的重要途径。减少土壤水分无效蒸发途径的方法有很多，如工程措施、生物措施、化控措施等，研究表明采用地面覆盖技术，具有增加土壤蓄水量、减少无效蒸发、延长水分在土壤水库的积蓄时间、提高土壤有机质等多种功效，是提高降水资源利用率的有效途径之一。

4.1.3.1　有机物质覆盖

有机物质覆盖就是利用农作物秸秆、干草、柴草、枯草等植物残体，或各种有机物质燃烧后的灰分，或植物残体经过动物利用转化后的排泄物沤制的厩肥，或植物残体堆沤腐熟的有机肥等直接覆盖于土壤表面，它们不仅可以提高土壤的温度，增加土壤有机质和营养养分，而且可以降低土壤水分蒸发速率，提高土壤保蓄水分的能力。田间试验表明，花生秸秆覆盖较不覆盖的潮湿雏形土耕层水分含量增加4.5% ~38.5%，0 ~40 cm土层蓄水量增加5.9% ~23.4%，花生增产31.8%，且保水效果显著[48]。陕西永寿和山西屯留等地用秸秆覆盖的小麦、玉米地等，水分利用率提高15.3% ~57.6%[23]。陕西渭北的研究结果表明，小麦收获后覆盖麦草可使每亩增产粮食40 ~43.4 kg，降水利用率由传统的20% ~30%提高到50% ~60%。

河南省镇平县1997 ~2001年大面积地推广了麦糠、碎麦秸、柴草等有机物质覆盖技术，据小麦田覆盖的麦糠试验调查，冬前小麦群体增4.1万头/亩，春季最高群体增3.7万头/亩；突出表现为小麦分蘖早、大分蘖多、成穗率高；收获考种测试表明，其小麦亩成穗增1.95万头，穗粒数增加1.6个，千粒重提高1.52 g，亩产小麦达317 kg，比不覆盖的小麦亩增产39 kg，增幅为14.1%。1月份测定的0 ~10 cm地温比对照提高0.9 ℃，含水量比对照提高2.5%，达到14.5%。连续3年覆盖后，土壤耕层有机质含量达到12 g/kg，速效钾含量提高11 ~24 mg/kg。在全县千、万亩示范方进行覆盖的小麦比不覆盖的小麦平均增产10%以上。

4.1.3.2　地膜覆盖

利用塑料薄膜覆盖于土壤之上，具有增温、保墒、减少蒸发、提高降水入渗深度等功能，从而改善土壤的微生态环境，实现农作物的增产和降水利用率的提高。黄土高原林地试验表明，采用塑料薄膜覆盖的林地，土壤水分含量提高24.3%。河南省农业科学院土壤肥料研究所节水农业研究室试验表明，通过塑料薄膜覆盖的耕地在降水量小的时候，可以明显提高降水的入渗深度，与不覆盖地膜相比，平均入渗深度提高3 ~5倍，从而有使10 mm以下的无效降水转变为有效降水的可能。宁夏南部旱地的试验表明，秋后覆盖地膜，2 m土体的土壤水分增加525 m^3/hm^2，春小麦增产50%[57]。1998年我国地膜覆盖面积达660多万 hm^2，其中地膜玉米增产1 500 kg/hm^2，地膜小麦增产1 200 kg/hm^2。

在2001年连续干旱的情况下，洛阳市宜阳县推广的2 000 hm^2 地膜小麦，平均产量达3 985.5 kg/hm^2，比对照小麦增产1 072.5 kg/hm^2，增产幅度达36.8%，寻村镇龙王村的千亩示范方，平均单产达到5 527.5 kg/hm^2。土壤水分含量测试表明，地膜覆盖的麦田0 ~10 cm和10 ~20 cm层的土壤含水量分别比对照提高4.2%和5.9%。

4.1.3.3　生物覆盖

利用有机生物体覆盖土壤表面,可以发挥其根系的固定作用和叶枝的遮挡作用,从而减少水分径流损失和土壤无效蒸发。同时,由于增加了地面的覆盖度,降水的强度被减缓,径流量小,实现了增强土壤水分入渗和降低水土流失的双重功效。王斌瑞应用低等植物石果衣覆盖地面试验表明,采用生物覆盖一般可减少土壤表面蒸发30%~40%[58]。

4.2　提高降水利用效率的技术体系

4.2.1　优化种植结构,提高农田整体水分利用效率

旱地农业种植业结构调整问题,是一个关系到提高旱作区种植业生产效益,实现农业持续发展及农业现代化的重要课题。旱作农业区种植业结构调整的方向应当是立足干旱特点,变对抗种植为适应种植,扩大耐旱作物品种面积,压缩高水肥作物品种;稳定小麦产量,适当扩大红薯、大豆、谷子、烟叶、油料等高效作物面积;调减玉米面积;将粮经二元结构向粮、经、饲三元结构转变;从改变生态环境着眼,正确处理山、水、田、草、林综合治理和旱作农业发展的关系。简单地说,就是从大农业和现代食物观念角度,调整种植业“粮食—经济作物”二元结构向“粮食—经作—饲料作物”三元结构转变,变对抗性种植为适应性种植,提高农田产出率和产出效益。从作物水分利用效率提高角度,根据不同作物的水分利用差异(如玉米和高粱等 C_4 类植物较小麦等 C_3 类植物的水分利用率高)以及作物不同品种的水分利用率和产量不同,如春小麦定西 8139-2 号较当地农家品种红芒麦增产 39.3%,水分利用率提高 22.55 kg/(mm·hm^2),进行农田作物和品种的合理调配,根据区域和种植实际,优化种植结构,提高农田整体水分利用率。2000~2001 年河南省旱地办在禹州市旱岗地上采用有机无机相结合,集雨补灌与旱作技术相结合,发展小麦—西瓜—棉花间套种植模式 20 亩(小麦、西瓜、棉花品种分别采用豫麦 34、西农 8 号和河南农科院的抗虫棉 2 号),平均产量小麦 223 kg/亩、西瓜 2 658.5 kg/亩、棉花籽棉 158 kg/亩,亩纯收入达到 1 500 元,比未经结构调整的耕地增收 600 元以上,降水水分利用率提高到 56.7%。

4.2.2　筛选耐旱品种,增加抗旱节水品种的配置

研究证明不同根系农作物的间套轮作,可以较充分地利用不同层次的土壤水分,提高土壤水利用效率和单位土地生物学产量,在合理间套轮作下,一般农田水分利用效率提高 1.5~2.25 kg/(mm·hm^2),增产 15%~30%。若选用抗旱、节水、高产品种一般较原主栽品种增产 10%~25%,水分利用效率提高 1.5~2.25 kg/(mm·hm^2)[62]。目前,我国已经进行抗旱、丰产性鉴定的小麦等作物品种有 100 多个,在应用中取得了耐旱、节水、增产、高效和提高土壤水分利用率的良好结果。如河北农科院育成的粮饲兼用抗旱高产玉米新品种冀丰 58,抗旱冬小麦新品种(系)邯 4564,71-3,河南商丘农科所育成的超高产甘薯新品种 SL-01,河南农科院的优质小麦郑州 9023,以及洛阳农科所培育的洛旱 2 号、济源的济麦 2 号和新乡农科所的新麦 11 等在河南省旱作区的试验和示范均有上佳表现。

4.2.3　以耕作培肥为重点,加强农田作物栽培管理,提高农艺节水水平

我国旱区群众在长期生产中,积累了丰富的抗旱节水栽培管理经验,建立了一系列农艺栽培模式,其中耕作培肥的作用是重点;培肥主要是有机肥和化肥的应用,还有草田轮作等生物培肥。据对宁南 10 余年的研究,在低产条件下,增施化肥后产量提高 57%,水

分利用效率提高 49%，耗水量仅增加了 8%[50]。施肥首先提高了作物水分利用效率，其次是起到"以肥调水"作用，再次是改善了作物生理抗旱性。长期田间试验结果表明[23]，在氮磷肥不变的基础上，土壤耕层蓄水量与有机肥施用量呈显著正相关，水分利用率也随之而增加，每增施 15 t/hm^2 有机肥，水分利用率增加 0.6 $kg/(mm \cdot hm^2)$。同时，土壤耕层有效养分明显提高，在 30 ~ 90 t/hm^2 有机肥范围内，有机质、全氮、水解氮、速效钾和阳离子代换量的增长率分别为 72.2% ~ 127.8%、25.9% ~ 36.7%、33.1% ~ 66.9%、7.8% ~ 39.2% 和 9.5% ~ 32.7%。黄土高原旱地长期试验表明，增施有机肥可提高单位土壤的蓄水量和水分利用效率，施有机肥比不施有机肥每公顷增加蓄水量 750 ~ 900 m^3，水分利用效率提高 50% ~ 80%，小麦产量提高 20% ~ 30%[74]。

4.2.4　以化学制剂改善作物或土壤性状，进行节水的化学调控

化学节水制剂包括保水剂、抗蒸剂和土壤改良剂等。其作用基本原理是利用它们对水分的调控机能，增强作物抗旱能力，减少土壤蒸发，抑制叶面蒸腾，达到节水增产、提高水分利用效率的目的，这在未来旱农生产中具有广阔前景。就保水剂而言，是一种可吸取自身重量 400 ~ 1 000 倍水分的高分子化合物，其中 85% 以上水分为植物可利用的自由水。自 20 世纪 60 年代美国研制应用以来，我国 80 年代试验推广，目前已在 60 多种作物上试验示范，面积达 7 万多 hm^2，一般在大田作物上可提高产量 8% ~ 20%。河南省农业科学院土壤肥料研究所节水研究室 1999 ~ 2000 年在禹州市丘陵旱地上采用抗旱保水剂和地膜覆盖相结合的方法，运用膜际栽培技术，进行甜玉米、西红柿、辣椒等作物的栽培试验，结果表明膜际栽培具有明显的集雨作用，测定表明当形成有效降水时，地膜可提高降水的入渗深度，当降水形成 3 ~ 4 cm 深的墒情时，采用此项技术可使降水入渗深度达 12 ~ 20 cm，提高 3 ~ 5 倍。1999 年亩均收入 1 500 元，2000 年亩均收入 2 650 元[19]，实现了提高降水利用率和农作物增产、农业增效的目的。

4.2.5　推广旱地高效栽培模式

4.2.5.1　膜际栽培模式

膜际栽培就是将农作物播种到覆盖地膜之间或地膜边缘，其目的在于充分利用降水量小时的有效降水，从而保证农作物的正常生长，提高降水利用效率。试验证明，膜际栽培技术具有增温、保墒、集流、增产增效、提高降水利用率的特点。2001 年在济源试验结果表明，采用膜际栽培技术的小麦具有明显增温效果，在小麦 160 天的生育期内地温和气温均较不采取膜际栽培技术的对照分别提高 151 ℃和 176.8 ℃。通过对 0 ~ 10 cm、10 ~ 20 cm 不同耕层深度的土壤含水量测定表明，采取膜际栽培技术的小麦土壤含水量分别比对照的土壤含水量提高 0.9% 和 3.0%；小麦生长发育特征方面膜际栽培的小麦单株分蘖个数、返青群体数量、成穗数与对照相比分别增加 0.6 个、6.6 万个和 9.62 万个，从而使小麦在大旱之年增产效果显著，单产达 348.2 kg/亩，较对照增产 50.9%[19]。

4.2.5.2　双膜栽培模式

双膜栽培是为提高降水的有效利用，运用不同的塑料薄膜而建立起来的集蓄水、保水、抗蒸发、集径流、防渗漏等于一体的降水利用与种植结构调整相结合的综合栽培技术。具体模式为首先在 60 cm 深处每米宽度耕地埋入 25 ~ 35 cm 的塑料薄膜，形成蓄水槽，也就是说，蓄水槽占 1/4 ~ 1/3。然后覆土施肥，在地表盖地膜，地膜与地膜间空隙一个在蓄

水槽上，另一个在两蓄水槽中间，以便于土壤蓄水。同时，在坡耕地的坡下部，建立蓄水井，供大雨、特大雨时贮藏富余水，在农作物生长的关键季节或严重干旱时采用节水灌溉技术进行适时补灌补充农作物生长的水分供应，从而提高降水的利用效率和农业生产效益。农作物种植在蓄水槽两边和膜际边缘。该项技术具有涵蓄降水、减少蒸发和坡耕地水土流失、水分的四季调控、提高降水利用率和水分利用效率等优点。洛宁县雷新周和河南省农科院土肥所节水农业研究室试验表明，1999 年年收入达 22 500 元/hm^2，是非试验用地的 3 ~ 5 倍。2000 ~ 2001 年小麦生育期属重旱年份，通过采用此项技术小麦产量达 432 kg/亩，而对照仅 183 kg/亩[19]。这充分显示了该项技术抗旱、增产、增效和提高水分利用率和水分利用效率的巨大潜力。建议在河南省豫西丘陵旱地大面积推广应用，变科技成果为先进生产力，促进旱地农业区域农业经济的良性、高效、持续发展。

4.2.5.3　赵守义栽培模式

该模式的核心是“蓄住天上水，保好地下墒”，提高降水资源和土壤水分的利用率。

(1)深耕多耙，遇雨即耙。有效地蓄集了自然降水，经过耙地使耕作层内张外合，保好地下墒。据历年测定，0 ~ 200 cm 的土壤水分，在正常年景可多蓄水 30 ~ 50 m^3。

(2)以水促肥，以肥调水，发挥水肥的相互作用机制，提高水肥的利用效率。多年来坚持有机无机相结合、氮、磷、钾合理配比，N、P、K 的比例为 1∶0.61∶0.68，从而使麦田水分利用率提高 1/3 ~ 1/2，实现了以肥调水、以水保肥的目的。

(3)适时早播，精播匀播。选用根系发达、抗旱、适应性强、增产潜力大的小麦品种，每年 9 月 28 日 ~ 10 月 2 日播种，播量 5 ~ 6 kg/亩。

(4)以保墒和提高土壤水分利用率为中心进行麦田管理。遇雨适时中耕，保持地面疏松。据测定冬前松土镇压可提高耕层土壤含水量 2.5% 左右，返青期提高 3% ~ 4%。同时，要做好防病、防虫、防青干，搞好“一喷三防”。通过以上措施，0 ~ 200 cm 的土层蓄水量达到 430 多 mm，比传统耕作法增加蓄水量 60 多 mm，降水水分生产效率达到 1.21 ~ 1.48 kg/(mm · 亩)；单位小麦籽粒产量连续 14 年达到 7 500 kg/hm^2 以上。洛宁县 2001 年推广应用赵守义模式 20 万亩，平均亩产达 285.7 kg，比常规播种增产 36.6 kg，增幅达 14.7%，累计全县增产小麦 732 万 kg。

4.2.5.4　坡耕地利用模式

其实质就是以种节水、以肥调水、以土蓄水、以管保水，实现四水相结合提高降水资源的利用率。

(1)以种节水。试验证明，适宜于旱薄地的豫麦 25 号、豫麦 10 号、高优 503、小偃 54、洛麦 2 号等，抗旱指数达到 0.956，生产 1 kg 小麦耗水量比当地的老品种少 0.48 mm，对自然降水的利用率提高 11.7%。生产实践也证明，选育小麦抗旱品种在粮食生产中的作用占 25% 以上，因此选用小麦抗旱品种是提高干旱条件下小麦产量和降水资源利用率的主要途径。

(2)以肥调水。旱地因地力差异，水分生产效益悬殊很大。据测定亩产 400 kg 以上的旱肥地 1 mm 降雨生产小麦 1.41 kg；亩产 250 kg 的中等旱地 1 mm 降雨生产小麦为 0.8 kg；亩产 200 kg 以下的，1 mm 降雨生产小麦 0.5 ~ 0.7 kg，高低相差一倍多。据在新郑市辛店乡、荥阳市崔庙镇及新密市白寨乡试验，在旱地单施农家肥，每 1 000 kg 农家肥可增产小麦 7～9.5 kg,而与化肥相配合则可增产 15～25 kg。磷肥在试验中有明显的促根作用,越是干旱年份,磷肥作用越是明显。在试验中,亩增施 10 kg 硫酸钾,不仅提高了小麦抗病抗倒性和品质,而且每穗增加 3～4 粒,千粒重增加 1.6 g,亩增产 35 kg。另外,还发现钾肥的促根作用非常明显,单株可增加 1～4 条次生根。因此,合理施肥是提高土壤蓄水保墒能力的有效措施,特别是增施有机肥,不仅养分全、肥效长,而且可以改善土壤结构,协调水、肥、气、热,起到了以肥蓄水的作用。

(3)以土蓄水。据据试验测定坡地改为梯田后,可以减少地表径流 70%左右,提高土壤蓄水量 30%,使小麦增产 20%～30%;机耕比蓄耕土壤耕层加深 8～10 cm,可多蓄水 18.5 mm,亩增产 10.7%,每加深 1 cm 耕层,亩增产小麦 15 kg 左右。因此,进行坡耕地改梯田和机耕深翻是纳雨保墒、以土蓄水的重要措施。

(4)以管保水。旱地小麦由于蒸发水分消耗量大,而降水又相对偏少,因此必须加强以保蓄水分、提高水分利用率为中心的小麦田间管理,如中耕镇压,中后期叶面喷洒磷酸二氢钾、增产菌、FA 旱地龙等微肥、激素、抑腾蒸发剂等,减少水分无效蒸发,促进小花分化,加快籽粒灌浆速度,提高粒重,增加产量。如镇平县几年来累计将坡耕地降水资源利用技术在小麦生产上推广应用 5.33 万 hm^2,单位增产小麦 630 kg/hm^2,新增总产 3 360 万 kg,创社会经济效益 2 016 万元。

4.3 集雨补充灌溉技术体系

4.3.1 雨水集流技术

旱地农业区域的降水特征决定了其降水的高效利用的难度,由于其降水分配的季节性不均和供需错位,只有通过人为调节措施,进行雨水的收集、贮存,供农作物生长关键季节使用,从而提高降水的利用率。

雨水集流技术就是利用自然和人工营造的集流面把降水径流收集到特定的场所,如蓄水池、蓄水窖、蓄水井等。目前,多采用庭院、场院、屋顶、路面、坡地、塑料大棚棚面等进行降水的收集。集水的材料一般采用塑料棚膜、混凝土、混合土夯实、喷沥青夯实的地面、砖瓦面等。据定西地区水土保持研究所的测定,不同的集水材料的集水效率具有明显的不同,用塑料薄膜、混凝土、混合土、原土处理的集水面,集水效率分别平均为 59%、58%、13%和 9%;单位面积年集流量分别为 0.259、0.256、0.055、0.038 m^3/m^2,均高于自然状态下的集流面。山西临汾地区水土保持研究所对村庄道路、砖瓦屋顶、水泥砂浆抹面、塑料薄膜覆盖面、灰土夯实的集流效率进行了试验测定,结果表明其集流效率分别为 15.50%、30.30%、83.03%、89.63%和 32.34%。根据这些试验研究的测定结果,河南省旱地办公室在河南省主要旱地农业县进行了雨水集流技术的推广应用。

4.3.1.1 庭院集雨

在农村一般都有碾实的场院、庭院,建筑的房屋坡面均匀、防水性能好,这些是人为的“天然”集流、雨水收集面,从而为旱区的季节性降水收集提供了良好的条件。河南省旱地办公室在总结经验的基础上,在豫西、豫西北严重缺水区,根据其多年降水量、降雨强度,进行了庭院蓄水设施的修建,面积一般为 30～60 m^3,大的为 100 m^3 左右,有效地解决了旱区农村人畜吃水的问题,同时利用富余水发展了庭院经济。

4.3.1.2　坡地、道路集雨

我省的旱地多为丘陵、岗地和山坡地，有天然的集雨面和集流坡，同时随着当地经济的发展和政府对旱地农业的开发，修筑了众多的硬化路面，如柏油路、水泥路等，再加上碾实、"硬化"的田间小道，都可以用来作为旱地蓄水井、窖的集雨面和集流面。根据全省旱地农业发展的实际及各地的农业生产状况，1989～2001 年全省共修建人工防渗蓄水井、蓄水窖、蓄水池 7 万多座，总蓄水量达 800 多万 m^3。一般的蓄水井、窖蓄水 50～80 m^3，大的可蓄水 100～200 m^3。同时，配套以节水灌溉工程，促进了全省旱地农业的健康发展。如卫辉市太公泉乡道士坟村地处太行山区，地上无坑塘，地下无井泉，水源奇缺，石厚土薄，种在天，收在天，人畜吃水十分困难，生产用水更无法"保证"，风调雨顺的年份，粮食产量仅 1 500 kg/hm^2 左右。1992 年在省、市、县旱地办的大力支持下，该村积极配合，克服重重困难，大搞井窖与滴灌系统相结合的微集水工程建设。按照科学选址、科学防渗防漏与现代化滴灌相配套的原则，利用天然坡面截蓄径流、挖窖蓄水，采取蓄水窖、地埋管、滴灌三结合的方法，实现了一窖多能，彻底解决了吃水、用水问题，达到了多蓄、少耗、多用的目的。经过几年的艰苦奋斗，目前已建成全封闭水窖 150 个，总容量 27 500 m^3，引进安装滴灌设备 50 套，使昔日用水贵如油的穷山村显示出了勃勃生机。

(1)解决了全村人畜的吃水问题，家家用上了自来水管，农民高兴地说："拧开水龙头，清水哗哗流，用水不出门，不磨肩膀不发愁。"

(2)建成了旱涝保收田 312 亩，实现了人均一亩水浇田，作物产量明显提高，1993 年小麦总产达 48 450 kg，比历史最高的 1989 年增长 29.2%，1994 年全村粮食总产达 14 万 kg，比 1993 年增长 27%。滴灌小麦产量最高达到 374 kg/亩，1996 年全村粮食达到 16 万 kg，比 1993 年增产 31%。2000～2001 年的大旱之年，小麦仍然取得了好的收成(单产 325 kg/亩)。村民深有感触地说："滴灌真是好，滴滴水入地，墒足地墟苗情好，建水窖就是建粮仓，集水就是集粮。"

(3)结束了新中国成立 40 多年来吃粮靠统销、不为国家做贡献的历史，几年来共向国家缴售粮食 5 万多 kg。

(4)改变了农民挖野菜，吃干菜的历史，每户水窖周围都发展了自己的菜园，蔬菜品种多，实现了户户、季季有鲜菜。

(5)开始了农产品的深加工，全村每年加工红薯粉芡 4 万多 kg，生产粉条 8 000 多 kg，增值 1 万多元。

(6)利用集水向高产高效农业发展，逐步发展了日光温室 3 座和畜牧养殖厂 2 座。

(7)微集水节水灌溉工程彻底地改善了农业生产条件，为旱地农村奔小康打下了良好的基础，该村农民人均纯收入由原来的 200 元增长到现在的 1 000 多元。其中容量达 7 000 多 m^3 的"天下第一窖"就建在该村，使该村成为远近闻名的"旱地水窖第一村"。兰州大学干旱农业生态国家重点实验室赵松龄教授、河南省农业大学杨好伟教授等专家一致认为，道士坟村发展的水窖微集水工程和节水灌溉工程为旱地农业的发展找到了新的突破口，为加快发展旱地农村经济找到了新的出路，为北方旱地农业发展做出了创造性贡献。

道士坟村的发展成为卫辉市和河南省微集水节水灌溉工程发展的典范，并带动了全市和全省微集水节水灌溉工程的发展，推动了河南省旱地农业的高效持续发展。10 年来，卫辉市共建成水窖 7 744 座，总蓄水量 150.38 万 m^3，增加节水设备 1 500 套，埋设节水灌溉管道 2 800 m，解决了山丘旱区 38 个行政村 8 017 人和 7 137 头牲畜的用水问题。同时，新增灌溉面积 857.8 hm^2，平均亩产 200 kg，年增产 262.74 万 kg，增加经济效益 341.56 万元。尤其是近几年山丘区连续遭受干旱威胁，特别是 2001 年春季连续 4 个月的干旱，更显示了微集水节水灌溉工程的巨大威力。据试验测试，1995 年的大旱之年，滴灌一次的冬小麦亩产 150 kg，滴灌两次的亩产 310 kg，滴灌三次的亩产 375 kg，而同等肥力没有浇水的地块亩产仅 60 kg，三种不同的滴灌方式分别比未滴灌的小麦增产 150%、417% 和 525%，增收 124.2 元、345.0 元和 434.7 元，水分利用率由地面灌溉的 25% 提高到 95%，达到了巧用的目的，使有限的蓄水灌溉效益提高 4 ~ 5 倍。

再如汝阳县马寺村，它是汝阳县南部贫困山区十八盘乡西部的一个穷山村，全村 205 户 675 人，526 亩坡耕地，人均 0.8 亩。河南省原省委书记李长春同志在该地考察时认为这里是不适合人们生存的地方，需要异地搬迁。通过对其自然条件、经济条件的调查，1991 年在省、市、县旱地办的支持下，开始了微集水节水灌溉工程的建设，经过 10 年的不懈努力，完成土方 9.58 万 m^3，建成微集水节水灌溉工程 58 处，总蓄水量 5.2 万 m^3，使该村 70% 的坡耕地变成了可灌溉农田，人均 0.54 亩。同时，解决了该村 90% 农户饮水难的问题，60% 的农户用上了自来水。据统计部门统计，该村粮食总产由原来的 145 t 增加到 281 t，净增 93.8%，其中夏粮由 55 t 增长到 94 t，增长 70.9%；秋粮由 90 t 增加到 187 t，增长 107.8%，全村人均占有粮食 415 kg；全村经济收入由 1992 年的 23.5 万元提高到 2000 年的 89.6 万元，增长了 2.8 倍，其中种植业收入由 1992 年的 12 万元增加到 2000 年的 38 万元，增长 2.2 倍；农民人均纯收入由 1992 年的 286 元增加到 2000 年的 1 150 元，增长了 3 倍多。位于灵宝市南部丘陵山区的周家塬村，年降水量不足 600 mm，农民经济贫困、发展缓慢，自 1998 年实施旱作农业项目以来，全村以采取微集节水补灌为突破口，将旱地贮水窖与其他先进的节水农业技术结合起来，确定“突出重点，集中连片，综合开发，提高效益”的原则，提出“修一条好路，建一处旱窖，浇一片果园，富一户人家”的指导思想，在全村经过统一规划、统一实施，典型引路、示范带动，取得显著成效。3 年来，累计完成微集水工程 1 200 余座，建千方高位蓄水池 1 处，埋设 PUVC 输水管道 9 000 余 m，配备节能型移动灌溉设备 20 套、滴灌设备 2 套，发展节水浇灌面积 2 500 亩。该项工程使全村 2 000 亩小麦年增产 25 万 kg，2 500 亩果园新增果品 20 万 kg，年增产值 60 万元，为群众脱贫致富奔小康创造了良好条件。济源下冶乡朱庄村位于王屋山腹地，是典型的旱地农业区，1992 年在省、市旱地农业办公室的支持和指导下，该村大力发展微集水石榴生产，取得显著效益。2000 年全村种植石榴 150 亩，总产 8 万 kg，销售到上海、郑州等大中城市，总收入 30 多万元，仅此一项全村人均增收 600 余元，成为旱地农业结构调整的典型村。

实践证明，微集水工程是改善农业生态环境和农业可持续发展的有效途径。

4.3.1.3　小型水库蓄水

以小流域为单元，修建小型的蓄水水库，将旱地区域的降水拦蓄起来，一方面可以回补河川、谷地的地下水位，为川地的集约高效农业提供丰富的水分资源；另一方面为丘陵旱地的集雨补灌、节水灌溉提供水分保证。同时，也可以将降水资源的利用与水土保持、生态环境改善等紧密地结合在一起，促进旱地农业生态环境的不断改善，为旱地农业区域的综合高效发展提供水分资源。如陕县东凡乡全乡耕地面积2.9万亩,仅有水浇地面积0.6万亩。旱坡地占总耕地面积的79.3%,年均降水由10年前的559 mm降低到现在的378 mm,春旱、伏旱、秋旱,干旱发生面积90%以上。为战胜旱魔,东凡乡人民先后修建小型水库两座——87万 m^3 的金山水库和35万 m^3 的石疙瘩水库,3处塘坝蓄水10万 m^3,百米深井40眼(正常使用29眼),挖小土井120眼,建流动泵站24处,在2001年严重干旱的情况下旱地浇水面积0.4万亩,地膜覆盖0.83万亩,抗旱保苗2.4万亩。加上小麦地膜覆盖技术的应用,2001年小麦在长达5个月的干旱中,平均亩产215 kg,与全县相比,平均增产5 kg。其中0.42万亩地膜覆盖小麦平均单产308 kg。

4.3.2　节水补灌技术

降水水分的高效利用同灌溉水的节水高效一样,同样存在输水节水、灌溉节水、农艺节水、管理节水等四个方面的节水与高效利用,即减少输水过程中的水分蒸发和渗漏损失,提高输水效率;选择合理的灌溉方式,提高田间灌溉中的水分利用率;采取有效的农艺节水措施,提高土壤蓄水能力和保墒性能,减少农田土壤水分蒸发损失;建立高效的节水灌溉制度,提高旱地农作物节水补灌水分的生产效率等四个环节。但同时由于降水利用的特殊性,降水的高效利用技术还应包括保存节水,即减少水分贮存过程中的水分蒸发和渗漏损失,提高水分的保存率。由于旱地农业区域多是丘陵、山地,地面起伏较大,为减少水分无效蒸发和渗漏,提高水资源的利用效率,在田间灌溉中应采取先进的灌溉技术体系,如喷灌、微灌、膜上灌、膜下滴灌、渗灌、移动式灌溉等[61~67]。

4.3.2.1　田间节灌技术

(1)喷灌。喷灌适用于平原和山地丘陵等各种类型的旱地,通过技术研究与应用,我们可以将水分、养分供应联合在一起,使作物需要的养分和水分及时地供应于作物的生长和发育,同时喷灌还可喷施农药,控制作物病虫害。为充分发挥喷灌的节水增产作用,应优先应用于经济价值高且连片种植、集中管理的作物,以尽快收回投资,增强农民的自信心和信赖度。根据旱耕所处的位置和当地农业经济发展的状况,可以选择不同的喷灌方式:固定式、半固定式和移动式。与地面灌溉相比,大田作物喷灌一般可节水30%~50%,增产10%~30%。

(2)微灌。微灌包括滴灌、微喷灌和涌泉灌。微灌可根据作物需水要求,通过低压管道系统与安装在末级管道上的灌水器,将水和作物生长所需的养分和水分以很小的流量均匀地、准确地、适时地、适量地直接输送到作物根部附近的土壤表面或土层中进行灌溉,从而使灌溉水的深层渗漏和地面蒸发减少到最低限度。微灌适用于所有的地形和土壤,特别适用于干旱缺水的地区,我省豫北半干旱区和豫西半湿润易旱区是微灌最有发展前途的地区。微灌具有投资大、使用期长、水分利用率高等特点,因此应尽量发展经济价值高、合理密植的作物。与地面灌溉相比,微灌一般省水50%~80%,增产效果十分显著。同时,根据地性特征,在我省旱作区可以适当地发展自压微灌,从而能更有效地降低投资和提高水分的利用效率。

(3)膜上灌。膜上灌是在地膜种植的基础上,把以往的地膜旁侧灌水改为膜上灌水,水沿放苗孔和地膜旁侧渗水对作物进行灌溉。通过调整膜的渗水孔数及孔的大小来调整灌水量,可获得较常规地面灌水方法相对高的灌水均匀度。膜上灌具有投资少、操作方便、便于控制水量、加快输水速度、减少土壤的深层渗漏和蒸发损失等特点。膜上灌适用于所有实行地膜种植的作物。膜上灌与常规沟灌玉米、棉花相比,可省水40% ~60%,并有显著增产效果。

(4)地下灌溉。地下灌溉是把灌溉水输入地面以下铺设的透水管道浸润根层土壤,供给作物所需水分的灌溉工程技术。根据供水方式的不同可分为地下浸润灌溉、地下管道灌溉和地下排灌两用系统。适宜于旱地农业区域的灌溉方式是地下管道灌溉,它适用于水资源紧缺、地下水位较深、灌溉水质较好、计划湿润土层以下有弱透水土层的地区。地下灌溉具有减少表土蒸发损失、水分利用率高的特点。地下灌溉与常规沟畦灌相比,一般可增产10% ~30%。

(5)坐水种技术。坐水种技术是利用坐水单体播种机,使开沟、浇水、播种、施肥和覆土一次完成,特别适用于我国有水源的旱地农业区。坐水种技术与常规沟畦灌玉米相比,可节水90%,增产15% ~20%。

(6)移动式灌溉。移动式灌溉可以减少重复投资所造成的经费浪费现象,克服固定式灌溉投入大、地面是否平整等方面的问题,而且能减少田间灌溉用水量和输水过程的水分损失,从而提高大田作业效率和水分利用率。可以说,移动式灌溉具有更节水、更机动灵活、投资少等多种优点。据统计,我国大田地面灌溉需水量1 200 ~1 500 $m^3/(hm^2 \cdot 次)$,而滴灌或移动式灌溉则只有120 ~150 $m^3/(hm^2 \cdot 次)$[31],尤其是河南省旱地农业区域的旱灾多为季节性干旱,移动式灌溉机械可短、平、快地解决局部干旱和旱灾问题,适合我省省情,若能将之与我省大面积的蓄水窖、池有机地结合起来,将在未来旱地农业发展中极大地推动我省旱地农业的节水、优质、高效持续发展。但移动式灌溉机械也存在水箱盛水有限的缺点,今后应加强移动式灌溉机械水箱供水量和补水技术的研究,为发展移动式灌溉机械提供基础条件。因此,在目前难以解决此项困难和田间水管网站未能到田头的情况下,应在旱地农业区大力发展贮水池、贮水窖或贮水罐,收集降水季节过剩的雨水,发展移动式灌溉,解决或缓解农作物的季节性干旱问题,实现“以雨水治旱”的旱地农业发展战略。

4.3.2.2　管理节水技术

管理节水技术包括选择合理的灌溉制度和建立准确的土壤墒情监测与预报系统,以及旱地农田的节水管理技术。节水灌溉制度就是把有限的灌溉水在作物生育期内进行最优分配,以提高灌溉水向作物可吸收根层的贮水转化,以及光合产物向经济产量转化的效率。可采用调亏灌溉、非充分灌溉、集水补灌等灌溉方式,利用滴灌、渗灌、膜上灌等先进的灌溉技术,巧补关键水;同时对作物进行抗旱锻炼,采用蹲苗、促控等技术,降低田间蒸腾量,提高作物对降水的利用率。一般采用集水补灌、调亏灌溉可节水30% ~50%[30,59]。土壤墒情监测和预报技术就是利用先进的科学技术、测定仪器,如张力计、中子仪、电阻法等监测土壤墒情,经过数据分析处理后结合天气预报,对适宜灌水时间、灌水量进行预报,可以做到适时适量灌溉,有效控制土壤含水量,达到节水增产的目的。

4.3.2.3　贮存保水技术

贮存保水技术是一项综合应用技术,其本质就在于将土壤、水窖等蓄集的降水资源合理地保蓄起来,使其无效蒸发和渗漏减少到最低限度,为降水资源的高效利用奠定基础。

目前,我们通常将集流面所拦蓄的水分资源贮存到蓄水井、蓄水窖、水库、塘坝、小型水库、土壤水库等"容器"中。土壤水库贮存的降水资源,由于其特定的生态环境——蒸发量是降水量的2～4倍,因此贮存在土壤中的降水应积极地采取地面覆盖技术、土壤水分保蓄技术等"保护"起来,以降低土壤的无效蒸发,为农作物的高效利用提供基础保证,从而提高土壤水分和降水资源的利用率。小型水库、水库、塘坝等是一个开放性的贮水系统,存在着严重的水面蒸发和渗漏现象,渗漏由于其有效地补给地下水,多数国家常在减少水面水分蒸发上采取积极的措施,国外一些地方采用液态化学制剂"喷施"在水面上,以抑制水分蒸发,降低水面水分的无效蒸发,也有采用轻质水泥板、聚苯乙烯、橡胶和塑料等制成板材抑制水面的水分蒸发,但由于成本太高,目前许多国家正在研究一些廉价而绝热的材料,覆盖到水面上抑制水分的蒸发。水窖则是一项相对较好的贮水系统,关键是要把旱地蓄水窖的渗漏问题解决好。目前的蓄水窖有红胶泥水窖、混合土水窖、混凝土薄壳水窖等,定西地区水土保持研究所对不同质地、材料所建的水窖的水分保存率进行了测试,结果表明,红胶泥水窖的水分保存率为75.4%,贮水成本为0.23元/(m·a),具有投资少、成本低的优势,但使用寿命短;混凝土薄壳水窖水分保存率为97.1%,虽然一次性投资高,但使用寿命长,贮水成本为0.41元/(m·a),不失为一个较佳的抉择。河南省旱地农业区域的蓄水窖以混凝土薄壳、混合土、混合土垫塑料薄膜等多种形式存在,主要是各地的经济条件差异所致,但均起到了良好的贮水效果。

5　河南省旱地农业水资源的高效利用及发展对策

5.1　完善管理体制,健全各项法规,实行水资源科学管理

借鉴国外先进经验,建立具有中国特色的水资源统一管理体制。在机构改革时,一切机构设置应服从于两个战略:一是服从经济社会可持续发展的战略;二是服从水资源可持续利用的战略。实行流域和区域的水资源统一管理,建立权威高效协调的水资源管理体制,实行统一规划、统一配置、统一调度、统一管理。统筹考虑水资源的开发、利用、治理、配置、节约、保护和管理,最大限度地提高水资源的利用率,提高经济效益。在法律方面,我国已颁布了《中华人民共和国水法》、《中华人民共和国水污染防治法》、《中华人民共和国环境保护法》,今后应进一步完善相应的法规体系,同时要大力进行普法宣传教育,加大依法治水、依法管水力度。这是规范人们的社会经济行为,保护水资源的治本措施。

5.2　依靠科技进步,提高旱地农业产业水平

河南旱地农业区域多处于交通不便、信息闭塞、土壤瘠薄的山地、丘陵地区,尤其是科学技术的运用十分落后。因此,一定要把科学技术当做旱地农业水资源高效利用的动力和核心,下大力量抓紧抓好。一是增加资金投入,加强农业科研、农业技术推广体系建设;二是加大送科技下乡的力度,提高干部和农民的科技素质;三是加强科技培训,提高科技种田水平,提高资源利用效率;四是积极探索农业科研院所、农业院校和龙头企业结合的新路子,从根本上解决技术棚架问题;五是加强信息体系建设,实施"电波入户"工程,充分利用新闻媒体等渠道,传播各类信息,使农民了解市场需求信息、市场信息、产品信息,不断提高经营者的经营水平。

5.3 引进和选用耐旱作物与抗旱节水品种

引进和选用耐旱作物与抗旱品种是利用生物适应环境，挖掘生物的生理潜势，以生物机能提高水资源利用率和水分转换效率的一条根本措施。耐旱作物，例如谷子、高粱、薯类等，具有较强的耐旱抗逆性，在干旱缺水情况下能正常生长发育，保持或接近正常的产量。不同的作物品种间水分利用效率有明显差异，如印度国际旱地农业研究中心培育的作物新杂交品系，可使水分利用率提高30%。因此，在豫西旱作区以作物增效增产为出发点，以资源有效利用为依托，以农作物品种熟期为中心，逐步实现区域种植，合理搭配，因地制宜地扩大耐旱作物和品种的种植面积，是利用农业气候资源，提高作物对资源利用和转化效率的有效途径。

5.4 广泛采用各种抗旱节水农技措施

5.4.1 培肥土壤

培肥土壤是农业调水的关键措施。增施有机肥，以改善土壤结构，增强土壤水稳性，提高土壤保水保肥性能；合理施用化肥，尤其是配方施肥，以满足作物生长之急需，提高水肥的利用效率，达到抗御旱灾的目的。

5.4.2 覆盖栽培

覆盖栽培不仅能直接防止地面蒸发造成的水分损失，有效地利用水资源，而且能够调节地温，为植物生长创造一个良好的生态环境。地膜覆盖：地膜覆盖能有效地阻隔土壤水分向大气散发，提高土壤温度，减少土壤盐分；有明显的灭草、保肥效应，从而改变农田局部的生态环境变化，也有利于作物早熟高产、增产增收。覆盖地膜可提高地温2～4 ℃，增加耕层土壤水分1%～4%。秸秆覆盖：秸秆覆盖具有保护改善土壤结构、培肥土壤、蓄水保墒等效应。秸秆覆盖农田，能增加降水入渗，提高土壤供水能力，抑制土壤蒸发，调节土壤水层，一定程度上改善水分短缺状况。洛阳农专和河南省农技推广站联合进行的“机收麦秆就地覆盖间隔深松玉米栽培技术研究”，可使土壤0～30 cm相对含水量提高3%～4%，增产15%～16%。

5.4.3 保水耕作

保水耕作包括适时耕翻、耙耱、中耕、镇压等一系列蓄水保墒技术。早耕深耕，疏松土壤，蓄积水分：早耕指伏天雨季来临前耕地。豫西旱作区70%的降水集中在7～9月三个月。据报道，伏天里早耕3天，每公顷15 cm深的土壤水分增加15 000 kg；秋季早耕18天，土壤水分增加52 500 kg。深耕能加速雨水下渗到深层，减少蒸发，可打破犁底层，提高土壤蓄水保水能力。深耕30 cm可保蓄130 mm的水量，同时土壤深层水的增加有利于抗旱能力的提高。耙耱保墒：通过耙耱、镇压等措施压紧耕层，疏松表层，减少蒸发，保住土中墒。耙地造成耕层上虚下实，利于保墒和作物出苗生长，镇压可使耕层变紧，压碎坷粒，平整土面，防止水汽扩散，蓄水保墒。播种后镇压有利于种子吸收水分，促进发芽出苗。

5.5 大力推广雨水集蓄和集雨补灌技术，建立旱作节水灌溉制度

充分利用庭院、屋顶、路面、荒坡、塑料大棚及一些硬化地面（操场）等收集雨水，建立完善的雨水蓄水设施（水窖、水池、塘坝等），发展集雨补灌旱作节水农业。同时，根据作物需水规律，制订合理的水方案，确定每种作物最佳灌溉时期、灌溉定额等，有限的水资源

应用于关键时期，建立先进的旱作节水灌溉制度。试验表明灌作物关键水，往往与在整个生育期多次灌水产量相差无几，而用水量却显著减少。如美国内布斯州密歇耳的试验表明，玉米在整个生长期内灌水3次，共灌水544 mm，产量为9 525 kg/hm^2，而在玉米抽穗、吐丝期及时灌水3次，共灌水395 mm，产量达9 245 kg/hm^2，产量相差不多，用水量却省了27.2%。

5.6　重视旱地设施农业建设

设施农业[68]就是利用人工建造的设施，为种植业、养殖业及其产品的贮藏保鲜等提供最佳的环境条件，以期将农业生物的遗传潜力变为现实的巨大生产潜力，获得速生、高产、优质、高效的农畜产品。

在旱地农业区域，一般情况下土壤圈、大气圈等对植物生长需求所供应的氮、磷、钾、中微量元素、CO_2、光能和热能等营养物质和能量，在自然状态或加上人工调控下，可以满足农作物的高产、优质、高效生长的需要，但水分由于季节性的干旱或长期缺乏水分供应，总是与生物体生长、发育的需求有较大差距，从而造成减产，而长期过大的差距则形成灾害；相反，在季节性降水过大，没有必要的设施进行拦蓄、保存的情况下，又将造成水资源的极大浪费，降水过大时则将造成水患。因此，为避免水、旱灾害，提高旱地农业区域的水、土、光热、生物资源利用效率，尤其是水分的利用效率，增强旱地农作物对旱灾的抗逆能力，就需要发展设施农业来调整环境和物质能量的供应和运移途径，尤其是调整自然降水的四季分配和利用，减少无效蒸发、增大生物蒸腾、提高水分利用率和利用效率。以色列大力发展的喷灌、微喷灌、滴灌农业，其水分利用率分别达80%、85%和95%，创造了沙漠王国的用水奇迹。如果我们通过设施农业的发展，将我省豫北半干旱旱地农业区、豫中半湿润易旱旱地农业区的降水利用率提高到60%左右，发展“以雨水治旱”的设施农业，那么我省旱地农业的发展将实现质的飞跃。

5.7　适当发展旱地精确农业

“精确农业”是一种战略思想，是信息和人工智能高新技术在农业中的运用[69,70]。在我省旱地农业区域发展精确农业的目的在于高效节水和高效用水，通过精确农业的发展，建立不同的节水农业措施，实现以肥促水、以水调肥、水肥耦合的旱地高效节水农业，从而提高水分资源利用率和利用效率。发展旱地精确农业其核心是运用GPS技术进行耕作、播种、施肥、喷施农药、收割以获取相关的数据系列；采用RS收集大面积农业资源、农情预报方面的信息，服务于精确农业；利用GIS将农田土壤管理、土壤数据、自然条件、作物苗情、病虫害发生情况、土壤水分变化动态、作物产量等信息进行处理及转换，为分析其差异性和实施准确的调控提供决策依据。

5.8　完善旱地农业节水综合技术体系

围绕旱地建设的技术路线，以提高降水利用率和降水利用效率为中心，针对河南省旱地农业的建设技术体系与河南省旱地农业的实际，融合国内外的先进经验，逐步建立河南省旱作区生物、农艺、工程与管理等相结合的旱地农业高效持续发展综合技术体系（见图2）。

5.9　建立省级旱地农业信息管理系统

河南省是典型的农业大省，全省旱耕地面积440万hm^2，占全省耕地面积的约64%。

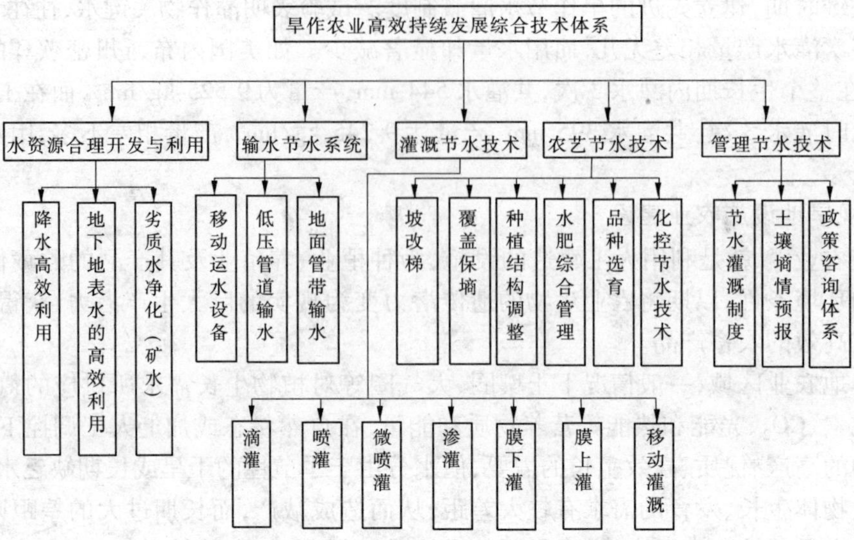

图2　旱地农业高效持续发展综合技术体系

因此，管好旱地、用好旱地，将对我省旱地农业的高效持续发展与小康经济建设起到积极的作用。

旱地农业信息管理系统就是利用现有的地理信息系统软件研究开发出相应的专业信息管理系统[72]，该系统综合运用 GIS 技术、数据库技术、多媒体技术、模拟技术等与旱地农业有关的图、文、数据、统计资料信息综合集成，利用它可以快速、准确地查询与旱地农业有关的各类信息、图件及旱地农业节水高效的技术体系等，为领导提供决策信息，为推广部门提供技术咨询和服务。

6　小结与建议

（1）旱地农业建设是我国农业节水的重要组成，豫西旱作区是河南省旱地农业发展的重点区域。充分利用有限的降水资源，最大限度地开发旱农节水增产潜力，可在一定程度上缓解灌溉农业的需水压力。我省旱作区按年均降水量 550 ~ 650 mm 计算，如降水利用率提高 15%，则全省旱地 440 万 hm^2 农田可节水 36.3 亿 ~ 42.9 亿 m^3。

（2）旱地农业发展的中心是对有限水资源的高效利用，具体应围绕提高降水利用率、提高降水利用潜力开发程度和提高水分利用效率。在积极发展传统旱地农业技术的基础上，发展集雨补灌和地膜覆盖等现代旱地农业技术。

（3）旱地农业水资源利用应坚持生物、工程和农艺措施相互配合的原则，突出治理与生产相结合，建立综合技术体系。坡改梯、农田覆盖以及雨水集蓄利用技术是近年我省推广的重点。应加强高新技术和常规技术相结合，合理调整农田结构，选育节水优质品种，加强耕作培肥和化控节水技术的应用，完善旱地农业水资源高效利用技术体系。

（4）加强旱地农业研究。如有限补充灌溉——精确灌溉技术的研究，覆盖和化学节水技术原理与机理的研究，雨水收集高效利用与节水灌溉配套的研究等。建议有关部门将旱地农业节水作为农业长期发展的重要研究课题，并在各种扶贫、治理和开发项目中推广旱地农业技术。

参考文献

[1] 卢良恕.21世纪我国农业科学技术发展趋势与展望[J].中国农业科学,1998,31(2):1-7.
[2] 侯中田,唐德富.旱地农业[M].哈尔滨:黑龙江科学技术出版社,1984:1-25.
[3] 陶毓芬,王立祥,韩仕峰,等.中国北方旱农区水分生产潜力及开发[M].北京:气象出版社,1993:1-11.
[4] 雒魁虎.河南省旱地小麦高产理论与技术[M].北京:中国农业科技出版社,1999.
[5] 任杨军,李建牢,赵俊侠.国内外与水资源利用研究综述[J].水土保持学报,2000,14(1):88-92.
[6] 刘晓勇,吴普特.雨水资源集蓄利用研究综述[J].自然资源学报,2000,15(1):189-193.
[7] 朱兴平,等.雨水利用的理论与实践[J].水土保持通报,1997,17(4):32-36.
[8] 李俊奇,车武.德国城市雨水利用技术考察分析[J].城市环境与城市生态,2002,15(1):47-49.
[9] Zaizcn M, Tclrakawa Y, Matsumoto H, et al. The collection of rainwater from dome stadiums in Japan[J]. Urban Water, 1999 (1):355-359.
[10] 惠士博,谢森传,赵士礼.北京市平原区汛雨利用回补措施及其水文模拟分析[C]//中国雨水利用研究文集.徐州:中国矿业大学出版社,1998:162-168.
[11] 王俊鹏,马林,蒋骏,等.宁南半干旱地区谷子微集水种植技术研究[J].水土保持通报,2000,20(3):42-43.
[12] 姚建民,张宝林,殷海善.渗水地膜利用旱地小雨量资源研究[J].水土保持通报,1998,18(3):24-28.
[13] 邢国,郑勤,王天华.半干旱雨养农业区小麦膜侧沟条播试验研究初报[J].甘肃农业科技,1998(5):21-22.
[14] 蔺海明,牛俊义,秦舒浩.陇中半干旱区小麦和玉米补灌效应研究[J].干旱地区农业研究,2001,19(4).
[15] 高鹏,郑国相,李铁军,等.陡坡地集流聚肥梯田技术的应用[J].资源开发与市场,1999,15(1):9-10.
[16] 梁德平,李有华,许国平,等.集流蓄水聚肥改土耕作技术的应用研究[J].山西水土保持科技,2002(2):14-16.
[17] 曹玉琴,刘彦明,王梅春,等.旱作农田沟垄覆盖集水栽培技术的试验研究[J].干旱地区农业研究,1994,12(1):74-78.
[18] 王育红,姚宇卿,吕军杰.保持耕作技术对豫西旱坡地土壤养分变化的影响[J].安徽农业科学,2002,30(3):414-415.
[19] 武继承,张长明,王志勇,等.河南省降水资源高效利用技术研究与应用[J].干旱地区农业研究,2003,21(3):152-155.
[20] 李永平,秦爱红,穆兰海,等.旱坡地截流蓄水种植沟耕作技术及其水肥效益研究[J].水土保持通报,1997,17(5):1-6.
[21] 叶振欧,李旭升,贵立德.半干旱地区耕地渗水孔耕作法试验研究[J].水土保持通报,1992,12(6):11-20.
[22] 杨爱民,沈昌蒲,刘福,等.坡耕地垄作区水土保持效益研究[J].水土保持学报,1994,8(3):52-58.

[23] 高焕文,李洪文,陈君达. 可持续机械化旱作农业研究[J]. 干旱地区农业研究,1999,17(1):57-62.

[24] 牛西午,冯永平,董孟雄,等."简易微喷灌技术"及其在旱塬麦田应用研究初报[J]. 水土保持通报,1999,19(1):28-32.

[25] 孙景生,康绍忠. 我国水资源利用现状与节水灌溉发展对策[J]. 农业工程学报,2000,16(2):1-5.

[26] 蒋定生. 论窖灌农业中水窖的配置模式与窖水高效利用技术[J]. 自然资源学报,2000,15(2):184-188.

[27] 高军省. 几种新的节水灌溉技术[J]. 节水灌溉,1999(1):18-20.

[28] 夏智汛. 节水农业技术研究成果[M]. 北京:中国水利水电出版社,2004:111-163.

[29] 梁宗锁,康绍忠,胡炜,等. 控制性分根交替灌溉的节水效益[J]. 农业工程学报,1997(4):24-29.

[30] 石培泽,杨秀英. 春小麦适度亏缺灌溉的节水增产效应[J]. 干旱地区农业研究,1998,16(2):80-83.

[31] 王生录,陈炳东,崔云玲. 集雨补灌对旱地地膜冬小麦产量的影响[J]. 甘肃农业科技,1999(9):20-22.

[32] 李洪文,陈君达,高焕文,等. 旱地表土耕作效应研究[J]. 干旱地区农业研究,2000,18(2):13-18.

[33] 姚建民,殷海善,杨瑞平. 旱地水资源渗水地膜覆盖利用技术研究[J]. 水土保持研究,2000,7(4):36-39.

[34] 赵松岭. 集水农业引论[M]. 西安:陕西科学技术出版社,1996.

[35] 赵松岭,王静,李凤民. 黄土高原半干旱地区水土保持型农业的局限性[J]. 西北植物学报,1995,15(8):13-18.

[36] 山仑,陈国良. 黄土高原旱地农业的理论与实践[M]. 北京:科学出版社,1993.

[37] 赵松岭,李凤民,王静. 半干旱地区集水农业的可行性[J]. 西北植物学报,1995,15(8):9-12.

[38] 李英能. 我国节水农业发展模式研究[J]. 节水灌溉,1998(2):7-12.

[39] 文宏达,刘玉柱,李晓丽,等. 水肥耦合与旱地农业持续发展[J]. 土壤与环境,2002,11(3):315-318.

[40] 刘效瑞,伍克俊,王景才,等. 土壤保水剂对农作物的增产增收效果[J]. 干旱地区农业研究,1993,11(2):32-35.

[41] 史兰波,李云荫. 保水剂在节水农业中的应用[J]. 生态农业研究,1993,1(2):89-93.

[42] 黄风球,杨立光,黄承武,等. 化学节水技术在农业上的应用效果研究[J]. 水土保持研究,1996,3(3):118-124.

[43] 蔡典雄,王小彬,Keith Saxton. 土壤保水剂对土壤持水特性及作物出苗的影响[J]. 土壤肥料,1999(1):13-16.

[44] 杜晓东,王丽娟,刘作新. 保水剂及其在节水农业上的应用[J]. 河南农业大学学报,2000,34(3):255-259.

[45] 汪立刚,武继承,王林娟. 保水剂有效使用的土壤水分条件及对小麦的增产效果[J]. 土壤,2003(1):80-83.

[46] 史福刚,杨稚娟,王志勇. 水分条件对保水剂增产效应的影响[M]//梅旭荣,等. 节水高效农业理论与技术. 北京:中国农业科学出版社,2004:226-228.

[47] 李振吾,籍增顺. 山西旱地农业高效持续发展模式研究[J]. 干旱地区农业研究,2001,19(1):108-114.

[48] 武继承,游保全,汪立刚. 我国高效节水型可持续农业发展模式的选择[J]. 中国人口资源与环境,2001,11(2):69-72.
[49] 王龙昌,谢小玉,王立祥. 宁南旱区生态农业建设与农业产业化研究[J]. 干旱地区农业研究,2002,20(2):99-103.
[50] 山仑,黄占斌. 西北半干旱地区农业可持续发展技术对策[R]//中国工程院. 黄土高原综合治理与农业可持续发展研究,1998.
[51] 郭天财. 发展节水灌溉和旱地农业存在的问题及对策[J]. 作物杂志,1997(1):26-27.
[52] 管华,张素芳,张玉华. 河南省水资源持续利用问题探讨[J]. 河南大学学报,1997,27(3):79-83.
[53] 高子云. 农业生态环境亟待改善[N]. 河南日报,1996-08-12.
[54] 雒魁虎. 河南省旱地小麦高产理论与技术[M]. 北京:中国农业科技出版社,1999.
[55] 张敬增. 河南旱地农业[M]. 北京:中国农业科技出版社,1997.
[56] 孔祥旋,等. 砂土施用有机肥保水增产效应研究[J]. 河南农业科学,1992(3):13-17.
[57] 韩思明,李岗,王虎全. 旱作小麦不同地膜覆盖对土壤水分及产量的影响[J]. 耕作与栽培,2000(6):35-37.
[58] 王斌瑞,王百田. 黄土高原径流林业[M]. 北京:中国林业出版社,1996.
[59] 贾大林,孟兆江,王和洲. 农业高效用水及农业节水技术[J]. 节水灌溉,1999(4):7-10.
[60] 任国兴,王承启,赵国栋. 旱地耕作技术[M]. 北京:北京大学出版社,1994.
[61] 陈雷. 节水灌溉是一项革命性的措施[J]. 节水灌溉,1999(1):1-6.
[62] 李英能. 我国节水农业发展模式研究[J]. 节水灌溉,1998(2):7-12.
[63] 许一飞. 国外农业高效用水的研究应用及发展趋势[J]. 节水灌溉,1998(2):30-31.
[64] 郭慧滨,史群. 国内外节水灌溉发展简介[J]. 节水灌溉,1998(5):23-25.
[65] 李光永. 以色列农业高效用水研究[J]. 节水灌溉,1998(3):38-40.
[66] 郭秀瑞,郑连合,于四安,等. 大力发展节水灌溉促进农业经济可持续发展[J]. 节水灌溉,1998(3):14-16.
[67] 黄修桥,李英能,顾宇平. 节水灌溉的三个体系[J]. 节水灌溉,1999(1):7-10.
[68] 廖允成,王立祥,温晓霞. 设施农业——我国农业资源高效利用的重要途径[J]. 资源科学,1998,20(3):20-25.
[69] 董美对,何勇,赵云飞. 精确农业——21世纪的农业工程技术[J]. 浙江大学学报,2000,26(4):433-436.
[70] 王克林,李文祥. 精确农业发展与农业生态工程[J]. 农业工程学报,2000,16(1):5-8.
[71] 上官周平,邵明安. 21世纪农业高效用水技术展望[J]. 农业工程学报,1999,15(1):17-21.
[72] 焦险峰,徐刚,王飞,等. 中国旱作节水农业管理信息系统[J]. 农业工程学报,2000,16(5):48-51.
[73] 武继承,王秋杰,李新端,等. 开封沙区潮湿雏形土培肥技术及其效果[J]. 土壤通报,1999,30(1):11-13.
[74] 野宏巍. 陇东旱作农业蓄水保墒综合技术[J]. 干旱地区农业研究,2001,19(3):7-10.

第五部分　作物水肥耦合技术研究与应用

不同专用小麦品种的生长特征及养分吸收特征研究

武继承[1]　郑惠玲[2]　王志勇[2]

(1. 河南省农业科学院植物营养与资源环境研究所,郑州 450002;
2. 河南省土壤肥料站,郑州 450002)

摘要:在分析不同专用小麦品种生长发育特征和干物质积累特征的基础上,本文系统地分析了不同专用小麦品种不同生育阶段对氮、磷、钾养分的吸收动态特征,结果表明氮素吸收郑麦9023以越冬期和拔节期需求较高,呈双峰型;豫麦50以拔节期需求最高,呈单峰型;郑麦975则以返青期最高,也呈单峰型。磷素吸收郑麦9023和豫麦50均以拔节期需求量最大;郑麦975则呈现出从越冬期到成熟期逐渐下降的趋势。钾素吸收郑麦9023表现为3峰型,即越冬期较高,拔节期增加到最大,灌浆到成熟需求再增加;豫麦50表现为拔节期最高、灌浆到成熟需求再增加的双峰型;郑麦975则呈现前期逐步递增后期逐步下降、拔节期最高的单峰型趋势。不同小麦品种在作物生长的不同时期表现出对氮、磷、钾吸收量差异性的进一步分析,为制定合理的肥料配比和底追配比提供了科学依据。

关键词:小麦　品种　养分吸收　特征

目前对普通小麦养分运筹和吸收动态的研究相对较多[1~3],而对不同品种专用小麦氮、磷、钾养分的运筹和吸收动态特征的研究相对较少[4~6]。小麦是河南省的主导优势作物,为探讨不同小麦品种的养分吸收,提高肥料的利用效率,根据国家"十五"科技攻关项目"小麦优质高效生产技术研究与示范"课题的要求,2002~2004年我们在禹州市郭连乡安排了不同专用小麦品种在等量施肥条件下的养分吸收动态观测试验。

1　材料与方法

试验设置在半湿润易旱区的禹州市郭连乡岗孙村,年降水量646 mm,其中60%以上集中在夏季,存在较严重的春旱、伏旱和秋旱;土壤类型为壤质潮土,土壤耕层养分状况为有机质11.4 g/kg、全氮0.86 g/kg、碱解氮48.3 mg/kg、速效磷12.6 mg/kg、速效钾103.6 mg/kg。

小麦品种为豫麦50(弱筋)、郑麦975(中筋)和郑麦9023(强筋),播种量为135 kg/hm^2,播期为10月22日,肥料用量为纯氮16 kg/亩、P_2O_5 8 kg/亩、K_2O 8 kg/亩,一次性施入,统一灌溉,统一管理。11月14日选定小麦定苗样段,分别在越冬前(12月20日)、

基金项目:"十五"国家863节水农业重点项目(2002AA2Z4291)和河南省重点科技攻关项目(0623102600)。

作者简介:武继承(1965—),男,河南通许人,博士,研究员,主要从节水农业、土壤养分资源利用与管理等方面的研究。

返青期(2 月 19 日)、拔节期(3 月 20 日)、灌浆期(5 月 19 日)、成熟期(6 月 2 日)取样,相应分析小麦株高、分蘖、成穗、穗长、穗粒数等生长发育特征。试验用肥料采用过磷酸钙(含 P_2O_5 12%)、尿素(含 N 46%)、进口硫酸钾(含 K_2O 60%)。

2　结果与分析

2.1　不同专用小麦的生长发育特征及产量结果

从表 1 可以看出,在同等肥力情况下不同的小麦品种的株高、穗长、穗粒数和千粒重有着明显的不同,其中郑麦 9023 的综合性能最好,小麦单产水平最高,平均产量达 451.56 kg/亩,其次是郑麦 975,平均产量 436.67 kg/亩,豫麦 50 产量最低,平均产量 433.33 kg/亩。

表 1　不同小麦的生长发育特征

品种	产量(kg/亩)	株高(cm)	穗长(cm)	穗粒数(个)	千粒重(g)
郑麦 9023	451.56	75.86	9.43	33.86	39.48
豫麦 50	433.33	75.88	8.36	35.38	37.44
郑麦 975	436.67	62.63	8.96	30.75	45.02

2.2　不同专用小麦干物质积累特征

从图 1 可以看出,不同专用小麦的干物质积累从幼苗到成熟呈线性递增趋势,只是各个时期略有差异,越冬期以郑麦 975 积累最多,返青期以郑麦 9023 发育最快,拔节期则以豫麦 50 发育最壮,灌浆期则表现为郑麦 9023 > 豫麦 50 > 郑麦 975,成熟期则以豫麦 50 > 郑麦 9023 > 郑麦 975。

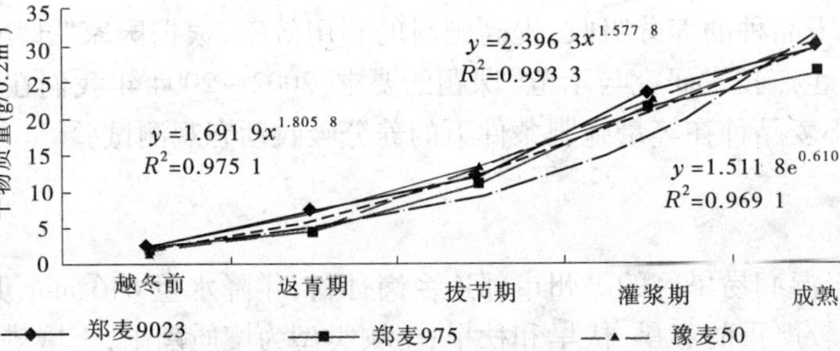

图 1　不同小麦品种不同生育期干物质量的增长趋势

2.3　不同专用小麦不同生育阶段氮素的吸收特性

从表 2 和图 2 可以看出,不同小麦品种对氮素营养的吸收具有明显的差异。郑麦 9023 是越冬期最高,返青期略有下降,拔节期显著增加,然后到成熟期逐渐下降,呈双峰型;豫麦 50 则是从越冬期到拔节期逐步增加,并达到最高,然后到成熟期逐渐下降,呈单峰型;郑麦 975 则表现为以返青期最高,然后逐渐下降。

表2　不同小麦品种的养分吸收特点　　(%)

生育期	郑麦 9023			豫麦 50			郑麦 975		
	N	P	K	N	P	K	N	P	K
分蘖期(越冬前)	4.70	0.462	2.85	4.56	0.388	2.50	4.03	0.454	2.52
返青期	4.22	0.412	2.73	4.63	0.370	3.23	4.22	0.426	2.80
拔节期	4.68	0.528	3.79	5.04	0.460	3.39	3.98	0.302	3.23
灌浆期	1.07	0.056	1.68	0.97	0.054	1.26	0.92	0.049	1.58
成熟期	0.58	0.034	2.36	0.66	0.032	1.63	0.62	0.031	1.52

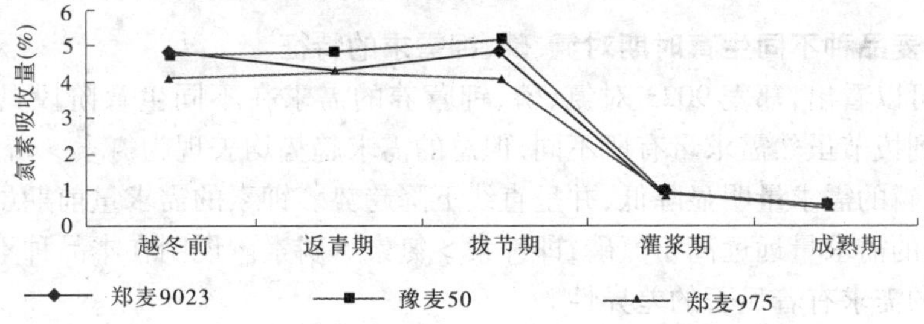

图2　不同小麦品种不同生育时期氮素的吸收动态变化特征

2.4　不同专用小麦不同生育阶段磷素的吸收特性

从表2和图3可以看出，不同小麦品种对磷素营养的吸收也具有不同的特点，郑麦9023和豫麦50有着相同的需求趋势，均以拔节期需求量达到最大，即越冬期需求较高，返青期略有下降，拔节期达到最高，然后逐渐下降；郑麦975则呈现出从越冬期到成熟期逐渐下降的趋势。

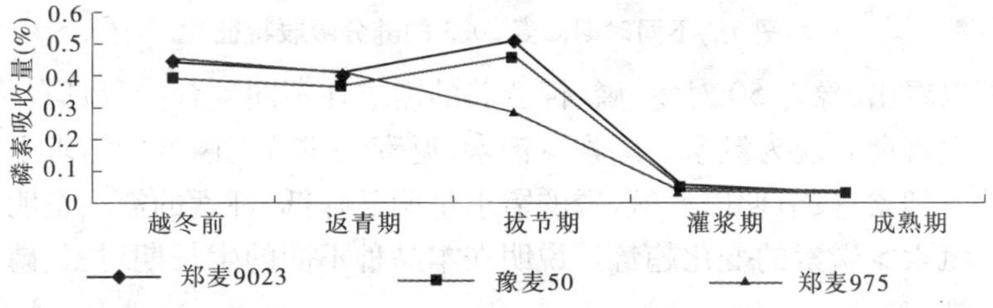

图3　不同小麦品种不同生育期磷素的吸收动态变化特征

2.5　不同专用小麦不同生育阶段钾素的吸收特性

从表2和图4可以看出，不同小麦品种对钾素营养的吸收显示出更加明显的不同。郑麦9023是越冬期需求较高，返青期略有下降，拔节期增加到最大，然后逐渐下降；灌浆到成熟需求量再次增加，呈现出3峰型；豫麦50则是从越冬期到拔节期逐步增加，并达到最高，然后逐渐下降，也存在着灌浆到成熟需求量再次增加的趋势，呈现出双峰型；郑麦975前期与豫麦50有着相同的需求趋势，即从越冬期到拔节期逐步增加，并达到最高，然后则呈现单纯的下降趋势，仅呈现单峰型。

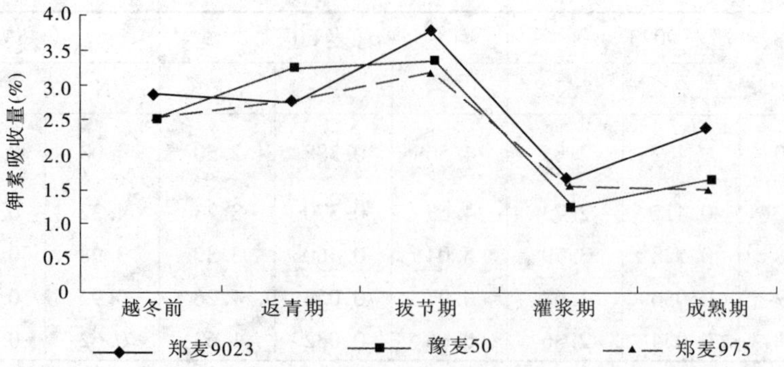

图4　不同小麦品种不同生育期钾素的吸收动态变化特征

2.6　不同小麦品种不同生育时期对氮、磷、钾需求的特征

从图5可以看出,郑麦9023对氮、磷、钾营养的需求在不同生育阶段具有明显的不同。从分蘖到拔节虽然需求量有所不同,但总的需求趋势均表现为氮素>磷素>钾素;拔节期以后氮、磷的需求量明显降低,并呈直线下降趋势。钾素的需求量前期虽小也呈上升趋势,但后期的需求量远远高于氮磷,即钾素>氮素>磷素。说明在本品种不同的生长期对氮、磷、钾的需求有着显著的差异性。

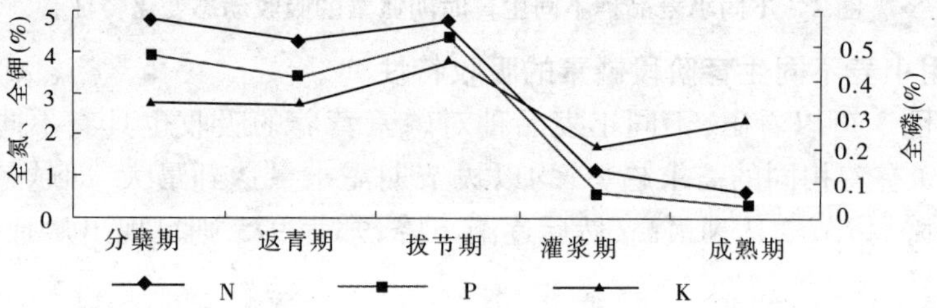

图5　不同时期郑麦9023的养分吸收特征

从图6可以看出,豫麦50对氮、磷、钾营养的需求在不同生育阶段具有明显不同的特性。从分蘖到返青期表现为氮素>磷素>钾素;返青到拔节期磷素的需求上升为第一位,即磷素>氮素>钾素;拔节期以后氮、磷的需求量明显降低,钾素的需求量明显上升,总体呈现出钾素>氮素>磷素的变化趋势。说明在本品种不同的生长期对氮、磷、钾的需求有着显著的差异性。

从图7可以看出,郑麦975对氮、磷、钾营养的需求与郑麦9023和豫麦50相比又有着明显的不同。分蘖到返青磷素下降、氮钾上升,到拔节期氮、磷、钾需求趋势由磷素>氮素>钾素转变为氮素>钾素>磷素;拔节期以后则表现为钾素>氮素>磷素。

上述分析表明,不同的小麦品种在作物生长的不同时期表现出对氮、磷、钾吸收量的显著差异性,为制定合理的肥料配比和底追配比提供了科学依据。

3　结果与讨论

(1)不同专用小麦品种在氮素吸收方面有着明显的不同,郑麦9023以越冬期和拔节

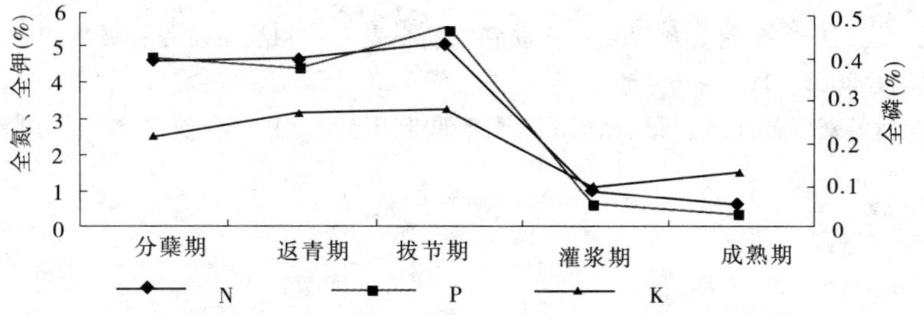

图6　不同时期豫麦50的养分吸收特征

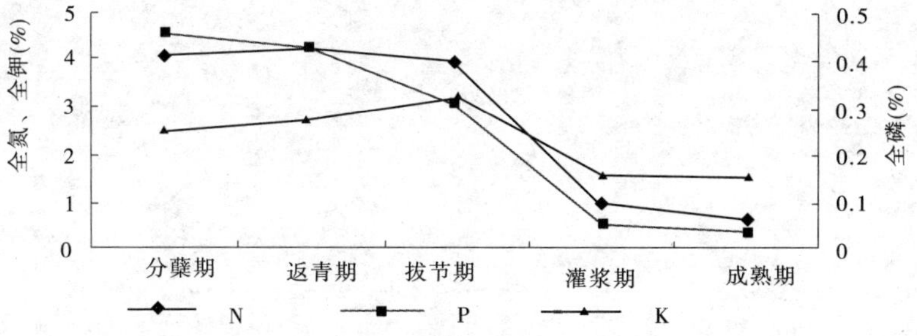

图7　不同时期郑麦975的养分吸收特征

期需求较高,呈双峰型;豫麦50以拔节期需求最高,呈单峰型;郑麦975则以返青期最高,也呈单峰型。

(2)不同专用小麦品种在磷素吸收方面有同有异,郑麦9023和豫麦50有着相同的需求趋势,均以拔节期需求量最大;郑麦975则呈现出从越冬期到成熟期逐渐下降的趋势。

(3)不同小麦品种对钾素营养的吸收差异显著。郑麦9023表现为3峰型,即越冬期较高,拔节期增加到最大,灌浆到成熟需求再增加;豫麦50表现为拔节期最高、灌浆到成熟需求再增加的双峰型;郑麦975则呈现前期逐步递增后期逐步下降、拔节期最高的单峰型趋势。

(4)不同的小麦品种在作物生长的不同时期表现出对氮、磷、钾吸收量的显著差异性,为制定合理的肥料配比和底追配比提供了科学依据。但受研究经费、时间的双重限制,研究的结果尚有待于进一步深化。

参考文献

[1] 苗艳芳,李友军. 氮钾肥对小麦养分吸收的影响及增产效应[J]. 西北农业大学学报,1999,27(2):42-47.

[2] 王朝辉,李生秀. 不同生育期缺水和补充灌水对冬小麦氮磷钾吸收及分配影响[J]. 植物营养与肥料学报,2002,8(3):265-270.

[3] 吴国梁,崔秀珍. 高产小麦氮磷钾营养机理和需肥规律研究[J]. 中国农学通报,2000(2):8-11.

[4] 杜承林,祝斌,陶帅平,等. 施钾对扬麦158等小麦品种的养分吸收与作物产量的影响[J]. 土壤学

报,2001,38(3):301 - 307.

[5] 曹承富,孔令聪,汪建来,等. 施氮量对强筋和中筋小麦产量和品质及养分吸收的影响[J]. 植物营养与肥料学报,2005,11(1):46 - 50.

[6] 孟建. 氮肥运筹对强筋小麦产量、品质和养分吸收利用的影响[D]. 保定:河北农业大学,2006.

氮肥分期施用对夏玉米生长发育和产量的影响

郑惠玲[1]　王洪斌[2]　姬变英[2]　武继承[3]　史福刚[3]

（1. 河南省土壤肥料站，郑州 450002；
2. 西平县土壤肥料站，西平 463900；
3. 河南省农业科学院植物营养资源环境研究所，郑州 450002）

摘要：通过相同氮肥用量不同时期的分期施用，研究不同时期氮肥施用对夏玉米生长发育和产量的影响。结果表明，在氮肥总量一定条件下，密植型玉米郑单 958 将氮肥作底肥和拔节期追施分期施用增产效果最佳，而稀植型玉米郑单 21 则是将氮肥作为基肥一次使用的增产效果最佳，说明不同玉米品种对氮肥需求在不同生育阶段具有明显的差异性。

关键词：夏玉米　施氮时期　产量　发育

近年来，在玉米氮肥施用量方面利用回归设计及其分析方法进行了大量研究[1~5]，基本上明确了玉米氮肥的施用量，但施肥时期同样影响着玉米的生长发育，从而影响其产量及氮肥利用率，因而对玉米最佳施氮时期的研究具有重要实际意义。本文主要探讨一定量氮肥在夏玉米不同生育时期的最优分配方案，为合理施肥提供推荐方案。

1　材料和方法

试验设在西平县谭店乡大武庄村民责任田内进行；土壤质地为壤质黄土，前茬为小麦；基础土壤肥力为速效氮 49.4 mg/kg、速效磷 12.5 mg/kg、有机质 8.4 g/kg、速效钾 87.2 mg/kg。

试验安排三个施肥时期：基肥、拔节期追肥和喇叭口期追肥，设 5 个处理：①对照（N_0）；②基肥 N_{300}（表示为基施纯 N 300 kg/hm^2，下同）；③基肥 N_{150}，拔节期追肥 N_{150}；④基肥 N_{150}，大喇叭口期追肥 N_{150}；⑤拔节期追肥 N_{150}，喇叭口期追肥 N_{150}。随机区组设计，小区面积 3.6 m×4 m＝14.4 m^2，3 次重复。供试的玉米品种为密植型丰产品种郑单 958，单位种植密度为 64 140 株/hm^2，稀植型丰产品种郑单 21，单位种植密度为 51 300 株/hm^2；试验所用氮肥为尿素，含氮 46%，追施方法同常规。

基金项目："十五"国家 863 节水农业重大科技专项课题（2002AA2Z4291）和河南省重点科技攻关项目（0423012600）。

作者简介：郑惠玲（1966—），女，河南永城人，农艺师，主要从事旱作农业和土壤肥料的研究与推广工作。

2　结果分析

2.1　对玉米不同生育期生长变化的影响

从表1可以看出,与对照相比,可见叶片数出苗期除处理5持平外,其他处理的郑单958和郑单21均增加0.1~0.2片;拔节期郑单958亦然,增加0.2~0.3片,但郑单21只有处理2、处理3增加0.1~0.2片;大喇叭口期郑单958只有处理4增加0.1片,郑单21处理2和处理5增加0.1片;抽雄期郑单958所有处理增加0.1~0.3片,郑单21除处理4外,其他均增加0.1片;成熟期郑单958处理4降低0.2片,郑单21仅处理4增加0.1片。

表1　氮肥分期施用对不同生育时期玉米生长发育的影响

项目	处理	出苗期		拔节期		大喇叭口期		抽雄期		成熟期	
		郑单958	郑单21	郑单958	郑单21	郑单958	郑单21	郑单958	郑单21	郑单958	郑单21
可见叶片数(片)	1	2.6	2.6	10.2	10.2	18.0	18.0	16.0	16.1	13.0	12.8
	2	2.7	2.8	10.3	10.4	18.0	18.1	16.2	16.2	13.0	12.8
	3	2.8	2.8	10.5	10.3	18.0	18.0	16.3	16.2	13.0	12.8
	4	2.8	2.7	10.4	10.2	18.1	18.0	16.3	16.1	12.8	12.9
	5	2.6	2.6	10.2	10.1	18.0	18.1	16.1	16.2	13.0	12.8
株高(cm)	1	9.2	9.0	65.3	65.4	179.8	192.4	201.0	194.6	206.6	213.8
	2	9.3	8.9	67.2	68.2	182.3	203.6	204.7	221.3	216.2	239.6
	3	9.6	9.0	71.3	67.3	189.1	196.6	193.6	214.9	213.2	236.4
	4	9.5	9.1	71.8	65.8	180.6	187.7	214.7	194.7	209.8	215.0
	5	9.4	9.0	69.4	68.4	186.3	201.0	208.9	211.2	223.2	231.4
茎基粗(cm)	1	0.65	0.68	1.66	1.68	2.65	2.71	3.1	3.2	3.1	3.2
	2	0.70	0.74	1.72	1.82	2.68	2.72	3.1	3.2	3.1	3.2
	3	0.72	0.72	1.74	1.79	2.68	2.70	3.2	3.2	3.2	3.2
	4	0.70	0.70	1.68	1.72	2.66	2.71	3.1	3.3	3.1	3.3
	5	0.68	0.68	1.81	1.71	2.70	2.70	3.1	3.3	3.1	3.3

株高在不同处理间和不同时期差异较显著,出苗期郑单958所有处理均比对照提高0.1~0.4 cm,而郑单21只有处理4增高0.1 cm,处理2反而降低0.1 cm;拔节期郑单958和郑单21所有处理分别提高1.9~6.5 cm和0.4~3.0 cm;大喇叭口期郑单958所有处理均提高0.8~9.3 cm,郑单21除处理4外,其他提高4.2~11.2 cm;抽雄期郑单958除处理3外,其他处理提高3.7~13.7 cm,郑单21所有处理均提高0.1~26.7 cm;成熟期郑单958和郑单21所有处理分别提高3.2~16.6 cm和1.2~25.8 cm。

茎基粗在不同处理和不同生育期也有明显的差别。出苗期郑单958所有处理均增粗

0.03～0.07 cm，郑单21除处理5持平外，其他处理增粗0.02～0.06 cm；拔节期郑单958和郑单21的所有处理分别增粗0.02～0.15 cm和0.03～0.14 cm；大喇叭口期郑单958所有处理均增粗0.01～0.05 cm，郑单21则只有处理2增粗0.01 cm；抽雄期和成熟期变化趋势一致，郑单958只有处理3增粗0.1 cm，其他处理持平，郑单21则为处理4和处理5增粗0.1 cm，处理2和处理3持平。

总之，基肥对于前期可见叶片的生长有利；基肥对于郑单958前期株高的影响明显，郑单21则以拔节期追肥的影响显著；茎粗方面与株高变化趋势一致。

2.2　对玉米生长性状的影响

从表2考种结果可以看出，成熟期各处理对玉米发育性状和产量参数的影响是不一样的。郑单958株高各处理均较对照提高，郑单21除处理4外均有所增高；穗位两个品种除处理4外，其他处理与株高变化基本一致，郑单958株高表现为处理2＞处理3＞处理5＞处理4＞处理1，穗位则为处理3＞处理5＞处理2＞处理1＞处理4；郑单21株高表现为处理2＞处理5＞处理3＞处理1＞处理4，穗位则为处理5＞处理2＞处理3＞处理1＞处理4。

穗长郑单958只有处理2、处理5与处理1相比分别增长0.2 cm和3.2 cm，郑单21除处理2和处理3增长外，其他处理均降低。穗粒数郑单958和郑单21均有明显增加，分别增加53.6～122.5粒和37.7～112.4粒。籽粒鲜重、籽粒干重和粒茎比两个品种均比对照有显著提高。

表2　玉米生长发育性状和产量参数考种结果分析

品种	处理	株高（cm）	穗位（cm）	穗长（cm）	穗粒（粒）	秸秆鲜重（g）	秸秆干重（g）	籽粒鲜重（g）	籽粒干重（g）	粒茎比
郑单958	1	213.8	88.2	18.2	305.5	301	153	98	60	0.39:1
	2	239.6	93.6	18.4	413.3	307	141	134	89	0.63:1
	3	236.4	100.0	18.0	428.0	384	166	177	107	0.64:1
	4	215.0	81.0	17.4	390.9	269	119	134	88	0.74:1
	5	231.4	95.6	21.4	359.1	373	139	190	107	0.77:1
郑单21	1	206.4	78.8	16.6	344.5	336	167	113	71	0.43:1
	2	228.0	88.0	17.4	445.4	426	194	173	103	0.53:1
	3	219.4	87.2	17.0	385.8	373	169	154	98	0.58:1
	4	202.8	75.0	15.8	382.2	341	159	148	94	0.59:1
	5	222.6	90.4	16.4	456.9	376	151	191	126	0.83:1

2.3　对玉米产量的影响

从表3可以看出，与对照相比，郑单958以处理3增产效果最显著，增幅达57.50%，其次为处理2，各处理表现为处理3＞处理2＞处理4＞处理5＞处理1。由图1可以看出，前期施肥使单穗穗粒数有较大增加，增幅达40%；处理3的穗粒数显著高于处理4和处理 5,与处理 2 差异不显著。而后期肥效主要是增加籽粒的物质积累,增加百粒重,增幅为 12.2%;后期追肥的处理百粒重显著高于全部作基肥的处理。但是郑单 958 增产的成产因素中,穗粒数的增加对产量的贡献要远大于百粒重的增加(见图 1)。说明将氮肥分别底施和拔节期追施的分期施用效果最佳(处理 3),并优于一次性底施(处理 2)的效果。

表 3　不同施氮时期对夏玉米成产因素和产量的影响

品种	处理	穗粒数(粒)	百粒重(g)	小区平均(kg)	单产(kg/hm^2)	比对照增(%)
郑单 958	1	305.5	24.5	8.00	4 792.5	
	2	413.3	26.0	9.90	6 882.0	43.60
	3	428.0	27.5	10.86	7 548.0	57.50
	4	390.9	26.3	9.48	6 586.5	37.43
	5	359.1	27.5	9.10	6 321.0	31.89
郑单 21	1	344.5	24.7	6.60	4 357.5	
	2	445.4	29.2	9.58	6 660.0	52.84
	3	385.8	27.0	8.34	5 794.5	32.98
	4	382.2	29.1	8.21	5 704.5	30.91
	5	456.9	27.1	9.13	6 343.5	45.58

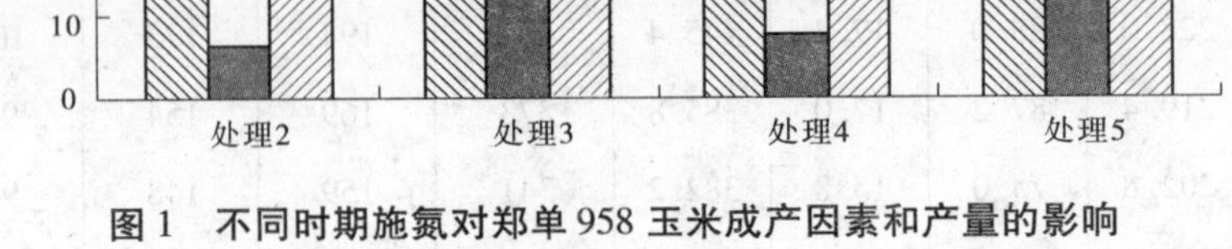

图 1　不同时期施氮对郑单 958 玉米成产因素和产量的影响

郑单 21 处理 2 增产效果最显著,增幅达 52.84%,其次为处理 5,各处理表现为处理2 > 处理 5 > 处理 3 > 处理 4 > 处理 1。由图 2 可以看出,苗期和孕穗期的供肥较关键,增产效果较明显。与郑单 958 相比,百粒重的增加对郑单 21 增产贡献相对大些。说明该品种的氮肥施用一次性底施(处理 2)效果比拔节、大喇叭口期分期施用(处理 5)更佳。

以上两个品种氮肥分期施用增产效果分析表明,不同的品种生长前、中、后期对氮肥的需求有一定的差异。

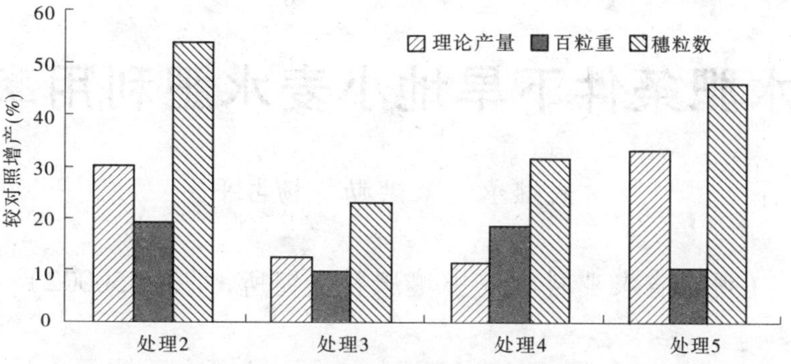

图2　不同时期施氮对郑单21玉米成产因素和产量的影响

3　小结

(1)试验结果表明,氮肥的分期施用对改善玉米的株高、茎粗、可见叶片数具有积极的效果。基肥对于前期可见叶片的生长有利;基肥对于郑单958前期株高的影响明显,郑单21则以拔节期追肥的影响显著;茎粗方面,与株高变化趋势基本一致。

(2)施用氮肥可以使玉米的单穗穗粒数增加,并使籽粒更饱满;但定量氮肥在不同生育期分期施用对玉米的成产因素有不同的影响。郑单958前期施肥单穗穗粒数有较大增加,后期施肥对增加百粒重有积极效果;郑单21基肥处理和孕穗期追施对百粒重增加有较大影响,后期施肥和单纯基肥处理对单穗穗粒数增加有积极效果。

(3)密植型玉米郑单958将氮肥作底肥和拔节期分期施用增产效果显著,其次为一次性作底肥施用;而稀植型玉米郑单21则是将氮肥作为基肥一次使用的增产效果最佳,其次为拔节期和大喇叭口期分期追施处理,与郑单958有明显的差异性。

参考文献

[1] 刘明强,宇振荣,刘云慧. 基于土壤肥力指标的夏玉米养分吸收和产量关系模型的修正和验证[J]. 中国农业科学,2005,38(9):1834－1840.

[2] 陈国立,刘健娜,娄麦兰,等. 郑单958不同密度与施氮量对产量及部分植株性状研究初报[J]. 玉米科学,2006,14(B07):108－109,111.

[3] 黄开健,杨华铨,谭华,等. 秋玉米高产栽培技术的最佳密度和施肥量研究[J]. 玉米科学,2001,9(1):57－59.

[4] 王峰,王顺霞,王占军,等. 不同施肥水平与组合对玉米生产性能的影响研究[J]. 干旱区资源与环境,2005,19(4):167－171.

[5] 肖焱波,段宗颜,苏凡,等. 玉米不同种植方式氮肥合理施用研究[J]. 玉米科学,2002,10(1):78－80.

不同水肥条件下旱地小麦水肥利用率研究

武继承　朱洪勋　杨占平

（河南省农业科学院土壤肥料研究所，郑州 450002）

摘要：探讨了不同水肥条件对旱地小麦产量和水肥利用率的影响。结果表明，不同水肥条件对小麦株高、穗长、穗粒数和千粒重有明显影响；补充灌水和不灌水施肥处理分别比相应对照增产 39.2% ~142.6% 和 34.2% ~152.3%，同时补充灌水比不灌水各处理增产 21.0% ~40.2%。不同肥料配比以 P_1N_1 处理的肥料利用效率最高，并以适当的补灌效果最佳，补充灌水和不灌水每公斤肥料分别增产小麦 18.0 kg 和 13.0 kg。不同肥料配比处理灌水利用效率分别比对照提高 0.17 ~0.72 kg/m^3，并以 N_1P_1 最高，为 1.16 kg/m^3。

关键词：旱地　小麦　补充灌水　水肥利用效率

干旱缺水已成为我国农业发展的重要限制因素。尤其在我国北方 0.78 亿 hm^2 旱耕区，降水是解决干旱问题的主要水源，如何提高有限水分资源的利用效率、协调旱地农田水分与养分的相互关系，是提高旱地农作物生产效率的关键问题。因此，开展不同水分条件下的水肥耦合效应研究，探讨不同水分条件下水肥耦合对小麦产量和水肥利用效率的影响，对于河南省 440 万 hm^2 旱作区小麦水肥的科学管理具有重要意义。1999 ~2002 年我们进行了不同水分条件下的水肥耦合试验研究。

1　材料与方法

试验设置在半湿润易旱区的禹州市郭连乡岗孙村的岗旱地，年降水量 646 mm，其中 60% 以上集中在夏季，存在较严重的春旱、伏旱和秋旱；土壤为褐土，土壤母质为黄土性物质，耕层土壤养分状况为有机质 12.3 g/kg、全氮 0.80 g/kg、水解氮 47.82 mg/kg、速效磷 6.66 mg/kg、速效钾 114.8 mg/kg。

试验设补充灌水和不灌水两种水分条件，肥料处理设 CK、N_1、N_2、P_1、P_2、N_1P_1、N_1P_2、N_2P_1、N_2P_2、N_1P_1K 10 个处理（N_1、N_2 分别表示施用纯氮 150 kg/hm^2 和 300 kg/hm^2，P_1、P_2 分别表示施用 P_2O_5 150 kg/hm^2 和 300 kg/hm^2，K 表示施用 K_2O 120 kg/hm^2，下同），3 次重复，拉丁方排列；补充灌水时间为拔节期和灌浆期，补灌水源为水池（窖）收集的降水，灌水量分别为 600 m^3/hm^2 和 450 m^3/hm^2。小麦品种采用豫麦 34，播种量为 135 kg/hm^2，播期为 10 月 20 ~25 日，统一播种、统一管理。处理周围设 1.5 m 宽保护行；11 月 5 日选定小麦定苗样段，分析小麦株高、分蘖、成穗、穗长、穗粒数等生长发育特征。试验用肥料采

基金项目："十五"国家重大科技专项课题（2002AA2Z4291）。

作者简介：武继承（1965—），男，河南通许人，博士，副研究员，主要从事节水农业、植物营养等研究工作。

用过磷酸钙（含 P_2O_5 12%）、尿素（含 N 46%）、硫酸钾（含 K_2O 60%）。

2　结果与分析

2.1　不同施肥处理对小麦生育性状的影响

从表 1 可以看出，不同水肥条件下小麦的生长发育形状具有明显的差异。在不灌水条件下，施肥处理较对照植株增高 0.7 ~ 10.8 cm，穗长增长 0.5 ~ 3.0 cm，小穗数增多 1.1 ~ 5.4 个，不孕穗减少 0.6 ~ 1.8 个，千粒重提高 2.7 ~ 9.4 g。补充灌水条件下，施肥处理较对照植株增高 0.2 ~ 6.1 cm，穗长增长 0.2 ~ 2.5 cm，小穗数增多 0.2 ~ 1.3 个，不孕穗减少 0.2 ~ 1.6 个，千粒重提高 2.0 ~ 7.3 g。

补充灌水与不灌水相比，总体上植株增高 2.86 cm，穗长增长 0.45 cm，小穗数增多 0.67 个，不孕穗减少 0.28 个。但千粒重却没有提高，反而降低了 0.74 g，可能是每公顷总穗数增加的缘故。株高、穗长、千粒重均有显著提高的相应处理只有 N_1、N_2、N_2P_2 和 CK。

不同肥料之间相比，在同等氮素水平下，不灌水处理随施磷量的增加千粒重增加；而补充灌水处理只有 N_2 水平随施磷量的增加千粒重增加，穗长增加；N_1 水平下表现较为复杂。在同等磷素水平下，基本上均表现为随施氮量的提高穗长增加，小穗数增加，不孕穗降低，千粒重降低，可能是每公顷总穗数增加的缘故。

表 1　不同水肥处理对小麦生育形状的影响

水分条件	处理	株高（cm）	穗长（cm）	小穗数（个）	不孕穗（个）	千粒重（g）
不灌水	CK	41.7	4.2	11.2	3.9	29.3
	P_1	48.2	4.9	12.3	3.3	36.0
	P_2	45.2	6.3	14.0	2.5	36.0
	N_1	44.5	5.5	14.5	2.7	32.0
	N_1P_1	49.2	7.1	15.4	2.1	37.3
	N_1P_2	46.3	6.5	14.6	3.6	38.7
	N_2	42.4	4.7	13.1	3.0	34.7
	N_2P_1	49.6	7.2	16.6	2.6	36.3
	N_2P_2	42.7	6.4	15.8	3.0	38.0
	N_1P_1K	52.5	6.5	15.2	2.3	37.7
灌水	CK	46.0	5.3	14.2	3.3	30.7
	P_1	46.2	6.4	14.4	3.0	33.0
	P_2	50.5	5.9	14.4	3.0	34.3
	N_1	54.5	6.1	14.3	2.9	32.7
	N_1P_1	50.5	7.2	15.8	2.4	37.0
	N_1P_2	44.8	5.5	14.2	2.7	35.3
	N_2	45.5	5.5	13.9	3.1	35.0
	N_2P_1	50.4	7.4	16.7	1.7	35.3
	N_2P_2	52.1	7.5	16.3	2.1	38.3
	N_1P_1K	50.4	7.0	15.2	2.8	38.0

2.2 不同水分处理对小麦产量的影响

从表 2 可以看出，补充灌水和不灌水条件下的各施肥处理均比对照增产明显，其中不灌水施肥处理较对照增产 34.2% ~152.3%，补充灌水施肥处理增产 39.2% ~142.5%。差异性均达到极显著水平。

表 2 不同水肥条件对小麦产量影响

项目		CK	P_1	P_2	N_1	N_1P_1	N_1P_2	N_2	N_2P_1	N_2P_2	N_1P_1K
不灌水	Ⅰ(kg/hm²)	1 428	2 124	2 136	2 532	3 466.5	3 960	2 506.5	3 475.5	3 321	3 742.5
	Ⅱ(kg/hm²)	1 585.5	2 073	2 175	2 724	3 562.5	3 841.5	2 505	3 597	3 658.5	3 849
	Ⅲ(kg/hm²)	1 695	2 119.5	2 236.5	2 584.5	3 514.5	4 077	2 584.5	3 819	3 733.5	3 880.5
	平均(kg/hm²)	1 569.5	2 106	2 182.5	2 613.5	3 514.5	3 960	2 532	3 630.5	3 571.5	3 824
	比对照增(%)		34.2	39.1	66.5	123.9	152.3	61.3	131.3	124.1	143.6
灌水	Ⅰ(kg/hm²)	2 041.5	2 929.5	3 186	3 634.5	4 780.5	4 422	3 681	4 551	4 450.5	5 161.5
	Ⅱ(kg/hm²)	2 082	2 892	2 758.5	3 694.5	4 827	4 894.5	3 630	4 380	4 326	4 620
	Ⅲ(kg/hm²)	1 965	2 652	2 695.5	3 568.5	4 590	4 492.5	3 342	4 245	4 399.5	4 984.5
	平均(kg/hm²)	2 029.5	2 824.5	2 880	3 632.5	4 732.5	4 603	3 551	4 392	4 392	4 922
	比对照增(%)		39.2	41.9	79.0	133.2	126.8	75.0	116.4	116.4	142.5

补充灌水与不灌水各处理相比，均有明显增产效应，增幅达 21.0% ~40.2%。说明在旱地农业生产条件下，发展合理集雨补灌对农作物增产具有积极的效应[1]。

2.3 不同肥料处理对小麦产量的影响

不同肥料配比表明，在同等磷素肥料下，补充灌水和不灌水两种水分条件在过多的氮素肥料施用量时，增产幅度不明显（见图 1）。在不灌水条件下，施 P_2O_5 150 kg/hm² 时小麦产量随施氮量的增加而增加，但氮素增产效果不同，其中施 N 150 kg/hm²，每千克 N 增产小麦 13 kg，施 N 300 kg/hm²，每千克 N 仅增产小麦 6.9 kg；而配施 P_2O_5 300 kg/hm²，施 N 150 kg/hm²，每千克 N 增产小麦 15.9 kg，施 N 300 kg/hm²，每千克 N 也只增产小麦 6.7 kg。同样，补充灌水条件下，施 P_2O_5 150 kg/hm² 时，施 N 150 kg/hm²，每千克 N 增产小麦 18.0 kg，施 N 300 kg/hm²，每千克 N 仅增产小麦 7.9 kg；而配施 P_2O_5 300 kg/hm²，施 N 150 kg/hm²，每千克 N 增产小麦 17.2 kg，施 N 300 kg/hm²，每千克 N 也只增产小麦 7.9 kg。由此可见，以 N_1P_1 和 N_1P_2 两处理较好，并以 N_1P_1 的氮肥利用效果最好。因此，合理地利用氮肥是提高肥料利用效益的关键。

同等氮素条件下，补充灌水和不灌水两种水分条件磷素肥料的不同配比表现不同的特征（见图 2）。在不灌水条件下，施 N 150 kg/hm² 时随施磷量的增加小麦产量增加，但每千克 P_2O_5 的增产效应不同，施 P_2O_5 150 kg/hm²，每千克 P_2O_5 增产小麦 13.0 kg；施

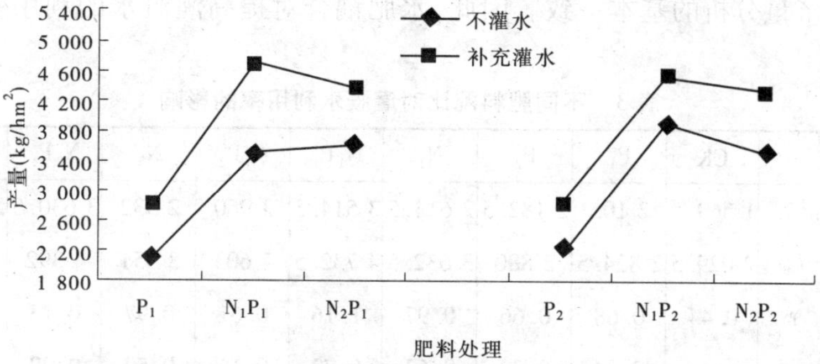

图 1　同等磷素水平下氮素的增产效应

P_2O_5 300 kg/hm²,每千克 P_2O_5 仅增产小麦 8.0 kg。配施 N 300 kg/hm² 时磷肥增产效应则表现为施 P_2O_5 150 kg/hm²,每千克 P_2O_5 增产小麦 13.7 kg;施 P_2O_5 300 kg/hm²,每千克 P_2O_5 仅增产小麦 6.7 kg。而在补充灌水条件下,配施氮肥的增产效应存在同样趋势,其中配施 N 150 kg/hm²,施 P_2O_5 150 kg/hm²,每千克 P_2O_5 增产小麦 18.0 kg;施 P_2O_5 300 kg/hm²,每千克 P_2O_5 增产小麦 8.6 kg。而配施 N 300 kg/hm² 时,施 P_2O_5 150 kg/hm²,每千克 P_2O_5 增产小麦 15.8 kg;施 P_2O_5 300 kg/hm²,每千克 P_2O_5 增产小麦 7.9 kg。由此可见,以 N_1P_1 和 N_2P_2 两处理较好,并以 N_1P_1 的磷肥利用效果最好。

钾素营养的增产效应,在 N 150 kg/hm² 和 P_2O_5 150 kg/hm² 的基础上,补充灌水和不灌水条件下,每千克 K_2O 的小麦增产效率分别为 2.1 kg 和 1.6 kg。说明研究区域旱耕地的钾素营养相对较富裕,在合理氮磷配比情况下,可以不施钾或少施钾以提高肥料的利用效益。

综上所述,在补充灌水和不灌水两种水分条件下,N_1P_1 处理的肥料利用效果较好,而且以适当进行补灌效果最佳。这与合理施肥提高作物的抗旱性能有关[2]。

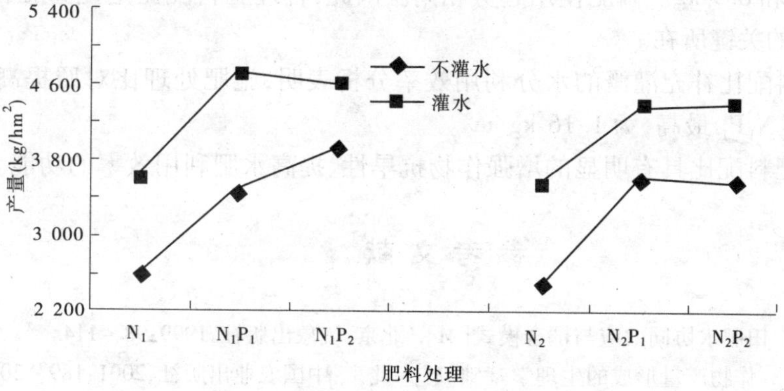

图 2　同等氮素水平下磷素的增产效应

2.4　不同肥料配比对灌溉水利用效率的影响

不同肥料配比对灌溉水利用效率具有显著影响(见表 3),不同肥料配比的灌溉水利用效率分别比对照提高 0.17～0.72 kg/m³,并以 N_1P_1 最高,为 1.16 kg/m³;其次为

N_1P_1K。这与产量分析的基本一致。因此,水肥耦合对提高灌溉水的利用效率具有重要作用[3]。

表 3　不同肥料配比对灌溉水利用率的影响

项目	CK	P_1	P_2	N_1	N_1P_1	N_1P_2	N_2	N_2P_1	N_2P_2	N_1P_1K
不灌水(kg/hm^2)	1 569.5	2 106	2 182.5	2 613.5	3 514.5	3 960	2 532	3 630.5	3 571.5	3 824
灌水(kg/hm^2)	2 029.5	2 824.5	2 880	3 632.5	4 732.5	4 603	3 551	4 392	4 392	4 922
利用率(kg/m^3)	0.44	0.68	0.66	0.97	1.16	0.61	0.97	0.73	0.78	1.05
比 CK 增(kg/m^3)		0.24	0.22	0.53	0.72	0.17	0.53	0.29	0.34	0.61

3　结果与讨论

(1)不同肥料配比对小麦生长发育形状有明显影响。不同肥料配比均可以提高小麦的株高、穗数、穗长和千粒重,降低不孕穗数量。补充灌溉较不灌水可以提高小麦的株高、穗数、穗长和降低不孕穗数量,但千粒重有所降低,可能与穗数增加有关。

(2)不同肥料配比对小麦产量具有明显的增产效果。与对照相比,不灌水施肥处理较对照增产 34.2% ~152.3%,灌水施肥处理增产 39.2% ~142.5%,差异性显著。灌水与不灌水各处理相比,增产效应明显,增产幅度达 21.0% ~40.2%。因此,应发展合理的旱作区集雨补灌节水农业,提高单位产出效益。

(3)不同肥料配比试验结果表明,合理施肥可以明显提高旱地小麦肥料利用效率,两种水分条件下均以 N_1P_1 最好。其中不灌水条件每千克 N 小麦生产率为 13 kg,而相应对照(N_1)只有 7 kg;补充灌水每千克氮小麦生产率为 18 kg,而相应对照(N_1)只有 10.7 kg。而在高氮情况下,氮肥生产率明显降低,补充灌水和不灌水 N_2 水平下每千克 N 小麦生产率分别为 7.9 kg 和 6.9 kg。磷肥使用趋势相同。因此,合理肥料配比是提高肥料利用效益和作物抗旱性的关键所在。

(4)不同肥料配比补充灌溉的水分利用效率分析表明,施肥处理比对照提高 0.17 ~0.72 kg/m^3,并以 N_1P_1 最高,为 1.16 kg/m^3。

(5)合理的肥料配比具有明显的增强作物抗旱性、提高水肥利用效率的功能。

参 考 文 献

[1] 王德水. 旱地农田肥水协同效应与耦合模式[M]. 北京:气象出版社,1999:98 - 114.

[2] 娄成后,王学臣. 作物产量形成的生理学基础[M]. 北京:中国农业出版社,2001:189 - 200.

[3] 邓国凯,张源沛,王平武,等. 集雨补灌对地膜小麦的产量和水分利用效率的影响[J]. 干旱地区农业研究,2000,18(1):91 - 93.

提高水分利用效率，建立我国高效节水型农业持续发展模式

武继承[1]　康永亮[2]　田志浩[2]

（1. 河南农科院土肥所，郑州 450022；
2. 禹州市农业技术推广中心，禹州 451670）

摘要：通过发展高效节水农业的背景和技术基础分析，根据我国区域光热、水土资源特点，以提高大气水、地表水、土壤水和地下水等水资源的利用效率为目的，以提高土地的生物学产量和经济效益为目标，研究提出了抗旱型、立体型、设施型、复合型、免耕型和集水型等高效节水型农业发展模式，为今后我国建立不同特色的集约高效节水型农业提供了可供借鉴的模式。

关键词：节水　节水农业　水资源　农业持续发展

1　引言

当前我国农业发展正由过去的传统农业向高产、高效、优质的现代农业方向转变，但农业资源已濒临承载的极限。因此，我国农业的根本特征是强烈的资源约束型农业[1]。有鉴于此，我国农业发展应该走"集约持续农业"的道路[2]。也就是说，我国农业发展今后应更加注重农业资源的高效利用，以保证农业的高效、稳定、持续发展。因此，"如何适应经济改革，改变高消耗资源为节约利用资源，变资源低效型农业为资源高效型农业，实现高效、节约、持续地利用有限的农业资源已成为农学家和资源学界一个亟待研究和解决的问题"[3]。水资源短缺是一个世界性问题，在我国表现得尤为突出，而农业用水占社会总用水量的70%以上，日益增长的人口和不断提高的生活水平对农畜产品的需求不断增加，促使灌溉农业、节水农业、旱地农业和雨养农业成为21世纪我国农业发展的重要研究内容[4]。本文试从节水农业的发展背景和技术分析，探讨适合我国不同农业区域的高效节水型农业可持续发展模式，促进我国不同特色节水农业模式的建立与发展。

2　高效节水农业的发展背景与国内外发展概况

2.1　高效节水农业的发展背景

我国是世界上13个贫水国之一，人均水资源占有量为2 300 m^3，只有世界人均水平的1/4，居世界第109位，每公顷水资源平均拥有量27 000 m^3，只有世界平均水平的2/3，且有限的水资源时空分布不均；农业季节性、区域性干旱突出，20世纪90年代以来，年均受旱面积均在2 000万 hm^2 以上；全国600多个城市一半以上发生水危机；地下水超采，

基金项目：国家科技攻关（96－004－01－11）和省科技攻关资助项目。

作者简介：武继承（1965—），男，博士，副研究员。主要从事节水农业、农业生态和土壤资源研究工作。

区域地下水漏斗面积达 8.2 万 hm^2[5]。水资源紧缺,已成为我国国民经济和社会可持续发展的重要限制因素。江泽民同志强调指出"各级领导都要有一种强烈的意识,就是十分注意节约用地、节约用水,这两件事涉及农业的根本、人类生存的根本,在我国尤其意义重大"。江泽民还指出"大力推进科教兴农发展高效、高产、优质农业和节水农业"。陈俊生同志提出"发展节水农业是当前和今后我国农业发展的一个关键问题"。但目前我国农业用水的状况,一方面是水资源紧张;另一方面是浪费严重,据统计,农业用水的利用率仅 40%,为发展中国家的一半左右; 单方水的粮食生产能力仅有 0.85 kg 左右,远低于世界发达国家 2 kg 以上的水平[5]。在我国农业用水中,假若 2 470 亿 m^3 的水损中有1 330 亿 m^3 的水通过节水措施而得以充分利用,在总用水量不变的情况下,可增加灌溉面积 6 000万 hm^2,年多产粮食 4 000 多亿 kg,相当于12 亿人口一年的口粮[6]。由此可见,解决水资源短缺问题的根本出路是发展节水农业,创建高效节水型农业持续发展模式。

2.2 国内外发展概况

全球性的水资源危机,促使世界各国都在致力于发展各具特色的节水型农业,以解决本国、本地区的农业灌溉用水供应不足问题。节水农业不仅节水、节能、减少耕地占用、提高水土资源的利用效率,而且管理方便,省工省时,大大提高了工作效率,实现了节水、高产、高效的目标。美、英、法等国都大力推行了喷灌、滴灌、微灌、渗灌等先进的节水灌溉技术,1996 年美国喷溉面积为 1 082.2 万 hm^2,占全美国灌溉面积的 43.89%,其中圆形和平移式大型自起喷灌机灌溉面积占 64.3%;在罗马尼亚全国耕地面积 80% 以上的灌溉面积是喷灌,大多数是移动管道式喷灌。20 世纪 70 年代中期全世界滴灌和微喷灌面积仅 5.66 万 hm^2,至 1991 年达 160 万 hm^2[7]。以色列以节水为中心开展的资源高效利用,使单位面积灌水量从 1949 年的 8 566 $m^3/(hm^2 \cdot a)$减少到 1994 年的 6 171 $m^3/(hm^2 \cdot a)$,灌溉水分利用率从 1949 年的 1.6 kg/m^3 上升到 1989 年的 2.32 kg/m^3,到 20 世纪末达 4.31 kg/m^3[8]。目前,以色列微灌面积占总灌溉面积的 40%,达 10.4 万 hm^2,其余为喷灌,并普遍推广了自动控制系统,约 80% 的喷灌系统配有施肥装置。滴灌一般用于精密耕作地,其灌水利用率达 95%,微喷灌用于果园,灌水效率为 85%,喷灌用于大田作物,灌水效率为 70% ~80%;同时,60% 的城市污水处理后用于灌溉,1985 年有 15% 的农业用水来源于劣质水、咸水及城市污水,预计到 2010 年将提高到 37%[9]。

我国从 20 世纪 50 年代末开始节水灌溉技术设备的引进、开发、研究与应用,至 1996 年底全国节水灌溉面积达 1 420 万 hm^2,占全国灌溉面积的 28.0%,其中渠道防渗工程 667 万 hm^2,管道输水工程 453 万 hm^2,喷灌工程 107 万 hm^2,微灌工程 6 万 hm^2[7]。与世界发达国家相比,我国节水农业的道路还很漫长,任务十分艰巨。

3 高效节水农业的技术基础

3.1 土壤水库开发利用技术

3.1.1 地膜秸秆覆盖技术

农田地膜秸秆覆盖在我国发展十分迅速,1996 年全国覆盖面积达 533.33 万 hm^2。地膜秸秆覆盖改变了土壤—植物—大气间的能量交换和水分传输过程,改善了农田小气候,创造了作物适宜的水分和温度环境,不仅增温保墒、节水增产,而且提高水分生产率。开封沙地试验站田间试验表明，西瓜地膜覆盖和花生秸秆覆盖较不覆盖潮湿雏形土耕层水分含量增加 4.8% ~ 14.6% 和 4.5% ~ 38.5%，0 ~ 40 cm 土层蓄水量增加 5.9% ~ 23.4%，花生增产 31.8%，且保水效果显著。

3.1.2　水肥耦合技术

根据土壤肥力和农业生态学原理，通过合理施肥，培肥土壤肥力，以肥调水，以水保肥，肥水结合，充分发挥水肥的协同效应和相互促进机制，提高作物的抗旱能力和水分利用效率。开封沙地试验站长期田间试验结果表明，在氮磷肥不变的基础上，土壤耕层蓄水量与有机肥施用量呈显著正相关，水分利用率也随之而增加，每增施 15 t/hm^2 有机肥，水分利用率增加 0.6 $kg/(mm \cdot hm^2)$。同时，土壤耕层有效养分明显提高，在 30 ~ 90 t/hm^2 有机肥范围内，有机质、全氮、水解氮、速效钾和阳离子代换量的增长率分别为 72.2% ~ 127.8%、25.9% ~ 36.7%、33.1% ~ 66.9%、7.8% ~ 39.2% 和 9.5% ~ 32.7%。

3.1.3　优化作物布局与耐旱品种筛选

通过调整作物布局，建立不同根系农作物的间套轮作，可以较充分地利用不同层次的土壤水分，提高土壤水利用效率和单位土地生物学产量，形成不同区域适应性的高效种植模式，达到增产、节水与高效相结合。在合理间套轮作下，一般农田水分利用效率提高 1.5 ~ 2.25 $kg/(mm \cdot hm^2)$，增产 15% ~ 30%。若选用抗旱、节水、高产品种一般较原主栽品种增产 10% ~ 25%，水分利用效率提高 1.5 ~ 2.25 $kg/(mm \cdot hm^2)$ [10]。目前，我国已进行抗旱、丰产性鉴定的作物品种 100 多个，应用取得了耐旱、节水、增产、高效和提高土壤水分利用率的良好结果。如粮饲兼用抗旱高产玉米新品种冀丰 58，抗旱冬小麦新品种（系）邯 4564，71 - 3，超高产甘薯新品种 SL - 01，郑旱 1 号小麦及“豫麦 38”、“豫麦 48”等都有上佳表现。

3.1.4　少耕免耕节水技术

少耕免耕耕作法具有土壤结构好、耗能少、增加土壤有机质、维持土壤生态良性循环等优点，同时提高土壤贮水量，减少水分蒸发。据美国内布拉斯加州统计资料，常规耕作蒸发损失为 88%，而免耕法只有 57%，土壤贮水率增加 10% ~ 20%，作物产量增加 900 kg/hm^2 左右。

3.2　**节水灌溉技术**

目前，世界上采用的节水灌溉技术很多，主要有低压管道输水灌溉技术、渠道防渗技术、喷灌技术、微灌（包括滴灌、微喷灌、涌泉灌）技术、膜上灌技术、地下灌溉技术等，研究和生产实践表明，它们具有节水、节地、节能、增产、省工、省时等多项功能。这些灌溉技术紧紧抓住了农业节水中的三个重要环节，即输送环节、灌溉环节和农产环节。低压管道输水大大减少了输水过程中的渗漏、蒸发损失，水的输送有效利用效率达 95% 以上，并减少耕地占用，提高输水速度，缩短灌溉时间；渠道防渗与土渠相比，可减少渗漏损失 60% ~ 90% 以上；喷灌与地面灌溉相比，大田作物节水 30% ~ 50%，增产 10% ~ 30%；微灌与膜上灌分别较常规节水 50% ~ 80% 和 40% ~ 60%；地下灌溉可减少表土蒸发损失，灌溉水利用率较高，一般可增产 10% ~ 30% [10]。

近年来，西北农业大学等通过土壤—植物—大气连续体水分传输和节水机理研究，提出了农田节水调控的新思路，即控制性分根交替灌溉，以盆栽玉米控制性分根交替灌水，试验结果表明,当土壤含水量为田间持水量的55% ~65%时,控制1/2根区交替灌水其用水量减少34.4% ~36.8%,而生物量仅下降6% ~12%,水分利用效率、根冠比、气孔阻力明显增加,叶片蒸腾速率明显下降,蒸腾效率提高,而光合速率未明显变化。控制1/2根系区域交替灌水比固定1/2区域灌水的用水效率明显提高,根系总量和根冠比增加,根系分布均匀,地上部生物产量增加。初步证明控制性分根交替灌水是一种高效而可行的节水新技术[11]。

3.3　抗旱、保水制剂节水技术

利用高分子化合物的吸水、保水功能制成的抗旱剂、壮根剂、保水剂等,可达到抑制作物生长发育中过度的水分蒸腾,防止奢侈耗水,减轻干旱危害,促进作物根系下扎,提高土壤深层水分利用。目前,我国已研制成功壮丰安、氟铃脲、复合包衣剂、黄腐酸及多功能抑蒸抗旱剂和ABT生根粉等多种保水剂、壮根剂、抗旱剂,在农业生产中起到了良好的节水、保墒和增产效果。试验表明,壮丰安可促使小麦等作物增强抗旱、抗寒、抗倒伏等多种功效,增产10% ~15%。小麦、玉米经保水剂拌种,出苗率提高20% ~30%,增产15% ~25%;喷黄腐酸可使作物叶片蒸腾速率降低19% ~27%,田间耗水量减少7% ~9%,增产9% ~12%,水分利用效率提高25% ~35%;用ABT生根粉拌种或浸种,可提高土壤储水利用率20%以上[10]。

4　建立我国高效节水型农业可持续发展模式

针对我国的水资源状况,国务院批准的《21世纪议程》指出:"中国的可持续发展应建立在水资源的持续利用和良好的生态环境上,而水资源的持续利用是所有自然资源保护和可持续利用中最主要的一个问题。"也就是说,我国农业经济持续发展不能靠浪费水资源和破坏生态环境来维持,必须建立在节水灌溉的基础之上,只有全面地实行节水战略,才能保证我国农业长期而持久地发展,最终促使我国农业经济走上可持续发展的健康轨道。我国农业历史悠久,但农业发展水平仍较低,尤其面对农业水资源严重匮乏的局面,节水农业的发展还十分薄弱,要迅速扭转这种局面,实现农业的节水、高产、高效持续发展,必须在现代农业科学的基础上,建立一个集高产、高效、优质、节水、低耗于一体的高效节水农业持续发展体系,促进结构合理、良性循环、高效率农业生态系统的建立与发展,促使我国农业由高耗低效型向低耗高效型的顺利转变。根据我国农业资源和水资源特点及其农业发展特色实际,笔者认为,应逐步建立和发展不同特色的抗旱型、立体型、免耕型、复合型、设施型等集约高效节水型农业持续发展模式,以适应未来我国农业高效持续发展的客观需要,迎接WTO对我国农产品的挑战。

4.1　抗旱型

抗旱型节水农业模式就是利用抗旱作物品种为主植作物或抗旱作物品种与相对耗水作物优化搭配,通过一系列的土壤保水增墒技术,如地膜秸秆覆盖、保水剂、壮苗剂和抗旱剂的施用,以及农田保墒节水技术等,达到增产、高效、节水的种植模式。在半干旱及半湿润易旱区发展抗旱型节水农业对解决群众温饱、挖掘资源潜力具有重大的生产与实践意义。

4.2 立体型

立体型节水农业是根据区域农业资源的时间、空间分布特征和农作物生产特性，建造不同农作物立体种植群落，以充分地利用大气水—地表水—土壤水—地下水，提高水资源的利用效率，达到节水增产和用水高效的目的，实现农田系统资源、环境和经济效益的整体提高。根据黄淮海平原光热资源充足、降水夏秋较多、地下水质量好的特点，应积极发展粮、经、饲相结合的立体种植模式，如小麦/棉花/西瓜、小麦/西瓜/花生、小麦－红薯/玉米、小麦/大豆/玉米、小麦/玉米/土豆、小麦/西瓜－蔬菜、大蒜/西瓜－蔬菜等多熟栽培制，通过生产实践已取得良好的社会、经济效益和环境效益[12]。

4.3 设施型

设施型节水农业模式是利用当代先进的科学技术，建立温室、大棚或弓棚，高效利用光热、水、土等农业资源，集节水、节地、节能、高产、高效和优质为一体的集约化、规模化和产业化的高效集约种植模式。目前，我国采用先进节水灌溉技术（如滴灌、微灌）的高效节水农业都是以温室和大棚为主的设施型农业，而对旱区集水节水灌溉的研究、应用较少。因此，今后我国农业持续高效发展应将设施型节水农业作为重要研究内容之一，进行研究与应用[13]。

4.4 免耕型

免耕型节水农业是指采用保护地栽培措施，如保护性耕作或带状耕作，在尽量不翻转土壤或带状耕作的条件下播种施肥，尽可能保留茎叶残存覆盖地表及用化学药剂除草和防治病虫害，以达到保水、增产，并维持良性生态循环的一种先进的农业生产模式。它具有不破坏土壤结构、增加土壤有机质、减少地面蒸发、提高土壤保蓄性能、耗能少等多种功能。目前这种节水农业模式在国外发展很快，如美国在 20 世纪 90 年代初以每年 360 万 hm^2 的速度发展。就我国而言，今后黄土高原水土流失区应进行试验研究与推广应用。

4.5 复合型

复合型节水农业是指农业生态系统中，根据农田生态环境改善，或提高单位土地经济效益，或为充分利用其水土生物资源等建造起来的农、林、牧相结合综合利用方式。如农林复合型、农果复合型、农牧复合型等都是充分利用当地水土资源的复合型节水农业持续发展模式。农林复合型是以农田生态防护为主充分利用地下水—土壤水—大气水的生态农业模式，主要有农桐间作、农条间作及农田林网等多种类型，起到了防风固沙、改善农田小气候、保障农业生产、提高水资源利用效率等多种功效，实现了系统效益的整体提高[14]。农果复合型是以增加经济收入为主充分利用光热、水、土资源的区域农业生态模式，如农枣、农柿、农葡、农桃（梨）等间作方式[14]，既提高了单位土地效益，又增强了农田保土保水性能，同时提高了土壤水、大气水、地下水利用效率。农牧复合型也是一种以提高单位经济效益为目的的生态农业模式，如草基鱼塘式、稻鱼结合式等，实现了农牧业协同发展和经济、生态效应的同步提高。

4.6 集水农业

集水农业是指在干旱和半干旱丘陵地区，通过雨水汇集利用技术，将较大强度降水所产生的地表径流汇集起来，在需要的时候供给作物利用的农业生产方式，又称雨水汇集农业。雨水高效利用在美国、以色列、澳大利亚和印度等已取得成功经验，以色列在中部山区利用汇集雨水发展喷灌、滴灌等节水农业取得了极大的社会、经济效益和生态效益。20世纪80年代以来,陕、晋、陇、蒙、宁等地相继开展了人工汇集雨水利用研究,积累了较为系统的雨水汇集技术。通过雨水汇集,发展集水农业,一方面可较好地利用降水资源,解决人畜用水问题;另一方面可利用雨水汇集积存的水发展喷灌、微灌等高效节水农业,解决群众温饱,减少居民对环境的压力,逐步形成生态、经济和人类生存相互协调、共同发展的良性循环体系,促进当地农业、经济和环境的可持续发展。

参考文献

[1] 程序. 论中国农业资源的高效利用和农业开发战略[J]. 中国农业科学,1989,22(3):1-6.

[2] 赵其国. 我国现代农业发展中的若干问题[J]. 土壤学报,1997,34(1):1-9.

[3] 石玉林,时志明. 开展农业资源高效利用研究[J]. 自然资源学报,1997,12(4):293-298.

[4] 卢良恕. 21世纪我国农业科学技术发展趋势与展望[J]. 中国农业科学,1998,31(2):1-7.

[5] 陈雷. 节水灌溉是一项革命性的措施[J]. 节水灌溉,1999(1):1-6.

[6] 郭秀瑞,郑连合,于四安,等. 大力发展节水灌溉促进农业经济可持续发展[J]. 节水灌溉,1998(3):14-16.

[7] 郭慧滨,史群. 国内外节水灌溉发展简介[J]. 节水灌溉,1998(5):23-25.

[8] 许一飞. 国外农业高效用水的研究应用及发展趋势[J]. 节水灌溉,1998(2):30-31.

[9] 李光永. 以色列农业高效用水研究[J]. 节水灌溉,1998(3):38-40.

[10] 李英能. 我国节水农业发展模式研究[J]. 节水灌溉,1998(2):7-12.

[11] 梁宗锁,康绍忠,等. 控制性分根灌水的节水效应[J]. 农业工程学报,1997(4):32-36.

[12] 武继承,王秋杰,寇长林,等. 开封试区主要种植模式综合效益分析[J]. 生态学杂志,1999,18(1):3-8.

[13] 廖云成,王立祥,温晓霞. 设施农业——我国农业资源高效利用的重要途径[J]. 资源科学,1998,20(3):20-25.

[14] 武继承,王生厚,任素坤,等. 农林复合经营模式及效益分析[J]. 生态农业研究,1998,6(2):55-57.

通许县中低产田的现状与提升技术研究

陈献营

（通许县农业综合开发办公室，通许 475400）

摘要：本文分析了通许县中低产田的现状，针对中低产田存在的问题，提出了一系列中低产田的提升技术。

关键词：现状　问题　提升技术

1　中低产田分布及资源特点

通许县位于豫东平原西部，全县辖12个乡镇，304个行政村，总人口60.1万人，农业人口54.7万人，土地总面积117万亩，2007年底耕地面积75.7万亩，其中高产稳产田20万亩，中低产田50.7万亩。土壤有机质含量1.15%，速效氮60 mg/kg，速效磷9.3 mg/kg，速效钾80 mg/kg，酸碱度值为7.0～7.5。主要中低产田类型为障碍层次型，由于历史上黄河经常泛滥决口，因流水的搬运和紧沙慢淤的沉积规律，紧水处多沉积为颗粒偏粗的沙土，后经风力搬运遇障碍物而落沙则形成沙丘沙垄及波状起伏的平沙地，大风一起，飞沙走石，危害作物。主要分布在北部和西南部的沙质潮土、分布在涡河两岸的沙质潮土和沙壤质潮土及腰沙两合土，占全省耕地面积的67%。气候属暖温带温和半干旱型气候区，四季分明，光照充足，气候温和，雨热同期，全年太阳辐射总量122.6 kcal/cm^2，年平均光照时数2 428 h，日照率为55%；年平均气温14.2 ℃，有效积温4 660 ℃，无霜期222天，多年平均降水量682.4 mm，其中7～9月三个月降水量占全年降水量的60%，年蒸发量为1 936 mm，蒸发量是降水量的3～4倍。

2　中低产田存在的主要问题

2.1　土壤养分失衡

据测土配方施肥项目测定，通许县土壤养分表现为氮、磷增加，钾素持续降低。其根本原因表现为有机肥施用量数量不断下降和农田养分投入结构仍不合理，有机养分与化学钾肥用量低，氮、磷、钾比例不合理；化肥品种变化明显，高浓度的复混肥料用量明显提高，但低养分含量的单质化肥仍然是主要品种。肥料投入地区间差异较大，一年多熟间作套种区和蔬菜种植区肥料投入量高，小麦玉米两熟制和小麦花生区肥料投入量低。作物

基金项目：河南省重大公益科研项目（081100911600）。

作者简介：陈献营（1963—），男，农艺师，主要从事农业综合开发研究与推广。

施肥量夏收作物明显高于秋收作物。

2.2　障碍层次明显

沙质耕层和30～60 cm处的沙土层漏水、漏肥，严重阻碍着耕地粮食生产的高产、高效和持续发展。因此，必须建立完善的农田基本建设和测土配方施肥技术体系。

2.3　基本农田建设标准低

受资金投入和农户分散经营等多种因素的影响，100亩耕地平均拥有机井数量低，同时受黄泛区地质不稳的影响，机井淤积严重，普遍存在着重修轻养的问题；另外，农田林网有待完善，抗御干热风和旱灾能力有待提高。

2.4　机械化水平低

受资金投入和农户分散经营等多种因素的影响，秋季农业机械化收获水平低，从而影响秸秆还田、深耕深松和保护地栽培水平。

3　中低产田提升技术

3.1　加快基本农田建设

2005年至今国土整治与农业综合开发实践证明，只有提高基本农田建设标准，才能够使中低产田区实现田成方、林成网、渠相通、路相连、旱能浇、涝能排的农业生产新格局，提高抗御自然灾害的能力，促进粮食增产和农民增收。

3.2　平衡施肥技术

加强和深化测土配方施肥工作，提高配方施肥、有机无机相结合施肥技术、大量与微量营养元素科学使用的针对性、科学性和合理性。

3.3　提高秸秆还田水平，增施有机肥，建立有机无机相结合的施肥技术体系

秸秆还田利用包括直接还田、发酵还田和有机复合肥生产。秸秆还田具有改善土壤结构、增加土壤有机质等多种功效，试验表明，连续秸秆还田2～3年后土壤孔隙度增加2.1%～4.1%。发酵还田是利用微生物进行生物化学反应，将有机废物转化成类似腐殖质的高效有机肥。有机肥料含有大量植物所需要的营养成分和有机质，如猪粪中含有全氮、全磷、全钾和有机质分别达29.1 g/kg、13.3 g/kg、10.0 g/kg和770 g/kg。同时，有机肥料中还含有大量的微量元素，如家禽粪含有B 21.7～24.0、Zn 29～290、Mn 143～261、Mo 3.0～4.0 mg/kg（刘更另，1996），对调节耕地养分循环十分有利。施用有机肥，可提高土壤活性和微生物的繁殖转化能力，从而提高土壤的吸收性能和抗逆性能，还可以改良土壤物理、化学、生物特性，熟化土壤，培养地力。有机无机相结合，针对其不同农作物对氮、磷、钾等营养元素和微量元素需求量的差异，在增加氮磷肥料施用的基础上，应根据作物品种的需要适时补充钾素肥料，采用氮、磷、钾与微量元素结合，分层施肥、追肥、叶面肥相结合，使有限的肥料资源发挥最大的利用效率，以提高中低产田的土壤肥力，满足不同作物生长发育和粮食安全生产的需要。

3.4　合理轮作，用养结合，不断提高粮食生产能力和土地产出率

研究表明，不同作物的根际环境、根系分泌物、根际微生物及其对土壤养分的活化、利用和吸收机理等具有明显的差异（张福锁等，1995；严小龙等，1993；张福锁等，1997）。因此，在农业生产中应充分利用不同作物间根际效应的差异，积极发展禾本科与豆科作物、

块根与茎叶作物、蔬菜与农作物、农作物与林果等不同结合类型的间套、轮作种植模式，合理轮作倒茬，充分而有效地利用土壤中的氮、磷、钾等营养成分，提高土壤和肥料养分的利用效率，增强土壤和作物的养分循环能力，促进土壤质量和土地生产力的不断提高。

长期试验表明，受氮、磷、钾肥影响的土层深度分别达 40 cm、60 cm、100 cm 以下。而 0～20 cm、20～40 cm、40～60 cm 土层小麦根系干重分配分别为 74%～87%、17%～20%、4%～10%，夏玉米则分别为 89.4%、8.0%、2.6%（王秋杰等，1998）。因此，揭示作物的生物学特性，充分利用有限的养分资源，提高养分利用效率，必须充分利用作物的生理遗传特性，筛选基因高效作物品种，开发高效植物营养遗传资源，从作物遗传特性角度挖潜养分潜力，提高土壤、肥料或其他来源养分的利用效率和养分的循环能力。因此，针对该区不同的土壤类型区和优势作物，应筛选和培育深根作物与氮、磷营养高效基因型作物以利用深层土壤养分和土壤氮、磷养分，从而实现合理轮作，用养结合，不断提高粮食生产能力和土地产出率。

3.5　建立中低产田监测与宏观调控体系

中低产田改良是一项长期复杂的系统工程，在不同时段（年代）表现不同的层次和内含。因此，应该以农业生态区域为单元，从不同农业生态区域的生产特点和中低产田特征，土壤时空变异特征，农作物耕作制度和变化趋势，农田改造与环境的关系等多方面考虑，充分利用地理信息系统、环境监测技术等先进的技术工具，建立区域中低产田监测与宏观调控体系，整体提高区域中低产田的质量和农业持续发展水平。